Código roto

Jeff Horwitz

Código roto

Los secretos más peligrosos de Facebook

Traducción de Jorge Paredes

Ariel

Título original: *The Facebook Files*

Primera edición: mayo de 2024

© 2023, Jeff Horwitz

© Jorge Paredes Soberón, por la traducción, 2024

Derechos exclusivos de edición en español:
© Editorial Planeta, S. A., 2024
Avda. Diagonal, 662-664, 08034 Barcelona
Editorial Ariel es un sello editorial de Planeta, S. A.
www.ariel.es
www.planetadelibros.com

ISBN: 978-84-344-3769-2
Depósito legal: B. 6.820-2024

Impreso en España

PEFC Certificado

Este libro procede de
bosques gestionados
de forma sostenible

PEFC

PEFC/14-38-00305   www.pefc.es

Índice

1

El regreso de Arturo Béjar al campus de Facebook en Menlo Park en 2019 fue como volver a casa. El campus era más grande que cuando se marchó en 2015 —el personal de Facebook se había ido duplicando cada año y medio—, pero el ambiente no había cambiado demasiado. Los ingenieros se desplazaban entre los edificios montados en bicicletas de la compañía, corrían por una pista de ochocientos metros que atravesaba los jardines situados en la azotea y se reunían en las cafeterías que conferían a las gigantescas oficinas de Facebook un aspecto más humano.

Béjar había vuelto porque sospechaba que algo se había atascado en Facebook. Durante los primeros años alejado de la compañía, mientras esta había recibido un aluvión de críticas negativas por parte de la prensa —que se habían acumulado como si se tratara de agua en un pozo—, había confiado en que Facebook hiciera frente a las acusaciones sobre sus productos de la mejor manera posible. Sin embargo, había empezado a notar cosas que parecían fuera de lugar, detalles que daban la impresión de que a la compañía no le importaba lo que experimentaban sus usuarios.

Béjar no podía creer que aquello fuera verdad. A punto de cumplir los cincuenta, consideraba que sus seis años en Facebook eran el punto culminante de una carrera tecnológica de lo más afortunada. A mediados de la década de 1980 era un adolescente que programaba sus propios juegos de ordenador en Ciudad de México, cuando conoció por casualidad al cofundador de Apple, Steve Wozniak, el cual estaba estudiando español en México.

Después de un verano en el que el encandilado adolescente le hizo de guía turístico, Wozniak le dio a Béjar un ordenador Apple y un billete de avión para que visitara Silicon Valley. Los dos mantuvieron el contacto y Wozniak le pagó a Béjar la carrera de Informática en Londres.

«Tú simplemente haz algo bueno por la gente cuando puedas», le dijo Wozniak.

Tuvo éxito. Después de trabajar en una cibercomunidad visionaria, aunque condenada al fracaso, en la década de 1990, Béjar pasó más de una década como «jefe paranoico» de la, en su día, legendaria División de Seguridad de Yahoo. Mark Zuckerberg lo contrató como director de ingeniería de Facebook en 2009, tras una entrevista realizada en la cocina del propio consejero delegado.

Aunque el área de conocimiento de Béjar era la seguridad, asumió la idea de que proteger a los usuarios de Facebook significaba algo más que limitarse a mantener alejados a los delincuentes. Facebook seguía contando con cuentas de «chicos malos», pero el trabajo de ingeniería que la plataforma necesitaba tenía tanto que ver con la dinámica social como con el código.

Al principio de su ejercicio en el cargo, Sheryl Sandberg, directora de operaciones de Facebook, le pidió a Béjar que llegara al fondo de las denuncias de desnudos por parte de los usuarios, cuyo número se había disparado. Su equipo analizó las denuncias y vio que eran abrumadoramente falsas. En realidad, lo que sucedía era que los usuarios encontraban fotos suyas poco favorecedoras publicadas por amigos y trataban de que fueran eliminadas denunciándolas como pornográficas. Decirles a los usuarios que dejaran de hacerlo no sirvió de nada. Lo que hicieron fue darles la opción de denunciar que *no les gustaba* una foto en la que aparecían, describir cómo se sentían y animarlos a compartir ese sentimiento en privado con su amigo.

Las denuncias por desnudez se desplomaron aproximadamente a la mitad, recordó Béjar.

Unos cuantos éxitos de ese tipo llevaron a Béjar a crear un equipo llamado Protect and Care ('protección y cuidado'), un laboratorio de pruebas de proyectos para evitar experiencias negativas en línea, fomentar las interacciones civilizadas y ayudar a los usuarios en riesgo de suicidio, cuyo trabajo era innovador e importante. La única razón por la cual Béjar abandonó la compañía en 2015 fue que se hallaba inmerso en un proceso de divorcio y quería pasar más tiempo con sus hijos.

Aunque ya se encontraba fuera de Facebook cuando los escándalos empezaron a acumularse tras las elecciones de 2016, los seis años que Béjar pasó allí inculcaron en él un mandato que llevaba mucho tiempo incorporado al código de conducta oficial de la compañía: «Asume que la intención es buena». Cuando sus amigos le preguntaban por *fake news*, intromisión extranjera en las elecciones o datos robados, Béjar daba la cara por su antigua empresa. «La dirección ha cometido errores, pero cuando se le ha informado al respecto siempre ha hecho lo correcto», decía.

Sin embargo, a decir verdad, Béjar no pensaba tanto en las tribulaciones de Facebook. Al haberse incorporado a la empresa tres años antes de su salida a bolsa, el dinero no era un problema y se dedicaba a fotografiar la naturaleza, a realizar una serie de colaboraciones con el compositor Philip Glass y a restaurar coches con su hija Joanna, la cual, con catorce años, todavía no tenía edad para conducir. La chica documentó sus avances en la restauración de un Porsche 914 —un modelo de 1970 que era objeto de burlas por tener una estética que recordaba a una caja de pizza— en Instagram, la cual había sido adquirida por Facebook en 2012.

La cuenta de Joanna alcanzó cierta popularidad y fue entonces cuando las cosas se pusieron un poco feas. A la mayoría de sus seguidores les entusiasmaba que una chica se interesara por la restauración de coches, pero algunos hicieron gala de una misoginia repugnante, como un tipo que le dijo a Joanna que era objeto de atención «solo porque tienes tetas».

«Por favor, no hables de mis tetas menores de edad», replicó Joanna Béjar antes de denunciar el comentario en Instagram. Algunos días más tarde, Instagram le notificó que la plataforma había revisado el comentario del hombre. No infringía las normas comunitarias de la red social.

Béjar, que había diseñado el procedimiento anterior al sistema de denuncias que acababa de encogerse de hombros ante el acoso sexual a su hija, le dijo a la chica que la decisión era una casualidad. Sin embargo, al cabo de unos meses, Joanna le dijo a Béjar que un chico de un instituto de una ciudad vecina le había enviado una foto de su pene a través de un mensaje directo de Instagram. Joanna le contó a su padre que la mayoría de sus amigas habían recibido fotos parecidas, y que simplemente trataban de ignorarlas.

Béjar se quedó helado. Los adolescentes que se exhibían ante las chicas eran asquerosos, pero probablemente no se sacaban la polla cuando se cruzaban con una chica en el aparcamiento del colegio o en el pasillo de una tienda. ¿Por qué Instagram se había convertido en un lugar en el que se aceptaba que aquellos chicos lo hicieran de vez en cuando, o que chicas jóvenes como su hija tuvieran que encogerse de hombros ante ello?

El antiguo Equipo de Protect and Care había sido rebautizado y reorganizado tras su marcha, pero Béjar seguía en contacto con mucha gente de Facebook. Cuando empezó a acribillar a sus antiguos colegas con preguntas acerca de la experiencia de los jóvenes en Instagram, le respondieron ofreciéndole un contrato de asesoramiento. Tal vez podría ayudarles con algunas de las cosas que le preocupaban, dedujo Béjar, o, como mínimo, responder a sus propias preguntas.

Así fue como Arturo Béjar se encontró de vuelta en la sede de Facebook. Entusiasmado y enormemente animado —la reacción de Béjar ante el aprendizaje de algo nuevo e interesante es una forma de expresar que le iba a estallar la cabeza—, tenía acceso privilegiado gracias a su familiaridad con los más altos directivos de Facebook. Autodefiniéndose como un «mexicano que va por libre», se puso a leer atentamente investigaciones internas y a organizar reuniones para debatir cómo las plataformas de la compañía podrían prestar un mejor servicio a sus usuarios.

Indudablemente, el ambiente en la empresa se había ensombrecido durante los cuatro años transcurridos. Sin embargo, Béjar se dio cuenta de que en Facebook todo el mundo era igual de listo, amable y trabajador que antes, aunque ya nadie pensara que la red social solo tenía ventajas. La sede de la compañía —con servicio de lavandería gratuito, comida por encargo, gimnasio e instalaciones recreativas y médicas— seguía siendo uno de los mejores entornos laborales del mundo. Béjar se alegraba de haber vuelto.

Aquella nostalgia explica probablemente por qué tardó varios meses en ocuparse de la que consideraba su aportación más significativa a Facebook: la modernización del sistema de denuncias de malas experiencias por parte de los usuarios.

Se trataba del mismo impulso que le había llevado a evitar organizar reuniones con algunos de sus antiguos colegas del Equipo de Protect and Care. «Creo que no quería saber», dijo.

Béjar se encontraba en casa cuando finalmente se puso a trabajar en el viejo sistema que diseñó su equipo. Los recordatorios cuidadosamente probados que él y sus colegas habían elaborado —pidiéndoles a los usuarios que informaran de sus preocupaciones, entendieran las normas de Facebook y solucionaran los desacuerdos de manera constructiva— habían desaparecido. En su lugar, ahora Facebook exigía que los usuarios alegasen una infracción concreta de las normas de la plataforma haciendo clic en una serie de ventanas emergentes. Los usuarios suficientemente motivados para completar el proceso llegaban a una pantalla final en la que se les requería que se reafirmaran en su deseo de emitir una denuncia. Si se limitaban a hacer clic en una casilla en la que ponía «Hecho», marcada como predeterminada con el color azul de Facebook, el sistema archivaba su queja sin someterla a revisión por un moderador.

Lo que Béjar no sabía entonces era que, seis meses antes, un equipo había rediseñado el sistema de denuncias de Facebook con el objetivo concreto de reducir el número de denuncias confirmadas de usuarios, de manera que la empresa no tuviera que preocuparse por ellas, liberando recursos que, de ese modo, podrían invertirse en la formación de sus sistemas de moderación de contenidos basados en la inteligencia artificial. En una circular acerca de los intentos de mantener el coste de la moderación de los discursos de odio bajo control, un directivo reconoció que Facebook podría haberse excedido en sus intentos por mitigar el flujo de denuncias de los usuarios: «Es posible que hayamos forzado demasiado la máquina», escribió, insinuando que la compañía tal vez no quería suprimirlas de manera tan expeditiva.

La compañía declararía posteriormente que estaba intentando mejorar la calidad de las denuncias, y no eliminarlas. Sin embargo, Béjar no necesitaba ver aquella circular para apreciar que había habido mala fe. La llamativa casilla azul era suficiente. Colgó el teléfono estupefacto. Así no era como se suponía que funcionaba Facebook. ¿Cómo se iba a preocupar la plataforma por sus usuarios si no se molestaba lo bastante en escuchar qué era lo que les parecía mal?

Era cuestión de arrogancia: se daba por supuesto que los algoritmos de Facebook no necesitaban siquiera saber lo que experimentaban los usuarios para saber qué querían. Y, aunque los usuarios normales no pudieran ver lo mismo que Béjar, acabarían captando el mensaje. A personas como su hija y sus amigas les bastaría con denunciar cosas horribles unas cuantas veces para darse cuenta de que a Facebook no le importaban. Entonces dejarían de hacerlo.

Cuando Béjar volvió al campus de Facebook, seguía rodeado de personas inteligentes y serias. No podía imaginarse a ninguna de ellas optando por rediseñar las funciones de denuncia de Facebook con el fin de engañar a los usuarios para que tiraran sus quejas a la basura, pero estaba claro que eso era lo que habían hecho.

«Tardé unos cuantos meses en plantearme la pregunta correcta —dijo Béjar—: ¿Qué hacía de Facebook un lugar en el que esa clase de intentos se desvanecían de manera natural y los usuarios quedaban sometidos?»

Sin que Béjar lo supiera, muchos empleados de Facebook se habían estado haciendo preguntas parecidas. A medida que el escrutinio de las redes sociales se intensificaba tanto desde fuera como desde dentro, Facebook había acumulado una plantilla cada vez más numerosa dedicada a analizar y abordar una serie de defectos que iban saliendo a la luz. Denominado en sentido amplio como «trabajo de integridad», este proyecto se había extendido mucho más allá de la moderación de contenidos convencional. Diagnosticar y remediar los problemas de la red social requería no solo ingenieros y científicos de datos, sino también analistas de inteligencia, economistas y antropólogos. Esta nueva clase de trabajadores tecnológicos se enfrentaba tanto a adversarios externos decididos a aprovechar las redes sociales para lograr sus propios fines como a altos ejecutivos que creían que el uso de Facebook era, en general, un bien absoluto. Cuando sucedían cosas feas en la red social homónima de la compañía, dichos directivos lo atribuían a los defectos de la humanidad.

Los miembros del personal responsables de abordar los problemas de Facebook no podían permitirse ese lujo. Su trabajo exigía entender cómo la empresa podía distorsionar la conducta de sus usuarios y cómo, en ocasiones, se «optimizaba» de forma que previsiblemente terminaría causando daños. Los trabajadores encargados de mantener la integridad de Facebook se convirtieron en los guardianes del conocimiento que el mundo exterior ignoraba que existían y a los que sus jefes se negaban a creer.

Mientras un pequeño ejército de investigadores con doctorados en Ciencia de Datos, Economía Conductual y Aprendizaje Automático averiguaba cómo su empleador alteraba las interacciones humanas, yo lidiaba con cuestiones mucho más básicas sobre el funcionamiento de Facebook. Me había mudado recientemente a la Costa Oeste para cubrir la información relativa a Facebook para *The Wall Street Journal*, un trabajo que llevaba aparejada la desagradable necesidad de fingir que escribía con autoridad sobre una empresa a la que no entendía.

No obstante, había una razón por la cual quería cubrir la información de la red social. Tras cuatro años dedicándome al periodismo de investigación en Washington, el trabajo de información política que realizaba se me antojaba carente de sentido. Ahora, el nuevo ecosistema estaba dominado por las redes sociales, y los artículos no generaban interés a menos que fueran del agrado de los devotos de internet. Había mucha información falsa que se estaba viralizando, pero las comprobaciones de datos que yo escribía no parecían tanto una medida correctiva como un débil intento de capear las consecuencias de las mentiras.

Cubrir la información sobre Facebook era, por tanto, una capitulación. El sistema de divulgación de información y de creación de consenso del que yo formaba parte se hallaba en las últimas, así que más me valía que me pagasen por escribir sobre el que lo iba a sustituir.

Lo sorprendente fue lo difícil que me resultaba entender incluso lo más básico. Los encargados de explicar públicamente el algoritmo del News Feed —el código que determinaba qué publicaciones se mostraban a miles de millones de usuarios— recurrían a frases como «Te conectamos con lo que más importa». (Posteriormente supe que existía una razón por la cual la empresa pasaba por alto los detalles: grupos de muestreo habían llegado a la conclusión de que las explicaciones en profundidad sobre el News Feed confundían e inquietaban a los usuarios; cuanto más pensaba la gente en externalizar «quién y qué importa más» a Facebook, menos cómodos se sentían.)

En un guiño a su inmenso poder e influencia social, la compañía creó un blog llamado *Hard Questions* ('preguntas difíciles') en 2017, declarando en su entrada inaugural que se tomaba «muy en serio nuestra responsabilidad —y trascendencia— por nuestro impacto e influencia». Sin embargo, *Hard Questions* no entró nunca en detalles y, tras un par de años complicados sometido al escrutinio público, el proyecto fue abandonado discretamente.

Cuando empecé a cubrir la información sobre Facebook, la reticencia de la compañía a responder a las preguntas de los periodistas también había aumentado. Su Departamento de

Prensa—un numeroso equipo de casi cuatrocientos empleados— tenía fama de amable, profesional... y reacio a responder preguntas. Yo disponía de muchos contactos de relaciones públicas, pero no conocía a nadie que quisiera explicarme cómo funcionaban las recomendaciones de «Personas que quizás conozcas», qué señales hacían que las publicaciones polémicas se hicieran virales o a qué se refería la empresa cuando decía que había impuesto medidas extraordinarias de seguridad en medio de la limpieza étnica de Myanmar. Las recomendaciones de contenidos de la plataforma determinaban qué bromas, nuevas historias y cotilleos se volvían virales en todo el mundo. ¿Cómo funcionaba esa caja negra?

La consiguiente frustración explica cómo me convertí en un fan de cualquiera que estuviera mínimamente familiarizado con la mecánica de Facebook. Los antiguos empleados que accedieron a hablar conmigo me dijeron cosas inquietantes desde el principio. Los sistemas de ejecución automatizada de Facebook eran absolutamente incapaces de funcionar según lo previsto. Los intentos de impulsar el crecimiento habían favorecido de forma involuntaria el fanatismo político. Y la compañía sabía mucho más de lo que decía sobre las consecuencias negativas del uso de las redes sociales.

Era un tema espeluznante, mucho más cautivador que las eternas alegaciones de que la plataforma censuraba publicaciones o favorecía injustamente al presidente Trump. Sin embargo, mis fuentes de antiguos empleados de Facebook no podían ofrecerme demasiado en lo que a pruebas se refería. Una vez abandonaban la empresa, dejaban su trabajo tras los muros de Facebook.

Hice todo lo posible por utilizar a los empleados actuales como fuente, enviando cientos de notas que se reducían a dos preguntas: ¿Cómo funciona realmente una empresa que influye en miles de millones de personas? Y ¿por qué con tanta frecuencia parece que no lo hace?

Por supuesto, otros periodistas actuaron también de manera parecida. Y, de vez en cuando, obteníamos documentos aislados que indicaban que los poderes y los problemas de Facebook eran mayores de lo que se dejaba entrever. Tuve la suerte de estar presente cuando el goteo de información se convirtió en un diluvio. Algunas semanas después de las elecciones de 2020, Frances Haugen, una directora de producto de nivel intermedio del Equipo de Integridad Cívica de Facebook, respondió a uno de mis mensajes de LinkedIn. La gente tenía que entender qué estaba pasando en Facebook, dijo, y había estado tomando algunas notas que creía que serían útiles para explicárselo.

Haugen no se atrevía a decir nada más por LinkedIn ni por teléfono, así que quedamos en una ruta de senderismo en las colinas, detrás de Oakland, aquel mismo fin de semana. Después de un paseo de medio kilómetro por los bosques costeros de secuoyas de California, salimos del sendero para hablar en privado.

Haugen fue una fuente inusual desde el principio. Las plataformas de Facebook erosionaban la fe en la sanidad pública, favorecían la demagogia autoritaria y trataban a los usuarios como un recurso explotable, declaró en nuestro primer encuentro. En lugar de admitir sus problemas, la empresa estaba introduciendo sus productos en mercados remotos y pobres donde, según ella, era prácticamente seguro que provocarían algún daño.

Dado que Facebook no se estaba ocupando de corregir sus defectos, dijo, creía que podría jugar un papel importante haciéndolos públicos.

Ninguno de nosotros tenía una imaginación lo suficientemente grandiosa como para adivinar lo que generaría aquel proyecto: decenas de miles de documentos confidenciales que demostrarían la profundidad y el alcance del daño causado a todo el mundo, desde chicas adolescentes a las víctimas de cárteles mexicanos. El alboroto sumiría a Facebook en una crisis de varios meses, y fomentaría que el Congreso, los reguladores europeos y los propios usuarios se cuestionaran el papel de Facebook en un mundo que parecía abocarse a un caos cada vez mayor.

No todas las personas con información privilegiada con las que hablaría a lo largo de los dos años siguientes compartían el diagnóstico exacto de Haugen de lo que había salido mal en Facebook, ni su receta para remediarlo. Sin embargo, en su mayor parte estaban de acuerdo, no solo con sus antiguos colegas tránsfugas, sino también con las evaluaciones escritas de empleados que *nunca* hablaban públicamente. En los documentos internos recopilados por Haugen, así como en cientos más que me fueron entregados después de su salida, miembros de la plantilla documentaban los demonios del diseño de Facebook y trazaban planes para dominarlos. Luego, cuando su empleador no tomaba medidas al respecto, veían cómo tenía lugar una crisis tras otra, todas previsibles.

Indicara lo que indicara el manual del empleado, cada vez resultaba más difícil asumir que la intención de la empresa era buena.

2

«Nos van a echar la culpa de esto.»

Era miércoles por la mañana, el día siguiente de las elecciones de 2016, y la directiva encargada de Políticas Públicas y Elecciones de Facebook se había reunido en la sala de conferencias de su viejo despacho de Washington D. C., un lugar nada glamuroso y angosto, embutido entre los bufetes de abogados y las empresas influyentes que se apiñaban en el barrio de Penn Quarter. Todo el mundo trataba de entender qué implicaba para la compañía la inesperada victoria de Donald Trump.

Elliot Schrage, director de Políticas Públicas y Comunicaciones, fue quien hizo aquella desalentadora predicción. Intervino desde California, convencido de que Facebook acabaría siendo el chivo expiatorio.

Las elecciones habían sido complicadas para el país y para la empresa. El ascenso de Trump trajo consigo una nueva agresividad a la política estadounidense, con discursos racistas y burlas groseras a los oponentes que se convirtieron en un ingrediente habitual en la cobertura periodística. Los rusos hackeaban el Comité Nacional Demócrata, mientras que WikiLeaks sacaba a la luz correos electrónicos robados del director de campaña de Hillary Clinton. Con razón circulaba por internet un meme de un contenedor de basura ardiendo cuando se hacía referencia a los debates políticos.

Facebook ya había recibido su dosis de críticas. En primer lugar, fue acusado por los conservadores de censurar los artículos periodísticos de derechas; luego, Trump utilizó la plataforma para arremeter contra los inmigrantes musulmanes y mexicanos; y, con el partido avanzado, salió a la luz que sitios web de bulos de Macedonia estaban urdiendo gran parte de las noticias más populares de la plataforma.

A la empresa le esperaba un ajuste de cuentas. Como su jefa, Sheryl Sandberg, de quien se rumoreaba desde hacía mucho tiempo que sonaba como candidata al puesto de secretaria del Tesoro en la administración de Hillary Clinton, la mayoría de los ejecutivos reunidos eran demócratas. Sin embargo, la predicción de que Facebook sería el chivo expiatorio por la elección de Trump afectaba especialmente a Katie Harbath, responsable del Equipo de Elecciones de Facebook y republicana. Durante los últimos cinco años, su trabajo había consistido en demostrar que Facebook transformaría la política.

Nacida en el seno de una familia conservadora en una ciudad papelera a las afueras de Green Bay, en Wisconsin, a Harbath le había picado el gusanillo de la política después de trabajar como voluntaria en una campaña republicana para el Senado cuando estaba en el instituto. Tras graduarse en la Universidad de Wisconsin en 2003, se trasladó a Washington D. C. con una amiga en busca de empleo. Pasó unos cuantos meses tras el mostrador de la sección de perfumería de Macy's antes de conseguir un puesto de base del Comité Nacional Republicano (RNC, por sus siglas en inglés).

Harbath llegó al RNC justo cuando su único empleado dedicado a lo que entonces se denominaba «e-campaigning», o «campaña electrónica», se acababa de marchar. Las únicas credenciales de Harbath eran haber creado una página web para una clase de periodismo en la universidad, pero se postuló para lo que en aquel momento se consideraba un puesto marginal. La respuesta, recordó, fue: «No entendemos el tema digital. Venga, adelante». Con el cargo de directora adjunta de campañas digitales y un salario de 25.000 dólares, se convirtió en un personaje protagonista de la estrategia de internet del Partido Republicano.

Audaz y sociable, Harbath ascendió rápidamente. En 2008, se convirtió en directora adjunta de la campaña de Rudy Giuliani a las elecciones primarias y, a continuación, pasó a trabajar para el Comité Nacional Republicano durante las votaciones de mitad de legislatura de 2010. Los candidatos de ambos partidos querían emular la campaña juvenil y centrada en las redes sociales que habían llevado a la Casa Blanca al primer presidente negro de la nación, tanto por el deseo de los políticos de que se les asociara con el prestigio cultural que proporcionaban las redes sociales como por la utilidad de estas. El simple hecho de dar un mitin en Facebook era, en aquel momento, suficiente para tener buena prensa.

Harbath contrataba mucha publicidad en Facebook como parte de su trabajo en el RNC y trataba regularmente con Adam Conner, el cual había fundado la oficina de Facebook en Washington D. C. en 2007, después de haber trabajado en varias campañas demócratas, incluida la presidencial de John Kerry unos años antes.

En 2011, con otras elecciones a la vuelta de la esquina, Conner llegó a la conclusión de que no era muy buena idea que republicanos como Harbath debatieran la estrategia publicitaria con un demócrata como él, así que le pidió que se incorporara a la oficina de Washington D. C. como una de sus primeras empleadas.

«Estaba un poco quemada de dar vueltas como un hámster en la rueda de la política republicana —dijo Harbath—. Al incorporarme a una empresa tecnológica podría hacer cosas más interesantes que en cualquier campaña.» Facebook estaba en todas partes, firmemente asentada en su meteórico ascenso. La revista *Time* acababa de nombrar a Mark Zuckerberg persona del año 2010, denominándolo «El conector».

Sentados en escritorios separados por unos pocos metros en un despacho de Dupont Circle, con un ascensor a menudo averiado, Conner y Harbath respondían llamadas de encargados de campañas que solicitaban asesoramiento en cuanto a estrategia digital o ayuda tras habérseles bloqueado las cuentas. Sin embargo, gran parte de su trabajo consistía simplemente en intentar convencer a los candidatos y cargos públicos de que necesitaban estar presentes en Facebook; que la plataforma no trataba solo de fotos familiares y banalidades. El objetivo era captar la atención del mundo de la política; si, de paso, la empresa vendía publicidad, mejor que mejor.

Cuando concluyeron las elecciones de 2012, el equipo político de Harbath no resultó vencedor, pero el corporativo sí. En un momento en que Facebook estaba tratando de competir con Twitter en el campo de las noticias y la política, la importante utilización de la plataforma durante la campaña de la reelección de Obama había sido positiva para reafirmar la influencia de Facebook. Zuckerberg quería demostrar que la red social no servía solo para contactar con amigos, y quería hacerlo a escala mundial. Harbath, que entonces tenía treinta años, se convirtió en la emisaria mundial de Facebook en el campo de la política.

En 2013, estaba a punto de realizar su primer viaje a la India para reunirse con los principales partidos políticos. La víspera de su partida, tomó su agenda y tituló una página «Frases indias». Además de expresiones como «Hola» y «Gracias», apuntó las pronunciaciones fonéticas de «Lok Sabha» y «Uttar Pradesh». Se trataba de la asamblea legislativa nacional y del mayor estado de la India, respectivamente; palabras tan básicas para la política en aquella nación como «Congreso» y «Florida» en su país.

En realidad, que Harbath no conociera demasiado el contexto local o los detalles de los candidatos no tenía importancia. Se suponía que Facebook era una plataforma neutral y ello implicaba proporcionar ayuda a cualquier partido político importante que la solicitara. Muchos de los 1.300 millones de ciudadanos indios iban a conectarse a internet por primera vez a través de teléfonos móviles, y Facebook quería estar ahí cuando lo hicieran. Promover la propaganda política era un objetivo, pero el principal era simplemente formar y animar a los partidos para que estuvieran presentes en la plataforma.

Harbath viajó más de la mitad del año; una agenda agotadora que, sin embargo, le parecía motivante. Le gustaba el ritmo, la empresa y la misión: Facebook estaba en condiciones de llevar la democracia a la era digital en todo el mundo. Las redes sociales ya habían mostrado su poder para derrocar a las autocracias durante la Primavera Árabe y estaban listas para insuflar nueva vida a la política mundial.

Un manifiesto interno de 2012, conocido como el Libro Rojo, declaró que «Facebook no había sido creado para ser una empresa» e instaba a sus empleados a pensar de forma más ambiciosa y no limitarse a los objetivos empresariales. «CAMBIAR LA MANERA DE COMUNICARSE DE LAS PERSONAS SIEMPRE CAMBIARÁ EL MUNDO», afirmaba el libro, colocando estas palabras sobre una ilustración de imprenta. Harbath hizo acopio de numerosos ejemplares.

Por cautivadora que fuera la misión de Facebook, el dinero tampoco venía nada mal. Aunque Harbath se había incorporado a la empresa menos de un año y medio antes de que saliera a bolsa en 2012, sus ingresos por acciones antes de la OPV (oferta pública de venta) cubrieron con creces la compra de un apartamento de dos dormitorios en Arlington, Virginia. Empapeló el cuarto de baño con papel pintado personalizado a partir de sus publicaciones de Instagram. En algunas aparecía ella bebiendo cerveza o participando en cacerías familiares en Wisconsin. En otras, aparecían líderes mundiales, fotos de viajes de trabajo y pósteres motivacionales de las oficinas de Facebook.

Harbath creía ciegamente en el proyecto, igual que la mayor parte del mundo exterior. Los artículos periodísticos sobre el papel de Facebook en la política que recortaba y conservaba eran prácticamente siempre elogiosos. La política era un caballo ganador para la compañía, hasta el punto de que el Equipo de Asociaciones de Facebook —el cual trabajaba para incrementar la presencia de medios, famosos y marcas punteras en la plataforma— trató de subsumirla argumentando que los políticos eran simplemente un electorado importante más. Fue la intervención de Joel Kaplan, jefe del Equipo de Políticas Públicas de Facebook en Washington, la que la mantuvo bajo las órdenes de Harbath.

Tanto entusiasmo no fue solo resultado del bombo publicitario. Facebook había publicado una investigación en la revista *Nature* en la que demostraba que podía impulsar la participación electoral a gran escala mediante mensajes que dirigían a los usuarios a los registros estatales de votantes y etiquetas digitales con el mensaje «Voté», que eran tanto un recordatorio para los amigos del votante como una forma sutil de ejercer presión sobre los demás.

Harbath quería que Facebook hiciera algo más antes de las siguientes elecciones presidenciales (crear herramientas específicas de organización política y canales para que los cargos electos interactuaran con los electores). Zuckerberg se le adelantó. En una reunión corporativa celebrada en 2015, mencionó de pasada que Facebook debería formar un equipo completo dedicado al compromiso cívico. Para dirigir ese nuevo equipo, denominado inicialmente Compromiso Cívico y más adelante Integridad Cívica, Facebook fichó a Samidh Chakrabarti, un defensor de la democracia digital que había supervisado el trabajo de Google durante las elecciones.

Fue llegados a ese punto cuando Harbath empezó a centrarse en las próximas elecciones presidenciales de EE. UU., una campaña que Facebook esperaba que sirviera para demostrar que su plataforma no solo era el futuro de la democracia, sino también su presente. Armada con estadísticas que demostraban que las elecciones ya eran el tema número uno en Facebook y casos prácticos de cómo la empresa podía disparar la recaudación de fondos, la focalización de anuncios publicitarios y la participación electoral, el equipo de Harbath patrocinó y difundió todos los actos políticos que pudo. Cuando diez candidatos se presentaron en el primer debate de las elecciones primarias del Partido Republicano en agosto de 2015, Facebook pagó para ser uno de los patrocinadores, lo retransmitió en directo y estampó su logotipo por todo el escenario. La compañía hizo lo mismo con el Partido Demócrata.

Sin embargo, en la primavera de 2016, Harbath empezó a pensar que algo no estaba funcionando en la política digital. La primera señal no surgió en EE. UU., sino en Filipinas, el país con mayor concentración de usuarios de Facebook del mundo. Antes de las elecciones de mayo en ese país, el equipo de Harbath había ofrecido su asesoramiento habitual a los principales partidos. Una campaña, la de Rodrigo Duterte, había tenido éxito. La campaña presidencial de Duterte, un alcalde que ejercía de tipo duro,[1] fue desagradable: maldijo al papa, prometió ejecutar extrajudicialmente a los consumidores de drogas y se burló de su propia hija, llamándola «reina del drama» por decir que había sido violada.

Facebook opinaba que el tono de la campaña de Duterte no era de su incumbencia, pero, a medida que avanzaban las elecciones, la compañía empezó a recibir informes de cuentas falsas masivas, mentiras descaradas en páginas controladas por la campaña y amenazas de violencia coordinadas contra los críticos de Duterte. Tras años en la política, Harbath no era ingenua en cuanto a las artimañas. Sin embargo, cuando Duterte resultó vencedor, fue imposible negar que la plataforma de Facebook había recompensado su combativa y en ocasiones turbia forma de hacer política. El presidente electo vetó a los medios independientes en su toma de posesión, pero retransmitió el acto en directo por Facebook. Las prometidas ejecuciones extrajudiciales empezaron poco después.

Un mes después de la victoria de Duterte en mayo de 2016, tuvo lugar el referéndum del Reino Unido sobre su salida de la Unión Europea. La campaña del Brexit había estado cargada de sentimientos antiinmigración y mentiras descaradas. Como en Filipinas, las tácticas insurgentes parecían prosperar en Facebook: en la plataforma, los partidarios de «salir» habían arrasado con los partidarios de «permanecer».

Ambas votaciones reforzaron la posición de Facebook en la política, pero a Harbath no le satisfacía su papel. No iba a cuestionar a los votantes, pero las dos campañas vencedoras habían recurrido en gran medida a Facebook para sembrar cizaña y difundir mentiras. El éxito de dicha táctica fue más incómodo, si cabe, teniendo en cuenta que, en Estados Unidos, un candidato presidencial que había tenido pocas posibilidades de éxito estaba cobrando impulso siguiendo el mismo método.

Donald Trump se había hecho un nombre en la política republicana utilizando Twitter para poner en entredicho que Obama fuera ciudadano estadounidense. Se disparó en las encuestas después de denigrar a los inmigrantes mexicanos acusándolos de violadores y burlarse del senador John McCain por haber sido capturado y torturado durante la guerra de Vietnam. Cuando, durante las primarias, Trump y el senador de Texas, Ted Cruz, estaban igualados, Trump arremetió contra la mujer de su adversario e insinuó que el padre de Cruz podía haber ayudado a Lee Harvey Oswald a asesinar a John F. Kennedy.

A Harbath todo aquello le resultaba repugnante, pero no podía negarse que Trump estaba utilizando con éxito Facebook y Twitter para cortocircuitar la cobertura tradicional de las campañas electorales, generando interés como nunca había sucedido antes. «Me refiero a que no tiene más que publicar un vídeo corto en Facebook o Instagram y los medios de comunicación se hacen eco», declaró Harbath aquella primavera, asombrada, durante una conferencia en Europa. Estaba en lo cierto: los periodistas políticos no solo informaban del contenido de las publicaciones de Trump, sino también del número de «me gusta» que recibían.

¿Tenía Facebook que plantearse hacer algún esfuerzo para comprobar las mentiras que se difundían en su plataforma? Harbath abordó el asunto con Adam Mosseri, en aquel momento responsable del News Feed de Facebook.

«¿Cómo diablos podríamos determinar qué es verdad?», respondió Mosseri. Según se mire, era un problema epistemológico o tecnológico. En cualquier caso, la compañía optó por eludir el tema de las mentiras.

Facebook había firmado como patrocinador de las convenciones demócrata y republicana, organizando grandes fiestas en ambas. Harbath se encargó de la convención republicana y quedó horrorizada por los discursos de los excéntricos discípulos de Trump y por los cánticos de «Que la encierren», refiriéndose a la adversaria de Trump, Hillary Clinton. Cuando llegó el momento de la fiesta de Facebook, ninguno de los contactos del Partido Republicano tenía ganas de celebración. «Montas una convención que es una pasada y parece el funeral de un niño», recordó.

Aunque a Harbath no le gustaba Trump, Facebook seguía instando a los dos grandes partidos a utilizar sus productos, designándoles a cada uno un empleado específico para que les ayudara a focalizar los anuncios de Facebook, abordar los problemas técnicos y actuar de enlace con la directiva de la empresa. El equipo de Clinton declinó la oferta de contar con un enlace integrado en su sede de Brooklyn.

El equipo de Trump, en cambio, aceptó encantado la ayuda, creándole un problema a Harbath. Nadie de su equipo político quería el puesto.

Harbath recurrió a James Barnes, un amigo republicano que trabajaba en el Departamento Comercial de Propaganda Política de la compañía. A Barnes le gustaba Trump tan poco como a Harbath, pero aceptó el empleo con la actitud de un abogado defensor penalista que se hace cargo de un cliente desagradable. Decidido a hacerlo lo mejor posible, Barnes se instaló en San Antonio, en las oficinas de Giles-Parscale, la empresa de *marketing* encargada de la campaña digital de Trump. Situada junto a la autopista enfrente de un almacén de muebles de ocasión La-Z-Boy, la oficina estaba capitaneada por Brad Parscale, de 2,03 metros de estatura, el cual se encargaba principalmente de proyectos de creación de páginas web para clientes regionales como el Rodeo Anual de San Antonio. Se introdujo en el entorno de Trump[2] al crear una página web para la cadena Trump Hotel y, posteriormente, se convirtió en su estratega digital tras crear un sitio web para su campaña por 1.500 dólares.

Aunque el propio Trump tenía un don para las redes sociales, Barnes consideraba que su campaña necesitaba ayuda, puesto que tenía problemas con algunos de los aspectos básicos de la publicidad focalizada. Parte de su trabajo —como averiguar cómo la campaña podía actualizar el público objetivo de Facebook para evitar dirigirse a votantes que ya hubieran emitido su voto— era lo suficientemente novedoso como para que Harbath considerara que debía ofrecérselo a Clinton.

«Dijeron que no tenían tiempo de integrarlo en sus procesos», recordó Harbath.

El trabajo de Barnes en San Antonio finalizó el 7 de octubre de 2016, el día que se filtró una escena eliminada de *Access Hollywood*. En la filmación, Trump, que ya se enfrentaba a acusaciones de acoso y agresión sexual, fanfarroneaba acerca de sus infructuosos intentos de acostarse con una mujer casada y declaraba que su fama implicaba que podía «agarrarlas por el coño». Barnes salió del despacho y nunca regresó. Seguir trabajando en la campaña no solo era desagradable, sino también inútil: la oficina de campaña de San Antonio suspendió temporalmente su compra de publicidad y prácticamente cerró sus puertas, preparándose para la derrota. Barnes voló de regreso a Washington y solamente mantuvo un contacto esporádico con la gente de Trump. Cuando, tan solo unos días antes de las elecciones, leyó un artículo en *Bloomberg Businessweek* en el que el equipo digital de Trump alardeaba de llevar a cabo operaciones de anulación de votantes en Facebook, no tenía ni idea de qué estaban hablando.

La noche de las elecciones, Barnes, Harbath y el resto del equipo político se congregaron en la sede de Facebook en Washington D. C. A medida que se iban conociendo los resultados, el grupo pasó de la celebración a la inquietud y a un bar subterráneo cercano a la oficina. Cuando quedó claro que Trump iba a ganar, Barnes se tomó el resultado especialmente mal.

«Su reacción fue: "¡Dios mío! ¿Qué he hecho?", y no: "¿Qué ha hecho la empresa?" —dijo Harbath—. Pensaba que él era el que lo había provocado y se sentía increíblemente culpable por ello.»

A la mañana siguiente, según Barnes, se despertó con un mensaje de Facebook de la secretaria personal de Joel Kaplan. El principal ejecutivo de Facebook quería tener unas palabras con él y, más concretamente, darle «una charla motivacional».

Cuando se reunieron aquel mismo día, Kaplan le dijo a Barnes que no era culpa suya que Trump hubiera sido elegido, ni tampoco de Facebook. Kaplan reconoció que a él tampoco le gustaba Trump, pero le dijo a Barnes que debería sentirse orgulloso de haber contribuido a dar voz a mucha gente. No les correspondía a ellos cuestionar lo que expresaba esa voz.

Eso era lo que se decían mutuamente la mayoría de los ejecutivos de Facebook. Sin embargo, en Menlo Park, gran parte de la plantilla no estaba de acuerdo. Las reuniones de última hora de la tarde habían sido canceladas en cuanto se conocieron los primeros resultados, siendo reemplazadas en algunos casos por visitas de directivos que eran casi terapias para superar el duelo. Por la noche, cuando ya estaba claro que Trump había ganado, las conversaciones en Workplace —la versión interna segura del sitio web de Facebook que los empleados utilizaban para trabajar, compartir documentos y relacionarse socialmente— se volvieron oscuras e introspectivas. La razón de ser de la empresa era que, a través de la creación de una plataforma y poniendo en contacto a las personas, Facebook iba a hacer del mundo un lugar más informado y comprensivo. Zuckerberg había insistido en esta idea repetidamente a lo largo de los años, insinuando incluso en una ocasión que la adopción de Facebook en Oriente Próximo acabaría con el terrorismo, ya que, al poner en contacto a las personas, se generaría un entendimiento mutuo. Aunque el auge del ISIS, con sus intentos de captación de miembros a través de internet, dio al traste con esa aspiración en concreto, el argumento básico seguía vigente.

«Hemos pasado de un mundo formado por comunidades aisladas a una comunidad global y ahora todos estamos mejor gracias a ello», declaró Zuckerberg en la conferencia de desarrolladores de la compañía en abril de 2016, lamentando la existencia de «voces que, fruto del miedo, claman por la construcción de muros».

La plantilla de Facebook, mayoritariamente liberal, le había creído. Ahora no es que se estuvieran cuestionando realmente si Facebook había elegido a Trump, sino cómo encajaba su victoria con la existencia de Facebook. Se suponía que la plataforma iba a dar lugar a una nueva era de progreso social y entendimiento. ¿Cómo había salido tan terriblemente mal?

«Si hubiéramos logrado el impacto social positivo al que aspirábamos, esto no habría sucedido», recordó un antiguo alto ejecutivo de la empresa, describiendo el estado de ánimo reinante.

¿Había hecho Facebook la vista gorda ante los intentos organizados de sembrar el odio en la plataforma? ¿Tenía la compañía una responsabilidad editorial de garantizar la veracidad que no había asumido? ¿Estaban atrapados los usuarios en «burbujas de filtros» que les impedían identificar a Trump como un demagogo odioso?

Los periodistas también se estaban planteando las mismas preguntas. A las veinticuatro horas de la votación, las redes sociales estaban saturadas de publicaciones que analizaban las elecciones. La mayoría de las entradas no trataban únicamente de Facebook; en cualquier caso, el tema se centró más en Twitter debido a la afinidad personal de Trump con esta red social. Un artículo del *New York Times* declaró que las elecciones de 2016 habían sido «otro hito de Twitter»,[3] despreciando la relevancia política de Facebook e Instagram.

Aun así, Zuckerberg estaba indignado ante la posibilidad de que Facebook hubiera influido en las elecciones. Habló con Anne Kornblut, periodista del *Washington Post* y ganadora del Premio Pulitzer, a la que Facebook había contratado el año anterior para dotar a la empresa de comunicaciones estratégicas. Facebook, le dijo, tenía que refutar las críticas diciendo que las uvas estaban verdes. Zuckerberg creía que las matemáticas estaban del lado de su compañía. Sí, había habido desinformación en la plataforma, pero, indudablemente, no en la mayoría de sus contenidos. Desde un punto de vista numérico, las falsedades representaban únicamente una pequeña parte de las noticias publicadas en Facebook y, a su vez, las noticias representaban únicamente una pequeña parte de los contenidos generales de la plataforma. Que esa pequeña parte de una pequeña parte pudiera haber cambiado el devenir de las elecciones era completamente ilógico, insistió Zuckerberg.

Kornblut, consciente del ritmo de los debates postelectorales en la prensa, le instó a dejar aparcado el tema. Lo último que Facebook necesitaba era atraer la atención en un momento en el que había tantas personas indignadas.

Pero Zuckerberg era el jefe. Ignorando el consejo de Kornblut, expuso sus argumentos al día siguiente durante una entrevista en directo en Techonomy, una convención celebrada en el Ritz-Carlton de Half Moon Bay. Afirmó que las *fake news* constituían una parte «muy pequeña» de la plataforma y declaró que la posibilidad de que hubiera alterado la deriva de las elecciones era «una idea descabellada».

«Creo que hay una profunda falta de empatía al afirmar que la única razón por la cual alguien votó lo que votó es que leyó algunas noticias falsas», dijo Zuckerberg, y añadió que la existencia de *fake news* en ambos bandos indicaba que, «con toda seguridad, eso no había tenido ninguna influencia».

El argumento de fondo no era del todo pertinente. Lo que importaba era que, al declarar que la actitud de Facebook era irreprochable, Zuckerberg había dibujado una diana en la espalda de su compañía. «Mark Zuckerberg niega que las noticias falsas de Facebook hayan influido en las elecciones», rezaba un artículo del *Washington Post*, uno de los muchos que se referían al desmentido del consejero delegado, incluyendo una explicación pormenorizada del argumento contrario. («Al menos conseguí que no hiciera referencia a las cifras», le dijo posteriormente Kornblut a Harbath.)

Aparte de la estrategia de relaciones públicas *amateur* del consejero delegado después de las elecciones, un segundo problema distinguió a Facebook del resto de las redes sociales. La campaña de Trump realmente *quería* atribuirle el mérito de la victoria a la plataforma. Nadie más que Trump podía atribuirse el mérito de su utilización personal de Twitter, pero Parscale había recaudado cuantiosos fondos para la campaña a través de la publicidad focalizada de Facebook y estaba ansioso por recordarle a todo el mundo su jugada maestra. «Facebook y Twitter fueron la razón por la cual ganamos»,[4] declaró en *Wired*.

Gary Coby, el director publicitario del RNC que había trabajado codo con codo con Parscale, fue todavía más lejos, declarando en *Wired* que el mensaje general de la campaña de Trump se había pulido teniendo en cuenta el éxito de los anuncios de Facebook. Por si esto fuera poco, felicitó públicamente a Barnes, citándolo por su nombre en Twitter, calificando al empleado de Facebook como el «jugador más valioso» de la campaña de Trump. Si la campaña de Obama hubiera sido tan efusiva con el poder de Facebook en 2012, dijo Harbath, habría corrido el champán. Sin embargo, el tuit de Coby había abierto la caja de Pandora. Sus elogios a Barnes no solo no fueron bien recibidos, sino que iban a exigirle a Facebook que explicara por qué diablos uno de sus empleados había participado en la campaña de Trump.

«Nos preocupaba la seguridad de James —dijo Harbath—. Mientras tanto, el equipo de Trump nos decía: "¿Por qué no os alegráis de que os atribuyamos el mérito?"»

Facebook había logrado por fin su ansiado reconocimiento como foro político de primer orden, y se sentía desgraciado.

Una de las máximas preferidas en Facebook es que «los datos vencen a los argumentos». Sin embargo, en lo que respectaba al argumento de Zuckerberg de que las *fake news* no eran un problema importante, la empresa no tenía ningún dato. Por muy convencido que estuviera el consejero delegado de que Facebook era inocente, no tenía ninguna prueba de cómo habían surgido las noticias falsas, cómo se habían difundido por la plataforma y si la campaña de Trump las había utilizado en su estrategia publicitaria.

Dos días después de desestimar la posibilidad de que Facebook hubiera influido en las elecciones de manera inapropiada, Zuckerberg se retractó. El 12 de noviembre escribió en Facebook:

> Después de las elecciones, mucha gente se pregunta si las noticias falsas han influido en el resultado y cuál es nuestra responsabilidad a la hora de impedir que las *fake news* se difundan. Son preguntas muy importantes y tengo un profundo interés en contestarlas correctamente.[5]

La nota, sin embargo, no llegaba a mencionar que Zuckerberg pensaba que los críticos podían tener algo de razón, puesto que no era así.

Al poco tiempo, Zuckerberg descubriría lo aleccionador que iba a ser el ajuste de cuentas. Una semana después de las elecciones, el periodista de *BuzzFeed News* Craig Silverman publicó un análisis que demostraba que, durante los últimos meses del proceso electoral, las *fake news* habían sido el contenido de Facebook más viral relacionado con las elecciones.[6] Una publicación que afirmaba falsamente que el papa había mostrado su apoyo a Trump había obtenido más de 900.000 «me gusta», reenvíos y comentarios, despertando más interés incluso que las noticias más divulgadas de la CNN, *The New York Times* o *The Washington Post*. El artículo demostraba que las falsedades más populares habían sido publicadas en apoyo de Trump.

Aquello fue un bombazo. El interés por el término «*fake news*» se disparó en Google el día de la publicación del artículo, y este se mantuvo entre los más populares durante años, primero cuando los críticos de Trump lo citaron como explicación de la victoria electoral del presidente y, posteriormente, cuando Trump adoptó el término para denigrar a la prensa en general.

El artículo causó preocupación en Facebook por razones que iban más allá de la publicidad negativa. Aunque el personal de Comunicaciones de la empresa había estado discutiendo la metodología de Silverman, los altos ejecutivos habían exigido que los científicos de datos de News Feed la replicasen. ¿Era realmente cierto que las mentiras habían sido el contenido más importante relacionado con las elecciones?

Al día siguiente, los empleados dieron una respuesta: casi.

Un análisis realizado deprisa y corriendo demostró que los datos utilizados por BuzzFeed eran ligeramente erróneos, pero la afirmación de que los bulos partidistas superaban a las noticias auténticas en Facebook era indiscutiblemente cierta. Los vendedores de bulos tenían una gran ventaja sobre las publicaciones legítimas: su material era siempre convincente y exclusivo. Por ejemplo, aunque montones de medios de comunicación generalistas habían escrito artículos contradictorios sobre los correos electrónicos filtrados de Clinton, ninguno de ellos podía competir con el titular: «WikiLeaks CONFIRMA que Hillary vendió armas al ISIS».

La conclusión inquietó a los ejecutivos de Facebook. Tan solo unos días antes, Zuckerberg había dicho que las falsedades vertidas por ambos bandos se anularían mutuamente de manera natural; un argumento que el artículo de BuzzFeed y ahora su propia investigación demostraban que era, en el mejor de los casos, más un deseo que una realidad.

La empresa ignoraba muchas cosas. ¿Por qué las *fake news* habían empezado a generar enormes cifras de participación? ¿Su éxito reflejaba las preferencias de los usuarios, la existencia de manipulación o algún defecto en el diseño de Facebook? ¿El problema era más grave en Facebook que en el resto de internet o en las cadenas de televisión o en un mitin electoral de Trump?

Para abordar esas preguntas iba a ser necesario que Facebook analizase y modificase su plataforma de una manera que habría sido inconcebible tan solo unos meses atrás. Tendría que determinar la verdad y, a continuación, modificar su ecosistema de modo que la favoreciera. En el mejor de los casos, la tarea habría sido desalentadora, mientras que las repercusiones de una campaña presidencial despiadada que empezaba a centrarse en la injerencia rusa en las elecciones no lo eran tanto.

Con el beneplácito de Zuckerberg, Mosseri encargó a un equipo de empleados de News Feed que empezara a cuantificar el problema de las *fake news* y que propusiera posibles soluciones. Para concentrarse en su delicada tarea, el equipo recogió sus bártulos con el resto del personal encargado de News Feed y se reubicó en lo más parecido que encontró a un rincón apartado en el Edificio 20, la oficina diáfana más grande del mundo.

El espacio, diseñado por Frank Gehry y acabado solo un año antes, estaba compuesto básicamente por soportes estructurales a la vista y paredes de cristal, en un guiño a la apuesta corporativa de Facebook por la conexión y la transparencia. No había sido construido para que la gente se escondiese.

3

A Chris Cox, la posibilidad de que los errores de Facebook hubieran podido alterar el resultado de las elecciones y hubieran menoscabado la democracia le preocupaba más que a ningún otro alto ejecutivo de la compañía. Cox, director de Producto de Facebook, se sentía enormemente afectado la semana siguiente a la victoria de Trump, sentimiento que no se guardaba en su círculo íntimo. Unos días después de las votaciones, un director de ingeniería de otra empresa al que había intentado fichar sin éxito le envió a Cox un correo electrónico ofreciéndole sus servicios y dándole un diagnóstico contundente: estaba claro que Facebook la había cagado, escribió el ejecutivo, y, en su opinión, la plataforma en su forma actual constituía una amenaza para un discurso público sano.

«Bien», respondió Cox a la oferta, añadiendo que, personalmente, se sentía fatal por ello.

Cox llevaba mucho tiempo preocupado por las repercusiones sociales de la plataforma y, especialmente, por su papel potencial a la hora de avivar las divisiones. En 2015, sorprendió a un candidato a un puesto ejecutivo debido al alcance de sus aspiraciones: «Le pregunté qué era lo más importante en lo que podía trabajar y [Cox] básicamente me dijo que en polarización, en personas que se sentían excluidas. Le daba la sensación de que Facebook podía desempeñar un papel importante a la hora de integrarlas de nuevo».

Después de las elecciones, Facebook se empezó a plantear más seriamente lo que permitía su plataforma. La compañía estableció determinadas defensas básicas. La principal responsabilidad de los problemas como el correo basura y el robo de paquetes de datos recayó en el Equipo de Integridad del Sitio Web; los problemas relacionados con la conducta de los usuarios fueron asignados a una unidad denominada Operaciones Comunitarias. La necesidad de llevar a cabo un trabajo como ese reflejaba la importancia cada vez mayor que le daban a la plataforma usuarios, anunciantes y estafadores de todo el mundo.

Más allá de la escala y la importancia de Facebook, existía otra razón por la cual la plataforma requería una mayor vigilancia. Facebook ya no era la red social que, como es bien sabido, Zuckerberg había creado en su dormitorio de Harvard. Pieza a pieza, el producto al que los empleados llamaban Blue había sido reemplazado. El producto resultante no solo era más complejo, sino también más volátil.

El camino recorrido por Facebook hasta convertirse en la mayor red social del mundo estuvo plagado tanto de ambición como de una paranoia justificada. A pesar de estar convencido de que Facebook estaba en la senda de cambiar el curso de internet y de la sociedad, Zuckerberg consideraba que cualquier otra plataforma que permitiera enviar mensajes y compartir o retransmitir contenidos representaba una amenaza para su existencia.

Esa creencia se remontaba a 2004, la época en que la plataforma estaba dirigida desde una casa alquilada en Palo Alto. Ante la primera señal de que otro producto similar a una red social pudiera estar poniéndose de moda en los campus universitarios, Zuckerberg declaraba un «cierre» durante el cual se esperaba que todo el mundo trabajase prácticamente sin descanso hasta que Facebook acabara de crear las herramientas que consideraba necesarias para mitigar la amenaza.

Esa estrategia consistente en hacer inmediatamente todo lo que hiciera falta se convirtió en motivo de orgullo para la empresa. En 2011, cuando Facebook contaba con una sede corporativa, un cartel de neón rojo con la palabra «CIERRE» estaba siempre preparado para la próxima emergencia. Un esprint de dos meses desencadenado por el rumor de que Google planeaba lanzar una red social dio origen a las aplicaciones de Grupos y Eventos de Facebook, y Zuckerberg concluyó una charla corporativa sobre la amenaza de Google haciendo referencia a un orador romano que finalizaba todos sus discursos con las palabras «*Carthago delenda est*»: «Cartago debe ser destruida».[1]

Incluso después de la derrota del apenas exitoso Google Plus, había una razón por la cual la compañía no podía nunca bajar la guardia. Las consecuencias en cadena hacían de las redes sociales un juego en el que el vencedor se lo llevaba todo y en el que las plataformas rivales eran tanto una amenaza como un obstáculo al libre flujo de información.

«Para Mark, Snapchat era lo que para Ronald Reagan el muro de Berlín», recordó un miembro del Equipo de Ciencia de Datos Central.

Facebook alardeaba explícitamente de querer crear herramientas que pudieran aplicarse a todos los aspectos de la vida analógica. Zuckerberg había comprado WhatsApp por 19.000 millones de dólares en 2014, tras expresar sus temores ante la competencia de los mensajes de texto, y estaba tratando de que Facebook pudiera competir con las páginas de citas y las de compraventa entre particulares. Las exigencias de crecimiento del consejero delegado eran exorbitantes. Según un artículo publicado posteriormente sobre los objetivos de Facebook, Zuckerberg declaró internamente que la compañía debía aspirar a un aumento del uso del 10 % anual *a perpetuidad*.[2] La responsabilidad de esa expansión exponencial infinita recaía tanto en el Equipo de Crecimiento como en los equipos de Ingeniería de la compañía.

Tal como le explicó a su director financiero en un correo electrónico en 2012, Zuckerberg creía que había «un número limitado de mecánicas sociales nuevas que inventar».[3] Siempre que surgiera alguna, escribió Zuckerberg, la compañía tendría que ponerse inmediatamente manos a la obra para copiarla, o bien adquirirla:

El plan fundamental consistiría en comprar esas empresas y dejar funcionar sus productos mientras, con el tiempo, incorporamos las dinámicas sociales inventadas por ellas a nuestros principales productos. Una forma de verlo es que, en realidad, lo que estamos comprando es tiempo.

Esta era la interpretación menos divertida y más paranoica del conocido lema de la empresa: «Muévete rápido y rompe cosas». Ese eslogan reflejaba tanto una exhortación arrogante a pisar a fondo el acelerador en lo referente al desarrollo de productos como la necesidad de estar atentos a lo que se avecinaba por el espejo retrovisor. El Libro Rojo, un documento interno corporativo publicado poco después de la salida a bolsa de la empresa, transformó ese temor en un lema motivacional: «Si no creamos lo que mate a Facebook, alguien lo hará».

Si cada nueva y rompedora característica de un producto de la competencia provocaba una crisis existencial, Facebook estaba destinado a convertirse en una especie de Frankenstein, cosido apresuradamente a partir de piezas de las plataformas rivales. La compañía copió su botón para compartir del de los retuits de Twitter, lanzó los vídeos en directo siguiendo el éxito de Periscope, le robó las publicaciones temporales de vídeo a Snapchat, e incorporó chats grupales de vídeo siguiendo el estilo de Houseparty. El robo descarado fue considerado al principio como algo vergonzoso, luego cobarde y, posteriormente, cómico. «Facebook ha copiado a Snapchat por cuarta vez y ahora todas sus aplicaciones parecen iguales», decía un memorable titular de *Recode*.

La necesidad de adaptarse rápidamente implicaba que habitualmente el código era imperfecto y que, en efecto, «rompía cosas». Una presentación de Ben Maurer, el cual supervisaba la fiabilidad de las infraestructuras de Facebook, señaló en 2015 que los fallos tendían a ocurrir especialmente cuando los ingenieros de la empresa se acercaban a un teclado. Durante un periodo de seis meses, las únicas dos semanas en las que no había habido ningún problema importante fueron «la semana de Navidad y la semana en la que los empleados tienen que evaluar a sus compañeros».[4]

No es que los ingenieros fueran incompetentes, sino que se limitaban a poner en práctica la máxima empresarial citada a menudo que afirma que «"Hecho" es mejor que "perfecto"». En lugar de aminorar la velocidad, dijo Maurer, Facebook prefería crear nuevos sistemas para minimizar los perjuicios provocados por un trabajo chapucero, creando cortafuegos para impedir una cascada de errores, descartando datos pasados por alto antes de permitir que se acumulasen en colas que colapsaran los servidores y rediseñando infraestructuras para poder restaurarlas rápidamente cuando se produjera el inevitable estallido.

Esa misma filosofía se aplicaba también al diseño de productos, con los bonus y los ascensos repartiéndose entre los empleados en función de cuántas funcionalidades habían «enviado», lo cual, en la jerga de los programadores, significaba incorporar un nuevo código a una *app*. Estas revisiones del «Ciclo de resumen de rendimiento», realizadas semestralmente, incentivaban a los empleados a finalizar productos en el plazo de seis meses, aun cuando eso significara que el producto acabado fuera solo mínimamente viable y estuviera insuficientemente documentado. Los ingenieros y los científicos de datos afirmaban vivir permanentemente en la incertidumbre en relación a dónde se recopilaban y almacenaban los datos: una tabla de datos mal etiquetada podía ser un archivo redundante o un componente crítico de un producto importante. Brian Boland, vicepresidente durante mucho tiempo de las divisiones de Publicidad y Asociaciones de Facebook, recordaba que un importante acuerdo de intercambio de datos con Amazon fracasó porque Facebook no pudo cumplir con la exigencia del gigante portal de ventas de no mezclar los datos de Amazon con los suyos.

«Construir cosas es mucho más divertido que asegurarlas —dijo refiriéndose a la actitud de la empresa—. Hasta que no haya una emergencia normativa o mediática, no te ocupas de ella.»

El flujo constante de emergencias y funcionalidades creadas de manera chapucera dio origen a la broma sarcástica de que Facebook era la *startup* más vieja del mundo y que las chapuzas eran la característica más perdurable de su cultura. En 2021, cuando Mike Schroepfer, en aquel momento director tecnológico, les preguntó a los ingenieros de la compañía cuál era su mayor frustración, la respuesta fue abrumadora.[5] «Siempre necesitamos que algo falle —a menudo de manera jodidamente espectacular— para despertar el interés por arreglarlo, porque recompensamos más a los héroes que a las personas que evitan que surja la necesidad de actuar con heroísmo», decía la respuesta más destacada en Workplace, la cual generó alrededor de mil reacciones positivas y multitud de comentarios que relataban fallos de ingeniería catastróficos pero evitables.

En el sistema no había demasiado espacio para el control de calidad. En lugar de tratar de restringir los contenidos problemáticos, por lo general Facebook prefería personalizar los *feeds* de los usuarios con lo que supuestamente preferirían ver. Si bien el hecho de no intervenir demasiado tenía ventajas desde un punto de vista práctico —vender publicidad que aparece junto a contenidos que no has revisado es un gran negocio—, Facebook llegó a considerarlo también una virtud moral. No es que la empresa no supervisara lo que hacían los usuarios, sino que era neutral.

Aunque la compañía había llegado a aceptar que tendría que aplicar cierto control, los altos ejecutivos continuaban sugiriendo que, en gran medida, la plataforma se autorregularía. En 2016, cuando la empresa estaba recibiendo presiones para que controlara más agresivamente la captación de terroristas, Sheryl Sandberg declaró ante el Foro Económico Mundial que la plataforma hacía lo que podía, pero que la solución más duradera a los mensajes de odio en Facebook era sepultarlos bajo mensajes positivos.

«El mejor antídoto contra los discursos negativos son los discursos positivos», declaró, explicando a la audiencia cómo activistas alemanes habían desautorizado la página de Facebook de un partido político con ataques de «me gusta» e inundándola de mensajes a favor de la tolerancia.[6]

Por definición, el contraargumento que Sandberg describía no funcionaba en Facebook. Por muy motivador que fuera el concepto, interactuar con contenidos maliciosos provocaba que la plataforma difundiera el material reprobable a una audiencia más amplia.

No obstante, la realidad de la mecánica de la plataforma, como la fe en la bondad de Facebook, se utilizaba a menudo para darle a la ambición de crecimiento de la compañía la apariencia de un imperativo moral. Esa confianza alcanzó su punto álgido en un documento interno redactado por Andrew «Boz» Bosworth, el cual había pasado de ser uno de los profesores ayudantes de Mark Zuckerberg en Harvard a convertirse en uno de sus adjuntos y consejeros de mayor confianza en Facebook. Bosworth escribió la circular, titulada «Lo feo», en junio de 2016, dos días después de que el asesinato de un hombre en Chicago fuera retransmitido en directo de manera inadvertida por Facebook. Tras enfrentarse al llamamiento de que la compañía se replanteara sus productos, Bosworth estaba formando a las tropas.

«A menudo hablamos de lo bueno y lo malo de nuestro trabajo. Yo quiero hablar de lo feo», empezaba diciendo la circular. Es obvio que conectar a las personas ha sido positivo, dijo, pero hacerlo a la escala de Facebook podía causar daño, ya fuera porque un usuario acosara a otro hasta el punto de lograr que se suicidara, o por utilizar la plataforma para organizar un atentado terrorista.

Que Facebook condujera de manera inevitable a tragedias de ese tipo era algo desafortunado, pero eso no era lo feo. Lo feo, según Boz, era que la compañía creía tan firmemente en su misión de poner a las personas en contacto entre sí que sacrificaría cualquier cosa con tal de llevarla a cabo. Al respecto, escribió:

> Esa es la razón por la cual todo el trabajo que hacemos en aras del crecimiento está justificado. Todas las prácticas cuestionables de importación de contactos. Todo el sutil lenguaje que contribuye a que las personas sean localizables por sus amigos. Todo el trabajo que realizamos para que haya más comunicación. El trabajo que probablemente tendremos que realizar en China algún día. Todo eso.

Tanto Facebook como Bosworth renegaron de ese argumento cuando *BuzzFeed News* publicó el documento dos años más tarde, pero eso no restó valor a su postura. Facebook *había* utilizado incorrectamente listas de contactos de personas para incrementar su crecimiento. *Había* redactado su política de privacidad de manera que ponía trabas y confundía a los usuarios que pretendían que sus perfiles fueran más privados. Y *había* trabajado para crear herramientas de censura como parte de su proyecto de tener acceso a China. Esas cosas eran feas y Facebook las había hecho conscientemente. La circular de Bosworth no era un experimento mental. Era el código que regía la vida de la compañía.

No todas las funcionalidades de los productos de Facebook habían sido copiadas. En 2006, la oficina de patentes de EE. UU. recibió la documentación relativa a «una pantalla generada automáticamente que contiene información relevante para un usuario sobre otro usuario de una red social». En lugar de obligar a la gente a buscar cosas de interés entre contenidos «dispersos y desorganizados», el sistema trataría de generar una lista de información «relevante» según un «orden de preferencia».

Los autores eran «Zuckerberg *et al.*» y el producto era News Feed.

La idea de mostrar a los usuarios flujos de actividad no era del todo nueva —el sitio web de intercambio de fotos Flickr, entre otros, ya habían estado experimentando con ella—, pero el cambio era enorme. Antes, los usuarios de Facebook interactuaban con la web básicamente a través de notificaciones, toques o mirando los perfiles de sus amigos. Con el lanzamiento de News Feed, los usuarios recibían un flujo de publicaciones y cambios de estado constantemente actualizado.

El cambio causó una gran conmoción entre los entonces diez millones de usuarios de Facebook, a los cuales no les gustó el hecho de que sus actividades fueran monitorizadas y que sus perfiles, hasta entonces estáticos, fueran analizados para obtener contenidos actualizados. Ante las protestas generalizadas,

Zuckerberg publicó una entrada tranquilizando a los usuarios: «Nada de lo que haces está siendo retransmitido: está siendo compartido con personas a las que les interesa lo que haces, tus amigos». Lo tituló «Tranquilo, respira, te hemos oído». Oír las quejas de los usuarios no era lo mismo que escucharlas. Como Chris Cox apuntaría más adelante en un evento con la prensa, News Feed fue un éxito inmediato a la hora de incrementar la actividad en la plataforma y poner en contacto a los usuarios. La participación se duplicó rápidamente y, a las dos semanas de su lanzamiento, más de un millón de miembros se habían afiliado con un único interés por primera vez. ¿La causa que había unido a tantas personas? La solicitud de que se erradicara el «stalkeador» ('fisgón') News Feed.

El opaco sistema contra el que los usuarios se levantaron era, en retrospectiva, bastante sencillo. Los contenidos aparecían, básicamente, en orden cronológico inverso, y se ajustaban manualmente para asegurarse de que la gente viera tanto las publicaciones más populares como material diverso. «Al principio, la clasificación de News Feed consistía en girar mandos», dijo Cox.

Manipular los diales funcionó bastante bien durante un tiempo, pero las listas de amigos de todo el mundo iban aumentando y Facebook fue incorporando nuevas funcionalidades como anuncios, páginas y grupos de interés. A medida que el entretenimiento, los memes y el comercio empezaron a competir con las publicaciones de amigos en el News Feed, Facebook tenía que asegurarse de que un usuario que se acababa de conectar viese las fotos del compromiso de su mejor amigo antes que la receta de enchilada de una página de cocina.

El primer intento de clasificación, que pasó a denominarse «EdgeRank», consistió en una fórmula sencilla que priorizaba los contenidos en función de la participación y la interrelación entre el usuario y el autor. Como algoritmo no era gran cosa: se trataba simplemente de un burdo intento de transformar en matemáticas la pregunta «¿Es nuevo, popular o de alguien que te importa?».

No se trataba de magia negra, pero los usuarios volvieron a rebelarse contra la idea de que Facebook influyera en lo que veían. Y, de nuevo, las cifras de uso de la red social se dispararon de manera global.

Los sistemas de recomendación de la plataforma estaban dando todavía sus primeros pasos, pero la disonancia entre la explícita desaprobación por parte de los usuarios y su entusiasta uso hizo que se llegara a la ineludible conclusión en el seno de la compañía de que era mejor ignorar las opiniones de la gente corriente sobre la mecánica de la red social. Los usuarios gritaban «¡Basta!», pero Facebook seguía avanzando y todo funcionaba de maravilla.

En 2010, la empresa quería pasar de la simple fórmula de EdgeRank a recomendar contenidos basados en aprendizaje automático, una rama de la inteligencia artificial consistente en enseñar a los ordenadores a diseñar sus propios algoritmos para la toma de decisiones. En lugar de programar los sistemas de Facebook para clasificar contenidos mediante un simple cálculo, los ingenieros los programarían para analizar la conducta de los usuarios y diseñar sus propias fórmulas de clasificación. Lo que la gente vería sería el resultado de una experimentación constante; la plataforma ofrecería todo aquello que, según sus predicciones, tenía más probabilidades de obtener un «me gusta» de un usuario, evaluando así sus propios resultados en tiempo real.

A pesar de la cada vez mayor complejidad de su producto y de la recopilación de datos a una escala nunca antes vista, Facebook aún no sabía lo suficiente de sus usuarios como para mostrarles anuncios relevantes. A las marcas les encantaba la atención y la expectación que podían generar al crear contenido en Facebook, pero las ofertas de pago de la empresa no les parecían atractivas. En mayo de 2012, General Motors anuló todo su presupuesto publicitario en Facebook. Un destacado ejecutivo del sector de la publicidad digital declaró que los anuncios de Facebook eran «básicamente de los anuncios menos rentables de internet».

La tarea de solucionar el problema le correspondería a un equipo dirigido por Joaquín Quiñonero Candela. Quiñonero era un español criado en Marruecos que estaba viviendo en

Reino Unido y trabajaba en inteligencia artificial para Microsoft en 2011 cuando amigos suyos desperdigados por el norte de África empezaron a hablar emocionados de las protestas impulsadas por las redes sociales. Las técnicas de aprendizaje automático que utilizaba para optimizar los anuncios de las búsquedas de Bing eran claramente aplicables en las redes sociales, las cuales habían sido utilizadas para derrocar cuatro gobiernos autocráticos y que casi habían hecho caer a varios más. «Me incorporé a Facebook gracias a la Primavera Árabe», dijo Quiñonero.

A Quiñonero, la forma en que Facebook creaba sus productos le parecía casi tan revolucionaria como sus resultados. Invitado por un amigo a visitar la sede de Menlo Park, quedó asombrado al ver por encima del hombro a un ingeniero que estaba llevando a cabo una importante actualización del código de Facebook sin supervisión. Confirmando hasta qué punto la empresa actuaba con más rapidez que Microsoft, Quiñonero recibió una oferta de trabajo de Facebook al cabo de una semana.

Quiñonero empezó a trabajar en la publicidad, y el momento no pudo ser más oportuno. Los avances en el campo del aprendizaje automático y en la velocidad de los ordenadores permitieron a la plataforma no solo clasificar a los usuarios en áreas demográficas («mujer heterosexual de San Francisco, veintitantos años, aficionada a ir de acampada y a bailar salsa»), sino también detectar correlaciones entre los contenidos en los que hacían clic y utilizar esa información para deducir qué anuncios les parecerían relevantes. Después de empezar con estimaciones casi aleatorias sobre cómo maximizar las probabilidades de que clicaran en un anuncio, el sistema aprendía a base de aciertos y errores, perfeccionando su modelo para predecir qué anuncios tenían más probabilidades de éxito. No era omnisciente; habitualmente, la recomendación de los anuncios era inexplicable. Sin embargo, el listón del éxito de la publicidad digital estaba bajo: si un 2 % de usuarios clicaba en un anuncio, era un triunfo. Con miles de millones de anuncios emitidos cada día, los ajustes en el algoritmo que generasen ganancias, aunque fueran modestas, podrían aportar unos ingresos de decenas —o incluso cientos— de millones de dólares. El equipo de Quiñonero se dio cuenta de que podía producir masivamente esas alteraciones. «Le dije a mi equipo que las lanzasen cada semana», dijo.

El ritmo rápido tenía sentido. La IA del equipo no solo estaba mejorando los ingresos, sino también la opinión de las personas sobre la plataforma. Los anuncios mejor dirigidos implicaban que Facebook podía ganar más dinero por usuario sin aumentar el volumen publicitario, y no había muchas cosas que pudieran salir mal. Cuando Facebook les propuso crema fijadora para dentaduras postizas a los adolescentes, no se hundió el mundo.

La publicidad era la cabeza del aprendizaje automático en Facebook y, al poco tiempo, todo el mundo quería sacar tajada. Para los ejecutivos de producto encargados de incrementar el número de grupos, amigos y publicaciones que se incorporaban a Facebook, el atractivo era evidente. Si las tácticas de Quiñonero podían aumentar la frecuencia con que los usuarios prestaban atención a los anuncios, podrían aumentar la frecuencia con que prestaban atención al resto de las cosas de la plataforma.

Todos los equipos responsables de clasificar o recomendar contenidos se apresuraron a ajustar sus sistemas lo más rápidamente posible, provocando una explosión en la complejidad del producto de Facebook. Los empleados se dieron cuenta de que, a menudo, las mayores ganancias no provenían de iniciativas deliberadas, sino simplemente de juguetear, aunque pareciera perder el tiempo. En lugar de rediseñar los algoritmos, lo cual era lento, los ingenieros obtenían buenos resultados con experimentos de aprendizaje automático realizados deprisa y corriendo y que equivalían a lanzar cientos de algoritmos existentes contra la pared y ver qué versiones se quedaban pegadas; es decir, cuáles se ajustaban más a los usuarios. No sabían necesariamente por qué influía una variable o cómo un algoritmo daba mejores resultados que otro a la hora de, por ejemplo, predecir la probabilidad de que se publicasen comentarios. Sin embargo, podían seguir trasteando hasta que el modelo de aprendizaje automático produjese un algoritmo que, estadísticamente, consiguiese mejores resultados que el existente, y eso ya valía.

Sería difícil de imaginar un enfoque de creación de sistemas que reflejase mejor el eslogan «Muévete rápido y rompe cosas». Pero Facebook quería más. Zuckerberg cortejó a Yann LeCun, un informático francés especializado en *deep learning*, es decir, en la creación de sistemas informáticos capaces de procesar información inspirándose en el pensamiento humano. LeCun, que ya era conocido por haber creado las técnicas pioneras de IA que posibilitaron el reconocimiento facial, fue puesto al mando de una división que pretendía colocar a Facebook en la vanguardia de las investigaciones fundamentales de la inteligencia artificial.

Como consecuencia de su éxito con los anuncios, a Quiñonero se le encomendó una tarea igual de formidable: incorporar el aprendizaje automático al flujo sanguíneo de la compañía lo más rápidamente posible. Su plantilla inicial, compuesta por dos docenas de empleados —el equipo responsable de crear nuevas herramientas fundamentales de aprendizaje automático y ponerlas a disposición de otras partes de la compañía—, había ido aumentando a lo largo de los tres años transcurridos desde su contratación. No obstante, aún no era, ni de lejos, lo bastante grande como para poder ayudar a todos los equipos de Producto que necesitaban asistencia con el aprendizaje automático. Los conocimientos para crear un modelo desde cero eran demasiado especializados como para que los ingenieros los adquirieran rápidamente, y no se puede aumentar la oferta de doctores en aprendizaje automático con dinero.

La solución fue crear FB Learner, una versión estilo «pinta y colorea» del aprendizaje automático. Agrupaba técnicas en una plantilla que podía ser utilizada por los ingenieros, quienes, literalmente, no entendían qué estaban haciendo. El FB Learner hizo del aprendizaje automático en Facebook lo que en su día habían hecho servicios como WordPress para crear páginas web, haciendo innecesario trastear con el HTML o configurar un servidor. Sin embargo, en vez de crear un blog, los ingenieros en cuestión tenían que trastear con las entrañas de lo que se estaba convirtiendo rápidamente en una importante plataforma de comunicación mundial.

Muchos en Facebook eran conscientes de las cada vez mayores preocupaciones en torno a la IA fuera de los muros de la compañía. Los algoritmos mal diseñados que pretendían favorecer la atención sanitaria penalizaban a hospitales que trataban a pacientes más enfermos, y modelos que pretendían valorar el riesgo de reincidencia de un reo candidato a la libertad condicional resultaron estar sesgados a favor de que los negros permaneciesen en la cárcel. Sin embargo, en una red social esos problemas parecían muy lejanos.

Un usuario entusiasta de FB Learner describiría más adelante la difusión masiva del aprendizaje automático en Facebook como «entregar lanzamisiles a ingenieros de veinticinco años». No obstante, en aquel momento, Quiñonero y la empresa lo consideraron un triunfo.

«Los ingenieros y los equipos, aun cuando tengan poca experiencia, pueden crear y realizar experimentos con facilidad y poner en marcha productos impulsados por la IA más rápido que nunca», declaró Facebook en 2016, alardeando de que el FB Learner estaba procesando billones de puntos de datos cada día sobre la conducta de los usuarios y que los ingenieros realizaban 500.000 experimentos sobre ellos cada mes.

La enorme cantidad de datos recopilados por Facebook —y unos resultados de la focalización de los anuncios tan positivos que a menudo los usuarios sospechaban (erróneamente) que la compañía espiaba sus conversaciones fuera de internet— dieron origen a la afirmación de que «Facebook lo sabe todo de ti».

Aquello no era del todo correcto. Las maravillas del aprendizaje automático habían ocultado sus limitaciones. Los sistemas de recomendación de Facebook se basaban en la simple correlación de la conducta de los usuarios, no en la identificación de los gustos e intereses de los usuarios para luego ofrecerles contenidos basados en ellos. News Feed no te podía decir si te gustaba patinar sobre hielo o el *motocross*, el hip-hop o el K-pop y no podía explicar en términos humanos por qué una publicación aparecía antes que otra en tu *feed*. Aunque esta inexplicabilidad era una desventaja evidente, los sistemas de recomendaciones basados en el aprendizaje automático reflejaban la fe inquebrantable de Zuckerberg en los datos, los códigos y la personalización. Sin limitaciones humanas, errores ni sesgos, los algoritmos de Facebook eran capaces, en su opinión, de lograr una objetividad sin parangón y, lo que quizás era más importante, la eficiencia.

Otro ámbito de trabajo del aprendizaje automático consistía en averiguar qué contenido aparecía realmente en las publicaciones que Facebook recomendaba. Conocidos como «clasificadores», eran sistemas de IA programados para el reconocimiento de patrones en grandes conjuntos de datos. Años antes de la creación de Facebook, los clasificadores habían demostrado scr indispensables en la lucha contra el correo basura, permitiendo a los servidores de correo electrónico ir más allá del simple filtrado de palabras clave que pretendía bloquear *emails* masivos sobre, por ejemplo, «Vi@gra». Al procesar y comparar una ingente colección de correos electrónicos —algunos identificados como correo basura y otros no— un sistema de aprendizaje automático podía desarrollar su propia rúbrica para distinguirlos. Una vez «entrenado», este clasificador analizaba por sí solo los correos electrónicos entrantes y predecía las probabilidades de que cada mensaje se enviara a la bandeja de entrada, a la carpeta de correo no deseado o directamente al infierno.

Cuando los expertos en aprendizaje automático empezaron a llegar a Facebook, la lista de preguntas que los clasificadores pretendían responder había aumentado e iba mucho más allá de «¿Es correo basura?», en gran parte gracias a personas como LeCun. Zuckerberg era optimista sobre sus avances y aplicaciones futuras para Facebook. En 2016, predijo que los clasificadores superarían las capacidades humanas de percepción, reconocimiento y comprensión en un plazo de entre cinco y diez años, lo que le permitiría a la compañía acabar con las conductas inapropiadas y dar pasos de gigante a la hora de conectar el mundo. Esa predicción resultó más que optimista.

A pesar de que las técnicas mejoraban, los paquetes de datos aumentaban y los procesos se aceleraban, uno de los inconvenientes del aprendizaje automático persistía. Los algoritmos creados por la empresa se negaban obstinadamente a explicar su funcionamiento. Los ingenieros podían evaluar el éxito de un clasificador probándolo para ver qué porcentaje de sus juicios eran correctos (su «precisión») y qué parte de una cosa detectaban (su «recuerdo»). Sin embargo, como el sistema aprendía autónomamente la forma de identificar algo basándose en una lógica diseñada por sí mismo, cuando erraba no había un motivo humano identificable.

En algunas ocasiones, los errores parecían absurdos. En otras, eran sistemáticos y reflejaban un error humano. Arturo Béjar recordaba que, durante los primeros intentos por parte de Facebook de implementar un clasificador para detectar pornografía, el sistema trataba sistemáticamente de identificar imágenes de camas. En lugar de aprender a identificar a gente follando, el modelo había aprendido a reconocer los muebles donde lo hacían más a menudo.

El problema tenía fácil solución: los ingenieros simplemente tenían que entrenar al modelo con más escenas para adultos. La cosa tendría gracia siempre y cuando no se tuviera en cuenta que la forma de aprendizaje que los ingenieros acababan de fastidiar era una de las más básicas utilizadas por Facebook. Se continuaron produciendo errores básicos parecidos, incluso cuando la compañía recurrió a técnicas de IA mucho más avanzadas para tomar decisiones más importantes y complejas que «porno/no porno». La empresa apostó muy fuerte por la IA, tanto para determinar lo que la gente debería ver como para solucionar cualquier problema que pudiera surgir.

Era incuestionable que la informática se encontraba en un momento deslumbrante y generaba beneficios concretos. Sin embargo, la velocidad, la amplitud y la escala de la adopción del aprendizaje automático por parte de Facebook tenían como contrapartida su ininteligibilidad. ¿Por qué el algoritmo de las «Páginas que te podrían gustar» de Facebook parece tan centrado en recomendar determinados temas? ¿Cómo acaba un fragmento de un vídeo de una animación por ordenador de implantes dentales siendo visto cien millones de veces? ¿Y por qué algunos creadores de contenido se hacían virales cuando se limitaban a reescribir los artículos de otros medios? Al enfrentarse a estas preguntas, el Equipo de Comunicaciones de Facebook se dio cuenta de que los sistemas de la compañía respondían a la conducta de la gente y de que los gustos no se tenían en cuenta. Se trataba de argumentos difíciles de rebatir. Además, ocultaban un dato incómodo: Facebook estaba creciendo de maneras que no comprendía del todo.

Al cabo de cinco años de anunciar que estaba empezando a utilizar el aprendizaje automático para recomendar contenidos y focalizar la publicidad, los sistemas de Facebook dependían tanto de la IA capaz de aprender por sí sola que, según declaró orgullosamente Yann LeCun, sin la tecnología lo único que quedaría de los productos de la plataforma sería «polvo».

Como casi todos los miembros de los equipos de Producción de Facebook, Joaquín Quiñonero tenía lo que él denominaba una «mentalidad de ingeniero». El éxito consistía en identificar un problema y, a continuación, crear algo eficaz, poderoso y ampliamente utilizado para abordarlo. «Obviamente, no preví las consecuencias imprevistas de incorporar el aprendizaje automático simplificado a un producto», dijo.

La llegada del aprendizaje automático a la clasificación del *feed* fue un tema muy importante en su momento, si bien muy pocos en Facebook, en el mejor de los casos, entendieron de entrada que la compañía estaba cruzando el Rubicón. Facebook no estaba cambiando solamente el orden en que las personas veían las publicaciones, sino que estaba cambiando toda la dinámica de la vida social en internet.

Antes de la clasificación del *feed*, hacerse amigo de alguien significaba poner en cola todas sus publicaciones futuras, una perspectiva poco apetecible si se trataba de simples conocidos o de un familiar que publicaba sin cesar. Igual que sucedía en la vida fuera de internet, solo podías mantener el contacto con un número limitado de personas y formar parte de un número limitado de grupos.

La clasificación acabó con ese coste social. Los usuarios podían seguir a centenares de personas y páginas sin que su cuenta se viese saturada; idealmente, los contactos lejanos solo se mostrarían cuando publicasen algo excepcionalmente interesante. El cambio hizo que el hecho de seguir a alguien fuera menos significativo, por lo que los usuarios pudieron dejar de seleccionar sus grupos de amigos; un cambio radical respecto a la vida social fuera de internet. Con el aumento de las listas de amigos, la plataforma se hizo más pública, animando a la gente a crear contenidos que podrían ser más populares, dirigidos a un público más amplio, así como a no publicar cosas íntimas que no les gustaría divulgar a simples conocidos, o incluso a personas a las que en realidad no conocían. A medida que la plataforma fue madurando y su base de usuarios alcanzó la cifra de miles de millones, Facebook se dispuso a aplicar los indicadores de éxito. Desde el principio, el más valorado por los altos directivos fue el Daily Average People ('media de personas por día') o DAP, el número de usuarios individuales que se conectaban un día determinado. Una vez que ese indicador se incorporó a la dinámica de Facebook para acelerar su crecimiento, la compañía pasó a centrarse en las sesiones —el número acumulado de veces que los seres humanos se conectaban a Facebook cada día—, así como en el tiempo que permanecían conectados y en los indicadores de producción y consumo de tipos de contenido específicos. Por último, había una enorme categoría de indicadores de participación que iban desde los fundamentales (publicaciones compartidas) a los secretos (interacciones con notificaciones con motivo de cumpleaños).

Un objetivo que brillaba por su ausencia en el debate cotidiano era el económico. Incluso para los empleados responsables de la focalización de los anuncios, se suponía que la «relevancia» era más importante que los dólares y los centavos. Entre el personal de producción, estaba prohibido hablar se las consecuencias económicas de las decisiones de Facebook y, por lo general, los conflictos entre uso y beneficio se resolvían a favor del uso. «No creamos servicios para ganar dinero; ganamos dinero para crear mejores servicios», escribió Zuckerberg en 2012 en un Libro Rojo que pretendía englobar los revolucionarios valores de Facebook. En teoría, el libro, presente en el escritorio de cada nuevo empleado, había sido creado para celebrar que la plataforma había alcanzado los mil millones de usuarios. Sin embargo, apareció solo unos pocos meses después de la oferta pública inicial de Facebook. En el contexto de un mercado masivo que se expandía rápidamente, la misión de la compañía, consistente en hacer del mundo un lugar más abierto y conectado, podía ser en ocasiones difícil de distinguir de la más prosaica búsqueda de asegurarse la cuota de mercado.

Con el tiempo, a medida que el crecimiento se hacía más difícil de lograr, Facebook fue recurriendo cada vez más a una característica concreta de su plataforma: la viralidad. La pasión del propio Zuckerberg por el fenómeno se hizo patente en 2014, cuando participó en el reto del cubo de agua helada, consistente en echarse por la cabeza agua helada para concienciar a la gente sobre la enfermedad neurológica degenerativa ELA y recaudar fondos para apoyar la investigación de su cura... y para publicar el vídeo en Facebook junto a otros millones de usuarios. El reto del cubo de agua helada recaudó más de cien millones de dólares para la principal organización sin ánimo de lucro dedicada a ayudar a los enfermos de ELA, la ALS Association. Zuckerberg lo citaría durante años como prueba de los beneficios de la compañía para cambiar el mundo.

Para fomentar la viralidad, Facebook modificó el diseño de su News Feed para animar a la gente a clicar en el botón de compartir o seguir una página al ver una publicación. Los ingenieros alteraron el algoritmo de Facebook para aumentar la frecuencia con la que los usuarios veían contenidos compartidos por personas a las que no conocían. Asimismo, Facebook empezó a buscar «fricciones» —cualquier cosa que ralentizara o limitara la actividad de los usuarios— con el objetivo de eliminarlas. Uno de esos cambios permitía a los usuarios crear un número ilimitado de páginas. Otro les permitía publicar el mismo material en múltiples grupos a la vez. Una tercera novedad daba prioridad a la recomendación de cuentas que tenían más probabilidades de aceptar una solicitud de amistad. Aunque las mecánicas eran distintas, todas tenían como objetivo que Facebook fuera más rápido. En ocasiones, algún empleado señaló que los comportamientos fomentados por la compañía eran un poco extraños. En una nota titulada «El 1 % amistoso», un científico de datos señaló que, después de dedicar años a «optimizar el número de amistades», la actitud al respecto era cada vez más desigual. Solamente el 0,5 % de las cuentas eran responsables de la mayoría de los nuevos contactos creados, y esos usuarios enviaban más de cincuenta solicitudes diarias. ¿Era posible que esos promiscuos solicitantes de amistad no estuvieran creando relaciones genuinamente valiosas?

Como reacción a esto, sus colegas se plantearon ajustar el algoritmo de las «Personas que tal vez conozcas» o restringir la posibilidad de los usuarios de realizar más de cien solicitudes de amistad en días consecutivos. Sin embargo, aparentemente nadie se planteó que el desequilibrado aumento de amistades de Facebook fuese un problema urgente.

Las herramientas de la compañía se estaban volviendo más complejas, pero no así sus objetivos ni sus métodos. Facebook quería que sus usuarios publicasen, compartiesen y consumiesen más contenidos y estaba dispuesto a modificar la plataforma tanto como fuera necesario, tras unas breves comprobaciones, con tal de lograrlo. La compañía quería crecer, y no tenía muchos miramientos sobre la forma de conseguirlo.

Antes de las elecciones de 2016, mientras arraigaban todos esos cambios, gran parte de las preocupaciones de Chris Cox tenían que ver con lo que estaba sucediendo con Facebook en el extranjero. Casado con una mujer tailandesa que había dirigido un prestigioso documental sobre una trabajadora sexual de Bangkok, tenía más en cuenta a los usuarios internacionales de la empresa que la mayoría. (Además, es budista practicante y conocido por ser un tipo muy majo.)

Facebook se había tirado de cabeza a la expansión internacional en 2008, recurriendo a la colaboración de sus usuarios para la traducción de su sitio web. Al cabo de dos años, la compañía ofrecía sus servicios en setenta y cinco lenguas distintas. Sin embargo, contratar a personas que hablasen esas lenguas era otra historia.

Desgraciadamente, la ofensiva de Facebook en el extranjero tuvo lugar justo cuando Sheryl Sandberg estaba intentando imponer controles de gasto antes de la oferta pública inicial de Facebook. Para ello, había ordenado la congelación de la plantilla del Departamento de Operaciones Comunitarias, el equipo encargado de eliminar los insultos, las amenazas, los fraudes y otras actividades ilegales que localizaran, generalmente gracias a las denuncias de los usuarios.

«Íbamos por detrás ya desde el principio, y todas esas otras regiones se estaban convirtiendo en puntos conflictivos —dijo Charlotte Willner, responsable del Equipo de Soporte Internacional durante casi tres años—. Si quería contratar a alguien que hablase árabe egipcio, no podía contratar a alguien que hablase coreano.» Incluso en algunos de los mayores mercados extranjeros de Facebook, la empresa dependía por completo del traductor de Google para controlar los contenidos de los usuarios.

Un día, Willner leyó por casualidad un informe de una ONG en el que se documentaba el uso de Facebook para preparar y organizar encuentros con numerosas chicas jóvenes que eran secuestradas y vendidas como esclavas sexuales en Indonesia. En aquel momento, Zuckerberg estaba trabajando para mejorar sus habilidades de oratoria y les había pedido a sus empleados que le plantearan preguntas difíciles. Así que, durante una reunión con todo el personal de la compañía, Willner le preguntó por qué la empresa había destinado dinero a su primer anuncio de televisión —un *spot* de noventa segundos en el que se comparaba a Facebook con sillas y otras estructuras útiles—, pero no había presupuesto para contratar empleados que abordasen el conocido papel desempeñado por su plataforma en el secuestro, la violación y el esporádico asesinato de niños indonesios.

Físicamente, Zuckerberg pareció enfermar. Le dijo que tenía que investigar el tema. En el plazo de una semana, hubo financiación para la plantilla solicitada por Willner.

Ella no culpaba personalmente a Zuckerberg de la situación. «Mark no pensaba en absoluto en hacer esa concesión, pero, en algún punto de esta cadena gigantesca, alguien tomó la decisión —dijo—. Así es como funcionan las grandes organizaciones.»

Puede que la jugada de Willner para conseguir recursos resultara ganadora, pero no equivalía a un toque de atención. Cuando se levantó la prohibición de contratación de personal, dijo Willner, la compañía se había quedado irremediablemente rezagada en los mercados en los que, según ella, la plataforma tenía más probabilidades de ser utilizada incorrectamente. Cuando abandonó Facebook en 2013, había llegado a la conclusión de que la empresa nunca se recuperaría.

Las elecciones presidenciales de EE. UU. aún estaban en el horizonte en el verano de 2016, cuando Cox congregó a un grupo de trabajo compuesto por ingenieros, sociólogos, economistas y científicos de datos. Sus preocupaciones acerca de la polarización habían ido en aumento, y un tema de preocupación central de este nuevo grupo eran las «burbujas de filtros».

Se trataba de un fenómeno que se había popularizado años atrás en una charla TED de Eli Pariser, fundador del grupo de defensa progresista MoveOn.org. La idea era sencilla: a medida que las empresas internáuticas personalizaban cada vez más los contenidos que recomendaban a los usuarios, esas personas tendrían una visión más estrecha del mundo. La Primavera Árabe se estaba desarrollando en ese momento y Pariser demostró la idea de las burbujas de filtros cuando les pidió a sus amigos que buscaran «Egipto» en Google. Los resultados obtenidos por uno de sus amigos estaban repletos de enlaces a informaciones sobre la rebelión que estaba teniendo lugar. Los resultados de otro amigo omitían el levantamiento en favor de consejos para viajeros y fotos de las pirámides. La charla de Pariser de 2011 desencadenó un debate sobre si era posible que esa personalización crease «cajas de resonancia» en las que las personas recibían únicamente información que se ajustaba a su visión del mundo.

En 2015, Facebook publicó un documento en la prestigiosa revista *Science*, analizando si las recomendaciones de su News

Feed exponían a sus usuarios a una información más partidista de aquella a la que tendrían acceso por sí mismos. El veredicto del documento, basado en la revisión de los News Feeds de 10 millones de usuarios, fue que «las decisiones individuales limitan la exposición a contenidos que llaman la atención más que a los algoritmos». En un comunicado de prensa, Facebook presentó la investigación como una forma de desmentir las preocupaciones acerca de las burbujas de filtros. Un análisis crítico de *Wired* cuestionó la metodología de lo que se conocería como el estudio «No es culpa nuestra» de Facebook, pero, a pesar de todo, el trabajo fue objeto de miles de citas en investigaciones futuras.

Igualmente preocupante fue el análisis compartido con el grupo de trabajo en relación con una serie de publicaciones de noticias en Facebook, concretamente las destinadas a fanáticos furibundos. Sitios web con nombres genéricos en la línea de 365USANews producían un enorme tráfico en Facebook con titulares gramatical y objetivamente incorrectos.

Un científico de datos implicado en el estudio afirmó:

> Al parecer, las páginas demencialmente extremistas se alimentaban del material que les proporcionaba Facebook. Si Facebook les cerrara el grifo, Google y el tráfico orgánico no las respaldarían. Esa fue la primera documentación real al respecto.

Por muy destacable que fuera aquella conclusión —además, en pleno periodo electoral— al equipo responsable no se le pidió que realizara cambios de manera inmediata. El trabajo estaba destinado únicamente para uso interno de la compañía. «Avanzaba con relativa lentitud, y las personas involucradas eran un poco más académicas», recordó una persona implicada en el Equipo de Clasificación del News Feed.

Aunque los miembros del grupo se hubieran puesto manos a la obra, se habrían topado con un obstáculo: Zuckerberg había ordenado personalmente que la compañía se apartase de cualquier cosa que pareciese depuración humana.

La orden derivaba de una controversia surgida en torno a los «Trending Topics» de Facebook, una lista actualizada regularmente de las noticias más candentes de la web. En los *trending topics*, creados en 2014 como un intento de competir con Google News y Twitter, Facebook empleó sus sistemas automatizados para mostrar los temas que estaban adquiriendo más popularidad. A continuación, los miembros de un equipo reducido seleccionaban una noticia a la que promocionaban con una breve reseña. Parte del material tenía que ver con la política, parte con el entretenimiento y todo ello se agrupaba en una pequeña casilla en la esquina superior derecha de la página. Se trataba de un producto secundario, básicamente desconectado de la clasificación principal del News Feed de Facebook.

Sin embargo, el aletargado estatus de la función cambió en mayo de 2016, cuando Michael Núñez, periodista de la web especializada en tecnología *Gizmodo*, escribió una serie de artículos sobre su opaca mecánica. En el primero de ellos, Núñez entrevistó a las personas que editaban los *trending topics*, revelando a un grupo de profesionales de la comunicación de la Ivy League subcontratados a través de una agencia de colocación y que trabajaban en el sótano de la sede de Facebook en Nueva York (dos de los cuales resultarían ser antiguos compañeros de habitación de Núñez). «En realidad, nadie sabe muy bien cómo funciona y la compañía no lo dice», escribió el periodista.

La compañía, que únicamente aportó un breve comentario para el artículo, se arrepentiría de no haber entrado al trapo. Si bien la entrevista causó mucho revuelo en los medios de comunicación, eso no fue nada comparado con el artículo publicado por Núñez una semana después, titulado «Extrabajadores de Facebook: "Habitualmente eliminábamos las noticias conservadoras"». La impactante afirmación de sesgo político del titular procedía en gran medida de un antiguo contratista que había llevado un registro de temas populares entre los conservadores y que creía que sus colegas habían desdeñado noticias tales como las alegaciones relativas a la funcionaria de la Hacienda Pública de EE. UU., Lois Lerner, y cualquier otra sobre el polémico cómico conservador de YouTube Steven Crowder.

En el artículo de Núñez no se afirmaba en ningún momento que la compañía hubiera pedido a nadie que influyera contra los conservadores. La única exigencia por parte de la compañía era que el equipo evitase destacar las noticias que hicieran referencia a Facebook. Al respecto, Núñez escribió:

Dicho de otro modo, la sección de noticias de Facebook funciona como una sala de redacción tradicional, en la que se reflejan las tendencias de sus trabajadores y los imperativos institucionales de la corporación. Imponer valores editoriales humanos en las listas de temas que suelta un algoritmo no es malo en absoluto, pero contrasta claramente con la afirmación de la compañía de que el módulo de tendencias se limita a crear listas de «temas que recientemente han adquirido popularidad en Facebook».

Aunque el meollo del artículo se redujese a «Facebook llevó a cabo cierta supervisión humana», el fantasma del sesgo intencionado abrió la caja de Pandora en el mismo instante en que la demonización de los medios de comunicación por parte de Trump se estaba convirtiendo en uno de los temas centrales de su campaña.

Katie Harbath se encontraba en Filipinas en el momento de la publicación del artículo y se enteró cuando en su News Feed empezaron a aparecer publicaciones indignadas de sus amigos republicanos. Le pasó el teléfono a un empleado del Departamento de Comunicaciones de Facebook y le dijo que la compañía estaba a punto de convertirse en una pieza central de las acusaciones de falta de objetividad en los medios de comunicación por parte de los conservadores. Tenía razón. La tarea de acallar el clamor le fue asignada a Molly Cutler, abogada y asistente de confianza de Sheryl Sandberg. Parte del trabajo de Cutler consistía en realizar análisis internos, gracias a los cuales descubrió que la atención prestada a los medios conservadores y liberales por parte de los *trending topics* era «prácticamente idéntica»: Trump había sido el tema más ampliamente debatido en ambos.

Sin embargo, aquello no era suficiente para Zuckerberg. La compañía se apresuró a organizar una reunión entre el consejero delegado y «líderes conservadores» —entre los que se incluían Glenn Beck, Tucker Carlson y Barry Bennett, un ayudante de campaña de Trump—, en la cual Zuckerberg se comprometió a defender diligentemente la neutralidad de la plataforma. «Quería escuchar sus preocupaciones personalmente y dialogar abiertamente sobre cómo podíamos generar confianza», publicó Zuckerberg en Facebook después de la reunión.

Al cabo de unos meses, Facebook despidió al Equipo de Trending Topics al completo, enviando a un guarda de seguridad para que acompañase a sus miembros fuera del edificio. En un comunicado de prensa se informó de que la compañía siempre había aspirado a que la funcionalidad de los *trending topics* fuera completamente automatizada, y así lo iba a ser a partir de entonces. Si una noticia se situaba en los primeros puestos según los indicadores de publicaciones virales de Facebook, encabezaría también los *trending topics*.

Las consecuencias del cambio no fueron sutiles. Libre de las ataduras de las valoraciones humanas, el código de Facebook empezó a recomendar a los usuarios que se fijaran en la celebración del «Día Nacional del Topless», en una noticia falsa según la cual Megyn Kelly había sido despedida de Fox News y en una noticia demasiado detallada titulada: «Un hombre se graba manteniendo relaciones sexuales con un sándwich McChicken».

Dejando de lado los sentimientos del equipo encargado de las redes sociales de McDonald's, existían motivos para dudar de que la atención generada por esa última noticia reflejase un verdadero interés por el sexo con sándwiches por parte del público: gran parte de la atención procedía aparentemente de personas que habrían deseado no haber visto nunca un contenido tan aberrante. A pesar de todo, Zuckerberg prefería que fuera así. La percepción de neutralidad por parte de Facebook era primordial; era mejor algo dudoso o de mal gusto que la falta de objetividad.

«Zuckerberg dijo que teníamos que librarnos de cualquier cosa que conllevara intervención humana tanto como fuera posible», recordó un miembro del antiguo Equipo de Polarización.

Una de las primeras víctimas de este enfoque fue la única herramienta de la compañía para combatir los bulos. Durante más de una década, Facebook había evitado eliminar incluso los bulos más evidentes, lo cual no se debía tanto a una postura basada en sus principios, sino más bien a que se trataba de la única opción posible para la *startup*. «Éramos un grupo de estudiantes universitarios en una habitación —dijo Dave Willner, el marido de Charlotte Willner y el tipo que redactó las primeras normas sobre el contenido de Facebook—. Carecíamos por completo del equipo y la cualificación necesarios para decidir la historia correcta del mundo.»

Sin embargo, cuando la compañía empezó a generar beneficios anuales de miles de millones de dólares, disponía, como mínimo, de recursos para abordar el problema de la información falsa. A principios de 2015, la compañía anunció que había descubierto el modo de combatir los bulos sin tener que verificar los datos, es decir, sin juzgar por sí misma su veracidad. Simplemente, eliminaría los contenidos denunciados como falsos por los usuarios de manera desproporcionada.

No había nadie tan ingenuo como para pensar que aquello no iba a generar polémica, o que no se haría un mal uso de la funcionalidad. Durante una conversación con Adam Mosseri, un ingeniero preguntó cómo abordaría la compañía, por ejemplo, los falsos «desmentidos» del calentamiento global provocado por el hombre, que eran habituales entre la derecha estadounidense. Mosseri reconoció que el tema del cambio climático sería delicado, pero dijo que aquello no era motivo para no seguir adelante: «Has elegido el caso más complicado; la mayoría no lo serán tanto».

Facebook hizo público su trabajo para combatir los bulos con pocas alharacas en un comunicado en el que señalaba literalmente que los usuarios denunciaban de manera fidedigna noticias falsas. Lo que omitía era que los usuarios también denunciaban como falsas las noticias que no les gustaban, independientemente de su veracidad.

Para cortar de raíz una avalancha de falsos positivos, los ingenieros de Facebook planificaron su trabajo en torno a una «lista blanca» de proveedores de confianza. Ese tipo de listas son habituales en el mundo de la publicidad digital y permiten, por ejemplo, que los joyeros compren anuncios en una serie de páginas web acreditadas para novias, mientras que excluyen dominios como www.wedddings.com. El sistema de listas blancas de Facebook era más o menos igual: recopilaba una lista muy amplia de sitios de noticias acreditados cuyas publicaciones se trataban como fuera de toda duda.

La solución era burda y colocaba en desventaja a medios poco conocidos, especializados en informaciones veraces aunque polémicas. Sin embargo, sí que redujo eficazmente el éxito de las noticias virales falsas en Facebook. Así fue, al menos, hasta que la compañía se enfrentó a acusaciones de parcialidad en relación con los *trending topics*. En ese momento, Facebook interrumpió la medida de forma preventiva.

La desactivación de la defensa de Facebook contra los bulos fue una de las razones por las cuales surgieron las *fake news* en otoño de 2016. A solo unos meses de las elecciones presidenciales, la directiva de Facebook acababa de levantar el pie del freno.

«Todo ello fue consecuencia directa de la atención de los medios de comunicación en el tema de los *trending topics* —señaló el miembro del personal encargado de la clasificación del News Feed—. Provocó un punto ciego terrible.»

4

El FBI quería reunirse con James Barnes y sus abogados en el aparcamiento de un Holiday Inn de Washington D. C.

Allí se detuvo una limusina negra con dos hombres en el asiento delantero que le dijeron a Barnes que se sentara en el medio, entre los dos abogados de Facebook. A continuación, le condujeron al anodino edificio de oficinas en el que Robert Mueller había llevado a cabo la investigación de la injerencia rusa en las elecciones de 2016. Una vez dentro, los hombres pasaron sin dilación al interrogatorio. Querían saber si había algún ruso en la oficina de San Antonio.

«Tenéis que estar de broma», respondió Barnes.

«De acuerdo, pero sabes que teníamos que preguntártelo», replicó uno de los agentes.

Mueller había estado dirigiendo como fiscal especial una investigación sobre la presunta injerencia rusa en la elección de Trump desde mayo de 2017, con el país tambaleándose ante los informes de contactos entre el círculo del magnate y funcionarios rusos, mientras trataba de entender cómo alguien como Trump podía haber llegado a la Casa Blanca.

Facebook recibió el primer aviso de que Rusia estaba tratando de interferir en las siguientes elecciones en 2015, al mismo tiempo que otras empresas tecnológicas de primer orden. Sin embargo, el foco estaba situado en lo que los rusos podrían hacer *con* las plataformas de redes sociales, no en el riesgo de que alcanzasen popularidad *en* ellas. Algunos periodistas, entre los que se encontraba Adrian Chen del *New York*

Times Magazine, habían escrito sobre una granja de troles denominada «Agencia de Investigación de Internet» con sede en San Petersburgo, pero a nadie en Facebook se le había pasado nunca por la cabeza que una banda de malignos usuarios extranjeros pudiera llevar a cabo un proyecto de manipulación a escala masiva en una red social con 2.000 millones de usuarios.

La compañía no era la única. El Gobierno se había centrado en la posibilidad de que los rusos intentaran entrometerse en los resultados de las elecciones, no influir en los votantes. «La idea de llevar a cabo operaciones para influir en internet y en las redes sociales de 2016 no era algo en lo que la gente estuviera centrada», dijo Nathaniel Gleicher, exdirector de Políticas de Ciberseguridad de la Agencia Nacional de Seguridad, el cual se incorporó a Facebook como jefe de Ciberseguridad a principios de 2018.

Después de las elecciones, tanto desde dentro como desde fuera de Facebook, comenzaron a plantearse muchas preguntas que antes habrían parecido imposibles. Un equipo dirigido por Alex Stamos, director de Seguridad de Facebook, empezó a buscar redes de usuarios rusos que hubieran intervenido en la política estadounidense, y las encontró. Los rusos, aparte de las operaciones de hackeo y filtrado a gran escala —tenían como objetivo el Comité Nacional Demócrata y los correos electrónicos del director de campaña de Hillary Clinton, John Podesta—, se habían dedicado a la creación de cuentas y páginas partidistas en Facebook, las cuales habían metido cizaña en la carrera presidencial. La mayor parte del material era contrario a Clinton, pero las redes de cuentas falsas también habían hecho sus pinitos con propaganda anti-Trump. El problema afectaba a la totalidad de la industria. En Twitter y YouTube se llevaron a cabo análisis similares con resultados parecidos.

La primera reacción de la compañía ante las conclusiones de Stamos fue de consternación. La segunda fue preguntarse qué era lo que aún no sabía. La investigación de Mueller no había hecho más que empezar y la prensa estaba plagada de artículos sobre contactos entre socios de Trump y agentes rusos. ¿Era posible que personas de la órbita del magnate hubieran estado al tanto de los intentos de manipulación de las redes sociales por parte de Rusia? La compañía llevó a cabo una investigación exhaustiva, escudriñando qué habían buscado en Facebook los socios de Trump, a quién habían enviado mensajes y qué contenidos habían visionado, en busca de pruebas potenciales de colaboración o información privilegiada. No encontraron ninguna.

La investigación de Facebook dejó a la compañía en la misma situación que gran parte de Washington y de los medios de comunicación: plenamente convencidos de que las redes sociales habían jugado un papel decisivo en las elecciones de 2016, pero sin tener claro en qué sentido.

La cosa se complicó con el descubrimiento de que los rusos se habían gastado 100.000 dólares en publicidad electoral en Facebook, parte de los cuales habían pagado en rublos. La compañía examinó el gasto y vio que se ajustaba a un patrón utilizado por los promotores de contenidos virales normales y corrientes. Los rusos habían creado páginas con nombres como Blacktivist y Secured Borders y luego compraron lo que se denominaron *page like ads* (en español, «anuncios para obtener "me gusta" en una página») en un intento por conseguir seguidores de forma barata. Esos anuncios eran exactamente lo que parecían: bastaba con que el usuario le diera «me gusta» a una página para que recibiera futuras publicaciones que el propietario de la página no pagaba por promocionar. Una vez que la página lograba suficiente repercusión, la compra de anuncios se iba reduciendo paulatinamente y la página congregaba a un público con distribución «orgánica». Para los rusos, los *page like ads* fueron una forma de intervenir a gran escala. «Eran la rampa de lanzamiento a la superautopista de la desinformación», dijo sobre estos anuncios un directivo de Facebook.

Facebook recibía una somanta de palos cada vez que salía a la luz una nueva información sobre las actividades rusas, y Sheryl Sandberg ya estaba harta. Quería dejar claro que la compañía no ocultaba nada. Para ello, había que demostrar que no tenía miedo de remover cielo y tierra. Acudió al equipo encargado del análisis forense de las operaciones rusas con una extraña petición: «¿Qué era lo más desagradable e impactante que podía revelar la compañía acerca de las injerencias en la plataforma?». Creía que, una vez se supiera lo peor —gracias a la información proporcionada nada más y nada menos que por la propia Facebook—, la compañía podría superar el escándalo. Los investigadores le dijeron que se fijase en el «alcance», un término procedente de la publicidad que hace referencia al número de personas que ven un contenido concreto al menos una vez. Sería muchísimo mayor que, por ejemplo, el número de publicaciones de los rusos o de las personas que les habían prestado atención. La compañía presentaría las estadísticas del «alcance» en una comparecencia en el Congreso sobre la manipulación de las redes sociales en la que también participarían representantes de YouTube y Twitter.

Justo antes de la comparecencia, en otoño de 2017, los periodistas reseñaron el testimonio preparado por el asesor legal de Facebook, Colin Stretch, y sus homólogos de Twitter y Google. Twitter reconoció haber localizado 131.000 tuits rusos; Google reveló que se habían subido «más de 1.000» vídeos rusos. Facebook, por su parte, puso sobre la mesa un número de nueve cifras. No era como comparar manzanas con naranjas, sino más bien como comparar manzanas con un autobús escolar. Al tratarse de una ínfima parte de los billones de publicaciones emitidas a lo largo de las elecciones de 2016, se trataba de algo anecdótico —un error de redondeo—, pero no cabe duda de que parecía mucho: «La influencia rusa alcanzó 126 millones de publicaciones solamente en Facebook», anunció a bombo y platillo un titular del *New York Times*.

A lo largo de las controversias en torno a Rusia y las *fake news*, Zuckerberg mantuvo una apariencia de calma, dejando la limpieza en manos de sus adjuntos. Según la compañía, siguió de cerca los avances, pero el consejero delegado tenía otras cosas que hacer, como cumplir su reto personal anual, que había publicado en Facebook. A veces, esos retos tenían que ver con las propias vicisitudes de Facebook: cuando Zuckerberg tuvo que enfrentarse a preguntas sobre si era suficientemente maduro para ser consejero delegado, decidió públicamente ponerse corbata cada día. Cuando Facebook estuvo intentando introducirse en China, asumió el reto de aprender mandarín. El objetivo de Zuckerberg para 2017, elegido tras una selección muy disputada, fue visitar todos los estados. «Mi trabajo consiste en poner en contacto al mundo y dar voz a todo el mundo —escribió—. Este año, quiero oír personalmente más voces.» Entonces entró en escena Cambridge Analytica.

El 17 de marzo de 2018, *The New York Times* y *The Guardian* publicaron en primera plana las declaraciones sensacionalistas de Christopher Wylie, un antiguo empleado de aquella empresa de estrategia digital británica con el pelo rosa. La compañía tenía claras vinculaciones con la familia Mercer, multimillonarios donantes de Trump, y Wylie decía que creía que la empresa había realizado acercamientos a los rusos.

La historia real era más aburrida de lo que el chorro diario de noticias podía hacer pensar en aquel momento. Desde 2010, Facebook había permitido a desarrolladores externos tener acceso a datos de los perfiles de usuarios cuando utilizaban los productos de dichos desarrolladores. Esta información no solo incluía la propia actividad del usuario, sino también la de sus amigos, incluyendo publicaciones, seguimientos y «me gusta». Cuando las terribles prácticas de la compañía relacionadas con la privacidad de los datos salieron a la luz en los años siguientes, Facebook restringió el acceso al protocolo Open Graph, pero los datos a los que se había accedido previamente estaban fuera de su control. Cambridge Analytica adquirió dichos datos y los utilizó para elaborar «perfiles psicográficos», un término impreciso que implicaba la capacidad de alcanzar niveles profundos, casi inconscientes, de manipulación psicológica mediante «microfocalización conductual». No hay ningún indicio de que la campaña de Trump hiciera uso de dicha información, ni de que hubiera sido realmente útil en caso de haberlo hecho. Los datos de que disponía Cambridge Analytica eran parciales y tenían dos años de antigüedad; una eternidad si hablamos de fines de focalización publicitaria.

Según Barnes y Harbath, lo más irónico de todo fue que el propio Facebook había proporcionado encantado el análisis y la fragmentación de datos demográficos que, supuestamente, Cambridge Analytica estaba llevando a cabo con datos robados. Durante mucho tiempo, la plataforma había ofrecido a anunciantes importantes la posibilidad de seleccionar a los usuarios con datos, algo que la empresa no ponía a disposición de negocios pequeños; los representantes comerciales creaban audiencias a medida utilizando datos fuera de carta a petición del cliente. Parte del trabajo de Barnes en San Antonio había consistido en crear dichas audiencias a instancias de la campaña de Trump, del mismo modo que otros empleados de Facebook lo hacían para clientes como Coca-Cola. Un antiguo ejecutivo de la compañía, involucrado en el análisis interno de la debacle de Cambridge Analytica, lo describió del siguiente modo:

> Si la campaña hubiera querido que Facebook elaborase una recopilación personalizada de perfiles psicológicos, no le habría hecho falta obtenerlos de una puta consultora británica de hackers.

Aunque Facebook tenía numerosos motivos para sospechar que Cambridge Analytica había estado vendiendo humo, la incertidumbre en cuanto a los datos de que disponía y cómo habían sido utilizados hacía que a la compañía le resultase complicado alegar con credibilidad que no era para tanto. El escándalo, que combinaba tecnología, multimillonarios secretos y corrupción mercenaria —un alto ejecutivo de Cambridge Analytica fue descubierto hablando de la posibilidad de tender una trampa a líderes políticos extranjeros para enredarlos con prostitutas—, reflejaba la naturaleza conspiratoria del pensamiento de la época. Ataba todos los cabos formando una teoría detallada, si bien no del todo creíble, de cómo se había hecho un mal uso de las redes sociales, cómo se había manipulado a los votantes y cómo Trump había sido elegido, todo ello con la ayuda de Facebook.

Independientemente de si Cambridge Analytica tuvo alguna influencia en la política estadounidense, sus efectos se notaron inmediatamente en el seno de Facebook. En los meses antes de que estallara el escándalo, el jefe del Equipo de Crecimiento Publicitario, Rob Goldman, ya había estado presionando para poner fin a la relación entre Facebook y terceros agentes de datos que proporcionaban información a los anunciantes, argumentando que representaba un riesgo para la compañía y sus usuarios. La disputa llegó a oídos de Sandberg. Escuchó a Goldman, pero decidió que los datos relativos a las vidas de los usuarios fuera de internet eran demasiado valiosos para renunciar a ellos. Al día siguiente de salir a la luz la noticia de Cambridge Analytica, se desdijo.

Mientras los altos directivos de Facebook se afanaban en tratar de desviar un escándalo tras otro, los equipos de Ingeniería se afanaban tratando de evitar otros nuevos. A Carlos Gómez-Uribe, un mexicano especialista en aprendizaje automático, le preocupaba en particular lo que benévolamente podía denominarse «contenido problemático». Dicho de otro modo, la basura que atascaba habitualmente los *feeds* de los usuarios.

Gómez-Uribe había sido fichado por Facebook en enero de 2017 para dirigir las recomendaciones de News Feed. Había demostrado su valía en Google y, posteriormente, en Netflix, a la que se incorporó en 2010, justo cuando la compañía estaba pasando de alquilar DVD por correo electrónico a retransmitir vídeos, una transición impulsada en parte por su famoso sistema de recomendaciones. Utilizando miles de millones de puntos de datos sobre los alquileres y las clasificaciones de los usuarios, la compañía ofrecía recomendaciones de películas, lo cual la diferenciaba de la competencia.

Sin embargo, Gómez-Uribe, que había sido contratado como estadístico, consideraba que el enfoque de la empresa era demasiado básico. Netflix tenía la base de datos sobre gustos cinematográficos más exhaustiva del mundo, y seguía ofreciendo recomendaciones basadas en una escala de cinco estrellas inventada por un crítico del *New York Daily News* en 1929. Cuando le dijo al director que estaba al mando del sistema que pensaba que podía hacerlo mejor, este le dio la oportunidad de demostrarlo o de morir en el intento.

En menos de una semana, Gómez-Uribe creó un prototipo de un sistema de recomendación que prometía ofrecer mejores resultados que el que los ingenieros de Netflix habían tardado años en crear.

El nuevo modelo surgido de aquel esfuerzo —basado fundamentalmente en técnicas de aprendizaje automático— rastreaba hasta el más mínimo dato conductual de la compañía con el fin de averiguar no solo qué títulos le gustarían a un usuario, sino también el conjunto de opciones que querían en ese preciso instante. Las recomendaciones variaban según el momento del día, la propensión a hacer un maratón televisivo e incluso las tendencias geográficas. Si Florida estaba siendo asolada por un huracán, Netflix programaba *La tormenta perfecta* y *Sharknado*.

Gómez-Uribe había rechazado ofertas de trabajo de Facebook durante los primeros años de su proyecto de aprendizaje automático, pero, tras las elecciones de 2016, se lo replanteó, postulándose para trabajar en la limpieza del News Feed. El cargo con rango de directivo que le ofrecieron constituía un paso atrás considerable para un vicepresidente de Netflix con cien personas a su cargo, pero el tema parecía interesante y Gómez-Uribe consideraba que Facebook necesitaba ayuda.

La paciencia no era una de las virtudes del mexicano, y su aceptación llevó aparejada una condición: quería tener la seguridad de que podría cambiar el producto de manera significativa, igual que la había tenido en Netflix. No cabe duda de que al servicio de *streaming* le importaban los indicadores, por ejemplo, aumentar la participación mediante las recomendaciones. Al fin y al cabo, los suscriptores que veían más televisión tenían más probabilidades de seguir pagando por el servicio. Sin embargo, el objetivo era crear valor a largo plazo y eso no era algo fácil de cuantificar. Por ejemplo, a su equipo le parecía bien revisar las sugerencias de Netflix de modo que se redujeran las conexiones diarias si existía una justificación válida. ¿Permitiría eso Facebook?

En una reunión con Zuckerberg, Gómez-Uribe trató de averiguar en qué medida Facebook era sincero sobre la revisión de sus algoritmos. ¿Cómo reaccionaría Zuckerberg si la limpieza del News Feed se produjera a expensas de los tradicionales indicadores de crecimiento de la compañía?

«Si encuentras buenas estrategias que mejoren significativamente la integridad a expensas de la participación, vale; las pondremos en práctica —recordó Gómez-Uribe que había dicho Zuckerberg—. Porque supongo que el Equipo de Crecimiento también hará su trabajo y el crecimiento continuará.» Tranquilizado, Gómez-Uribe aceptó el empleo. Su convicción de que el sistema de recomendaciones de Facebook tenía que ser corregido no hizo más que aumentar cuando tuvo ocasión de observar desde dentro cómo las creaba la compañía.

El trabajo de clasificación era chapucero; no había otra forma de calificarlo. La compañía modificó los sistemas de recomendación basándose en las pruebas A/B que llevó a cabo durante tan solo unas semanas, varios meses menos del periodo que Netflix había considerado necesario para observar cambios a largo plazo en la conducta de los usuarios. Facebook fue más displicente a la hora de crear una plataforma de comunicaciones y retransmisiones global de lo que lo fue Netflix al decidir encaminar a los usuarios hacia *The Great British Bake Off.* (Una portavoz de la compañía rebatió el recuerdo de Gómez-Uribe de las pruebas apresuradas e inadecuadas de los cambios de clasificación, afirmando que los experimentos eran rigurosos y estaban centrados en mejorar la experiencia de los usuarios.)

Aparte del enfoque de la experimentación basado en el lema «"Hecho" mejor que "Perfecto"», Gómez-Uribe cuestionó también lo que Facebook estaba midiendo. Tal vez la plataforma debía replantearse cómo contabilizar la participación, del mismo modo que Netflix se había replanteado qué significaba que una película fuera una buena opción.

El pensamiento sistemático que imaginaba Gómez-Uribe tenía precedentes en Facebook. Su primer enfoque de la clasificación —basado en el número de «me gusta»— era rudimentario y, en pocos años, se hizo evidente que los usuarios daban «me gusta» a las publicaciones de sus amigos, no porque realmente las valorasen, sino como una simple confirmación: «Sí, lo he visto». Con la devaluación de los «me gusta», la compañía necesitaba revalorizar alguna nueva conducta de los usuarios. Empezó a dar prioridad al tiempo pasado en la plataforma.

Sin embargo, cambiar la valoración puede cambiar las conductas y centrarse en el tiempo hizo que Facebook fomentara que los usuarios consumieran muchos vídeos en detrimento de otras actividades. Aquello acarreó sus propias desventajas; de manera que la empresa reculó un poco y concedió más peso a los contenidos que generaban una mezcla de emojis, comentarios y «me gusta».

El proceso fue una cura de humildad para la compañía. Nadie había predicho la devaluación de los «me gusta», ni el hecho de que mostrar más vídeos a los usuarios reduciría la producción general de contenidos, aunque, en retrospectiva, ambas cosas tenían sentido. Consciente de lo mucho que Facebook ignoraba, Mosseri instó al Equipo de News Feed a que estuviera siempre atento a las «puertas de un solo sentido» del producto, es decir, a las alteraciones que lo modificarían de maneras que no podrían revertirse fácilmente. Un antiguo alto directivo de Ingeniería dijo:

Fue admirable, y sigo pensando en ello constantemente. Pero, si cruzas demasiadas puertas, no puedes volver a la primera; las puertas de dos sentidos con el tiempo se convierten en puertas de un solo sentido.

Dicho de otro modo, algunos cambios no se pueden deshacer con tanta facilidad.

La compañía realizaba cada trimestre un montón de modificaciones en la clasificación, y cada nueva decisión se superponía a las anteriores. El peso acumulado de todos los cambios tendía a desincentivar grandes alteraciones. Miles de ingenieros habían pasado años optimizando la plataforma basándose en mediciones de éxito acordadas. Cualquier cambio fundamental equivaldría a tirar por la borda logros que había costado mucho conseguir.

Eso era precisamente lo que Gómez-Uribe, profundamente influido por su experiencia en Netflix, quería hacer: tirarlo todo. Rememoró cómo el servicio de *streaming* había aprendido a dar importancia a *cuánto tiempo* pasaban los usuarios en cada contenido. Si la gente dejaba de ver un programa de televisión a los tres minutos, era peor que no se pusieran a verlo.

El equipo de Gómez-Uribe empezó a trastear con un nuevo sistema que recompensaría únicamente la implicación sustancial. Ver algo y compartirlo inmediatamente tendría menos valor que, por ejemplo, tener una publicación abierta durante un minuto y luego dejar un comentario. Fomentaba el tipo de participación que querían. Pero, como forma de abordar los problemas de integridad, el método fue un fracaso absoluto: el tiempo que pasaba un usuario viendo un contenido no estaba correlacionado de manera fiable con que fuera minucioso y sustancial.

Hubo un segundo enfoque, más prometedor aunque controvertido. Gómez-Uribe planteó que los usuarios más entusiastas de Facebook podrían no ser buenos para la plataforma. Los análisis de datos demostraron que había una pequeña pero significativa parte de los usuarios que, aparentemente, pasaba una impresionante cantidad de tiempo en Facebook. En ocasiones, las cifras sugerían que había mala fe. ¿Cómo era posible que una cuenta conectada veinticuatro horas al día no estuviera automatizada, o bien gestionada por personas que trabajaban en turnos?

Al equipo de Gómez-Uribe no se le había encomendado la tarea de trabajar en el tema de las injerencias rusas, pero uno de sus subordinados notó algo poco habitual: algunas de las cuentas más hiperactivas parecían apagarse por completo determinados días del año. Resultaba que su inactividad se correspondía con una serie de días festivos en la Federación de Rusia.

«¿Respetan los festivos en Rusia? —recordaba haber pensado—. ¿Somos todos así de gilipollas?»

Sin embargo, los usuarios no tenían que ser necesariamente troles extranjeros para favorecer las publicaciones problemáticas. Un análisis realizado por el equipo de Gómez-Uribe demostró que una clase de usuarios intensivos de Facebook tendían a preferir contenidos más provocadores y eran proclives a caer en partidismos extremistas. Además, eran, de hora en hora, más prolíficos; clicaban en «me gusta», comentaban y compartían muchos más contenidos que el usuario medio. Esas cuentas eran casos atípicos, pero —dado que Facebook recomendaba contenidos basados en señales de participación acumuladas— tenían un efecto desproporcionado en las recomendaciones. Si Facebook era una democracia, se trataba de una en la que todo el mundo podía votar siempre que quisiera y con tanta frecuencia como quisiera.

Después de trabajar en Netflix y en Google —empresas ambas que limitaban el grado de influencia de cualquier usuario individual en las recomendaciones— a Gómez-Uribe el planteamiento de Facebook le pareció extravagante. Netflix nunca habría creado un algoritmo que le atribuyera a alguien que veía la televisión ochenta horas a la semana la misma influencia en cuanto a sus recomendaciones que a alguien que lo hiciera ocho. Netflix no tenía nada en contra de los maratones televisivos, pero la idea de que todas las visualizaciones eran iguales era fundamentalmente artificiosa.

De modo que el equipo de Gómez-Uribe propuso una corrección importante aunque sencilla: Facebook reprogramaría el algoritmo del News Feed para limitar la influencia de los usuarios hiperactivos. La plataforma seguiría teniendo en cuenta la participación, pero, cuanto más participasen, menos peso otorgaría a las recomendaciones por cada acción individual. Esto requeriría cambiar la forma de calcular la valoración de la participación de cada página, grupo y comentario. Gómez-Uribe calculaba que harían falta alrededor de veinte personas para rediseñar el sistema y, una vez completado, el News Feed tendría que ser entrenado de nuevo en una carrera de años que compensaría los esfuerzos de optimización. No sería tarea fácil; se trataba precisamente del tipo de proyecto ambicioso que a Gómez-Uribe le habían asegurado que podría llevar a cabo.

A pesar del trabajo que requería, la idea fue inmediatamente del agrado de altos ejecutivos de producto que habían trabajado en otras empresas tecnológicas. Entre los que estaban a favor se encontraba Quiñonero, el principal ingeniero de aprendizaje automático aplicado de la compañía. Este afirmó:

> Hay una ley universal que dice que el 90 % de los clics proceden de menos del 10 % de los usuarios, lo cual otorga una influencia desproporcionada a un pequeño número de personas que comparten el poder. Se trata de una decisión de diseño, y la única forma de abordarla es replantearnos profundamente las propias valoraciones.

Sin embargo, las virtudes del cambio no les parecieron tan evidentes a los ejecutivos de News Feed Jon Hegeman y Lars Backstrom, los cuales habían desarrollado prácticamente toda su carrera profesional inmersos en la cultura de crecimiento y optimización de Facebook. Si resultaba que unos usuarios eran extremadamente entusiastas a la hora de compartir contenidos e interactuar, ¿por qué iba Facebook a acallarlos?

La petición de Gómez-Uribe fue rechazada, así que hizo más o menos lo que había hecho en Netflix: hacerlo él mismo hasta que la directiva viera la luz.

La falta de recursos hizo que Gómez-Uribe se viera obligado a refrenar sus ambiciones de renovación. Con la ayuda de voluntarios del Equipo Central de Ciencia de Datos de Facebook, el personal de Gómez-Uribe elaboró una versión rápida y rudimentaria de su plan original. En lugar de reprogramar el News Feed para dar más voz a los usuarios más silenciosos, se limitaron a incorporar una ecuación final en el resultado del algoritmo existente para recomendar noticias. Al reducir la distribución de contenidos desproporcionadamente populares a causa de los usuarios hiperactivos, la plataforma haría que se redujese el número de personas que deseaban desesperadamente hacer de Facebook su megáfono particular. Este enfoque básico no era lo ideal, pero funcionó.

Dado que los usuarios hiperactivos tendían a ser más radicales y proclives a compartir información falsa, discursos de odio y *clickbaits* ('ciberanzuelos'), la intervención tuvo como resultado mejoras en cuanto a la integridad en casi todos los ámbitos. Un análisis de cómo afectaría la intervención a la distribución de contenidos polarizados en Estados Unidos mostró que golpearía por igual a los medios de extrema derecha y de extrema izquierda y que impulsaría ligeramente la difusión de los medios de comunicación convencionales.

Teniendo en cuenta que el ecosistema «periodista conservador estadounidense» era mucho mayor que el de la izquierda, no cabía duda de que el visionado de contenidos populares entre los republicanos se reduciría más. Sin embargo, esa conclusión no se materializó en todo el mundo; en Venezuela, por ejemplo, el cambio acabó afectando más a los izquierdistas dominantes de Facebook que a sus oponentes.

No cabe duda de que el enfoque, apodado «Sparing Sharing» ('moderación de la difusión') era novedoso e interesante: Facebook registró una patente al respecto en septiembre de 2017. En un guiño a lo evidentemente beneficiosos que parecían los resultados, Gómez-Uribe empezó a referirse al gráfico con forma de U que representaba el impacto como «la carita sonriente». Con este proyecto de modificar el News Feed para impedir que los bocazas dominaran la difusión de noticias, Gómez-Uribe logró la aprobación de Hegeman y Mosseri en News Feed.

¿Qué tenía de malo?

Según el Equipo de Políticas Públicas de Facebook, muchas cosas. Los medios conservadores acusaron a la compañía de focalizar sus contenidos mediante verificaciones sesgadas, moderación agresiva e intentos de supresión secretos. A pesar de que no había nada inherentemente político en la limitación de la capacidad de los usuarios de sobrecargar la distribución de contenidos mediante insistencia pura y dura, era indiscutible que los contenidos conservadores y los liberales eran vistos de manera diferente en Facebook: las voces conservadoras tenían más peso y se metían más en problemas.

La asimetría provocó un encendido debate en la compañía. ¿Se portaban peor los conservadores, o la aplicación de las normas por parte de Facebook era tendenciosa? ¿Los conservadores habían acudido en masa a Facebook en busca de información porque los medios convencionales estaban plagados de izquierdistas furibundos? ¿El electorado liberal se había fragmentado de tal modo que resultaba difícil llegar a una escala masiva, o sus organizadores internáuticas se habían vuelto complacientes durante la administración Obama? ¿Era posible que el discurso conservador estadounidense se basara más en la ira y el miedo y que Facebook premiase ese hecho de manera desproporcionada? (En la cultura socioliberal de Facebook, esta última pregunta tendía a hacerse en voz baja.)

Fuese cual fuese la explicación, los mejores resultados de los contenidos conservadores en la plataforma eran un hecho que la compañía debía tener en cuenta. Aunque el protocolo otorgase la misma categoría a las publicaciones de derechas y de izquierdas, la pérdida neta de los conservadores era mayor. Y eso iba a ser complicado de solucionar.

Si el algoritmo de Facebook se hubiera creado originalmente tal como proponía Gómez-Uribe, nada de esto habría sido un problema; nadie habría reclamado comparecencias en el Congreso por el hecho de que algunos ingenieros de News Feed hubieran limitado el efecto que pudiera tener una única cuenta en las recomendaciones. Sin embargo, cambiar ahora el sistema supondría un contratiempo para el conjunto de la industria de los creadores de contenido nativos de Facebook, los cuales se habían adaptado para sacar partido de la participación de los usuarios hiperactivos. ¿Cuál era la responsabilidad de Facebook con el electorado de la sociedad digital a la que había dado forma?

Aquí entraba en juego un profundo tema moral y filosófico con implicaciones a nivel mundial. De modo que Facebook se puso en contacto con su principal defensor en Washington, Joel Kaplan, cuyo cargo oficial era director de Política Pública Global.

Que una empresa comprometida con la neutralidad ejecutase temas relativos al diseño y la mecánica de la plataforma planteados por su principal activista no era algo habitual. En Twitter y Google, las decisiones delicadas relacionadas con la moderación de los contenidos o el diseño de la plataforma pasaban por equipos de especialistas en producto, los cuales reportaban a su vez al Departamento Legal de la compañía. Sin embargo, en Facebook, esas decisiones eran supervisadas por alguien que había sido director adjunto de Personal en la Casa Blanca de George Bush y que, posteriormente, había ejercido presión para una compañía energética de Dallas que estaba pasando por apuros económicos.

En una reunión de Sparing Sharing, Kaplan y Elliot Schrage —director de Políticas Públicas y Comunicaciones de Facebook, presente en representación de Zuckerberg y Sandberg— interrogaron a Gómez-Uribe sobre la intervención que se proponía llevar a cabo. El perjuicio que se preveía para el tráfico de los medios conservadores era claramente el telón de fondo del debate. Sin embargo, el tema de preocupación específico era que la propuesta de Gómez-Uribe se basaba en la idea de que el uso extremadamente intensivo de Facebook era algo problemático. ¿Y si, por ejemplo, un grupo de Girl Scouts se convertían en superusuarias para promocionar la venta de galletas? (Kaplan declaró posteriormente en una entrevista que no recordaba haber citado a las Girl Scouts, pero admitió que le preocupaba que el cambio en la clasificación perjudicase a creadores de contenido que habían conseguido seguidores inusualmente entusiastas en Facebook.)

La fuerte oposición interna no acabó con Sparing Sharing, pero sí que implicó que el plan de Gómez-Uribe necesitara el beneplácito de una autoridad más alta.

Reservar una fecha en la agenda de Zuckerberg llevó varias semanas y requirió la ayuda de Mosseri y de los ejecutivos encargados de la clasificación del News Feed, los cuales seguían siendo partidarios de la iniciativa, si bien de manera algo más incierta tras la discusión con el Equipo de Políticas Públicas. Llegado el momento, a finales de 2017, Gómez-Uribe acudió con los datos en la mano a defender un argumento que consideraba obvio. El cambio que proponía otorgaría a la mayoría de los usuarios moderados de Facebook más peso a la hora de difundir noticias en la plataforma y reduciría de manera considerable la divulgación de noticias que acabasen siendo etiquetadas como falsas por los verificadores.

«Seguía pensando que las personas al mando me pedirían que hiciera más cosas de ese tipo», recordó.

Zuckerberg escuchó lo que Carlos Gómez-Uribe y Joel Kaplan tenían que decir durante diez minutos antes de emitir su veredicto.

«Hazlo, pero reduce el peso un 80 % —le dijo Zuckerberg al mexicano—. Y no vuelvas a traerme nada parecido.»

Sin saberlo, el plan de Carlos se había topado con una cuestión ideológica, aunque no relacionada con la política: Facebook había sido creada para lograr la máxima participación. La idea de que la plataforma tuviera que estar protegida frente a los excesos de sus usuarios más entusiastas no estaba bien vista.

Gómez-Uribe salió enfadado de la reunión. Con la penalización de los enlaces compartidos desmesuradamente equivalente a solo una quinta parte de lo que su equipo consideraba eficaz, la llegada de Sparing Sharing no iba a cambiar la plataforma de manera significativa.

«Carlos construyó las palancas muy rápido, con el mínimo apoyo, y recibió la versión descafeinada de "hagamos que nuestra gente esté contenta", en lugar de la versión "queremos hacer esto"», recordó uno de sus colegas.

Mosseri le animó a que viera el lado bueno, felicitándolo por conseguir la aprobación de un lanzamiento revolucionario, fuese en el grado que fuese. Una victoria parcial seguía siendo una victoria a pesar de todo.

«Que te jodan. ¿Qué clase de éxito es esto?», pensó Gómez-Uribe.

Había estado presionando en favor de una revolución y, en lugar de eso, se había llevado un premio de consolación.

Gómez-Uribe se sacudió el polvo. En colaboración con un investigador especializado en polarización, se adentró de lleno en otra zona delicada. Los datos de Facebook permitían distinguir fácilmente entre páginas dirigidas a un pequeño segmento de los usuarios y páginas del agrado de un público más diverso. ¿Por qué no alterar la clasificación en favor de aquellas páginas que parecían contribuir a la convivencia entre usuarios de diferentes ámbitos?

Después de la poco entusiasta respuesta de la compañía al Sparing Sharing, no cabía duda de que Gómez-Uribe se estaba metiendo en algo que no le correspondía. Intentaron que su plan pasara lo más desapercibido posible. Colarían su experimento en la serie de cambios algorítmicos que Facebook probaba constantemente. Si el resultado era prometedor, los datos generados les proporcionarían munición para luchar por él.

El plan casi funcionó. A punto de lanzar el experimento —solamente faltaba que otro equipo cambiara un único bit del código de 0 a 1, según Gómez-Uribe—, un miembro del Equipo de Marketing de News Feed se enteró del proyecto y se chivó a sus colegas de los equipos de Políticas Públicas y Comunicaciones. Gómez-Uribe fue inmediatamente asediado con preguntas agresivas sobre su proyecto. ¿Eliminar los contenidos polarizados no era una forma de ingeniería social? ¿Cómo iba Facebook a explicar públicamente lo que estaba haciendo?

Se trataba solamente de un experimento, pero pretendía recopilar datos que Facebook activamente no quería. Con otros departamentos de la compañía en pie de guerra, la directiva del Equipo de News Feed salió a la palestra y detuvo el experimento.

«Carlos era un cruzado —dijo Michael McNally, jefe de integridad de las conexiones—. Quería salvar el mundo.»

El incidente determinó la muerte prematura del intento más claro de Facebook por combatir la polarización y que a Gómez-Uribe se le agotara su limitada paciencia. En mayo de 2018, menos de un año y medio después de que la empresa le contratara para idear cómo abordar los problemas de clasificación de los contenidos, renunció a su cargo y se marchó a Stanford para dedicarse a la estadística y la física teórica.

Mientras el escándalo de Cambridge Analytica seguía acaparando la atención del público, Zuckerberg no calibró los daños colaterales de los editoriales condenatorios del *New York Times* o de los vídeos incendiarios de Rachel Maddow. Lo que le preocupaba eran las mediciones.

Lo cierto era que, por duras que hubieran sido para la compañía las noticias acerca de la injerencia rusa, no habían alterado gravemente la imagen de Facebook como referente de confianza, la cual se medía mediante una valoración diaria de los usuarios conocida como CAU. Eran las siglas de «Cares About Us» ('se preocupa por nosotros') y la estadística se elaboraba encuestando a miles de usuarios con una única pregunta: «¿Crees que Facebook se preocupa por ti?». La naturaleza en apariencia informal de la cuestión ocultaba su importancia. El enunciado concreto de la CAU había sido consensuado minuciosamente en todo el mundo y había resultado ser el indicador óptimo de la percepción que tenían los usuarios de la compañía.

La CAU fue decayendo gradualmente con el paso de los años, a medida que Facebook se hacía más grande y más corporativa, pero solo una vez se reflejó significativamente en las cifras diarias, después de que la empresa decidiera poner sus funciones de mensajería en una *app* separada. (Los usuarios tardaron muchos meses en perdonar esta transgresión.)

Ahora, después del escándalo de Cambridge Analytica, la CAU había tenido que encajar el peor golpe de todos los tiempos. El problema acaparó la atención de Zuckerberg. En su opinión, las críticas constantes a la CAU podrían suponerle un daño permanente a Facebook.

Zuckerberg estaba obsesionado con la idea de «abrir una brecha» en Cambridge Analytica. Siempre que Facebook se encontraba en un momento complicado, la reacción de la compañía era esperar unos días y luego anunciar algo nuevo y espectacular. En lugar de ignorar las críticas o rebatirlas, la reacción se basaba en sustituirlas por revuelo. Por lo general, había funcionado. Sin embargo, nada abría una brecha en todo el asunto de Cambridge Analytica. Ni el anuncio de investigaciones internas, ni la aplicación de nuevos y revolucionarios controles de privacidad, ni la promesa de destinar miles de millones de dólares a la moderación de contenidos.

Zuckerberg y Facebook no iban a menospreciar la importancia de Cambridge Analytica. En discursos y publicaciones, el consejero delegado dijo que la compañía estaba arrepentida y se comprometió a llevar a cabo una autoevaluación. Sin embargo, dentro de la empresa, tomó un rumbo muy diferente.

En una reunión celebrada en junio de 2018, Zuckerberg se autodenominó «consejero delegado en tiempos de guerra», en referencia a los escritos de Ben Horowitz, cofundador junto al miembro de la Junta de Facebook Marc Andreessen, de la afamada empresa de capital riesgo A16Z. Según el libro de Horowitz *Emprender y liderar una startup: el duro camino hasta el éxito*:

> En tiempos de paz, un consejero delegado sabe que aplicar el protocolo correcto conduce a la victoria. En tiempos de guerra, el consejero delegado incumple el protocolo con tal de vencer.

Entre los rasgos de éxito del «consejero delegado en tiempos de guerra», según el libro de Horowitz, se incluían la paranoia, el uso adecuado de las blasfemias y los gritos.

Aparentemente, Zuckerberg hizo caso de esos consejos. En una reunión con toda la compañía, les dijo a los empleados que la información de Cambridge Analytica era una «chorrada» y empezó a mostrarse visiblemente enfadado durante las reuniones, tratando de cambiar el tema de conversación a cualquier cosa que no fuera el escándalo. «Se me ocurrirían mejores ideas si pudiera dedicarme a pensar diez minutos», dijo Zuckerberg furioso en una de esas reuniones con directivos.

Zuckerberg acudió a Naomi Gleit, en aquel momento directora del Departamento de Bien Social. Gleit era una de las colaboradoras más veteranas de Facebook y formaba parte del pequeño grupo de ejecutivos que se habían ganado la confianza del consejero delegado a lo largo de muchos ejercicios. Era conocida como una solucionadora de problemas en la línea del Sr. Lobo de *Pulp Fiction* y era una directiva eficiente con la que se podía contar para actuar de manera impecable y metódica en circunstancias adversas. Si a Gleit se le encomendaba un trabajo, podías apostar con seguridad que se trataba de algo importante y que alguien la había jodido antes. La división de Gleit ocupaba un lugar destacado dentro del Equipo de Crecimiento de Facebook. Supervisaba el trabajo optimista y aceptable para la sociedad, como el lanzamiento de las recaudaciones a través de la plataforma en 2015, las cuales fueron presentadas por la compañía como encaminadas a fomentar pequeñas donaciones espontáneas y ayudar a que los usuarios participaran en causas de su interés. Las declaraciones públicas sobre el proyecto omitieron cualquier referencia al hecho de que, al gestionar las donaciones, la compañía tendría acceso a los datos de las tarjetas de crédito de los usuarios, una información de valor incalculable para una empresa interesada en el comercio electrónico. Los cuadros de mando internos utilizados para evaluar el éxito de las recaudaciones de fondos incluían el número de tarjetas de crédito procesadas como indicador central del éxito, junto a otros indicadores como el número total de dólares recaudados con fines benéficos.

Las repercusiones de Rusia y el escándalo de Cambridge Analytica no solo les tocaron las narices a los usuarios corrientes. En junio de 2018, Harbath, como directora de Política Electoral Global, congregó a un grupo de organizaciones activistas liberales en la sede de Facebook en Washington D. C. Todos estaban enfadados hasta un punto que iba más allá de lo que sus relaciones normales con la compañía podían soportar.

Su rabia se centró inmediatamente en Cambridge Analytica, pero, además, teniendo en cuenta la históricamente despreocupada actitud de Facebook ante los datos de los usuarios, se dirigió también a la injerencia extranjera en las elecciones, la desinformación y la moderación inadecuada. La interconexión entre esos fallos reconocidos no estaba clara. Sin embargo, cuando una representante de Planificación Familiar declaró que Facebook estaba matando gente, Harbath no supo rebatir la acusación.

«Era una época en la que se mezclaban muchas cosas —recordó—. Mi trabajo consistía en ser humana y dejar que la gente se desahogase.»

En cuanto se marcharon los liberales, Harbath y Kaplan se reunieron con otro grupo de visitantes: Kevin McCarthy, líder de la mayoría republicana en la Cámara de Representantes, y Brad Parscale, que había ascendido hasta convertirse en el director de campaña de Trump. Ellos también estaban molestos con Facebook, aunque por razones diferentes. Parscale estaba convencido de que la compañía tenía una lista secreta de frases que utilizaba para bajar de categoría a los conservadores que cuestionaban el cambio climático y otros elementos del dogma liberal (no era así). Pero lo que realmente parecía molestarle era que la compañía todavía no le hubiera dado las gracias por atribuir a Facebook el mérito de la victoria de Trump en 2016. Parscale insistió en ese punto hasta el extremo de que McCarthy le espetó: «¿Qué quieres, Brad? ¿Que te manden flores?».

McCarthy también tenía quejas. Le molestaba que, aquel mismo mes, los resultados de Google hubieran presentado durante un breve tiempo al Partido Republicano de California como un partido nazi. El error no tuvo nada que ver con Facebook —se debió a que alguien saboteó brevemente una página de Wikipedia a la que Google hacía referencia sin haberlo detectado—, pero, al parecer, McCarthy lo interpretó como una prueba de que todo Silicon Valley se la tenía jurada a los republicanos. Tanto Harbath como Kaplan hicieron todo lo posible por persuadirles de lo contrario, pero McCarthy y Parscale se marcharon sin estar convencidos. (Parscale diría posteriormente que no recordaba los detalles de la reunión, pero que estaba harto de «mentir y responder a sus empleados progres» y que creía que la censura anticonservadora de la compañía probablemente les costaría a los republicanos las elecciones de 2020.)

Dicha desconfianza era difícil de disipar, ya que el personal de Facebook era mayoritariamente liberal, con un 87 % de sus donaciones políticas destinadas a los demócratas.[1] A la compañía, que ya se estaba enfrentando a una avalancha de acusaciones de parcialidad ilegítima en contra de los conservadores, le preocupaba la posibilidad de que fueran reales. Kaplan se convirtió en el principal perro guardián de la plataforma, vetando las propuestas de cambio de los productos por ser partidistas o cualquier cosa que pudiera ser acusada de serlo. En la misma línea, Kaplan tomó las riendas de las decisiones de moderación de contenidos individuales; Monika Bickert, jefa de Política de Contenidos de la compañía, le reportaba directamente. Por supuesto, todo el mundo reportaba a Sandberg cuando había que hacer un llamamiento especialmente importante, y ella recurría a Zuckerberg cuando se trataba de cualquier asunto realmente delicado. Si bien el consejero delegado intervenía en ocasiones en asuntos relacionados con la política de actuación y la moderación, acostumbraba a considerarlas distracciones molestas. En la práctica, Kaplan tenía a menudo la última palabra en materia de clasificación, normativa y aplicación de las reglas; una tarea al margen de su ocupación principal, consistente en mantener contentos, o al menos calmados, a los poderosos de Washington.

A medida que el papel desempeñado por Kaplan en Facebook fue entendido más ampliamente fuera de la empresa, los liberales empezaron a imitar a los conservadores en sus alegaciones de favoritismo político. Sin embargo, aunque a veces sí que intervino a favor de los conservadores, ni siquiera sus críticos de Facebook lo consideraban un agitador.

El verdadero conflicto de intereses no era que la compañía hubiera puesto a un activista republicano al mando de la aplicación de sus normas y de la opinión acerca de su mecánica, sino que hubiera encomendado esas tareas a un activista, a secas, fuera de la tendencia que fuera. Los miles de millones de usuarios de la plataforma estaban controlados por alguien cuyo trabajo consistía no en velar por ellos, sino por Facebook.

5

Llegado el momento de limpiar los *feeds* de los usuarios, algunos problemas de calidad deberían ser fácilmente identificables. Para Michael McNally, que se había incorporado a Facebook en abril de 2017, tras pasar trece años en Google, donde había trabajado programando los primeros sistemas de aprendizaje automático para combatir el correo basura, aquello estaba claro.

Sería difícil exagerar lo urgente que había sido el problema del *spam* a principios del siglo XXI, cuando los mensajes masivos podrían haber arruinado el correo electrónico y tal vez la comunicación por internet en sentido amplio. El correo basura aumentaba exponencialmente en una época en la que los filtros para detenerlo solo lograban avances graduales. En 2003, el Congreso promulgó una ley —la CAN-SPAM Act— y los fiscales enviaron a unas cuantas personas a la cárcel por llevar a cabo operaciones de *spam*, pero, en definitiva, no se solucionó nada. El aprendizaje automático en que trabajaban personas como McNally sí que lo hizo.

Para los humanos, lo que se consideraba correo basura era intuitiva e inmediatamente identificable. Para los ordenadores, no tanto. Por consiguiente, gran parte del trabajo consistía en averiguar qué señales objetivas acostumbraban a generar los humanos cuando se topaban con él. Google ya se encontraba a la vanguardia del estudio de este tema cuando llegó McNally. En lo que constituyó una proeza especialmente ingeniosa, un ingeniero de Google llamado Simon

Tong había dado con un método conductual para detectar pornografía.

La estrategia de Tong no se basaba en evaluar imágenes; en aquel momento, la inteligencia artificial del visionado de ordenadores era muy rudimentaria en comparación con los estándares actuales. Lo único que hizo fue fijarse en hacia dónde se movían los cursores de los usuarios cuando recibían un correo masivo. Con los correos electrónicos normales no se seguía ningún patrón. Sin embargo, cuando se trataba de porno, el ratón del receptor empezaba a dar vueltas inmediatamente sobre la imagen como un setter irlandés pervertido. La reacción era casi involuntaria, un tic momentáneo que reflejaba lo que hacen los humanos cuando nos enfrentamos inesperadamente a otro ser humano desnudo. Miramos.

Los chicos malos también siguen sus patrones. No solo con los correos electrónicos, sino también con las estafas publicitarias y las reseñas falsas, McNally y sus colegas utilizaron una combinación de automatización, análisis de datos y sentido común para distinguir entre usuarios maliciosos y normales. La principal constante era que los chicos malos tendían a emocionarse demasiado con el uso de los productos de la compañía. Google quería que la gente enviase muchos correos electrónicos, clicara en muchos anuncios y escribiese muchas reseñas, pero solo hasta cierto punto. Realizar una acción era motivo de sospecha, cuando no directamente de hostilidad total. Los usuarios más peligrosos eran los que, desde el punto de vista del uso, parecían los mejores.

«Las cosas que eran hiperactivas y excepcionales no eran merecedoras de confianza», dijo McNally. A veces, la mala conducta era automatizada, pero no siempre. Un producto interno de Google, llamado Zip It, se fijaba en la distribución temporal de las clasificaciones de cinco estrellas de los usuarios para combatir los intentos de manipulación del orden de las listas de compras. Mostrar demasiado entusiasmo demasiado rápido sobre demasiados productos era señal de mala intención. Cuando alguien escribía veinte reseñas de productos con cinco estrellas en un solo día, la reacción adecuada era ignorarlas todas.

El éxito de Google en la búsqueda de signos característicos de mala conducta dio origen a servicios y resultados de búsqueda que superaban a los proveedores rivales. Inconvenientes como el *spam* y las estafas publicitarias nunca se solucionarían por completo; siempre habría mal comportamiento y equivocaciones. Sin embargo, mientras Google seguía entrenando sus modelos de detección, en líneas generales el sistema funcionaba.

Facebook contrató a McNally para que utilizase las mismas técnicas de detección y aprendizaje automático en su nueva batalla contra la desinformación. Con un equipo inicial de veinte empleados, cuando McNally llegó era mayor y estaba más hastiado que la mayoría de los directivos de Facebook. Tras casi dos décadas lidiando con timadores en las entrañas de internet, no estaba dispuesto a «asumir que la intención era buena». Esa postura era precisamente la razón por la cual la compañía lo necesitaba. Años más tarde, en una entrevista, McNally afirmó:

> La tecnología tiene consecuencias involuntarias y el camino al infierno está lleno de buenas intenciones. Zuckerberg y Chris Cox, entre otros, reconocían que algo iba mal y que se podía mejorar. Yo no llegué a Facebook como un admirador. Llegué para intentar ser útil.

Además de desengañar a otros acerca del mandato corporativo de pensar benévolamente, McNally también tuvo que adaptarse a la estrategia de Facebook respecto a la experimentación. En Google, cualquier cambio significativo en su algoritmo de búsqueda requería un análisis exhaustivo de sus efectos. Fuera cual fuera la propuesta, los empleados que la planteasen tenían que redactar un informe para el Equipo de Calidad de las Búsquedas demostrando sus efectos y por qué consideraban que los resultados modificados del nuevo modelo constituían una mejora.

En ocasiones, Facebook llevaba a cabo ese nivel de evaluación, pero era demasiado caro y requería demasiado tiempo para convertirse en un método rutinario. Por el contrario, la validez de un cambio de algoritmo se juzgaba en función de cómo alteraba alrededor de una docena de indicadores principales, como cuánto duraban las sesiones de los usuarios, cuántos contenidos generaban y cuánto interactuaban con otros usuarios.

Como en el caso de sus homólogos de Google, el equipo que proponía un cambio generalmente tenía una teoría sobre por qué una modificación supondría una mejora para la plataforma. Por ejemplo, hay una lógica intuitiva en la idea de que los nuevos usuarios necesitan encontrar a sus amigos para que la plataforma sea divertida. ¿Priorizar las cuentas nuevas en las recomendaciones de Facebook de «Personas que quizás conozcas» aceleraría el proceso y haría que los nuevos usuarios empezaran con buen pie?

Con una idea viable sobre la mesa, el equipo responsable del aumento del número de amigos probaría distintas variantes durante el transcurso de algunas semanas en minúsculas fracciones de la base de usuarios de Facebook en mercados menores, ensayando diferentes versiones hasta identificar la aparentemente más favorable al aumento del número de amigos. Siempre y cuando nada de lo que hiciera el equipo afectara negativamente a cualquier indicador importante para Facebook, un reajuste de las recomendaciones de las «Personas que quizás conozcas» era una excelente opción.

Parecía una estrategia intuitiva, pero, desde el punto de vista de McNally, faltaba una capa de análisis. Por supuesto que no tenía nada de malo que Facebook recibiese a los nuevos usuarios con los brazos abiertos, pero ¿tenían sentido los resultados en el mundo real? ¿Los nuevos contactos que se creaban eran aparentemente auténticos, o eran todos mujeres jóvenes que presentaban un aspecto deslumbrante propio de las fotos de las revistas? ¿Esos nuevos amigos se comportaban realmente como si se conocieran de verdad?

Se dio cuenta de que en Facebook nadie se encargaba de mirar bajo el capó. «Confiaban en los indicadores sin profundizar en los casos individuales —dijo McNally—. Formaba parte del rollo "Muévete rápido". Cada año había cientos de incorporaciones basadas únicamente en resultados netos.»

A McNally le preocupaba otra cosa: la medición de los objetivos de Facebook solía calcularse en promedios.

«Un fenómeno común en estadística es que el promedio es inestable, de modo que determinadas patologías pueden quedar fuera de la geometría de la medición de los objetivos», dijo McNally. A su manera, discreta y matemática, estaba diciendo que las mediciones más sagradas de Facebook eran una basura. Tomar decisiones basadas únicamente en las mediciones, sin analizar minuciosamente los efectos en los humanos, era imprudente. Sin embargo, hacerlo basándose en *mediciones promedio* era simple y llanamente estúpido. Un promedio podía aumentar si hacías algo positivo en líneas generales para los usuarios, o podía aumentar si la gente normal usaba la plataforma un poquito menos y un pequeño número de troles utilizaban Facebook mucho más. En la compañía, todo el mundo entendía este concepto: se trata de la diferencia entre la media y la mediana, un tema que se enseña generalmente en la escuela secundaria. Sin embargo, en su propio interés, las principales mediciones se basaban en el uso total. Era como si un biólogo midiera la fuerza de un ecosistema basándose en la biomasa bruta, sin distinguir entre el crecimiento saludable y el desarrollo de algas tóxicas. Mientras que Carlos Gómez-Uribe criticaba directa y contundentemente a los ejecutivos que supervisaban el News Feed, McNally trabajaba dentro del sistema. Se había mostrado partidario de los intentos llevados a cabo por Gómez-Uribe de rebajar el trato preferente a los usuarios hiperactivos y le había decepcionado que dichos intentos se estancaran al reducirse su efecto un 80 % a instancias de Zuckerberg. Sin embargo, el pragmatismo de McNally era un reflejo del de los sistemas que pretendía crear. Dentro de los parámetros establecidos por Facebook, su equipo tomaría las medidas más eficaces posibles.

Una prueba de este planteamiento fue el trabajo inicial de la empresa sobre la desinformación. En 2017, Facebook ya había descartado la idea de que, gracias a la sabiduría de los grupos, los usuarios simplemente se darían cuenta de las falsedades por sí solos y no las difundirían. Las revelaciones acerca de las elecciones de 2016 habían desmentido rápidamente esa línea de pensamiento. Sin embargo, la compañía seguía sin mostrarse dispuesta a asumir la tarea de determinar la veracidad, así que estableció alianzas con organizaciones verificadoras de datos externas.

Aquel trabajo periodístico ayudó a Facebook a identificar historias sospechosas e imponer sanciones a otras noticias surgidas de los mismos medios. No obstante, el efecto de dichas medidas fue limitado. Para cuando el sistema interceptaba noticias falsas, los macedonios y sus imitadores ya habían superado con creces la categoría de *amateurs*. Ahora tenían webs, en su mayoría desechables, con nombres como «The Denver Guardian». Cuando una de ellas era identificada, la entidad que había detrás simplemente tenía que cambiar a otra, promocionando su contenido a través de las redes de páginas de Facebook.

«En Facebook, la conciencia de que había adversarios manipulando el motor llegó tarde», dijo McNally. Para expulsar a los proveedores de *fake news* de la plataforma, la compañía tendría que hacer que la publicación de bulos no fuera rentable de manera constante. Y, como en el trabajo previo de McNally para combatir el correo basura y las estafas publicitarias, el primer paso consistía en averiguar en qué se diferenciaba el comportamiento de los proveedores de noticias falsas del de los medios de comunicación legítimos.

Una característica diferenciadora era el descaro que dichos proveedores esgrimían con tal de captar la atención. Además de información falsa, sus páginas incluían siempre ciberanzuelos (titulares sensacionalistas) y cebos para lograr la participación (llamamientos directos a los usuarios para interactuar con su contenido y, de ese modo, difundirlo aún más).

Facebook ya veía con malos ojos esas técnicas publicitarias por considerarlas próximas al *spam*, pero, a decir verdad, no hizo demasiado al respecto. ¿Cuánto daño podía provocar una publicación viral en la que se dijera: «Compártela si apoyas a nuestros soldados»?

Si se utilizaba una treta de ese tipo para impulsar la participación en el seno de una operación de *fake news*, la respuesta era que podía provocar mucho daño. De modo que el equipo de McNally se puso a trabajar para endurecer la aplicación de la normativa contra lo que antes se consideraban faltas menores. Si Facebook lograba apuntar al lenguaje hiperbólico y a los intentos de incitar artificialmente a los usuarios a participar, aquello tal vez haría que el problema de las noticias falsas fuera más manejable.

Para aplicar medidas severas, Facebook necesitaba crear sistemas de detección de publicaciones perniciosas. Los ingenieros incorporaron al sistema de aprendizaje automático ejemplos de publicaciones sensacionalistas y que incitaban a la participación, entrenándolo para que distinguiera entre esa clase de material y contenidos más moderados. El algoritmo resultante predecía la probabilidad de que la publicación fuera un cebo en una escala de cero a uno.

Esta técnica, denominada aprendizaje supervisado, era técnicamente compleja, pero conceptualmente clara. Su objetivo era identificar de manera fiable todo contenido pernicioso sin que se produjeran falsos positivos. Desde luego, tal perfección automatizada era imposible, lo cual planteó decisiones difíciles a la hora de determinar si utilizar y cómo utilizar una herramienta que, inevitablemente, provocaría errores. Siempre había un tira y afloja entre la precisión (con qué frecuencia se equivocaba un clasificador) y el recuerdo (qué porcentaje del contenido se captaba realmente).

Que Facebook valorara más la precisión o el recuerdo dependía de que le preocupasen más los falsos negativos o los falsos positivos. Si Facebook se planteaba la eliminación automática de las cuentas falsas, tenía que tener una seguridad superior al 99% de que un usuario era falso antes de apretar el gatillo, aunque ese nivel de precisión implicase dejar intactas millones de cuentas falsas. En otras circunstancias, el recuerdo tenía mucha más importancia: un clasificador que identificara publicaciones que reflejaran un potencial intento de suicidio debería pecar de precavido, señalando el contenido para su supervisión por un humano, aun cuando hubiera pocas probabilidades de que la tentativa pudiera llevarse a cabo.

La mayoría de los problemas de integridad se situaban entre esos dos extremos. Facebook no quería que la gente consumiese discursos de odio en su plataforma, pero no estaba dispuesto a eliminar o revisar manualmente cualquier publicación señalada como potencialmente ofensiva por un clasificador. Aquí, la compañía tenía que ir sobre seguro.

La solución era rebajar la clasificación. En lugar de eliminar o revisar una publicación cuestionable, Facebook podía limitarse a inclinar la balanza del News Feed para asegurarse de que llegara a menos gente, suprimiendo su posición en las clasificaciones que determinaban qué aparecía en el *feed* de un usuario. Si la penalización era lo bastante severa, la publicación cuestionable se omitiría en su totalidad, o bien aparecería tan atrás en la cola que resultaba improbable que un usuario llegase a verla.

La ventaja de rebajar la clasificación era que Facebook no tenía que decidir si el contenido era aceptable o no. Los amigos íntimos de un usuario podrían ver la publicación, pero para el resto el contenido degradado sería simplemente sustituido por el siguiente, fuera el que fuera. Como no se eliminaba nada, nadie se molestaba. Facebook seguía sin querer eliminar contenidos sin contar con una razón de peso. Nadie quería que la plataforma actuase como una policía de la moral automatizada, ocultando cualquier publicación con un lenguaje algo subido de tono o en la que se atisbase un poco de piel. Una plataforma totalmente segura sería totalmente aburrida.

Cómo calibrar la mezcla de supresiones de contenido automatizadas y las degradaciones era, por consiguiente, un asunto tanto práctico como filosófico. Si creías que un contenido pernicioso suponía un grave peligro y pensabas que Facebook era responsable de los contenidos que recomendaba, probablemente estarías a favor de cierta mano dura. Sin embargo, si veías Facebook como una plataforma neutral que proporcionaba contenidos personalizados a sus usuarios, considerarías que ese planteamiento era innecesariamente estricto, tal vez incluso poco ético. Los News Feeds de los usuarios reflejaban sus gustos y preferencias personales, por lo que Facebook debería intervenir en su expresión lo menos posible.

«El daño proviene de situaciones en las que el espectador no ve algo que realmente quiere ver», afirmó una nota de un estudio interno, resumiendo la posición minimalista y alegando que los cambios en la clasificación que negaban a los usuarios el acceso a contenidos que generaban el máximo interés no «respetaban» su criterio.[1]

Este debate se planteaba de vez en cuando en Workplace, aunque el absolutismo por parte de los empleados de ambos bandos era poco habitual. Los maximalistas no creían que Facebook tuviera que intervenir contra todo contenido potencialmente reprobable y los minimalistas no creían que Facebook tuviera que saciar las ganas de memes racistas de los supremacistas blancos. Facebook no era responsable de todo lo que publicaban y consumían sus usuarios, pero tampoco era la batalla campal del ciberespacio.

Independientemente del lugar de ese espectro en que uno se posicionara, no había demasiadas dudas sobre cuál era la posición de Zuckerberg y la mayoría de los altos directivos de Facebook. A pesar de los intentos por parte de algunos grupos de presentar a la compañía como un tirano amante de la censura, el consejero delegado parecía siempre más preocupado por pasarse de moderado. Facebook debía controlar su propia plataforma lo menos posible, eliminando únicamente los contenidos incuestionablemente perniciosos y exigiendo pruebas irrefutables incluso para la supresión de contenidos molestos. Esas trabas implicaban que las intervenciones en aras de la integridad tuvieran lugar en su mayor parte de manera marginal (investigaciones posteriores demostraron que las modificaciones en el News Feed, rebajando la clasificación de la violencia gráfica, la información sanitaria de mala calidad y la desinformación, afectaban solamente a un diminuto porcentaje de las sesiones de usuarios y, aun así, estos no denunciaban que sus *feeds* merecieran menos la pena).[2] La degradación de Sparing Sharing de Gómez-Uribe, en su versión descafeinada, afectaba solo a uno de cada mil. Un cínico podría señalar con razón que esa limitación por principios tenía el valor añadido de necesitar menos trabajo y generar más participación. Sin embargo, las personas que hablaban con el consejero delegado consideraban, por lo general, que su posición tenía más que ver con su ideología que con beneficios o interés. Si pensabas que los *feeds* de los usuarios de Facebook reflejaban sus deseos —cosa que hacía Zuckerberg—, eras sospechoso de intentar interferir en ellos.

Fuera cual fuera su origen, esas tendencias descartaban prácticamente el enfoque más directo para combatir la desinformación: simplemente degradar el sensacionalismo y los cebos para conseguir participación más frecuentemente y con más dureza que hasta ese momento, sacrificando la precisión en favor de un aumento del recuerdo. Girar así el regulador directamente ni se planteaba.

El mandato de Facebook de respetar las preferencias de los usuarios planteaba otro reto. Según los indicadores utilizados por la plataforma, la desinformación era lo que la gente *quería*. Todos los indicadores utilizados por Facebook demostraban que a la gente le gustaban y compartían las noticias con titulares sensacionalistas y engañosos.

McNally sospechaba que los indicadores estaban ocultando la realidad de la situación. Su equipo se dispuso a demostrar que aquello no era del todo cierto. Lo que descubrieron fue que, a pesar de que los usuarios habitualmente mordían los ciberanzuelos, en los sondeos reconocían que ese material les parecía de poco valor. Cuando se les informaba de que habían compartido contenidos falsos, sentían arrepentimiento. Y, por lo general, consideraban que las verificaciones de datos aportaban información útil.

Así pues, de manera claramente institucional, McNally planificó reuniones semanales con Adam Mosseri y Jon Hegeman para defender que, en lo tocante a contenidos a los que se llegaba a través de un cebo y a las *fake news*, los indicadores de participación no eran fiables a la hora de reflejar lo que los usuarios realmente valoraban.

Sus esfuerzos dieron fruto. En mayo de 2017, Facebook anunció que iba a empezar a degradar los *clickbaits*, no porque fueran engañosos, sensacionalistas o fraudulentos, sino porque los usuarios les decían que no les gustaban las cosas engañosas, sensacionalistas o el *spam*. Resultó que la neutralidad oficial era la llave que podía desbloquear toda una obra.

«Intentamos descubrir qué experiencias son molestas y combatimos las cosas independientemente de la desinformación», dijo McNally sobre su planteamiento.

La estrategia consistía en denunciar a quienes publicaran noticias falsas por su conducta molesta, no por publicar bulos. Las páginas de *fake news* acostumbraban a tener toneladas de anuncios y a la gente no le gustan los anuncios, lo cual justificaba que fueran degradadas. Dichas páginas también solían estar llenas de *pop-ups*, cosa que todo el mundo odia. Por regla general, las páginas de noticias falsas tardaban más en cargarse que las de medios más legítimos, y a nadie le gusta esperar.

De no haber existido el problema de las *fake news*, Facebook no habría dado prioridad a esas iniciativas, muchas de las cuales eran, como mínimo, un tanto superfluas. Sin embargo, se estaba disputando un partido. Para evitar tener que determinar qué era verdad, la compañía sancionaría a los divulgadores de bulos por todo, salvo por el hecho de que sus noticias no fueran ciertas.

La clasificación no era la única palanca de la cual disponía el equipo de McNally. Crearon etiquetas de verificación que invadían el espacio físico asignado a una publicación falsa, privándola así de atención cuando un usuario navegaba por la página. Y, en un intento de conceder un poco de ventaja a los verificadores de Facebook en las *fake news* virales, crearon un clasificador que cribaba los comentarios que incluían expresiones habituales de incredulidad, dando prioridad a las publicaciones con un elevado porcentaje de comentarios escépticos.

Otras plataformas de redes sociales como YouTube y Twitter estaban adoptando tácticas parecidas, pero puede decirse que Facebook fue la que se movió más rápido y se trató, desde luego, de la más transparente. A lo largo de 2017 se pusieron en marcha numerosas iniciativas diferentes.

McNally se había convertido en un experto en eliminar obstáculos internos, pero, a veces, las amenazas al trabajo de desinformación procedían de fuera de la compañía. Un método agresivo para combatir la desinformación consistía simplemente en separar las noticias de los *feeds* de los usuarios, colocándolas a todas en una pestaña separada que actuaría como una especie de cuarentena. Mientras que, en su día, Facebook había presionado para ampliar la difusión de noticias en un intento de defenderse de Twitter, ahora estaba intentando reducirla. Como en la mayoría de los cambios de diseño importantes, la empresa probó la pestaña separada de noticias en un puñado de mercados más pequeños, entre los que se incluían Bolivia, Camboya y Serbia.

Las pruebas, realizadas a finales de 2017, consiguieron reducir el consumo de noticias en la plataforma y enfurecer a los creadores de contenido. Refiriéndose a la caída en picado del tráfico de un medio de noticias legítimo boliviano que dependía de Facebook, *The New York Times* acusó a la compañía de convertir al país en «un conejillo de Indias en el constante intento de reinventarse».[3]

En medio de furibundas críticas, tanto por parte de la vieja guardia como de los nuevos medios digitales, Facebook suspendió el experimento. La ironía estaba a flor de piel. Los medios de comunicación culpaban a Facebook de degradar todo el ecosistema mediático. Sin embargo, cuando la compañía dio un paso que habría reducido su papel en la distribución de noticias falsas, los medios pusieron el grito en el cielo.

«Lo que el mundo exterior quiere de Facebook es contradictorio e irrealizable», dijo McNally.

Tal vez, la idea de la pestaña de noticias podría haberse explicado mejor, o quizás su planteamiento no era el adecuado. No obstante, cada vez que una propuesta bienintencionada de esa clase le estallaba en la cara a la compañía, las personas que trabajaban para combatir la desinformación perdían un poco de credibilidad. A falta de una serie de demandas coherentes y congruentes del mundo exterior, Facebook regresaba siempre a la lógica de maximizar sus propios indicadores de uso. Al respecto, McNally recordaba:

Si algo no va a repercutir positivamente en los medios de comunicación convencionales, puede que duden a la hora de aplicarlo. Otras veces nos decían que diésemos pasos más pequeños para ver si alguien se daba cuenta. Los errores venían siempre por hacer menos.

Aunque McNally tuvo cierto éxito al hacer que la compañía mirase más allá de la participación de los usuarios en busca de pruebas de lo que querían, había límites. Y en ningún sitio se topó su equipo más claramente con ellos que en su intento de crear un nuevo indicador, llamado «Broad Trust».

Durante años, el Equipo de Alianzas Mediáticas de la compañía había tratado de encontrar formas de inclinar la balanza de Facebook a favor de medios importantes y respetados y alejarse de fuentes digitales de noticias poco fiables, las cuales, habitualmente, obtenían mejores resultados. El Equipo de Alianzas propuso simplemente conceder ventaja a los medios tradicionales, otorgándoles, por ejemplo, una mejor clasificación en los *feeds*. La idea fue descartada de inmediato: Facebook no tenía más interés por determinar la calidad del que tenía por determinar la veracidad.

McNally vio la oportunidad de adentrarse en un terreno parecido, de forma que la compañía no tuviera que escoger favoritos. En lugar de favorecer a los medios que consideraba fiables frente a otros advenedizos poco conocidos, la plataforma podría dar ventaja a las fuentes en las que confiaban los propios usuarios.

Por mucho que la gente se sintiera atraída por contenidos procedentes de medios dudosos, raramente buscaba su material fuera de la plataforma o sabía siquiera de dónde procedía. Si un usuario se daba cuenta de que la noticia compartida por un amigo procedía de un medio hasta entonces desconocido como *The Boston Inquirer* —información que el interfaz de Facebook apenas destacaba—, se volvía más escéptico y era menos probable que la compartiera. En ese orden de cosas, la plataforma no estaba teniendo en cuenta dicha preferencia por fuentes conocidas y fiables.

Así que los investigadores de McNally empezaron a trabajar en un indicador para fijar el Broad Trust, utilizando sondeos. Cabía sospechar que todo el proyecto estuviera condenado al fracaso a causa del partidismo, con los demócratas descartando las noticias de Fox News y los republicanos tratando las noticias de la MSNBC como puras mentiras. Pero no era así como funcionaban las cosas, al menos no en 2017. Los usuarios estadounidenses de Facebook calificaron de manera abrumadora a ambos medios como fuentes de noticias legítimas. Por el contrario, sitios como «Ending the Fed» ('acabar con la Federación'), uno de los más infames divulgadores de *fake news* antes de las elecciones de 2016, obtuvo un mal resultado en cuanto a confianza, incluso entre los usuarios conservadores. La propuesta de McNally fue conceder preeminencia a los medios que habían obtenido ventaja en cuanto a Broad Trust sobre los que no.

Como una forma de combatir la desinformación y los contenidos sensacionalistas, no cabe duda de que Broad Trust funcionaba. Las personas seguían teniendo libertad para consumir y compartir contenidos de la página de noticias que quisieran. Sin embargo, era menos probable que el propio News Feed difundiera artículos de una web de noticias creada la semana anterior.

Facebook aprobó la incorporación del Broad Trust a la clasificación de News Feed a finales de 2017, con Zuckerberg anunciando personalmente su llegada:

> Hay demasiado sensacionalismo, desinformación y polarización en el mundo actual. Las redes sociales permiten a las personas difundir información más rápidamente que nunca y, si no abordamos específicamente esos problemas, acabaremos amplificándolos. Por eso es importante que News Feed promueva noticias de calidad que contribuyan a crear un sentimiento de comunidad.[4]

De cara al público, Broad Trust fue un éxito. Sin embargo, entre bastidores, no salió bien. Igual que en el caso de Sparing Sharing, sus consecuencias no estuvieron equilibradas desde un punto de vista político: el ecosistema de los medios digitales partidistas era significativamente mayor en la derecha. A pesar del declarado apoyo a Broad Trust por parte de Zuckerberg y a pesar incluso de que los propios usuarios aparentemente respaldaron sistemáticamente la idea, Zuckerberg decidió —tras fuertes presiones de Joel Kaplan— que la fuerza del impacto del cambio en la clasificación se reduciría enormemente, como el Sparing Sharing de Carlos Gómez-Uribe.

Había buenas razones para considerar que esa decisión fue desafortunada: Broad Trust tenía poco potencial para poner a Facebook en evidencia. Sus efectos eran, por lo general, muy atractivos, y las únicas partes perjudicadas —los medios poco fiables— no eran un colectivo especialmente poderoso ni apreciado. Pero, a pesar del poco riesgo y de los considerables beneficios, la compañía se opuso.

Facebook había respaldado el trabajo de McNally para enfrentarse a lo peor de lo peor: extranjeros divulgadores de mentiras descaradas. No obstante, en cuanto apuntó a los incentivos que habían hecho crecer a la industria, lo frenaron.

«Para la gente que quería arreglar Facebook, la polarización era el símbolo de "Hagamos algo bueno para el mundo" —dijo McNally—. La conclusión fue que el objetivo de Facebook no era hacer ese trabajo.»

McNally captó el mensaje. Decidido aún a trabajar desde dentro del sistema, centró sus esfuerzos en hacer cosas que la compañía respaldase. A lo largo de poco más de un año, el equipo de McNally estableció más de 140 cambios diferentes de clasificación con el fin de derribar el modelo de negocio de los emisores de noticias falsas descaradas. Muchas de ellas no eran más que nimiedades, pero, en conjunto, causaban impacto.

El peso global de los cambios puso de rodillas a los peores creadores de contenido. El cambio fue lo suficientemente pronunciado como para poder apreciarse fácilmente desde fuera de la compañía. Tras poco más de un año de trabajo, la empresa analista de redes sociales NewsWhip declaró a la vieja guardia de divulgadores de bulos prácticamente muerta.

A pesar de las frustraciones, se trató de un éxito importante. Cuando el Equipo de Clasificación empezó su trabajo, era indiscutible que Facebook estaba suministrando a sus usuarios información manifiestamente falsa a un ritmo mayor que cualquier otro medio de comunicación. Ese ya no era el caso (aunque, en años venideros, la compañía recibiría muchas broncas por difundir *fake news*).

Irónicamente, Facebook no podía presumir de ese éxito. Dado que Zuckerberg había insistido en todo momento en que las noticias falsas representaban solo una parte insignificante de su contenido, ahora no podía celebrar que estaban cerca de hacer realidad esa afirmación.

Incluso mientras se encontraban reparando eficazmente los tropiezos más evidentes de Facebook tras las elecciones de 2016, la plataforma seguía introduciendo nuevas iniciativas y, con ellas, nuevas complejidades.

A principios de 2018, Zuckerberg hizo un anuncio importante. En medio de la creciente preocupación por los efectos de las redes sociales en la salud mental, Facebook, con ayuda de expertos de las universidades más prestigiosas del mundo, había examinado detenidamente sus productos y había llegado a la conclusión de que consumir contenidos pasivamente no era bueno para la gente. Para ser beneficiosas, las redes sociales tenían que reforzar los lazos sociales de las personas. En una publicación de Facebook, declaró:

> Basándonos en esto, estamos llevando a cabo un cambio importante en la manera de construir Facebook. Estoy modificando el objetivo que les pido a nuestros equipos de Producto, pasando de poner el foco en ayudarte a encontrar contenidos relevantes a situarlo en ayudarte a tener interacciones sociales más importantes.[5]

Así nació un nuevo indicador, las Interacciones Sociales Significativas, o MSI, por sus siglas en inglés.

El cambio se produciría a expensas del tiempo que pasaran las personas en Facebook, dijo Zuckerberg. Sin embargo, le preocupaba más «acercar a la gente» que cuantificar su uso diario.

Todo sonaba maravillosamente bien, y un estudio sobre los usuarios de la compañía había demostrado que, efectivamente, para la gente era mejor interactuar con amigos a través de Facebook que navegar como zombis por el News Feed. Sin embargo, había otra explicación más prosaica del cambio: los usuarios no comentaban lo suficiente.

Facebook había intentado durante mucho tiempo maximizar «el tiempo pasado en la plataforma». Aunque el mandato de Zuckerberg de 2014 de lograr un crecimiento perpetuo del 10% era matemáticamente imposible a largo plazo —al fin y al cabo, en la tierra había un número limitado de personas con un cierto número de horas disponibles al día—, también era un ejemplo de cómo Facebook hacía lo que mejor sabía hacer: establecer un objetivo ambicioso, aunque fácil de medir y, a continuación, instar a los equipos de Producto a que lo intentaran.

Al principio, lograron alcanzar la elevada meta fijada por Zuckerberg, llegando incluso hasta el punto de superarla. El objetivo pasó a ser un crecimiento constante del tiempo pasado en Facebook de un 12% anual.[6]

Entonces ocurrió lo peor que Facebook podía hacer.

«En realidad, nadie pensaba demasiado en el panorama general —explicó un científico de datos sénior del Equipo de Análisis de la compañía, refiriéndose a los objetivos históricos de Facebook—. A principios de 2017 los indicadores de participación empezaron a caer en picado... y nadie se dio cuenta.» Fue una cagada de toda la empresa en general. Todo el mundo había estado corriendo tras los indicadores como un grupo de niños detrás de una pelota. Mientras tanto, según el científico de datos, «el sistema se venía abajo».

El descenso era peligroso. Los comentarios y las reacciones eran un componente esencial de la máquina en perpetuo movimiento de Facebook: sin participación, la gente dejaba de publicar y compartir contenidos gratuitos. Y, sin contenidos gratuitos, Facebook se moría.

Cuando la compañía se dio cuenta de lo que había estado sucediendo delante de sus narices, las circunstancias ya eran pésimas.

El desplome de los indicadores dio el pistoletazo de salida a un «esprint que nunca supo realmente por qué habían descendido los indicadores», explicó el científico de datos. En parte, fue probablemente el resultado del consumo de vídeos fomentado al fijar objetivos para maximizar el «tiempo pasado en la plataforma». También se debió a que los usuarios consumían cada vez más contenidos de grandes medios, lo cual cuadraba con «la idea de que Facebook ya no se centraba en tus amigos», añadió el científico de datos: «Disponer de demasiados vídeos y otros contenidos públicos era un problema».

News Feed estaba a la espera de una renovación. Cambiar la medición de la participación era un tema de enorme importancia para Facebook: representaba un giro de ciento ochenta grados respecto a la manera en que la compañía había medido el propio éxito desde sus primeros tiempos. Sin embargo, en noviembre de 2017 —justo en la época en la que habitualmente la compañía empezaba a finalizar los grandes proyectos del año— Zuckerberg ordenó que News Feed frenara las pérdidas de participación. Tenían treinta días. (En un comunicado, la compañía negó que el proceso se hubiera realizado a toda prisa, afirmando que el nuevo algoritmo se había creado a lo largo de dieciocho meses. Pero los documentos internos no dejaban lugar a dudas: el trabajo se inició poco después de Acción de Gracias y concluyó antes de final de año.)

Un grupo de ejecutivos, entre los que se incluían Mosseri y Hegeman, se dispusieron a intentar averiguar cómo sopesar de nuevo el algoritmo. «Interacciones Sociales Significativas» era un término técnico; todavía no tenía una definición. Así que empezaron recurriendo a la valoración existente de la interacción, un recuento genérico de las interacciones entre usuarios conocido como U2U, y, a continuación, trataron de ajustar qué tipo de acciones eran más importantes (las más significativas desde el punto de vista social). Los comentarios parecían más significativos que las reacciones mediante emojis, y los emojis parecían más significativos que los «me gusta». Los comentarios y las publicaciones compartidas también tenían cabida, pero todavía no estaba claro cómo ponderar su importancia relativa.

Dada la premura con que se habían desarrollado, las MSI difícilmente podían ser un indicador preciso de lo que aportaba una conexión significativa a las vidas de los usuarios. No se tenían en cuenta los sentimientos, es decir, tenía el mismo valor un sentido pésame que la declaración de querer mear sobre la tumba del difunto. Lo que importaba no era el contenido del mensaje, sino el hecho mismo de que hubiera habido un comentario. La compañía ya había incorporado una serie de emojis para ilustrar las reacciones, las cuales iban más allá del simple «me gusta», incluyendo «amor», «risa», «admiración», «tristeza» y «enfado». Según la nueva valoración, cuando alguien moría, a Facebook le daba igual que escogieras un corazón o una carita enfadada mientras hicieses clic en algo.

En unas pocas semanas, la plataforma modificó por completo el valor asignado a las conductas de los usuarios. Según el nuevo sistema de las MSI, compartir algo tenía treinta veces más valor que un «me gusta».[7] Los comentarios valían quince veces más y las reacciones con emojis, cinco. La participación de amigos con los que alguien interactuaba con más frecuencia recibía un pequeño impulso extra, ya que estudios realizados sobre la experiencia de los usuarios confirmaron que a la gente le importaba más la participación de los amigos con los que más interactuaban. Sin embargo, las pruebas fueron precipitadas. Facebook quería provocar urgentemente unos comportamientos concretos en los usuarios, así que se limitó a modificar el News Feed para dar prioridad a los contenidos que los generasen.

«Los tíos se movían por intuición», recordó un antiguo ejecutivo involucrado en el proyecto.

Por supuesto, cambiar simplemente los contenidos que entraban en los *feeds* no era el objetivo final. Tenían la esperanza de que, en respuesta a los cambios, algunos usuarios empezasen a crear contenidos que provocasen las reacciones, reenvíos y comentarios valorados por el nuevo sistema. El «mimetismo» —el patrón de conducta bien documentado de los usuarios, consistente en reproducir los comportamientos ajenos— tomó aquí el relevo. Un estudio sobre la experiencia del usuario confirmó la intuición de que a las personas les importaba más la participación de sus amigos, lo cual corroboraba el nuevo enfoque.

Facebook había modificado por completo la manera de valorar la actividad de 2.000 millones de personas y lo había hecho sobre la marcha. La valoración aún era rudimentaria, pero sus fundamentos estaban claros. Ahora, News Feed priorizaría cualquier contenido que generase las máximas «MSI ofrecidas» y daría preferencia a los creadores de contenidos que produjesen enormes cantidades de «MSI recibidas». Las publicaciones de las cuales se esperaba que generasen «MSI descendentes» (término relativo a la avalancha de las interacciones resultantes obtenidas a través de publicaciones virales compartidas repetidamente) se tendrían especialmente en consideración.

Todo esto tenía sentido, aunque fuera un poco impreciso, dijo la compañía. Se consideraba que la participación era un buen indicador del valor que se obtenía de una publicación.

Los equipos Cívico y de Integridad de News Feed no estuvieron presentes en el nacimiento de la valoración. Sin embargo, numerosos miembros de ambos departamentos recordaban haber reaccionado igual cuando se enteraron de la nueva ponderación de la participación de las MSI: *iba a hacer que la gente se peleara.* Puede que la buena intención de Facebook fuera genuina, pero la idea de que ponerles el turbo a los comentarios, las publicaciones compartidas y los emojis tendría efectos indeseados era bastante evidente para las personas que, por ejemplo, habían trabajado en las granjas de troles de Macedonia, creando contenidos sensacionalistas y discursos de odio.

Los titulares exagerados y los cebos para causar indignación eran tácticas de difusión digital bien conocidas, tanto dentro como fuera de Facebook. Viajaban bien y eran difundidas en grandes cadenas. Amplificar contenidos que fomentaban la difusión añadiría un componente exponencial al ya importante ritmo al que se propagaban dichos contenidos problemáticos. En un momento en el que la compañía estaba tratando de hacer frente a los divulgadores de desinformación, partidismo radical y discursos de odio, aquello solo provocaba que sus tácticas fueran más eficaces.

Numerosos directivos del Equipo de Integridad de Facebook le plantearon dudas a Hegeman acerca de las MSI, el cual admitió la existencia del problema y se comprometió a tratar de ajustar las Interacciones Sociales Significativas más adelante. No obstante, la adopción de las MSI era un hecho consumado, dijo. Órdenes de Zuckerberg.

Incluso los empleados que no tenían que ver con la integridad reconocían el riesgo. Cuando un director de producto del Equipo de Crecimiento preguntó si la modificación implicaba que el News Feed diera preferencia a los contenidos más polémicos, el director del equipo responsable del trabajo reconoció que era muy posible que así fuera.

«El Equipo de Integridad de News Feed está trabajando muy duro (¡y muy rápido!) para mitigar el potencial impacto de la decisión en la integridad», escribió; y añadió que la compañía esperaba que el hecho de tomar medidas contra las tácticas de incitación a la participación fuera en cierto modo de ayuda. Encontrar una forma de medir cuánto perjudicaban las MSI a la integridad de la plataforma se apuntaría en la «lista de deseos» del equipo.

«Cuando un ingeniero te dice "Ya llegaremos a eso", tienes que tener claro que está mintiendo», apuntó el antiguo directivo que había trabajado en la modificación de las MSI.

Por supuesto, la compañía no hablaba de estas preocupaciones en público. Como prueba de las motivaciones altruistas de la plataforma, Zuckerberg dijo, comentando los resultados empresariales del cuarto trimestre de 2017, que Facebook mantendría las MSI a pesar de que le estaban costando a la plataforma 50 millones de horas de uso al día.

Los intentos de la compañía de presentar la adopción de las MSI como un bien común no fueron solo para consumo externo. Siempre que los empleados cuestionaban en una reunión corporativa que Facebook diera prioridad al bienestar de su plataforma sobre el bienestar de sus usuarios, la directiva se respaldaba en las Interacciones Sociales Significativas. ¿Cómo iba alguien a acusar a la compañía de actuar de manera irresponsable cuando Zuckerberg había sacrificado tanto uso en aras del acercamiento de las personas? El argumento funcionó en buena medida, salvo entre los empleados encargados de la integridad y el círculo de ingenieros que sabían que las MSI se habían improvisado para solucionar el problema de la *participación*, una necesidad que se consideraba mucho más apremiante que aumentar el tiempo pasado en la plataforma.

Facebook seguía sosteniendo que las MSI eran indudablemente algo positivo para el mundo y que no se habían creado precipitadamente, un argumento que, según ellos, venía refrendado por un trabajo de investigación no divulgado. Sin embargo, estudios posteriores concluyeron que las MSI eran inútiles como medio de acercar a las personas. Los usuarios declaraban sentirse menos satisfechos con el News Feed y menos inclinados a decir que Facebook les mostraba publicaciones de personas que eran importantes para ellos. No obstante, los «indicadores de negocio» —cuánto incrementaban el uso y los comentarios— eran muy positivos y el renovado News Feed generó un aumento estimado del 0,17 % en los usuarios diarios.

Pasaría un año antes de que las personas externas empezaran a darse cuenta de que las Interacciones Sociales Significativas tenían más enjundia de lo que parecía. Un análisis realizado por NewsWhip descubrió que la adopción de las MSI hizo que el raramente utilizado emoji de la «carita enfadada» se convirtiera en el principal barómetro del éxito de los contenidos políticos. Fox News, Breitbart News y la página de Ben Shapiro, periodista de *Daily Wire*, eran, según la empresa analista, líderes en «caritas enfadadas», y el liberal *Daily Kos* y la página de Facebook del senador Bernie Sanders también las recibieron en abundancia. Otros temas que, al parecer, cobraron más importancia después de la modificación fueron los niños secuestrados y el aborto. *Slate* señaló que la publicación más compartida de la plataforma a principios de 2019 fue un breve artículo de 119 palabras con el nada informativo título de «Un presunto traficante de personas y pederasta podría encontrarse en nuestra zona».[8]

La investigación *a posteriori* de Facebook sobre los efectos de las MSI no hizo más que confirmar esas conclusiones.[9] Según la compañía, las publicaciones que obtenían clics eran las que provocaban «sentimientos negativos en los usuarios».

Desde luego, no todo era culpa de las MSI. El periodismo se ha beneficiado siempre de los conflictos («si hay sangre, vende», rezaba el viejo dicho reporteril). No había ninguna razón para esperar que esto fuera distinto en el caso de las redes sociales (un informe de NewsWhip anterior a las MSI señaló que las publicaciones sobre maltrato animal eran extremadamente compartidas). Sin embargo, los incentivos en la plataforma habían cambiado drásticamente y no solo en lo que respectaba a los emisores de noticias.

Los efectos no se limitaron a provocar discusiones entre amigos y familiares.[10] Según informaría posteriormente un investigador de integridad cívica a sus colegas, la adopción de las MSI por parte de Facebook parecía haber llegado al extremo de alterar la política europea. «La participación en publicaciones positivas y políticas se ha reducido notablemente, motivando que los partidos dependan cada vez más de las publicaciones provocadoras y de los ataques directos a sus adversarios», escribió un científico social tras entrevistar a estrategas políticos acerca de cómo utilizaban la plataforma. En Polonia, los partidos describieron el discurso político de internet como «una guerra civil social». El equipo encargado de la gestión de las redes sociales de un partido estimó que la proporción de sus publicaciones había pasado de una mitad positiva y otra mitad negativa a un 80 % negativas y un 20 % positivas, *explícitamente en función del cambio del algoritmo.* Los principales partidos culparon a las redes sociales de intensificar la polarización política, calificando la situación de «insostenible».

Lo mismo sucedió en el caso de los partidos en España. Según escribió el analista:

Se han dado cuenta de que atacar duramente a sus adversarios genera la máxima participación. Desde su punto de vista, se encuentran atrapados en un ciclo inexorable de campañas negativas debido a las estructuras de incentivos de la plataforma.[11]

Si bien es cierto que Facebook estaba haciendo que la política fuera más combativa, no a todo el mundo le molestaba. Los partidos extremistas le dijeron orgullosamente al investigador que estaban aplicando «estrategias de provocación» con las que «fomentarían el conflicto en relación con temas polémicos como la inmigración y el nacionalismo».[12]

Para estar a la altura, los partidos moderados no se limitaron a adoptar un discurso más beligerante: adoptaron posturas políticas más extremistas.[13] Era cuestión de supervivencia. «Aunque reconocen que están contribuyendo a la polarización, les parece que no tienen muchas alternativas y están pidiendo ayuda», escribió el investigador.

Según los partidos moderados, Facebook podía suavizar la presión para generar contenidos provocativos deshaciendo los cambios en la clasificación, o, como mínimo, devolviendo las páginas de contenido político al sistema antiguo.

Al investigador, eso le pareció sensato y urgente.[14] Comparó las MSI con el servicio de comida basura:

Su valor a corto plazo no compensa sus costes a largo plazo. Por tanto, deberíamos reducir los incentivos para provocar indignación en la audiencia, ya que eso es lo correcto tanto por lo que respecta a nuestra misión como a nuestro crecimiento a largo plazo.

Al comentar estas conclusiones varios años más tarde, Facebook dijo que el trabajo del investigador no le pareció convincente.

Estudios posteriores realizados en Asia llegaron a una conclusión parecida acerca de los efectos cáusticos de las MSI, pero ni el trabajo original ni el posterior provocaron el ajuste inmediato por el que abogaba el investigador.[15] Solo mucho después, altos directivos como Guy Rosen, actualmente jefe de Seguridad de Facebook, reconoció a nivel interno que, si bien difundir contenidos para maximizar las MSI «estaba bien para los vídeos de gatitos», era un mal indicador de valor de temas más serios.[16]

Algunos de los primeros planteamientos de las Interacciones Sociales Significativas tenían buena intención, e incluso se basaban en un deseo sincero de responder a las críticas externas que decían que el tiempo pasado en Facebook no era un tiempo bien empleado. Sin embargo, la valoración real establecida por la compañía mezclaba el bien de sus usuarios con un imperativo empresarial. El bienestar que promovía Facebook era el suyo propio.

6

Si Jeff Allen tenía un conocimiento intuitivo acerca de los troles y los oportunistas que habían degradado el News Feed de Facebook, ello se debía a que él, en su día, también había sido un mercenario.

Allen se crio en Olathe, un barrio exclusivo situado a las afueras de Kansas City. Era hijo de un ingeniero informático asentado en el mundillo de la tecnología de «Silicon Prairie», en el Medio Oeste de EE. UU. Tuvo su primer ordenador a los siete años. A Allen le gustaban los ordenadores, pero prefería jugar a videojuegos. Sin embargo, sus padres no estaban demasiado dispuestos a subvencionar esa actividad, de manera que sus opciones quedaron limitadas a un par de docenas de juegos de Nintendo comprados con el dinero que había conseguido embolsando artículos en el supermercado Price Chopper. Ganaba 5,15 la hora, pero los juegos costaban alrededor de 60 dólares.

La tecnología solucionó ese problema matemático. A mediados de la década de 1990, un hacker creó el primer emulador de videojuegos, un *software* que permitía que un ordenador replicara el procesador de una consola de videojuegos. De repente, copias pirata de juegos empezaron a inundar las páginas web de intercambio de archivos, eliminando las limitaciones naturales para adquirirlos de un adolescente con buena mano para la tecnología. «Dios mío, necesito todos los juegos de la Super Nintendo», se dijo Allen. Con el tiempo, su colección llegó a constar de más de 900 juegos de Nintendo y 700 de Super Nintendo. Los colgó en la página web Emunation.com para que sus amigos también pudieran jugar.

De no haber sido por una innovación de Silicon Valley, la carrera de Allen como infractor de derechos de autor podría haber acabado ahí. Sin embargo, los anuncios digitales estaban a punto de conquistar el mundo. El primero se había publicado en 1994, y las normas sobre publicación de anuncios en la red eran todavía poco exigentes. A instancias de un amigo al que había conocido por internet, Allen se puso en contacto con DoubleClick, el incipiente gigante de la publicidad digital que sería comprado posteriormente por Google. ¿Permitiría la empresa que su página de juegos pirata publicase anuncios?

A DoubleClick le pareció bien. Lo único que Allen tenía que hacer era pegar un fragmento de código en el HTML de su página web, y recibiría una pequeña parte de los ingresos procedentes de todos los anuncios que publicara DoubleClick. Al cabo de algunas semanas, la compañía le envió a Allen, que en aquel entonces tenía quince años, un cheque, al cual él se refería como «mi primer dinero internáutico». Era tanto como lo que había ganado en Price Chopper en tres meses. «Que le den por culo a las bolsas del súper, yo me voy a internet», pensó Allen.

No fue el único coleccionista de videojuegos al que se le ocurrió eso. Emunation.com se enfrentaba a un montón de páginas de juegos pirateados más, las cuales se disputaban la atención de un puñado de motores de búsqueda como WebCrawler, AltaVista y Yahoo. En el caso de Allen, lo que marcó la diferencia fue que enseguida averiguó cómo hacer trampas:

> Podías manipular los resultados del motor de búsqueda simplemente pegando un texto blanco invisible con una palabra clave en concreto una y otra vez al final de una cadena de HTML. Si hacías eso y esperabas dos días, serías la búsqueda número uno de dicho término en WebCrawler. Todo parecía un juego.

Cuanto más engañaba a los motores de búsqueda, más dinero ganaba; al poco tiempo, consiguió ganar miles de dólares mensuales. Entre 1997 y 1999, Allen dirigió el sitio web de emulación de videojuegos más exitoso del mundo.

La fiesta terminó cuando, poco antes del decimoctavo cumpleaños de Allen, una carta del representante legal estadounidense de Nintendo llegó al buzón de sus padres. La piratería, a la escala que la estaba practicando Allen, era motivo más que suficiente para acusarlo de un delito grave, señaló el abogado. «Yo respondí: "¡Aún soy menor!" —contó Allen—. Si me hubieran pillado un mes más tarde, me habría asustado.» Allen volvió al redil, cerró la web y empezó la universidad.

Durante los años que tardó en obtener la licenciatura y luego el doctorado en física, una *startup* llamada Google aniquiló a todos los motores de búsqueda de la competencia porque averiguó cómo hacer que fuera más difícil hacer las trampas en las que Allen había destacado. En lugar de confiar en que las páginas web representaran sus contenidos exactamente, Google evaluaba si otras webs parecían confiar en ellos, utilizando las interconexiones de la página abierta para distinguir entre las fuentes de información fiables y la basura presentada de manera ingeniosa.

Esta innovación habría dado al traste con la idea del Jeff Allen adolescente, pero manipular los resultados de Google no era imposible. Y Allen, que había llegado a la conclusión de que el camino hacia un trabajo fijo en el mundo de la física era largo y tedioso, estaba de nuevo en busca de «dinero internáutico». Al poco tiempo, fue contratado por About.com, una web mastodóntica que creaba contenidos sobre cualquier cosa que apareciera de forma destacada en los resultados de búsqueda, para averiguar en qué búsquedas de Google se tenía que centrar y cómo estructurar su sitio web para lograr un posicionamiento óptimo.

Podía ganarse mucha pasta jugando a ese juego, pero era evidente que a Google no le gustaba. Cada pocos meses, el motor de búsqueda cambiaba su algoritmo de clasificación de tal modo que se desplomaba el tráfico de About.com. Cuanto más estudiaba Allen las tácticas de Google, más impresionado quedaba. Google empezó a reprender a About.com por indicios evidentes de problemas de calidad, como faltas de ortografía, errores gramaticales y plagio. Sin embargo, el intento de responder informáticamente a la pregunta «¿Esto es basura?» se había vuelto más sofisticado y Google había aprendido a penalizar a los sitios que ofrecían contenidos inútiles, resúmenes superficiales y artículos de autores cuyo trabajo no estaba referenciado en ningún otro sitio de internet.

Cuando los empleados de Google se reunieron con los colegas de Allen, les explicaron de manera factual que sus normas pretendían menoscabar el éxito de juegos como el que estaba intentando llevar a cabo About.com. Mientras Allen buscaba los puntos débiles de las defensas del motor de búsqueda, el personal de Google buscaba debilidades en los intentos de manipulación de About.com. Y las encontraron. About.com reaccionó ideando nuevas formas de manipular a Google, pero era una batalla perdida.

Con Google cortando lentamente el suministro de oxígeno a la carnaza de la web, Allen y sus jefes tuvieron que plantearse lo impensable: producir mejores contenidos. About.com no solo empezó a invertir más en los artículos que producía, sino que empezó a sacrificar la montaña de antiguos contenidos basura, que estaban retrasando su posicionamiento en los resultados del buscador. En lugar de esquivar las reglas de Google, a Allen se le había asignado ahora la tarea de cumplirlas. Empezó a diseñar algoritmos que identificaban y eliminaban los contenidos más inútiles y chapuceros del sitio.

En el transcurso de dos años, el número de artículos publicados en About.com se redujo de más de 4 millones a 700.000. El contenido no iba a ganar ningún premio literario, pero era indiscutiblemente más útil. Como consecuencia de ello, el tráfico de búsqueda de Google se recuperó. El giro hacia la calidad de About.com obligado por el buscador ayudó a ampliar la vida de la empresa, pero la moraleja no era que un buen contenido siempre obtiene mejores resultados, sino simplemente que no había que meterse con Google.

En otras plataformas, los intentos de About.com de conseguir visitas mediante contenidos basura habían continuado implacables. La web tuvo un éxito considerable en Facebook cuando se dio cuenta de que podía obtener rentabilidad comprando anuncios para promocionar sus propios contenidos cargados de anuncios. Uno en concreto —una presentación de imágenes de famosos titulada «¿Debería cortarme el pelo a lo *pixie*?»— resultó ser una mina de oro al repetirse constantemente (el grupo demográfico al que iba dirigido, compuesto por personas de la tercera edad, no se daba cuenta de que había llegado al final y seguía haciendo clic).

Pero Allen ya no estaba en About.com para compartir la gloria cuando un antiguo colega le dijo que el sitio había descubierto cómo transformar un bucle infinito de fotos glamurosas de Judi Dench y Charlize Theron en montones de dinero. A mediados de 2016, aceptó un empleo como científico de datos en Facebook.

La primera tarea de Allen en Facebook consistió en mejorar los resultados de búsqueda locales de la plataforma, un proyecto que pretendía ayudar a competir con la función de búsqueda de empresas de Google y Yelp. Sin embargo, aunque en Facebook la gente se conectaba regularmente con empresas que conocía, raramente buscaban otras nuevas. «Si hacías una búsqueda local real que hacían humanos reales en motores de búsqueda reales, nuestro motor de búsqueda local fracasaba estrepitosamente», dijo Allen.

Allen estaba bastante seguro de que eso era un problema, pero sus jefes cuestionaron su afirmación. Si los usuarios querían encontrar los tipos de negocios locales que decía Allen, ¿por qué no aparecían esas búsquedas en los datos de los usuarios de la compañía? Para Allen, estaba claro que se trataba de un círculo vicioso. Los resultados de búsqueda locales de Facebook eran una mierda, y no iban a mejorar hasta que la compañía dispusiera de los datos conductuales necesarios para ello. Sin embargo, los usuarios no utilizaban esos datos porque los resultados de búsqueda eran una mierda.

Solucionar el problema habría sido difícil en cualquier caso, pero se convertía en imposible dado el escepticismo de las altas esferas. Allen se había topado con un punto débil de Facebook: el absoluto convencimiento por parte de la compañía de que montañas de datos conductuales revelaban lo que los usuarios querían de su plataforma, y no solo su respuesta a las limitadas opciones que se les presentaban.

En 2018, Allen ya se había aburrido y había sido trasladado al Equipo de Clasificación de Páginas de Facebook. Su trabajo no se centraba en la integridad propiamente dicha, pero Jeff detectó inmediatamente un problema. Los divulgadores de contenidos políticos más exitosos de Facebook eran granjas de troles extranjeras que publicaban pura basura, un material que hacía que el conocido SEO (optimización de búsquedas) de About.com pareciera del *New Yorker*.

Allen no fue el primer empleado en darse cuenta del problema de calidad. Las páginas eran un producto de los proveedores de *fake news* contra los que Facebook había combatido tras las elecciones de 2016. Aunque los verificadores y otras medidas drásticas habían hecho que fuera mucho más difícil que los bulos se hicieran virales, dichos proveedores se habían reagrupado. Algunas de las mismas entidades sobre las que BuzzFeed había escrito en 2016 —adolescentes de un pequeño pueblo montañoso de Macedonia llamado Veles— habían entrado de nuevo en escena. ¿Cómo había sido manipulado el sistema de difusión de noticias de Facebook por unos chavales en un país con un PIB per cápita de 5.800 dólares?

Allen tenía preparada la respuesta a esa pregunta. No le hizo falta tomar un vuelo para *saber exactamente* quiénes estaban sentados delante de esos ordenadores: Jeff Allens eslavos en edad de ir al instituto.

Todo cuadraba. Dos décadas antes, Yahoo y compañía no habían previsto que pillos como Allen conseguirían, mediante el método de prueba y error, entender más o menos sus algoritmos para luego utilizar ese conocimiento para modificarlos en su beneficio. Los motores de búsqueda nunca se recuperaron.

Facebook cometió el mismo error al subestimar la amenaza de adolescentes nihilistas, aunque expertos en tecnología, alejados de Silicon Valley. Allen llegó casi a admirarlo.

«Cuando descubrí las granjas de troles, no los culpé —dijo—. Pensé: "¡A la mierda, tíos! ¡Pillad el dinero! Si tuviera diecisiete años estaría con vosotros, segurísimo".»

Pero Allen ya no tenía diecisiete años. Su brújula moral estaba más desarrollada. Y, con todos los respetos para la ley de derechos de autor, el daño provocado al comercializar desinformación social y política a gran escala era mucho peor que fastidiar a los abogados de Nintendo.

A Allen, la experiencia le había enseñado que las cosas irían a peor. Personas como él habían tardado en averiguar cómo manipular los motores de búsqueda, pero, una vez descubierto el secreto, el conocimiento se había extendido como la pólvora. No hacía falta ser un ciberoperador de élite o un genio de las redes sociales. Una vez descifrados los códigos, cualquiera podía copiarlos.

Para cuando Allen se trasladó al Equipo de Páginas de Facebook, los encargados de la clasificación del News Feed que investigaban la propaganda rusa tras las elecciones habían identificado una táctica habitual presente en su crecimiento: los anuncios.

El sistema publicitario de Facebook permitía que las empresas eligieran qué querían conseguir. A Coca-Cola podía bastarle simplemente con que una audiencia enorme viera su marca. Un grupo musical podía querer que los usuarios visitaran su página web y se registrasen para recibir correos electrónicos con las fechas de sus próximos conciertos. Una empresa de colchones podía querer pagar únicamente por conseguir la atención de usuarios que acabarían realizando una compra. Para ayudar a las compañías a alcanzar diferentes objetivos, Facebook permitía a los anunciantes escoger entre pagar por impresiones, clics o ventas verificadas.

Había también anuncios para obtener «me gusta» en una página, como los utilizados por los rusos con buenos resultados. Su inversión de 100.000 dólares, realizada por la llamada Agencia de Investigación de Internet (IRA, por sus siglas en inglés), les permitió que sus páginas crecieran a un ritmo que el crecimiento orgánico jamás habría podido igualar. «El IRA utilizó Facebook de la manera en que está diseñado para ser utilizado», afirmó un empleado de Facebook al que se le había asignado el análisis forense después de las elecciones. Comprar los anuncios había resuelto un problema de arranque, proporcionando a los rusos una audiencia inicial que pudieron cultivar hasta alcanzar un tamaño gigantesco.

Los anuncios para obtener «me gusta» en una página no eran ni mucho menos la piedra angular del negocio de Facebook, ya que representaban únicamente un porcentaje de un dígito de los ingresos de la compañía. Sin embargo, habían sido una herramienta fundamental no solo para la injerencia rusa en las elecciones, sino también para innumerables estrategias de manipulación de poca monta.

Así que Allen se preguntó por qué no dejaban de venderles gasolina a los pirómanos.

Un año antes, su equipo había propuesto restringir o suprimir por completo los anuncios. Como era de esperar, había dos grupos principales que se oponían a la idea: el equipo al que se le pagaba por vender anuncios y el equipo al que se le pagaba por hacer crecer las páginas. La idea no se tuvo nunca demasiado en cuenta y ya ni siquiera estaba sobre la mesa cuando Jeff se incorporó al equipo en 2018.

A Allen le ocurrió lo que llegaría a ser un rito iniciático para los trabajadores centrados en la integridad: se dio cuenta de que las presiones empresariales habían descartado la solución más sencilla y directa del problema. Algunos de sus colegas más comprometidos batallaban por superar aquel escollo desmoralizador, pero toda la carrera profesional de Allen se basaba en encontrar formas de esquivar las limitaciones impuestas. Cuando se le impidió atacar las tácticas de crecimiento de páginas inmorales en sus primeras etapas, empezó a estudiar otras formas de manipular a Facebook.

Necesitaba aprender de los maestros: creadores que no sabían nada del público estadounidense, no gastaban nada en contenidos y, aun así, triunfaban en la plataforma. Dicho de otro modo, necesitaba aprender de los macedonios.

Al analizar las páginas de la granja de troles, se dio cuenta de una cosa: habitualmente, sus publicaciones se viralizaban.

Era extraño. La competencia por tener espacio en los News Feeds de los usuarios hacía que la mayoría de las páginas no pudieran hacer llegar sus publicaciones ni siquiera a aquellas personas que habían decidido seguirlas deliberadamente. Sin embargo, gracias a las publicaciones compartidas y a los algoritmos, las granjas de troles macedonias llegaban regularmente a audiencias enormes. Si lograr que una publicación se hiciera viral equivalía a llevarse el premio gordo de la atención, los macedonios ganaban cada vez que metían una moneda en la máquina tragaperras de Facebook.

La razón por la cual el contenido macedonio era tan bueno era que no era suyo. Prácticamente todas las publicaciones eran incorporadas o robadas de algún otro lugar internáutico. Habitualmente, el material procedía de Reddit o Twitter, pero los macedonios también robaban contenidos de otras páginas de Facebook y lo volvían a publicar para su público, que era mucho más numeroso. Aquello funcionaba, porque, en la red social, la originalidad no era un valor añadido, sino una desventaja. Incluso en el caso de los creadores de contenido de más talento, la mayoría de las publicaciones acababan siendo un fracaso. En cambio, lo que había sido viral casi siempre volvía a serlo.

Los macedonios engañaban a Facebook con contenido copiado y pegado de manera muy parecida a cómo Allen había engañado a WebCrawler introduciendo palabras clave invisibles en el código HTML de su página web. Y, como él, cobraban dinero procedente de la publicidad, canalizando a su público hacia granjas de contenidos o recaudando pagos de un programa de reparto de ingresos de Facebook para grandes creadores de contenido. Sin embargo, los macedonios tenían una tercera forma —la más siniestra— de ganar dinero en internet: vender sus enormes páginas a compradores con intenciones desconocidas.

Allen redactó un informe sobre el problema en el verano de 2018, el cual empezaba con un recordatorio: «La misión de Facebook es facilitar que las personas construyan una comunidad. Es una buena misión», escribió, antes de afirmar que la conducta que describía en aquel documento explotaba los intentos de conseguirlo.[1] A modo de ejemplo, Allen lo comparó con una comunidad real: un grupo conocido como el Congreso Nacional de Indios Americanos (NCAI). El grupo tenía unos líderes definidos, producía una programación original y organizaba eventos para nativos americanos fuera de internet. Sin embargo, a pesar de los serios esfuerzos realizados por el NCAI, contaba con muchos menos fanes que una página llamada «Native American Proub» [sic],* gestionada desde Vietnam. Los administradores anónimos de la página utilizaban contenidos reciclados para promocionar un sitio web de venta de camisetas.

«Se están aprovechando de la comunidad de nativos americanos», escribió Allen, afirmando que, incluso en el caso de que a los usuarios les gustase el contenido, nunca se les ocurriría seguir a una página dedicada al orgullo de los nativos americanos gestionada clandestinamente desde Vietnam. Como prueba de ello, incluyó un apéndice con las reacciones de usuarios que se habían dado cuenta. Y concluyó:

> Si a alguien le apetece leer 300 reseñas de usuarios reales que están muy enfadados con páginas que se aprovechan de la comunidad de nativos americanos, aquí tiene una recopilación de reseñas de una estrella de las páginas de la «comunidad» y «medios» nativos americanos.

No se trataba de un problema aislado. Era, cada vez con más frecuencia, el estado por defecto de páginas en *cada* comunidad. Seis de las diez páginas principales de temática afroamericana —incluida la número uno, «My Baby Daddy Ain't Shit»— eran granjas de troles. Las catorce páginas principales de temática cristiana y musulmana en inglés eran ilegítimas. Un grupo de granjas de troles que distribuían contenidos evangélicos tenían, en conjunto, una audiencia veinte veces mayor que la de la página auténtica más importante. Posteriormente, en un memorándum, Allen escribió:

---

* El término *proub* procede de un error tipográfico de la palabra *proud* ('orgulloso'), el cual acabó adquiriendo un significado propio, especialmente utilizado en redes sociales por usuarios asiáticos. *(N. del T.)*

Esto no es normal. No puede ser sano. Hemos permitido que actores falsos acumulen enormes cantidades de seguidores para conseguir unos propósitos en gran medida desconocidos. En su mayoría, parecen querer sacar dinero fácil de su audiencia. Sin embargo, hay indicios de que han estado en contacto con el IRA.[2]

¿Hasta qué punto se trataba de un problema grave? Un muestreo de los creadores de contenido de Facebook con audiencias significativas señaló que un 40 % dependía de contenidos robados, acumulados o bien parafraseados, en el sentido de que habían sido modificados de manera trivial. Lo mismo sucedía con los contenidos videográficos de Facebook. Un colega de Allen descubrió que el 60 % de las visualizaciones de vídeo iban a parar a los acumuladores.[3]

Las tácticas eran tan conocidas que, en YouTube, la gente colgaba vídeos instructivos en los que explicaba cómo convertirse en un importante creador de Facebook en cuestión de semanas. «Así es como pillo vídeos de YouTube y los subo a Facebook —decía un tipo en un vídeo aportado por Allen, señalando que no era estrictamente necesario hacer el trabajo personalmente—. Puedes pagar 20 dólares a Fiverr por una recopilación: "Eh, encuéntrame vídeos divertidos de perros y enlázalos para formar un vídeo recopilatorio".»

«Mierda», pensó Allen. Facebook estaba perdiendo en las últimas jugadas de un partido que ni siquiera tenía claro que estuviera jugando. A esa serie de tácticas ganadoras las denominó «viralidad artificial». En una presentación interna, Allen escribió:

> ¿Cuál es la forma más fácil (con menos esfuerzo) de crear una gran página de Facebook? Paso 1: Encontrar una comunidad existente y comprometida [en la red social]. Paso 2: Reunir/Acumular contenidos populares en esa comunidad. Paso 3: Publicar el contenido más popular en tu página.[4]

Afortunadamente, señaló Allen, esas tácticas eran fáciles de detectar. Las páginas de creadores basura carecían constantemente de los nombres de sus autores e incluso de información de contacto, y sus contenidos se viralizaban de manera demasiado previsible, como si un jugador ganase cada vez que se hiciera girar la ruleta. Por si fuera poco, Facebook ya contaba con sistemas para identificar mediante huella digital y señalar contenidos individuales; los utilizaba para cosas como bloquear automáticamente imágenes de abuso sexual infantil en el mismo momento en que eran subidas.

Si Facebook no podía cerrar las páginas basura, añadió, al menos podría dificultar mucho el trabajo de sus propietarios. «Deberíamos eliminar de nuestra plataforma los contenidos que explotan a comunidades, ya que es algo que va en contra de la ética de nuestra misión», escribió Allen a sus colegas en el verano de 2018.[5]

La investigación de Allen planteó un debate. Que una página importante para los veteranos estadounidenses de la guerra de Vietnam estuviera gestionada desde el extranjero —nada más y nada menos que desde Vietnam— era simple y llanamente vergonzoso. A diferencia de la erradicación de los anuncios para conseguir «me gusta», la cual había sido imposible dada la forma en que marginaba a determinados grupos internos, si Allen y sus colegas podían hallar formas de eliminar sistemáticamente el contenido basura procedente de granjas de troles —material difícilmente ensalzado por ningún equipo de Facebook—, conseguir que la dirección lo aprobase podría ser una posibilidad real.

Ahí es donde Allen se enfrentó al dogma fundamental de Facebook: «Asume que la intención es buena». El principio iba dirigido a sus colegas, pero pretendía ser igualmente aplicable a los miles de millones de usuarios de Facebook. Además de tratarse de un pensamiento agradable, en líneas generales era correcto. La abrumadora mayoría de la gente que utiliza las redes sociales lo hace por las relaciones, el entretenimiento y la distracción, no para engañar o estafar. No obstante, como Allen sabía por experiencia, el lema no era una guía de vida exhaustiva, especialmente cuando había dinero de por medio.

AltaVista, WebCrawler y los otros motores de búsqueda que Allen había manipulado habían fracasado porque no estaban preparados para enfrentarse a los sitios web que querían alcanzar el éxito mediante engaños. Google había triunfado porque sus fundadores se dieron cuenta de que no se podía confiar en las intenciones de un joven Jeff Allen ni de entidades como About.com. Al respecto, Allen afirmó:

> Siempre me molestaba que Zuckerberg dijera que el abuso de Facebook no se podía predecir, que no podía ver el futuro desde un dormitorio de Harvard. Bueno, el futuro parecía muy evidente desde un garaje de Palo Alto.

El camino al actual infierno de Facebook había estado lleno de buenas intenciones. Allen no podía eliminar una línea del manual de empleados de la compañía, pero al menos podía intentar prevenir a sus colegas a partir de su experiencia personal.

Preparó una presentación de diapositivas titulada «Confesiones de un SEO cabrón», utilizando el acrónimo en inglés de «optimización del motor de búsqueda». No hacía falta ser un operador ruso para arruinar a Facebook, señaló Allen. Bastaba con ser un poco nihilista y que te apeteciera conseguir lo que el Jeff Allen de dieciséis años denominaba «dinero internáutico». Apuntar a páginas de parásitos como él mismo podría darles un respiro temporal, pero el único camino factible para derrotarlas era exigir sustancia. No había forma de eludirlo: Facebook iba a tener que centrarse en la calidad. Allen escribió en su presentación:

> Durante los últimos nueve meses, he estado estudiando y analizando las plataformas web existentes y la historia de los medios de comunicación a lo largo de los últimos 150 años. Somos los dueños de la plataforma. Jugamos según nuestras reglas.

Con la ayuda de otro científico de datos, Allen documentó los rasgos inherentes a los creadores basura. Acumulaban contenidos. Se viralizaban demasiado sistemáticamente. Con frecuencia, publicaban ciberanzuelos para incentivar la participación. Dependían de que usuarios aleatorios compartieran sus publicaciones en lugar de cultivar una audiencia fiel a largo plazo.

Ninguno de estos rasgos garantizaba un castigo severo por sí solo, pero, en conjunto, formaban algo muy reprobable. Una revisión de esos rasgos llevada a cabo en 2019 mostró que 33.000 entidades —un escaso 0,175 % de todas las páginas— recibían un 25 % de todas las visitas de Facebook.[6] Prácticamente ninguna de ellas estaba «gestionada», es decir, controlada por entidades que el Equipo de Asociaciones de Facebook considerara profesionales de los medios de comunicación fiables, y representaban únicamente un 0,14 % de los ingresos de la plataforma. Si Facebook quería atraer a creadores de contenido de calidad —entidades con propietarios prestigiosos que invertían en la producción de contenidos propios—, tenía que identificar a los que manipulaban a la plataforma para conseguir viralidad artificialmente. Allen estaba convencido de que el planteamiento funcionaría: era bastante parecido a la táctica de Google que había obligado a About.com a hacer limpieza.

Era un argumento convincente, pero iba a ser difícil de vender: lo último que quería Facebook —y, especialmente, Zuckerberg— era determinar la calidad.

Diez años y decenas de miles de artículos hostiles atrás, Facebook había sido un motivo de esperanza para el negocio del periodismo. Los estrategas de las redacciones de noticias de Estados Unidos habían presentado gráficas que mostraban el aumento de los dólares procedentes de la publicidad digital, los cuales compensaban los menguantes ingresos de la publicidad impresa y las suscripciones, prometiendo que se acelerarían el día que las líneas convergiesen. A pesar de que recuperar los dólares perdidos de las suscripciones gracias a los centavos de la publicidad digital era complicado para la mayoría de las publicaciones, el tráfico de Facebook era como el premio gordo. Cuando una historia llegaba a la plataforma, podía recibir fácilmente diez o cien veces visitas más de las que habría recibido de no ser así.

Justo cuando los medios digitales empezaron realmente a excavar en busca del oro del tráfico de las redes sociales, Brandon Silverman se metió en el negocio de la venta de palas. Silverman era un progresista apasionado de la organización digital. En 2011, había fundado una empresa llamada CrowdTangle con el objetivo de ayudar a entidades sin ánimo de lucro y a grupos políticos de izquierdas a diseñar y gestionar campañas de activismo en internet. El producto fue un fracaso para su público objetivo, pero resultó extraordinariamente bueno a la hora de monitorizar lo que sucedía en plataformas como Facebook y Twitter. Si querías saber cuándo un tema había empezado a generar un tráfico inusual, o localizar una publicación al principio de una curva de crecimiento viral, CrowdTangle podía hacerlo. La capacidad de actuar como husmeador de viralidad era una característica inmensamente valiosa en los albores de la economía de la atención, cuando las agencias de *marketing* competían por ayudar a sus clientes a generar interés en las redes sociales y a rastrear sus menciones.

Silverman había encontrado una mina de oro, y solamente había una cosa que se interponía entre él y una lucrativa carrera en la monitorización de marcas corporativas: le parecía algo profundamente aburrido. «Una noche llegué a mi casa y le dije a mi mujer: "Si esto va a ser una herramienta de análisis social, pégame un tiro en la cabeza"», contó.

Una opción menos rentable pero personalmente más atractiva para Silverman era trabajar con creadores de noticias. Incluso los medios informativos más aburridos estaban empezando a sentir curiosidad por las tendencias de las redes sociales y una nueva hornada de creadores nativos digitales como BuzzFeed y Upworthy habían tomado la delantera.

Los dos modelos de negocio —la consultoría tanto de marcas como de organizaciones de noticias— coexistieron en CrowdTangle hasta 2014, cuando Silverman estaba viajando de su casa en Washington D. C. a Nueva York para realizar una demostración de la herramienta al Equipo de Marketing de Pfizer. Mientras estaba en el tren, un colega le informó de que NPR también quería una demostración en su sede de Washington D. C. y que estaban disponibles esa misma tarde. «Por un lado, estaban los potenciales millones de Pfizer —dijo—. Por otro, se trataba de la NPR.» Bajó del tren en la parada siguiente y regresó a Washington D. C.

La facilidad de CrowdTangle para descubrir y rastrear los contenidos virales de las redes sociales hacían de ella un objetivo de adquisición demasiado evidente. Cuando Silverman le mostró la herramienta al *New York Times*, la primera pregunta del equipo digital del periódico fue cuánto tiempo faltaba para que Facebook comprara la empresa.

Facebook ya era un cliente entusiasta, igual que YouTube, Reddit y Twitter. Cabría pensar que esas compañías estarían interesadas en la herramienta para saber en qué andaban metidas sus competidoras, pero resulta que, a menudo, estaban igual de entusiasmadas al utilizar CrowdTangle para conocer el rendimiento de varios creadores en sus propias plataformas. A Silverman esto le sorprendió y le pareció un tanto ridículo. Las principales compañías de redes sociales pagaban a Crowd-Tangle para tener acceso a los mismos datos que le proporcionaban a su empresa gratuitamente.

Lo que Silverman vendía no eran datos: era inteligibilidad. Cada compañía tenía sus equipos de asociación —personas responsables de colaborar con los medios, los famosos y las ligas deportivas—, los cuales tenían que ser capaces de responder preguntas sobre qué contenidos tenían más éxito, cuándo y cuánto publicar y por qué determinados temas se habían vuelto virales. Sin embargo, las empresas para las que trabajaban nunca habían creado herramientas internas sencillas para realizar esas tareas. Silverman lo explicó:

> Era la época del rollo de los *big data*. Las plataformas habían creado esos cuadros de mando incomprensibles, con gráficas de volumen y agujas, pero la gente con la que trabajábamos solamente necesitaba contenidos llenos de cifras claras.

Hubo unos cuantos flirteos entre CrowdTangle y Facebook, pero nada serio hasta que Zuckerberg y Sandberg viajaron en 2016 a Sun Valley, Idaho, para asistir al congreso anual de medios de comunicación, entretenimiento y tecnología de Allen & Co., donde el magnate de los medios de comunicación Rupert Murdoch daba una conferencia. Silverman, quien no estuvo presente pero fue profusamente informado por otros asistentes, dijo al respecto:

> Durante toda la sesión, Rupert no hizo más que despotricar contra Facebook y decir por qué eran el cáncer de la industria de la información. Y creo que hubo muchos gestos de asentimiento.

En privado, Murdoch y Robert Thomson, CEO de la News Corp de Murdoch, recibieron a Zuckerberg en la villa del primero en Sun Valley para hacerle una advertencia mucho más directa: si Facebook no empezaba a colaborar más con la industria de la información, News Corp se convertiría en un enemigo declarado que se enfrentaría a la compañía en varios continentes.

La amenaza alarmó a Zuckerberg. Facebook no pretendía fastidiar a los periódicos, pero tampoco se había esforzado demasiado por hacer amigos. Durante un periodo de paranoia por la competencia con Twitter por la atención del público adolescente, Facebook inundó su plataforma de contenidos informativos; una bendición para los profesionales que habían estado batallando por lograr que el periodismo digital funcionase. Los medios habían invertido mucho en la plataforma solo para acabar dándose cuenta de que, en cuanto cesaron las preocupaciones de Facebook por la competencia, el tráfico se volvió inestable. Un mes, una publicación podía obtener 30 millones de visualizaciones procedentes del tráfico de Facebook, mientras que el siguiente la cifra se reducía a la mitad. La compañía no se había planteado realmente la amenaza que podía suponer para su reputación el hecho de fastidiar a las organizaciones de noticias.

Para intentar hacer las paces, Facebook contrató a Campbell Brown, un destacado periodista televisivo, para que dirigiera un nuevo equipo que se encargaría de gestionar las relaciones diplomáticas con los medios y de crear herramientas que harían de la plataforma un socio más fiable. El plan tenía una segunda parte: Facebook compraría CrowdTangle.

Cuando Facebook hizo un acercamiento a la compañía en el verano de 2016, tenía una oferta de precio en firme y razones para la adquisición. CrowdTangle intentaría ayudar a prosperar a las antiguas instituciones mediáticas en Facebook, o, en el peor de los casos, a entender la fuerza que estaba perturbando su industria. Silverman y su socio cofundador aceptaron la oferta.

En el momento de la adquisición de CrowdTangle, Twitter ya no era considerada una amenaza competitiva significativa y Facebook estaba reduciendo drásticamente la atención prestada a las noticias con un cambio de algoritmo tras otro. A la frustración de los grandes medios informativos se sumaba el hecho de que estaban siendo ampliamente superados por creadores de contenido advenedizos.

Según Silverman, «[el editor ejecutivo del *Washington Post*] Marty Baron, se sentó con Zuck», y le preguntó cómo era que estaba «redirigiendo más tráfico a Breitbart que al *Washington Post*». «Y Mark le respondió: "Les enseñamos Breitbart y el *Washington Post* y escogieron Breitbart. ¿Qué íbamos a hacer?".»

Tras la compra, CrowdTangle ya no era una empresa, sino un producto disponible para las compañías mediáticas sin coste. Por muy enfadados que estuvieran los medios con Facebook, les encantaba el producto de Silverman. La única orden de Facebook fue que su equipo continuara creando cosas que contentaran a los creadores de contenido. A los reporteros experimentados que buscaban carnaza viral también les encantaba. Por ejemplo, CrowdTangle podía mostrar una publicación prometedora sobre un perro que había salvado la vida de su amo, un material que indudablemente generaría cifras enormes en las redes sociales porque ya iba en esa dirección.

CrowdTangle invitó a sus antiguos clientes de medios de pago a una fiesta en Nueva York para celebrar el acuerdo. Uno de los ejecutivos de medios asistentes le preguntó a Silverman si Facebook utilizaría CrowdTangle a nivel interno como herramienta de investigación, pregunta que a Silverman le pareció absurda. Sí, era cierto que les había ofrecido a las plataformas de redes sociales una ventana para descubrir y entender su propio uso. Sin embargo, ahora el personal de Facebook superaba al suyo propio en varios miles de empleados. Afirma que les dijo: «¡Es ridículo! ¡Estoy seguro de que, tengan lo que tengan, es infinitamente más potente que lo que tenemos nosotros!».

Silverman tardó más de un año en replantearse esa respuesta.

Antes de que CrowdTangle pudiera convertirse en una bendición para los miembros de la compañía, tenía que hacer aquello para lo que había sido comprada: extenderse a tantos medios informativos como fuera posible.

Aunque otros miembros del Equipo de Asociaciones se convirtieron en portadores permanentes de malas noticias, informando a los profesionales de la información de cambios en los algoritmos que rara vez redundaban en su favor, CrowdTangle les dio un respiro. Si Facebook no era una plataforma en la que fueran a triunfar los medios de comunicación de toda la vida, al menos el producto demostraba que la compañía quería ayudarles a intentarlo.

Sin embargo, después de un año aproximadamente, CrowdTangle se estaba acercando al punto de saturación: la mayoría de los medios a los que se podía persuadir para que utilizaran el producto ya lo había hecho, y el número de formaciones y controles que podían utilizar los analistas de las salas de prensa y los directivos de redes sociales era limitado. Por tanto, Silverman empezó a ampliar su punto de vista, promocionando la herramienta para entidades que querían *entender* los contenidos virales de Facebook, no solamente producir más.

Una de esas audiencias era la de los periodistas. Resultó que la herramienta era excelente para monitorizar la divulgación de afirmaciones falsas, grupos conspirativos y rumores virales. No obstante, la capacidad de cuantificar fácilmente ese tipo de problemas podía dar lugar a descubrimientos que pusieran a

Facebook en un compromiso. Craig Silverman, reportero de BuzzFeed (sin relación alguna con Brandon Silverman), había utilizado la herramienta para ayudar a exponer el alcance del problema de las noticias falsas de Facebook. Sin embargo, la compañía no vaciló. CrowdTangle se benefició tanto de un genuino reconocimiento interno de que el examen minucioso podría mejorar sus productos como del efusivo apoyo de Campbell Brown, el cual estaba intentando guiar a su personal en medio de duras conversaciones con los medios.

Una segunda audiencia estaba formada por los propios investigadores de Facebook y su personal encargado de la integridad. Obviamente, la compañía disponía de muchos más datos que los introducidos en CrowdTangle, pero Silverman pensaba que, a menudo, no se utilizaban. A veces, incluso a los altos directivos les costaba entender el alcance de lo que estaba sucediendo en Facebook, ya que utilizaban el producto muy de vez en cuando o de manera que no reflejaba el alcance del ecosistema de vídeos, páginas y grupos existentes en la plataforma. CrowdTangle podía ser utilizado para llenar alguno de esos puntos ciegos y recopilar información de forma rápida.

La herramienta podía utilizarse incluso para detectar amenazas emergentes contra ejecutivos de la compañía realizadas en sus plataformas, un tema delicado después de que un tiroteo que tuvo lugar en abril de 2018 en YouTube se saldase con tres personas heridas. Podía generar informes automatizados destinados a centros regionales de moderación de contenidos para que su personal dispusiera de un contexto de lo que sucedía cada día en la red social. Y cuando Facebook quería fijarse en un tema concreto —por ejemplo, grupos dedicados al comercio de animales exóticos, lo cual constituía una vulneración de las normas de la plataforma—, CrowdTangle ofrecía también una herramienta rápida de evaluación.

Únicamente cuando CrowdTangle empezó a crear herramientas para esto, el equipo se dio cuenta de lo poco que sabía Facebook de su propia plataforma. Cuando Media Matters, una organización liberal dedicada a la vigilancia de los medios de comunicación, publicó un informe demostrando que las

MSI habían sido una bendición para Breitbart, los ejecutivos de Facebook quedaron verdaderamente sorprendidos, difundiendo el artículo y preguntando si era verdad.[7] Como sabía cualquier usuario de CrowdTangle, lo era.

Silverman consideró que esa ceguera era lamentable, porque impedía a la compañía reconocer el alcance de su problema de calidad. Se trataba del mismo punto en el que Jeff Allen y una serie de empleados de Facebook habían estado insistiendo. Resultó que la persona que se haría cargo del tema no procedería de la propia compañía. Sería Jonah Peretti, el consejero delegado de BuzzFeed.

BuzzFeed había sido la primera en utilizar el modelo de publicación viral. Aunque los listículos (artículos en los que la información aparece ordenada a modo de lista) hicieron que, al principio, la publicación se hiciera famosa por sus tonterías, el personal de Peretti actuaba con un nivel de sofisticación en las redes sociales muy superior al de la mayoría de los medios, acumulando contenidos antes de los acontecimientos y utilizando CrowdTangle para encontrar noticias de impacto rápido que atrajeran audiencias enormes.

En otoño de 2018, Peretti envió un correo electrónico a Cox para exponerle una queja: el cambio en la clasificación de las Interacciones Sociales Significativas de Facebook estaba presionando a su personal para producir contenidos más cutres. BuzzFeed podía aguantar carros y carretas, escribió Peretti, pero ningún miembro de su personal lo haría de buen grado. Diferenciándose de los medios que se limitaban a lloriquear por el tráfico perdido, Peretti citó uno de los éxitos recientes de su plataforma: una recopilación de tuits titulada «21 cosas de las que casi todas las personas blancas son culpables de decir».[8] La lista —que incluía «recórcholis», «quítame las patatas de delante» y «me declaro culpable»— había funcionado fantásticamente bien en Facebook. Lo que a Peretti le preocupaba era la razón por la que aparentemente había sido así. Miles de usuarios se peleaban en la sección de comentarios, discutiendo si el tema era o no racista.

«Cuando creamos contenidos importantes no se valora», le dijo Peretti a Cox. En cambio, Facebook estaba promocionando «ciencia barata y pasajera», «noticias extremadamente perturbadoras», «imágenes repugnantes» y contenidos que explotaban las divisiones raciales, según un resumen del correo electrónico de Peretti difundido entre los miembros del Equipo de Integridad. En BuzzFeed, a nadie le gustaba crear esa basura, escribió Peretti, pero era lo que Facebook demandaba. (Como muestra de la voluntad de BuzzFeed por jugar a ese juego, unos meses más tarde publicó otra recopilación titulada «33 cosas de las que casi todos los blancos son culpables».)

Cox estaba intrigado. Hizo una oferta: le propuso a Peretti incorporarse a Facebook y ayudar a la compañía a solucionar el problema. Peretti le dijo a Cox que lo haría, pero solamente si Facebook compraba BuzzFeed. Cox les planteó la idea a otros directivos de Facebook, pero cayó en saco roto.

«No podemos comprar BuzzFeed», le dijo a Peretti.

«Entonces no puedo trabajar con vosotros», respondió Peretti.

A pesar de todo, el incidente ayudó a espolear a Cox para que empezase a presionar en relación con el tema de la disminución de la calidad. Le pidió a Tom Alison, vicepresidente de Ingeniería, que tratase de dar con una definición funcional de «calidad de contenidos» y con una idea de lo que Facebook quería promover en su plataforma. Alison recurrió a Silverman, en CrowdTangle, en busca de ayuda. De repente, este encontró una oportunidad de mostrarles a los directivos de la compañía lo que se estaban perdiendo.

Así fue como, a finales de 2019, Silverman se encontró en una sala de juntas explicando paso a paso a los jefes de News Feed, Vídeo y Grupos los principales contenidos del día, publicación a publicación; contenidos que cualquier usuario de CrowdTangle podía conocer, pero que los ejecutivos de Facebook no acostumbraban a ver. Según Silverman, en la lista había algo de desinformación —aquel día una cuenta que se hacía pasar por Britney Spears se estaba haciendo viral—, aunque no era excesiva. La característica común era que todo era horrible. Algunas publicaciones merecían ser eliminadas, otras eran simplemente vulgares, copiadas o *spam*. Ninguna de ellas se correspondía con la clase de contenido «significativo» que Facebook quería recompensar.

Los ejecutivos se movieron inquietos en sus asientos. El problema no era solamente News Feed. Los grupos, las páginas y otros productos también habían desempeñado un papel importante. En la sala ya reinaba la incomodidad antes de que alguien —Silverman no recuerda si fue él mismo— preguntara si todo el mundo se sentía orgulloso de la lista.

«Se produjo el silencio más incómodo y significativo de todas las reuniones a las que he asistido —recordó Silverman—. A continuación, todo el mundo pasó a otro tema.»

Si Silverman intentaba que los líderes de Facebook tomaran medidas obligándoles a prestar atención a sus principales contenidos, los miembros del Equipo de Asociaciones de Facebook estaban haciendo algo parecido, señalando el tipo de material que se había caído de la lista. La plataforma no se había creado teniendo en mente a famosos, músicos y otros personajes públicos, pero, a medida que había ido creciendo, se había hecho más difícil ignorarlos. Para los artistas que querían contactar directamente con sus fanes se hizo especialmente valiosa, ya que les permitía insertar anuncios directamente en los *feeds* de su público.

Sin embargo, esas condiciones eran demasiado buenas para durar. A medida que los News Feeds de los usuarios se vieron dominados por reenvíos, publicaciones grupales y vídeos, el «alcance orgánico» de las páginas de famosos empezó a desplomarse. «Mis artistas construyeron una base de seguidores y ahora no pueden llegar a ellos a menos que compren anuncios», se quejaba Travis Laurendine, un promotor musical experto en tecnología afincado en Nueva Orleans, en una entrevista realizada en 2019. Una página con 10.000 seguidores tendría suerte si llegaba a más de una ínfima parte de ellos.

Para el Equipo de Asociaciones, encargado de proporcionar un servicio vip a usuarios destacados y venderles el valor de mantener una presencia activa en Facebook, era un suplicio explicar por qué la popularidad de los famosos disminuía a pesar de que aumentasen sus seguidores. El trabajo se reducía a convencer a los famosos —o a los encargados de la gestión de sus redes sociales— de que, si llevaban a cabo una serie de buenas prácticas aprobadas por la compañía, llegarían a su público. El problema era que dichas prácticas, como publicar regularmente contenidos originales o evitar cebos para incentivar la participación, realmente no funcionaban. Las actrices que eran el centro de atención en la alfombra roja de los Óscar veían cómo sus publicaciones eran superadas por una recopilación de accidentes de *motocross* robada de YouTube.

«Llegados a 2019, se hacía difícil decirle a un personaje público por qué debería estar en Facebook —afirmó un antiguo empleado que había trabajado con artistas muy conocidos—. Los músicos querían vender entradas y los escritores querían vender libros. Y nosotros no les estábamos ayudando.»

La situación era tan urgente que el Equipo de Asociaciones se puso en contacto con Zuckerberg con una «jerarquía de necesidades» de los famosos de la plataforma, según el antiguo enlace con ellos. En la base de la pirámide estaba la necesidad de llegar a los propios fanes, sin lo cual ningún servicio exquisito ni ningún cuadro de mando especial sería de gran ayuda. Su mensaje simplemente no caló. La sensación era que «el algoritmo cumpliría con su cometido de darle a la gente lo correcto en el momento adecuado», según dijo el consejero delegado. Para los socios de Facebook, los contenidos de éxito eran algo en lo que se tenía que invertir. Para Facebook, se trataba simplemente de algo que sucedía.

Brian Boland, antiguo vicepresidente de Asociaciones, recordó un ejemplo concreto que ilustraba el tipo de pensamiento predominante en el ámbito de los productos de Facebook. Según Boland, cuando la compañía incorporó la posibilidad de que los usuarios publicaran vídeos, los ejecutivos al mando del proyecto le dijeron emocionados que el nuevo formato era la bomba. Cuando, a continuación, planteó lo que parecía una pregunta obvia —«¿Qué *clases* de vídeos estaban triunfando?»— no supieron responderle.

Con el tiempo, los famosos y los *influencers* empezaron a marcharse de la plataforma, generalmente a su compañía asociada, Instagram. «Creo que la gente nunca unió los puntos», dijo Boland.

7

Con Facebook todavía inmerso en el escándalo, aun cuando las elecciones a mitad de legislatura estaban cobrando fuerza, la compañía sabía que necesitaba demostrar públicamente que era capaz de mantener el orden en su plataforma. Una parte de ese intento consistía en demostrar que la compañía podía localizar y eliminar las granjas de troles extranjeras. Otra era alardear del trabajo de su Equipo de Integridad Cívica.

Esta última fue, en algunos aspectos, una elección extraña para alardear de la capacidad de Facebook de defender las elecciones. Durante sus dos primeros años de existencia, el equipo se había centrado casi exclusivamente en hacer que Facebook fuera mejor para la democracia, no en impedir que la plataforma la menoscabara. Crearon cosas como la «insignia de votante», que permitía a los miembros del Congreso saber si un usuario que se ponía en contacto con ellos era residente en su distrito. (Fuera cual fuera la utilidad para los legisladores, la insignia cambió el comportamiento de los usuarios. Los comentarios publicados por los usuarios certificados eran más sustanciales y las mujeres, que interactuaban con sus representantes con mucha menos frecuencia que los hombres, de repente empezaron a comentar más.) Samidh Chakrabarti, encargado de supervisar el desarrollo de producto del equipo, se había incorporado a Facebook en 2015, después de haber trabajado en Google, donde dirigió el proyecto de la compañía para proporcionar a sus usuarios información electoral, sobre empadronamiento y sobre los colegios electorales.

Chakrabarti estaba entusiasmado con el futuro de la democracia en internet. Después de lanzar la insignia de votante, les dijo a los periodistas y a los empleados: «Siempre me fascinará cómo internet está contribuyendo a dar voz a los ciudadanos más que nunca». Les dijo a sus colegas que se había incorporado a Facebook debido al compromiso de la compañía tanto con la participación cívica como con su propio autoanálisis. Mientras que Google era reacio a ir más allá de registrar votantes y de recordarle a la gente que era el día de las elecciones, Facebook quería demostrar que sus «ánimos» a votar tenían consecuencias significativas desde un punto de vista estadístico y, a continuación, encontrar nuevas formas de demostrar la cada vez mayor centralidad política de la compañía.

Había mucho que hacer en ese sentido. El programa de registro de votantes de Facebook se podía mejorar. Chakrabarti le dio vueltas a posibles formatos de reuniones en línea, y quería crear más herramientas para la organización cívica. Antes de las siguientes elecciones, el equipo había lanzado una función rigurosamente probada de «anticipo electoral», que incrementó el conocimiento de las campañas y las iniciativas electorales por parte de los votantes en un 6%.

Para regir el trabajo, Chakrabarti y su equipo elaboraron una lista de seis principios, un «juramento cívico» informal. En ella se enumeraba lo siguiente: «Ser desinteresado, ser protector, ser justo, ser representativo, ser constructivo, ser consciente». Esas exhortaciones podían recordar a unas directrices escritas en una cartulina enganchada en la pared de una escuela infantil, pero, incluso en aquellos días llenos de optimismo, estaban definidas con un poquito de sarcasmo.

«Ser desinteresado» significa que el equipo tenía que «servir en primer lugar a los intereses de la gente, no a los de Facebook». «Ser constructivo» conllevaba un mandato de fomentar la empatía y minimizar la acritud en la esfera pública. Y «ser consciente» era un llamamiento a documentar cómo Facebook hacía que el mundo mejorara y empeorara.

Los que formaban parte del Equipo Cívico acostumbraban a ser liberales, lo que no resultaba sorprendente desde un punto de vista demográfico para la empresa en general. El condado más próximo a la sede central de Facebook en Menlo Park que votó a favor de Trump se encontraba a dos horas en coche, y los registros federales de recaudación de fondos indicaban que los empleados de la compañía eran partidarios de los demócratas en una proporción de siete a uno. Sin embargo, la desviación probablemente era aún mayor entre aquellos que trabajaban en temas relacionados con la desinformación, las injerencias extranjeras y la política. Se trataba de algo indudablemente incómodo, teniendo en cuenta la responsabilidad de la compañía de ser imparcial. El equipo estaba compuesto por liberales que tenían la responsabilidad de ser neutrales.

En reuniones celebradas cada seis meses, Chakrabarti concedía premios, denominados «Civvies», a los empleados cuyo trabajo había sido un ejemplo de la misión que el equipo se había autoimpuesto. Entre los friquis de la política más comprometidos que formaban parte del departamento, los premios eran algo relativamente importante, casi a la par que las reseñas del «Ciclo del resumen del rendimiento» que determinaban las bonificaciones de los empleados de Facebook. Fuera del equipo, a nadie le importaban.

Por mucho que los valores cívicos reconocieran el potencial de la compañía para ser una fuerza negativa, en sus primeros tiempos el equipo se centró en líneas generales en lo positivo. Ayudar a la gente a utilizar la plataforma de manera más eficaz para el activismo político requería entender cómo la estaban utilizando ya y, a principios de 2016, unos cuantos empleados empezaron a estudiar páginas y grupos activistas de gran éxito para entender cuál era el planteamiento ganador.

Los resultados no fueron halagüeños. Los grupos políticos estadounidenses más populares no eran estadounidenses y era más que evidente que no les movía la pasión por la democracia. El Equipo Cívico había descubierto a los macedonios mucho antes de que las granjas de troles extranjeras se convirtiesen en motivo de preocupación pública.

Una de esas trabajadoras realizó otro estudio en abril de 2016, analizando los grupos políticos alemanes de más éxito de la plataforma. Descubrió que un tercio de ellos publicaban con regularidad contenidos racistas y conspirativos y, además, curiosamente tendían a ser prorrusos. Aquello era malo, pero lo peor fue descubrir que el crecimiento de dichos grupos dependía enormemente de las sugerencias de Facebook de «Grupos que pueden interesarte» y «Descubre». Las páginas macedonias y los grupos extremistas alemanes no solo eran importantes en la plataforma, sino que su crecimiento se debía a la propia mecánica de Facebook.

«El 64 % de todas las incorporaciones a grupos extremistas se deben a nuestras herramientas de recomendación —escribió la analista en un informe en el que resumía sus conclusiones—. Nuestros sistemas de recomendación agravan el problema.» Sin duda, se suponía que este tipo de cosas no eran asunto del Equipo Cívico. El equipo existía para promover la participación cívica, no para controlarla. No obstante, un lema clásico de la compañía era «Nada es problema de otro». Chakrabarti y el equipo de investigación presentaron las conclusiones al Departamento de Protect and Care, el cual trabajaba en ámbitos como la prevención del suicidio y del *bullying* y era, en ese momento, lo más parecido que tenía Facebook a un equipo centrado en los problemas sociales. El Departamento de Protect and Care le dijo al Equipo Cívico que no podía hacer nada. Las cuentas que creaban los contenidos pertenecían a personas reales, y Facebook, deliberadamente, no imponía normas que exigiesen la verdad, el equilibrio o la buena fe. No era problema de otro: no era problema de nadie.

Una vez que concluyeron las elecciones de 2016 y todos estos asuntos salieron a la luz, Chakrabarti organizó una reunión con Cox. Su pequeño equipo había desempolvado y actualizado sus investigaciones sobre los macedonios, llegando a la conclusión de que, en los siete u ocho meses transcurridos desde el último análisis, los grupos, ya de por sí considerables, habían aumentado enormemente.

El interés de Cox por la polarización era bien conocido y Chakrabarti se lo expuso mediante diapositivas que mostraban cómo un pequeño grupo de páginas había conseguido hacer destacar éxitos virales de bajo presupuesto que habían eclipsado el interés generado por medios digitales legítimos. Posteriormente, Chakrabarti le diría a su equipo que a Cox le habían impactado los excelentes resultados de los macedonios. «Tenemos que trabajar en esto», dijo Cox, según las personas con las que habló Chakrabarti más adelante.

A continuación, la presentación se le mostró a Sandberg, la cual pareció entender que las noticias falsas representaban tanto un problema de legitimidad como una grave amenaza para las relaciones públicas. El Equipo de Clasificación del News Feed ya estaba trabajando para cuantificar el problema de la desinformación y pensando en formas de combatirlo, pero nadie se fijaba realmente en el resto de la plataforma, en el ecosistema de grupos políticos y en las páginas que contribuían a difundir esos contenidos.

Aunque el problema parecía importante y urgente, explorar posibles defensas frente a los discursos virales malintencionados era un territorio desconocido para el Equipo Cívico, y este quería empezar poco a poco. Cox apoyó claramente la implicación del departamento, pero estudiar las defensas de la plataforma frente a la manipulación seguiría representando un trabajo aparte de la ocupación principal del Equipo Cívico, la cual era crear funcionalidades útiles para el debate público en línea.

Algunos meses después de las elecciones de 2016, Chakrabarti le hizo una petición a Zuckerberg. Para crear herramientas de análisis de la desinformación política en Facebook, quería dos ingenieros más, además de los ocho que ya tenía trabajando para impulsar la participación política.

«¿Cuántos ingenieros tienes actualmente en tu equipo?», le preguntó Zuckerberg. Chakrabarti se lo dijo. «Si quieres hacerlo, tendrás que encontrar los recursos por ti mismo», dijo el consejero delegado según miembros del Equipo Cívico. Facebook tenía más de 20.000 ingenieros, pero Zuckerberg no estaba dispuesto a cederle dos al Equipo Cívico para que analizaran qué había sucedido durante las elecciones. Chakrabarti reubicó a dos miembros de su personal y suplicó ayuda a los miembros de la División de Ciencia de Datos, lo más parecido que tenía Facebook a un profesor universitario titular fuera del ámbito de investigación de la IA. El Equipo Cívico no tuvo problemas para encontrar ayuda. A personas que estudiaban el comportamiento humano utilizando métodos cuantitativos la pregunta de cómo unos creadores extranjeros de bulos y plagios habían logrado tanto éxito les resultaba fascinante.

A finales de 2017, Chakrabarti dirigía una plantilla de casi cien personas. El Equipo Cívico formaba oficialmente parte del Departamento de Medios de Facebook, el cual existía para facilitarles el uso de la plataforma a los personajes públicos. Se trataba de una ubicación arbitraria pero que, en última instancia, se enmarcaba en el área de Cox, y tener el apoyo de este era fundamental. El jefe de Producto de Facebook había promovido y asignado recursos no solo al Equipo Cívico, sino también a cualquier otro centrado en entender las vulnerabilidades de la plataforma y sus consecuencias involuntarias. Cox parecía consciente de que él era fundamental para que se realizase ese trabajo: poco antes de acogerse a una baja de paternidad de tres meses en 2017, envió una nota a todos los que trabajaban en Integridad, en la que reconocía que pasar tanto tiempo fuera de la oficina le provocaba «cierto grado de ansiedad».

«Son tiempos difíciles», escribió, agradeciendo a «los muchos de vosotros [que] habéis dedicado noches y fines a trabajar en el proyecto de Integridad a lo largo de estas últimas semanas mientras erais objeto de duras críticas».

Su trabajo era el más importante de los que estaba realizando la compañía, escribió, y, antes de irse, Cox hizo una última petición: «Profundizad en la calidad —escribió—. Es un campo en el que sé que lo podemos hacer mejor».

El modelo al que Facebook debía aspirar, según Cox, era una técnica de fabricación ideada por Toyota y llamada «Detener la línea». La premisa era que cada empleado tenía que detener toda la línea cuando viese un fallo. Al principio, la técnica provocaba parones constantes, causando molestias a todo el mundo, pero era la forma más rápida de identificar el origen de los problemas recurrentes.

Los empleados encargados de la integridad debían considerarse parte de la línea de producción de Facebook, dijo, y debían pisar el freno siempre que viesen que la compañía estaba haciendo un trabajo chapucero. Únicamente mejorando los procesos y tomándose el tiempo necesario para identificar las causas del fracaso, la compañía podría demostrar su buena gestión de la democracia y el discurso público.

No había necesidad de señalar que ese mensaje se oponía al de «Muévete rápido y rompe cosas».

Las preguntas que el Equipo Cívico trataba de responder se volvieron en poco tiempo menos académicas. En lugar de consultar a expertos sobre, por ejemplo, qué es lo que determina que una reunión corporativa en línea se convierta en un foro constructivo, los empleados construyeron herramientas de revisión para identificar conductas anormales por parte de los usuarios antes de las elecciones especiales al Senado de Alabama que tendrían lugar en diciembre. Entre las nuevas contrataciones, se hicieron más comunes los perfiles con experiencia en la aplicación de la ley, lo cual contribuyó a la sensación de que los riesgos de la plataforma eran reales y que había mucho en juego.

Tras el desdén inicial por parte de Zuckerberg, el Equipo Cívico se estaba convirtiendo en una parte cada vez más visible del intento de limpieza postelectoral de Facebook. Chakrabarti se convirtió en un habitual del blog de preguntas difíciles, escribiendo entradas como «¿Qué efectos tienen las redes sociales en la democracia?», publicada en enero de 2018. También escribió:

> Ojalá pudiera decir que los positivos superarán a los negativos, pero no puedo. Por eso, tenemos el deber moral de entender cómo se están utilizando esas tecnologías y qué se puede hacer para que comunidades como Facebook sean lo más representativas, cívicas y dignas de confianza posible.

Acompañando a la entrada había un vídeo en el que Chakrabarti, un hombre de mandíbula cuadrada, con pelo gris rapado, explicaba seriamente mirando a la cámara por qué creía que la compañía podía estar a la altura del desafío:

> Lo que me da esperanza de cara al futuro es que la misma ingenuidad que hizo de Facebook una forma increíble de ponerse en contacto con amigos y familiares puede aplicarse también para hacer de él un medio importante y magnífico a través del que la gente se relacione con sus comunidades.

Filmado en una habitación soleada y con una banda sonora de piano suave y alegre, el vídeo en el que se reconocía que Facebook podría no ser una bendición intrínseca para la democracia no resultaba demasiado radical en 2018. Sin embargo, que lo dijera un alto cargo de Facebook sí era algo importante. A pesar de todas las reflexiones utópicas de los altos ejecutivos acerca de la capacidad de la plataforma para evitar guerras, acabar con odios y traer democracias al mundo, nunca se habían planteado la posibilidad de que pudiera causar daños al mismo nivel.

Aunque admitir la posibilidad de que las redes sociales podían no ser una fuerza impulsora del bien universal era un avance para Facebook, debatir acerca de los defectos de la plataforma existente seguía siendo difícil, incluso a nivel interno, según la directora de Producto Elise Liu:

> A la gente no le gusta que le digan que está equivocada, y le disgusta especialmente que le digan que está equivocada desde un punto de vista moral. En todas las reuniones a las que asistí, lo más importante era decir: «No es culpa tuya. Simplemente ha sucedido. ¿Cómo puedes ser parte de la solución? Porque eres genial».

Adoptar el papel del pesimista de la compañía implicaba algunos sacrificios. Cuando el Equipo Cívico empezó a desviarse hacia la defensa electoral, sus miembros no tenían tanto tiempo para dedicarse al trabajo de creación de funcionalidades en favor de la democracia para el que había sido creado el departamento. Los recursos se redujeron enormemente y la atención de los directivos todavía más. Alguna de sus funciones tenía que desaparecer.

La decisión no fue difícil: estudiar redes de páginas embaucadoras era más importante que habilitar un discurso político más constructivo. Con todo, abandonar esa tarea fue doloroso. A petición de Chakrabarti, el equipo de Harbath se hizo cargo del tema de la insignia de votante. Casi todo el resto de la misión original fue abandonado.

«Lo único que Samidh pudo salvar fueron los recordatorios de las elecciones y el tema del registro de votantes —reconoció Harbath—. El trabajo proactivo se fue al garete, y creo que eso fue realmente duro para él.»

Al equipo le esperaba otro gran cambio. En una reorganización que se llevó a cabo a principios de 2018, el Equipo Cívico fue separado de la organización de Cox y trasladado a la naciente División de Integridad Central de la compañía, dirigida por Guy Rosen. Fue un gran cambio: mientras que Cox parecía ampliamente interesado en entender el papel de la plataforma en la vida pública, Rosen se centró más concretamente en la determinación de objetivos y la resolución de problemas. Estaba motivado, era inteligente y, en opinión de muchos, no encajaba demasiado en el puesto.

Rosen se había incorporado a Facebook en 2013, cuando adquirió la empresa Onavo, con sede en Tel Aviv, por 100 millones de dólares. Onavo encriptaba la actividad de los usuarios de teléfonos inteligentes con fines privados y, al mismo tiempo, recopilaba amplia información sobre sus ubicaciones, sobre qué aplicaciones utilizaban y sobre cuánto tiempo las utilizaban. Teniendo en cuenta el miedo de Zuckerberg a no identificar a nuevos competidores antes de que se atrincherasen, era una información empresarial vital.

Algunos meses después de la compra, los datos de Onavo detectaron el crecimiento explosivo del servicio de mensajería WhatsApp. Aunque era insignificante en Estados Unidos, la aplicación estaba instalada en el 99 % de los teléfonos inteligentes Android de España y su uso se estaba disparando en los países en vías de desarrollo. Facebook se tiró a la piscina y compró el servicio por 19.000 millones de dólares, un precio estratosférico que, posteriormente, fue considerado una ganga.

También fueron los datos de Onavo los que detectaron que la funcionalidad de las *stories* (en español llamadas «historias») de Snapchat representaba una amenaza inminente. Cuando Facebook clonó el formato de publicaciones temporales en Instagram bajo la forma de *stories*, los datos de Onavo mostraron que la amenaza había pasado, tal como informó *The Wall Street Journal* en 2017.[1] La reputación de Rosen en Facebook se consolidó.

Si los informes sobre la utilidad de Onavo tardaron años en hacerse públicos, fue porque había buenas razones para ello: Facebook no quería que nadie se diera cuenta de lo que estaba haciendo. Más allá de los aspectos éticos en torno a una *app* de privacidad que recopilaba datos de sus usuarios, los hábitos fisgones de Onavo eran, en el mejor de los casos, exagerados según los términos de servicio de Google y Apple. Las tiendas de aplicaciones de ambas compañías acabaron eliminando la aplicación y la Comisión Federal de Comercio de EE. UU. citó a Onavo en su denuncia alegando prácticas empresariales contrarias a la competencia.

Esa persistente aura de tejemanejes hizo que resultara un poco extraña la elección de Rosen como responsable de la recién creada División de Integridad a finales de 2017. (La compañía señaló que, antes de trabajar en Onavo, había realizado tareas de seguridad en Oracle.) Rosen era conocido por su eficiencia y gozaba de una excelente reputación entre la directiva de la compañía, pero dependía de Naomi Gleit y del Equipo de Crecimiento, que —como había señalado Andrew Bosworth en su tristemente célebre circular «Lo feo»— era famoso por su flexibilidad en las cuestiones éticas. Un destino extraño, por así decirlo, para un grupo para el que se suponía que la ética y la integridad tenían que ser primordiales.

Las probabilidades de que surgieran conflictos eran evidentes. Parte del trabajo de clasificación realizado por el equipo de

McNally indicaba que el aumento del uso del producto podría estar agravando los problemas de integridad. Y algunos trabajos en dicho campo podrían reducir el crecimiento en el futuro. En una ocasión, cuando a Rosen se le presentaron datos que mostraban la rapidez con la que los rusos habían conseguido crear cuentas a gran escala en la plataforma, su reacción no fue preguntar si había algún defecto en el diseño de la misma. «Son unos promotores de crecimiento fenomenales», le comentó a un colega con un punto de respeto. (La compañía dijo que aquel comentario de Rosen había sido sarcástico.) Para Rosen, el problema no era que la entidad hubiera acumulado un gran número de seguidores gracias a contenidos cáusticos y próximos al *spam*: así era como se suponía que funcionaba la plataforma. El problema era que la entidad era rusa.

Rosen se desenvolvió bien en esa especie de distinción categórica. En lugar de empezar por las preguntas cualitativas que habían abordado ejecutivos como Gómez-Uribe y McNally —como «¿Cuáles eran las firmas de los creadores basura?» o «¿Cómo afectaban a la plataforma los usuarios hiperactivos?»—, Rosen partió de otro punto: «¿Era algo contrario a las reglas existentes de Facebook y cuantificable?». Si la respuesta a ambas preguntas era afirmativa, Rosen, que era un directivo motivado, supervisaría una campaña implacable para crear clasificadores capaces de detectar el material objetable y eliminarlo. Sin embargo, si un problema no encajaba en ese molde, Rosen te decía que volvieses cuando encajara.

Este enfoque basado en clasificadores e indicadores tenía la ventaja de ser del agrado de los directivos con perfil ingenieril de Facebook, a los cuales les gustaba la idea de ir solucionando los problemas de moderación. Una desventaja era que, a pesar de todos los avances del aprendizaje automático, los sistemas automatizados de aplicación de contenidos no cumplían ni remotamente con los estándares requeridos para una moderación eficaz.

«No disponemos y probablemente no dispondremos nunca de un modelo que plasme siquiera la mayoría de los daños a la integridad, especialmente en áreas delicadas», escribiría un ingeniero, señalando que los clasificadores de la compañía solamente podían identificar un 2 % de los discursos de odio prohibidos con la suficiente precisión para eliminarlos.

La inacción ante la abrumadora mayoría de las infracciones de los contenidos era desafortunada, dijo Rosen, pero no era motivo para cambiar de rumbo. El listón fijado por Facebook para eliminar contenidos se asemejaba al criterio para determinar la culpabilidad más allá de cualquier duda razonable que se aplicaba en los procesos penales. Hasta para limitar la difusión de una publicación se necesitaban pruebas irrefutables. La combinación de sistemas imprecisos y una importante carga de la prueba implicaría intrínsecamente que, por lo general, Facebook no imponía el cumplimiento de sus propias normas contra el odio, admitió Rosen, pero era a propósito. «Lo que Mark valora personalmente por encima de todo es la libertad de expresión y consideraría que esto es una funcionalidad, no un fallo», escribió.

De cara al público, la compañía declaraba tener tolerancia cero con los discursos de odio. Sin embargo, en la práctica, el hecho de que la plataforma no lograse combatirlo de manera significativa se consideraba lamentable, pero sumamente tolerable.

Si había un aspecto positivo para los empleados dedicados a la integridad a las órdenes de Rosen, ese era que el Equipo de Crecimiento al que rendía cuentas su nuevo jefe contaba indudablemente con la atención de la directiva. Las órdenes de Gleit de guiar la compañía después de las secuelas dejadas por Cambridge Analytica y la injerencia rusa garantizaban que no les iban a faltar recursos para realizar su labor. En mayo de 2018, la compañía se había comprometido a contratar a 3.000 nuevos empleados y contratistas para trabajar en el ámbito de la moderación y la seguridad. En octubre, elevó dicho compromiso hasta 10.000.

Después de no haber conseguido que se le asignaran dos ingenieros más para trabajar en temas electorales un año antes, Chakrabarti le dijo ahora al Equipo Cívico que los altos directivos habían dicho que tenían un cheque en blanco. Parte de ese dinero se destinó a crear clasificadores, ya que la creación de sistemas requería una inversión enorme y su calificación requería miles de horas de formación. El Equipo Cívico destinó 100 millones de dólares únicamente a la dotación de un sistema automatizado capaz de discernir si una publicación trataba sobre aspectos políticos, gubernamentales o sociales. En ningún sitio fue tan evidente ese alarde de poderío como entre las filas del Equipo de Investigación Cívico. En la mayoría de las divisiones de Facebook, la proporción entre ingenieros e investigadores era generalmente de veinte a uno. En la División Cívica la proporción era muy inferior, con antropólogos, sociólogos y científicos políticos siguiendo diversas líneas de investigación sobre las maquinaciones de la red social. ¿Qué hacía que un grupo cívico triunfase en la plataforma?, se preguntaban. ¿Qué comunidades hacían oír más su voz? ¿Cómo viajaba la desinformación a través de grupos demográficos concretos? ¿Funcionaban los intentos por parte de los usuarios de rebatir falsedades notorias?

En Estados Unidos, esas preguntas tenían implicaciones en el ámbito del discurso público y la política. En el extranjero, eran cuestión de vida o muerte.

Myanmar, gobernada por una junta militar que ejerció un control prácticamente absoluto hasta 2011, era la clase de lugar en el que Facebook estaba ocupando rápidamente el espacio de la sociedad civil a la cual el Gobierno nunca le había permitido desarrollarse. La *app* ofrecía servicios de telecomunicaciones, noticias en tiempo real y oportunidades para el activismo a una sociedad que no estaba acostumbrada a ellos.

En 2012, la violencia étnica entre la mayoría budista dominante en el país y la minoría rohinyá musulmana dejó un saldo de alrededor de 200 personas muertas y cientos de miles más que se vieron obligadas a abandonar sus hogares. Los peligros que entrañaba Facebook en aquella situación parecían evidentes para muchos, incluida Aela Callan, una periodista y directora de documentales que los puso en conocimiento de Elliot Schrage, responsable de la División de Políticas Públicas de Facebook en 2013. Todos los agoreros con ideas afines sobre Myanmar fueron cortésmente recibidos en Menlo Park, y poco más. Su argumento de que Myanmar era un barril de pólvora fue corroborado en 2014, cuando un monje budista radical publicó una acusación falsa en Facebook diciendo que un hombre rohinyá había violado a una mujer budista, una provocación que desencadenó enfrentamientos en los que murieron dos personas. Pero, a excepción del Equipo de Investigación de la Compasión de Béjar y Cox —el cual estaba interesado personalmente en Myanmar, donde financiaba a título particular algunos medios informativos como emprendedor filantrópico—, nadie en Facebook le prestó demasiada atención.

Informes posteriores acerca de las desoídas advertencias llevaron a muchos de los críticos con la compañía a atribuir la inacción de Facebook simplemente a su falta de sensibilidad, aunque entrevistas con las personas involucradas en la limpieza apuntan a que el problema fundamental era la incomprensión. Los defensores de los derechos humanos le estaban diciendo a Facebook no solo que su plataforma sería utilizada para matar gente, sino que ya había sido así. Sin embargo, en un momento en que la compañía daba por sentado que los usuarios identificarían y eliminarían la desinformación sin ayuda, la realidad resultó difícil de asimilar. La versión de Facebook, conocida por las altas esferas de la compañía —un conjunto heterogéneo de amigos, compañeros de trabajo, familiares e interesados—, no podía ser utilizada como una herramienta para el genocidio.

Finalmente, Facebook contrató a su primer revisor de contenidos en lengua birmana para que se encargara de todos los problemas que surgiesen en el país —el cual, en 2015, contaba con más de 50 millones de habitantes—, y emitió un paquete de etiquetas digitales promotoras de la paz con temas florales para que los usuarios birmanos las pegasen en las publicaciones que incitaran al odio. (Posteriormente, la compañía mencionaría que las etiquetas habían surgido de debates con organizaciones sin ánimo de lucro y que fueron «ampliamente elogiadas por grupos de la sociedad civil de la época».) Al mismo tiempo, la empresa llegó a acuerdos con proveedores de telecomunicaciones para proporcionar a los usuarios birmanos libre acceso a Facebook.

La primera oleada de limpieza étnica empezó más adelante ese mismo año, con el anuncio en Facebook de los líderes del ejército de que «solucionarían el problema» de la minoría musulmana del país. A continuación, se produjo una segunda oleada de violencia y, al final, 25.000 personas fueron asesinadas por el ejército y por grupos justicieros budistas, 700.000 fueron obligadas a huir de sus hogares y varios miles más fueron violadas y heridas. La ONU calificó los episodios de violencia de genocidio.

Facebook todavía seguía sin responder. Por su cuenta y riesgo, el Equipo de Integridad de News Feed de Gómez-Uribe empezó a recopilar ejemplos en los que la plataforma difundía masivamente declaraciones que incitaban a la violencia. No resultó difícil, incluso sin dominar la lengua birmana. La avalancha de odio y falsedades contra los rohinyás del ejército birmano, los embaucadores del Gobierno y los monjes agitadores no solo fue abrumadora, sino abrumadoramente eficaz.

Fue un trabajo de exploración, no previsto en la hoja de ruta semestral del Equipo de Clasificación de la Integridad. Cuando Gómez-Uribe, junto con McNally y otros, presionaron para que se reasignara parte del personal para entender mejor el alcance del problema de Facebook en Myanmar, sus peticiones fueron rechazadas.

«Nos dijeron que no —recordó Gómez-Uribe—. Estaba claro que la dirección no quería entenderlo en mayor profundidad.»

La cosa cambió, como sucedía muy a menudo, cuando se hizo público el papel desempeñado por Facebook en el problema. Un par de semanas después del peor estallido de violencia, una organización internacional defensora de los derechos humanos condenó a Facebook por inacción. Al cabo de setenta y dos horas, se pidió al equipo de Gómez-Uribe que averiguara urgentemente qué estaba sucediendo.

Cuando todo acabó, la negligencia de Facebook estaba clara. Un informe de la ONU declaró que «la respuesta de Facebook ha sido lenta e ineficaz»,[2] y un consultor externo de derechos humanos contratado por la propia empresa concluyó finalmente que la plataforma «se ha convertido en un medio para quienes buscan propagar el odio y causar daño».[3]

En una serie de comunicados de disculpa, la compañía reconoció haber estado en las nubes y se comprometió a contratar a más empleados capaces de hablar birmano. Lo que se quedó en el tintero fue por qué la compañía la había cagado. Lo cierto era que no tenía ni idea de lo que estaba sucediendo en su plataforma en la mayoría de los países.

Facebook no había invertido en gente que supiera hablar los diferentes idiomas del mundo, hecho que se vio agravado por el sistema de clasificadores de la compañía. Para algunos problemas, como los desnudos o la violencia, la plataforma podía utilizar el mismo clasificador en todo el mundo (las imágenes de pollas y de decapitaciones son, desgraciadamente, universales). Sin embargo, para problemas socialmente críticos, como la incitación al odio, los algoritmos no podían traducir. Facebook necesitaba crear algoritmos diferentes para cada uno de los idiomas y dialectos en los que quisiera funcionar bien.

Con más de 7.000 lenguas reconocidas en todo el mundo, a Facebook no le salían los números. Incluso aunque la compañía descartase cualquier lengua hablada por menos de 10 millones de personas, seguiría habiendo más de cien a tener en cuenta. Independientemente de los recursos de Facebook, crear clasificadores para tantas lenguas —y no digamos buenos clasificadores— quedaba descartado. Cada nueva lengua requería un profundo contexto cultural, aprendizaje automático y actualizaciones regulares. Cuando activistas en favor de los derechos humanos se pusieron en contacto con el Equipo de Seguridad de Facebook, advirtiéndoles del desastre que se avecinaba en Myanmar, no es que no los creyeran, sino que les estaban advirtiendo de desastres inminentes en montones de países sobre los que la compañía no sabía demasiado. No podían distinguir las amenazas reales de las falsas alarmas.

McNally, que llegó a la compañía después del final de la primera oleada de violencia y justo antes de que comenzara la segunda, lo describió como un error de comprensión:

> Facebook hizo en Myanmar lo mismo que hace en todos los demás países; todo lo que el modelo considera que gustará y será compartido se difunde entre los usuarios. La diferencia estaba en que quienes fomentaban la desinformación eran la clase dirigente. Si la mayoría decide acosar a la minoría en una plataforma basada en la popularidad, gana la mayoría.

El trabajo de impedir que hubiera más violencia se repartió entre el Equipo de Integridad del News Feed de McNally y el Equipo Cívico, los cuales asignaron personal dedicado en exclusiva a limpiar la plataforma en Myanmar e, idealmente, a evitar cualquier nuevo incidente de ese tipo en cualquier otro lugar. Chakrabarti le dijo a su equipo que las instrucciones de la directiva se reducían a «Haced lo que tengáis que hacer».

El sistema heredado por el Equipo Cívico era bochornoso. Los clasificadores necesarios para predecir qué contenidos apoyaban la violencia política eran burdos o inexistentes, y un punto débil en el sistema de denuncia de los usuarios birmanos significaba que los críticos únicamente podían ver las publicaciones señaladas por contener discursos de odio en un plazo de veinticuatro horas. A menudo, el contenido era revisado por personas que no lo entendían. «La traducción del birmano del traductor de Google es ilegible», señaló una de las personas involucradas.

El Equipo Cívico se puso manos a la obra. Empezaron a suprimir de forma sistemática publicaciones de usuarios que violaban repetidamente las normas comunitarias de Facebook, y crearon un sistema que impedía que los usuarios cuestionables aparecieran como recomendaciones de amistad. Rebajaron el nivel de confianza que necesitaban los clasificadores antes de eliminar contenidos y empezaron a crear la «linterna verde», un algoritmo autodidacta que identificaba variaciones en insultos y palabras que aparentemente se utilizaban como sinónimos de vocabulario prohibido.

Facebook tomó una última medida: suprimió las subvenciones a las telecomunicaciones que permitían el uso gratuito de la red social en Myanmar. Era lo más cerca que la compañía había estado nunca de reconocer que su producto podría no compensar siempre el coste social.

La empresa tenía la sensación de que era improbable que Myanmar fuera un caso aislado, por lo que volvería a necesitar esa clase de herramientas. A instancias de Chakrabarti y McNally, se formó un nuevo equipo para gestionar los países en riesgo, o ARC por sus siglas en inglés. Nadie especificó nunca de qué estaban en riesgo, pero los criterios lo dejaron claro. Para obtener el estatus de «en riesgo», un país tenía que tener un historial de violencia, un hecho potencial desencadenante de futuros conflictos —como unas próximas elecciones— y una fuerte penetración de Facebook en el mercado. Dicho de otro modo, el estatus quedaba reservado para lugares en los que los productos de la compañía podían provocar o agravar un genocidio o una guerra civil.

Designar a un país como «en riesgo» le daba la oportunidad de ser objeto de control y recibir protecciones de seguridad y trabajos de ingeniería más allá de lo que su importancia estratégica para Facebook podía justificar. Desde una perspectiva empresarial, la compañía no tenía motivos para prestar atención a lugares como Myanmar o Sri Lanka, pero sí que cobraban gran importancia tanto desde el punto de vista de la humanidad en general como del potencial perjuicio para su reputación.

El equipo de la División Cívica asignado a los ARC se dividió entre aquellos que trataban de analizar y predecir las circunstancias en las cuales podría hacerse un mal uso de Facebook y aquellos cuyo trabajo consistía en diseñar herramientas para impedir que eso sucediera. El equipo nunca fue enorme —unas cuantas docenas de empleados a lo sumo—, pero acabó desempeñando un papel extraordinario en la ampliación de las defensas contra la desinformación y los discursos de odio. El equipo tenía que abordar una crisis tras otra, y pudo experimentar realizando intervenciones no previstas en las normas de Facebook.

Con el tiempo, crearon una biblioteca con un montón de cambios predeterminados que acabarían siendo conocidos como medidas «rompa el cristal», con nombres técnicos como «PL7», «PE2» y «P50 degradación sigmoide». Algunas eran simples modificaciones que imponían reglas más estrictas que las que normalmente regían la plataforma. Otras eran frenos de emergencia para funciones específicas de productos conocidas por presentar problemas de integridad crónicos, como las recomendaciones de grupos. Las intervenciones más agresivas alteraban de manera fundamental la mecánica de Facebook de formas que la compañía no había aplicado nunca, ni siquiera en situaciones de crisis. (Un ejemplo no hipotético: si alguna vez te conectas a la plataforma y descubres que Facebook ha deshabilitado intencionadamente el contenido de News Feed, salvo por lo que respecta a las publicaciones de tus amigos más cercanos, puedes apostar con bastante seguridad que mucha gente va a morir.)

El punto fuerte del equipo de ARC procedía del hecho de que realmente a nadie le importaba lo que hacía. Los países en los que se centraba se consideraban prácticamente irrelevantes desde el punto de vista político y económico, y la preocupación del Equipo de Políticas Públicas se limitaba generalmente al deseo de que no causaran problemas. «A Joel le importaban cuatro lugares: EE. UU., Europa, la India e Israel», dijo un antiguo miembro de su equipo. (Un portavoz de la compañía desmintió esta descripción, afirmando que Kaplan viajaba mucho por el extranjero.)

Así que los temas que Facebook abordaba como un principio absoluto en los mercados desarrollados se convirtieron en cuestiones de pragmatismo en otros ámbitos. ¿Cancelar automáticamente los hilos con comentarios plagados de odio? En EE. UU. era imposible. Pero, si no había más remedio, podía hacerse de manera temporal antes de las elecciones de Kenia. En Myanmar, la compañía acabó estableciendo un programa de verificación de datos, pero, además, le otorgó a un alto ejecutivo de Políticas Públicas de Singapur la potestad de anular de manera unilateral los contenidos que le pareciesen sospechosos y provocadores (un planteamiento que resultó mucho más eficaz que esperar a que colaboradores externos revisasen una publicación cuestionable, explicaran por qué era falsa y la enviaran a través de los sistemas de Facebook). Se trataba, no obstante, de un incumplimiento evidente de la insistente exigencia de Zuckerberg de que los empleados no determinaran la veracidad de los contenidos de Facebook.

La libertad extra otorgada al Equipo de ARC tenía sus límites. Zuckerberg y el Equipo de Clasificación de News Feed estaban absolutamente decididos a que el estatus de «en riesgo» fuese temporal. La compañía no estaba dispuesta a bifurcar sus sistemas regularmente. Incluso en el caso de los países en riesgo, las intervenciones más eficaces se reservaban para los periodos de riesgo inusualmente alto. Se trataba de mercados pequeños, pero mercados, al fin y al cabo.

Mientras el Equipo de ARC centraba su atención en el resto del mundo, James Barnes miraba más cerca de casa. Tras colaborar en la campaña de Trump, había trabajado durante seis meses en el Equipo de Defensa de Facebook, creado a principios de 2017, para «utilizar Facebook para contar la historia de Facebook». Debido a las preguntas sobre su papel en las elecciones de 2016, cuestionando su reputación, la compañía estaba recibiendo ciertas presiones políticas. Barnes fue encargado de «reventar memes», es decir, de combatir la propagación de bulos virales sobre Facebook en Facebook. No, la compañía no iba a reivindicar derechos permanentes sobre tus fotos, a menos que compartieses una publicación advirtiendo de la amenaza. Y no, Zuckerberg no iba a regalarles dinero a las personas que compartiesen una publicación en la que se dijera eso. Suprimir esas cadenas de cartas digitales tenía una consecuencia evidente: empañaba la reputación de Facebook y no servía de nada.

Desgraciadamente, restringir la difusión de esa basura a través de News Feed no era suficiente para acabar con ella. Las publicaciones también se difundían por Messenger, debido en gran medida a que la plataforma de mensajería incitaba a los receptores de los mensajes a reenviarlos a una lista de amigos. El Equipo de Promoción en el que Barnes había trabajado formaba parte de la División de Crecimiento de Facebook, y Barnes conocía al tipo que supervisaba los reenvíos de Messenger. Armado con los datos que demostraban que la actual función de reenvío estaba inundando la plataforma de basura anti-Facebook, convocó una reunión.

El colega de Barnes escuchó lo que este tenía que decir y, a continuación, planteó una objeción.

«Realmente nos está ayudando a cumplir nuestros objetivos», dijo el hombre, refiriéndose a la función de reenvío, la cual permitía que los usuarios compartieran un mensaje con una lista de amigos mediante un solo clic. Al personal encargado del crecimiento de Messenger se le había encomendado incrementar el número de «envíos» que se producían cada día. Habían diseñado la función de reenvío precisamente para incentivar los reenvíos impulsivos que el equipo de Barnes estaba tratando de frenar.

No es que Barnes hubiera perdido una guerra contra Messenger, sino que ni siquiera la había empezado. En un momento en que la compañía estaba tratando de controlar los daños sufridos por su reputación, también estaba siendo intencionadamente escéptica sobre si sus propios usuarios la estaban difamando. Lo importante era que compartían sus difamaciones a través de un producto de Facebook. Según Barnes:

> El objetivo en sí mismo era algo sagrado que no se podía cuestionar. Habían creado específicamente ese flujo para maximizar el número de veces que la gente podía enviar mensajes. Era un Ferrari, una máquina diseñada para una cosa: desplazamiento infinito.

Barnes abandonó aquel equipo al cabo de unos meses, trasladándose a una sección tranquila dedicada a la publicidad, mientras que el FBI y otras entidades gubernamentales continuaban haciéndole preguntas sobre su trabajo en la campaña de Trump.

Tras el tumulto de los dos últimos años, Barnes se había autoimpuesto un ultimátum particular: tenía que trabajar para mejorar Facebook antes de las elecciones de mitad de legislatura de 2018, o marcharse. Barnes, que ya era amigo de Chakrabarti, le preguntó si podía incorporarse al Equipo Cívico como primer director de Producto en exclusiva. Chakrabarti aceptó su propuesta.

Uno de los primeros proyectos de Barnes consistió en estudiar cómo impedir que los bulos cívicos se hicieran virales. Suprimir los enlaces a falsedades conocidas y verificadas era sencillo, pero, por alguna razón, las contramedidas no funcionaban. Un analista del equipo de Barnes descubrió por qué: estaban triunfando gracias a los reenvíos a través de Messenger, igual que los bulos sobre Facebook. La desinformación viral no requería la ayuda de las recomendaciones de la plataforma para dispararse. A la red social le bastó bajar el listón de los reenvíos lo suficiente para que los usuarios poco hábiles hicieran envíos masivos a sus amigos.

Barnes llevó a cabo un segundo intento de acabar con los reenvíos de mensajes, esta vez en nombre de un público bien informado. Él y Chakrabarti se pusieron en contacto con el Equipo de Integridad del sitio, compuesto por los ingenieros que combatieron las cuentas pornográficas y los anuncios de gafas Ray-Ban falsas, y argumentaron que los reenvíos por Messenger contribuían a que hubiera correo basura, un problema que la integridad del sitio no se tomaba a la ligera (un grupo de Workplace dedicado a combatir el *spam* se llamaba «Mátalo con fuego»).

Aunque la División de Integridad del sitio no estaba en condiciones de eliminar una función de Messenger, sí que tenía la potestad de restringir su uso, limitando el daño que podían causar los divulgadores más prolíficos de *fake news*. Los ingenieros de los dos equipos redactaron el código de manera conjunta, lo probaron para demostrar que reducía el *spam* y luego lo lanzaron. El Equipo de Crecimiento de Messenger no fue consultado intencionadamente. «Cambiamos su producto sin decírselo», recordó Barnes, con una sonrisa de satisfacción.

Al cabo de un par de días, los empleados de Crecimiento de Messenger convocaron a Barnes y a Kaushik Iyer, jefe de Ingeniería Cívica y homólogo de Samidh Chakrabarti, a una sala de juntas. Se habían enterado de lo que había hecho el Equipo Cívico y de que estaba afectando negativamente a sus mediciones de uso. Les exigieron que eliminasen la limitación del reenvío de mensajes.

Iyer, un personaje de voz suave, dijo que entendía las preocupaciones del Equipo Cívico. Sin embargo, este había llegado a la conclusión de que el reenvío de mensajes sin restricciones creaba tanto un problema de *spam* como una amenaza al proceso democrático, así que, lamentablemente, la limitación seguiría vigente.

«Si quieres saber la opinión de Zuck, buscaré un hueco en su agenda», concluyó Iyer, el cual, tras ocho años en el Equipo de Ingeniería de Facebook, podía afirmar con credibilidad que podía organizar una breve reunión con el consejero delegado para dirimir la controversia.

No era tanto una oferta como un desafío. Si el personal de Messenger forzaba la reunión, tendría que argumentar a favor de permitir mensajes que el Equipo de Integridad del sitio ya había determinado que eran *spam*, lo que equivaldría a admitir que el equipo había fomentado los mensajes basura para manipular sus objetivos de uso.

El Departamento de Crecimiento de Messenger claudicó. Tendrían que buscar otra forma de incrementar los «envíos».

La valiente maniobra dio lugar a la clase de historia que los ingenieros de Facebook comentarían entre risas mientras se tomaban una cerveza. Embutir el trabajo de un número cada vez mayor de equipos de Producto e Ingeniería en una única *app* garantizaba un montón de discusiones de suma cero y Iyer acababa de superar a sus oponentes. Lo que diferenciaba a esta versión de la historia era que, habitualmente, el Equipo Cívico no era el vencedor en los conflictos con el Departamento de Crecimiento. La victoria se debió en gran medida al apoyo de la División de Integridad del sitio, pero seguía siendo una victoria.

8

Katie Harbath, del Equipo de Política y Gobierno, se estaba preparando para las elecciones de mitad de legislatura de 2018 y tenía muchos temas sobre la mesa. Su equipo encargado de las elecciones había evitado por poco ser desmantelado después de 2016 y ya no ofrecía a las campañas el mismo apoyo que había hecho que se le atribuyera el mérito y la culpabilidad de la victoria de Trump. Con una plantilla de sesenta personas, ahora era responsable de la elaboración, la explicación y la solución de problemas de las normas de las campañas.

Harbath pasaba cada vez más tiempo colaborando con el Equipo Cívico. Mostró especial interés por CORGI, un sistema que el equipo y el Departamento de Ciencia de Datos Central habían estado creando desde la segunda mitad de 2017, para identificar las cuentas que trabajaban en estrecha coordinación o eran gestionadas por un control central.

CORGI (la «C» se refiere a «coordinado» y el resto de las letras a cosas que ni siquiera los usuarios más fieles recuerdan) se basaba en la idea de que, por muy sofisticados que fueran, a los intentos de manipular la plataforma se les veía siempre el plumero. A veces, las pistas eran evidentes, como cuando cientos de cuentas de mentalidad afín compartían la misma dirección IP y habían sido creadas en el espacio de treinta segundos. Otras veces, los indicios eran sutiles: las interacciones de las cuentas demasiado fiables, las palabras de las publicaciones demasiado parecidas. CORGI era un bonito nombre para una forma automatizada de detectar esos patrones.

La herramienta era lo suficientemente novedosa y valiosa para que los equipos de Contraespionaje de Facebook la utilizaran antes de crear sus propios métodos para detectar comportamientos extranjeros falsos. Sin embargo, el Equipo Cívico estaba decidido a darle un uso mucho más amplio. Quería descubrir también intentos coordinados locales a gran escala.

En principio, no se trataba de algo controvertido. Las reglas de Facebook prohibían a los creadores promover sus contenidos mediante tácticas de manipulación, incluyendo el correo no deseado, las cuentas falsas y las publicaciones coordinadas. La definición de «comportamiento falso» era muy amplia y englobaba todo aquello que parecía encaminado a obtener un trato preferente. Si la compañía detectaba intentos continuados de manipular la plataforma o influir en la atención de los usuarios, la entidad responsable era candidata a ser inhabilitada de manera permanente.

Sin embargo, en la práctica, lograr que una red de cuentas políticas resultara anulada por algo que no fueran intentos de manipulación extranjera era mucho más complicado. Parte del problema consistía en que, cuando Facebook empezó a prestar atención al comportamiento falso, ya era endémico.

Un ejemplo era Liftable Media, una compañía de medios de comunicación digitales dirigida por el veterano operador republicano Floyd Brown: la empresa había edificado un imperio sobre páginas que empezaron esparciendo *clickbaits* alegremente y, con posterioridad, pasaron a apoyar a Trump antes de las elecciones de 2016. Para aumentar su crecimiento, Liftable empezó a comprar otras páginas de Facebook de *spam* político, poniéndoles nombres como «Trump Truck», «Patriot Update» y «Conservative Byte», y difundiendo sus contenidos a través de ellas.

En el viejo mundo de los medios de comunicación, la estrategia de gestionar un montón de sitios web y páginas de Facebook intercambiables no tenía sentido. Tanto para las economías de escala como para crear una marca, los creadores de publicaciones escritas y vídeos apuntaban a cada audiencia a través de un único canal. (*Cat Fancy* podía expandirse a *Bird Fancy*, pero era improbable que desmantelara su propia audiencia creando una revista prácticamente idéntica titulada *Cat Enthusiast.*)

Sin embargo, eso valía solo para los medios de comunicación tradicionales. En Facebook, inundar la zona con páginas que competían entre sí tenía sentido debido a ciertas peculiaridades algorítmicas. En primer lugar, el algoritmo prefería la variedad. Para impedir que un único creador de contenido popular y prolífico acaparase los *feeds* de los usuarios, Facebook bloqueó a cualquier creador que apareciese con demasiada frecuencia. Tener muchas páginas casi idénticas evitaba eso, ofreciendo más oportunidades al mismo contenido.

Coordinar una red de páginas proporcionaba un segundo beneficio, aún mayor: engañaba a la función de News Feed que promovía la viralidad. News Feed había sido diseñado para favorecer contenidos que parecían surgir orgánicamente en muchos lugares. Si varias entidades a las que seguías hablaban de algo, lo más probable era que a ti también te interesara, así que Facebook le daría un gran impulso a dicho contenido.

La funcionalidad era una ventaja para los creadores de contenido motivados. Al recomendar a los usuarios que seguían una página que le dieran «me gusta» a otras casi idénticas, un creador podía crear audiencias solapadas, utilizando una docena o más de páginas para replicar artificialmente una noticia candente que aparecía en todas partes a la vez.

En Facebook, mucha gente había entendido que algunos creadores de contenido digitales estaban haciendo trampas, pero nadie entendió lo devastadoramente eficaces que eran aquellas redes de páginas. Aquello no se evidenciaría hasta que una científica de datos júnior llamada Sophie Zhang descubrió que la táctica era descontrolada y, aparentemente, estaba engañando a News Feed para incrementar de modo exponencial la difusión de contenidos.[1]

Zhang, que trabajaba en ese asunto en 2020, descubrió que la táctica estaba siendo utilizada para beneficiar tanto a medios de comunicación (*Business Insider*, *Daily Wire*, un sitio llamado iHeartDogs) como a figuras políticas, y prácticamente a cualquiera interesado en alterar la distribución de contenidos de

Facebook (franquicias de Dairy Queen en Tailandia). Para engañar a la plataforma no hacían falta subterfugios. Podías impulsar tu contenido publicándolo en diferentes páginas administradas por la misma cuenta.

Sería difícil exagerar el tamaño del punto ciego expuesto por Zhang. «¿No deberíamos estudiar si podemos hacer algún ajuste?», escribió David Agranovich, director de Disrupción Global de Amenazas y exdirector de Inteligencia del Consejo de Seguridad Nacional, en respuesta a los hallazgos de la científica de datos.[2] Zhang, que estaba trabajando al mismo tiempo en asuntos cívicos, fue despedida posteriormente por no prestar la atención adecuada a su trabajo diario, al centrarse en las vulnerabilidades de la plataforma ante la manipulación política.

Aunque todavía faltaran años para que Facebook entendiera el multiplicador de fuerza que representaban las cuentas en red, cuando se acercaban las elecciones de mitad de legislatura de EE. UU. en 2018, la compañía entendió al menos que eran un problema. Ya fuese por principios, por orgullo o por ineptitud, los medios tradicionalmente respetables no habían participado en esos juegos de distribución, o, al menos, no lo habían hecho bien. Eso había dejado la puerta abierta para una nueva casta de creadores optimizados: aquellos dispuestos a hacer cualquier cosa para conseguir visitas recompensadas por la plataforma.

Liftable era un prototipo de esa maleabilidad. La compañía había empezado como un medio vagamente cristiano de contenidos inspiradores *light* que, en su día, habían triunfado en Facebook. Sin embargo, News Feed era un maestro voluble y, en 2015, había cambiado sus recomendaciones, dejando de recompensar cosas como «no podrás creer lo que ven tus ojos cuando veas este espectáculo de luces de Navidad extraordinariamente festivo».

Los cambios en el algoritmo hicieron caer en picado a toda una serie de creadores rivales, como Upworthy y ViralNova, pero Liftable sobrevivió. Además de pasar a publicar noticias con titulares como «Padres furiosos: VEAN lo que le hizo un profesor a su hijo autista en el escenario delante de TODO EL

MUNDO», Liftable adquirió WesternJournal.com y todas las grandes páginas políticas de Facebook que pudo.

Este planteamiento no era ningún secreto. A pesar de que las normas de la plataforma prohibían la venta de páginas, Liftable emitió comunicados de prensa anunciando su adquisición de «nuevos activos» (páginas de Facebook con millones de seguidores). Una vez dentro del redil, la red de páginas escupió al unísono los mismos contenidos.

Nadie dentro ni fuera de Facebook prestaba demasiada atención a las cobardes tácticas de amplificación y a los contenidos sospechosos como los que estaba adoptando Liftable. Titulares como «Los sodomitas van a por tus hijos» parecían más ridículos que problemáticos. Sin embargo, Floyd y los creadores de esa clase de contenidos sabían lo que hacían y se aprovecharon de la desatención y la indiferencia de Facebook.

«Los más listos crearon las páginas enseguida, en 2013, y luego empezaron a fusionarlas y a monetizarlas», dijo Harbath.

En 2017, cuando Facebook empezó a preocuparse por problemas como la desinformación y los ciberanzuelos, los medios partidistas estaban bien asentados. Liftable era, por sí solo, un jugador importante en el sector conservador de la información, que recibía mil millones de visitas anuales y unos ingresos de ocho cifras. A buenas horas, mangas verdes.

Como sucedía muchas veces en Facebook, el problema radicaba en la inacción sobre lo que algunos años antes no había sido más que un motivo de preocupación sin demasiada importancia. La incapacidad de la compañía para abordar los problemas no solo había creado malos precedentes, sino que había creado malos ecosistemas.

Los primeros intentos de averiguar cómo controlar las tácticas de los creadores procedieron de empleados vinculados a News Feed, pero ese equipo se desintegró durante la consolidación del trabajo de integridad bajo las órdenes de Guy Rosen, el cual se centró en combatir los contenidos perjudiciales en lugar de los malos usos que contribuían a difundirlos.

«A los miembros del Equipo de Integridad de News Feed se les indicó que no trabajaran en eso, que no malgastaran su tiempo», recordó la directora de Producto Elise Liu. Por el contrario, Liu y Sagnik Ghosh, su compañero del Departamento de Ingeniería del Equipo Cívico, lo consideraban una batalla que la plataforma no podía permitirse el lujo de perder. Facebook promovía contenidos dependiendo de si las redes de usuarios los compartían; permitir que grupos pequeños de personas controlasen a grandes grupos de cuentas ficticias para falsear su difusión haría destacar artificialmente sus contenidos por encima de las publicaciones compartidas de manera legítima. De modo que el Equipo Cívico empezó donde lo había dejado News Feed.

Es indudable que las políticas de actuación de Facebook daban la sensación de que eliminar las redes de cuentas falsas no debería haber supuesto un gran problema: la plataforma exigía que los usuarios utilizasen sus nombres verdaderos en aras de la responsabilidad y la seguridad. Sin embargo, en la práctica, la regla que establecía que a los usuarios solamente se les permitía tener una única cuenta con su verdadero nombre por lo general no se aplicaba.

Había buenas razones para que un usuario no la acatara; tal vez había perdido el acceso a su perfil al rompérsele el teléfono móvil, o tal vez vivía en un lugar en el que apoyar la democracia podía conllevar que llamasen a su puerta a altas horas de la noche. No obstante, Facebook no necesitaba las llamadas SUMA (siglas en inglés de «mismo usuario, múltiples cuentas») para justificarse. A la compañía no le interesaba alejar a nuevos usuarios de su plataforma, ni siquiera cuando no eran estrictamente nuevos.

El plan del Equipo Cívico para rastrear y localizar redes de cuentas falsas estaba entrando, por tanto, en territorio desconocido. Los rusos tenían prohibido hacerse pasar por estadounidenses para manipular la política de EE. UU.; no estaba del todo claro qué era lo que pensaban los directivos de Facebook del hecho de que los estadounidenses utilizasen cuentas falsas con idénticos fines. Aun así, regían normas claras que prohibían las cuentas falsas y nadie había dicho que no pudieran aplicarse a los creadores de contenidos basura partidistas.

«Facebook es una compañía organizada de abajo arriba —dijo Ghosh—. Si Mark hubiera estado al tanto del asunto, no está claro que esto hubiera sucedido.»

La tarea de explicar las nuevas reglas fundamentales a entidades como la de Floyd Brown recayó en Harbath, la cual, como destacada republicana de Facebook en Washington D. C., a veces asumía el papel de guiar a los medios partidistas por la plataforma y enseñarles las nuevas reglas, un proceso a menudo desagradable. A los profesionales de la información no les gustaba que les dijeran que tenían que atenerse a los hechos y dejar de promocionar sus contenidos en páginas de usar y tirar.

En marzo de 2018, Brown acudió al programa de Fox News de Tucker Carlson para acusar a Facebook de actuar como «policía de la opinión» al aplicar esa serie de medidas estrictas, definiéndolas como un intento anticonservador de controlar el discurso público antes de las elecciones de mitad de legislatura.

A pesar de todas las diatribas, Liftable reformó su conducta, eliminando noticias falsas y cambiando el nombre o fusionando sus numerosas páginas bajo el manto de Western Journal para empezar de cero. Western Journal seguía amplificando sus contenidos de maneras que oficialmente no estaban bien vistas, pero Facebook consideraba que la compañía ya se había acercado bastante y lo dejó estar.

No todos los creadores de contenido estaban dispuestos a cooperar. En la primavera de 2018, el Equipo Cívico empezó a movilizarse para actuar contra docenas de redes de páginas recalcitrantes, incluyendo una vinculada a un sitio llamado Right Wing News ('noticias de derechas'). La red estaba gestionada por Brian Kolfage, un militar veterano de EE. UU. que había perdido las dos piernas y una mano a causa del impacto de un misil en Irak.

La primera reacción de Harbath ante los intentos del Equipo Cívico de desmantelar la empresa de información política de un destacado veterano discapacitado fue un no rotundo. No podía discutir los detalles de su mal comportamiento: Kolfage utilizaba cuentas falsas o ajenas para inundar Facebook de enlaces a contenidos corrosivos y, en ocasiones, falsos. Sin embargo, no estaba preparada para inhabilitarlo por hacer cosas que la plataforma tácitamente había permitido. Al respecto, dijo:

Facebook había permitido que el tipo crease una empresa empleando tácticas turbias y comportándose de manera fraudulenta, por lo que existían ciertas reticencias a decirle básicamente algo así como «Lo siento, pero las cosas que has hecho todos los días durante los últimos años ya no son aceptables».

Igual que había hecho con Floyd Brown, Harbath se puso a hablar directamente con Kolfage sobre cómo corregir su manera de actuar. «Al principio, era posible que aquellos tipos no conocieran las normas —explicó Harbath—. Me preocupaba enormemente no tener las cosas absolutamente claras antes de clausurar las páginas de un triple amputado veterano de la guerra de Irak.»

Las conversaciones fueron difíciles.

«Es presuntuoso, pero también lo son muchas de las personas de mi bandeja de entrada», dijo Harbath.

Pensaba que estaba haciendo avances, hasta que el Equipo Cívico le dijo que Kolfage no solo no estaba modificando sus tácticas (los administradores de un único grupo vinculado a Kolfage estaban gestionando 189 páginas, 70 de las cuales existían fundamentalmente para publicar enlaces duplicados a uno de sus nuevos sitios), sino que incluso se estaba burlando de los intentos de reforma de Harbath mediante mensajes directos a sus cómplices.

Volvió a intentarlo, mediante una reunión telefónica con un colega de política de contenidos y un abogado de Kolfage para insistir en que la compañía iba en serio. Aquello tampoco funcionó. En lugar de desmantelar inmediatamente la red, Facebook impuso algunas sanciones modestas como advertencia.

Lo único que consiguió fue tocarle los huevos a Kolfage. Sus correos electrónicos, los cuales compartió con los empleados del Equipo Cívico en aquel momento, no eran tan groseros como amenazantes. «Le enviábamos análisis a Katie, ella se los enviaba a Kolfage y él respondía con amenazas», recordó Liu.

Aparte de renunciar a imponer la aplicación de las normas de Facebook, no quedaban demasiadas cosas por probar. Al Equipo de Políticas Públicas de Facebook le seguía incomodando excluir a un importante creador de contenido nacional por difundir sus contenidos de manera artificial, e hizo que el Equipo Cívico probara que los contenidos de Kolfage, además de sus tácticas, eran cuestionables. Este escollo se convirtió en un cambio permanente aunque no revelado en su política de actuación: hacer trampas para manipular el algoritmo de Facebook no bastaba para ser expulsado de la plataforma; además de eso, se tenía que promover algo malo.

Facebook decidió permitir que el Equipo Cívico siguiera adelante con la supresión de páginas como la de Kolfage. Sin embargo, faltaban solamente unas pocas semanas para las elecciones de mitad de legislatura y esperaban repercusiones negativas. De modo que los equipos de Relaciones Públicas de la compañía le pidieron al Equipo Cívico que llevara a cabo todas las cancelaciones que tuviera previstas antes de las elecciones, y que lo hiciera *de un tirón*. Eso afectaría tanto a los creadores de izquierdas como de derechas, lo cual otorgaría a la compañía su tan deseada apariencia de «imparcialidad». Si Facebook iba a verse enredada con medios políticos, más le valía asumirlo.

La mañana del 11 de octubre de 2018, el equipo encargado de las cancelaciones pulsó el botón y lanzó la bomba atómica sobre más de ochocientas cuentas y páginas al servicio de liberales y conservadores, haciendo una foto para conmemorar la ocasión. Nathaniel Gleicher, responsable de Políticas de Ciberseguridad, anunció las cancelaciones, presentándolas como una reacción necesaria frente a los engaños de los creadores de contenido.

Fiel a su costumbre, Kolfage no se quedó tan tranquilo. «He visto cómo mis piernas volaban en pedazos y he perdido a amigos», escribió en Right Wing News, ganándose la solidaridad de los lectores. Acusó personalmente a Harbath de destruir el medio de vida de un veterano herido, alegando falsamente que ella no había mostrado preocupación por sus páginas «ni una sola vez». Los liberales cuyas páginas fueron canceladas también se mostraron perplejos.

Enfrentarse a creadores asentados en Facebook no le sirvió a la compañía para hacer amigos. Medios conservadores como Fox News aceptaron en líneas generales las acusaciones de Kolfage de falta de imparcialidad y tendencias anticonservadoras, mientras que otros medios, como *The Guardian* o *The Washington Post*, escribieron acerca de «acusaciones de censura» por parte de los dos partidos.

Kaplan, que le había dado a Harbath el visto bueno para que procediera con las cancelaciones, le preguntó si estas habían sido realmente necesarias.

«Sí, Joel, creo que ha sido la decisión correcta —respondió Harbath—. Les hemos dado muchas oportunidades.»

Kaplan pareció escéptico, pero no insistió en el tema. (Concretamente, la decisión de inhabilitar a Kolfage aún pareció más acertada cuando fue declarado culpable de un delito de estafa como consecuencia de la recaudación de 25 millones de dólares, gran parte de ellos a través de Facebook, para financiar a título particular la construcción del muro fronterizo propuesto por Trump. Acabó siendo condenado a más de cuatro años de cárcel.)

Por muchos sentimientos encontrados que hubiera en otras divisiones de Facebook, el Equipo Cívico estaba exultante. Las pruebas demostraron que las cancelaciones redujeron los contenidos de *spam* en materia política en Estados Unidos en un 20 % de la noche a la mañana. Posteriormente, Chakrabarti admitió ante sus subordinados que le sorprendía que hubieran logrado tomar medidas importantes para frenar los intentos nacionales de manipulación de la plataforma. Para sus adentros, había estado esperando que la dirección de Facebook cancelara la operación.

Liu, directora de Producto del Equipo Cívico, dijo:

Esa cancelación masiva demostró que era posible alterar de manera significativa el flujo de contenidos de maneras saludables, y obtener la autorización. Y sí, hubo algunas magulladuras, pero al final todo el mundo acabó bien.

Aunque Facebook había hecho avances, tanto el Equipo Cívico como los altos directivos continuaban nerviosos a medida que se acercaban las elecciones de mitad de legislatura. La compañía no podía permitirse fastidiar la gestión de otras elecciones estadounidenses, especialmente cuando aún estaba sumida en la polémica de las últimas.

Un mes y medio antes de la jornada electoral, el Equipo Cívico creó un «centro de operaciones». Que la iniciativa fuera concebida como una forma de gestionar los recursos desde una ubicación centralizada o que se tratara de un truco de relaciones públicas es motivo de controversia, pero el resultado final fue una combinación de ambas cosas. Reporteros del *New York Times*, de *The Verge* y de *TechCrunch* realizaron visitas y escribieron sobre los veintitantos empleados que habían redecorado una sala de juntas de Menlo Park con una bandera estadounidense y monitores gigantes en los que se mostraban cuadros de mando. Chakrabarti ensalzó las herramientas mejoradas de aplicación de las normas de la compañía, su amplia plantilla de expertos en seguridad y sus esfuerzos por acabar con las amenazas.

Fuera cual fuera la seguridad que pretendía proporcionar el «centro de operaciones», no se trataba simplemente de un pueblo Potemkin. Los sistemas de monitorización en tiempo real eran auténticos, como también lo era la capacidad operativa para transmitirle los problemas a la dirección de la compañía. Cada noche, un miembro del equipo enviaba un resumen de los acontecimientos del día a Zuckerberg, Sandberg y otros altos ejecutivos, en el que se detallaba qué habían logrado, en qué necesitaban ayuda y qué les preocupaba.

En cuestión de meses, el Equipo Cívico había peinado los diversos equipos de Integridad de la compañía en busca de nuevas herramientas del tipo «rompa el cristal», aparte de las creadas por el Departamento de los Países en Riesgo. El Equipo Cívico descubrió que una división encargada de crear clasificadores de discursos de odio había estado trabajando en un plan para frenar los comentarios a «cebos de odio», es decir, a publicaciones con un fuerte contenido racial o religioso que triunfaban gracias a la participación de usuarios que llenaban de insultos sus secciones de comentarios. Sin embargo, el Equipo de Políticas Públicas había bloqueado la propuesta alegando que no era justo penalizar una publicación por el hecho de que la gente dejara comentarios intolerantes.

El Equipo Cívico resucitó la propuesta y se la envió a Sandberg, el cual la aprobó al cabo de un día. A continuación, el equipo trazó un plan para frenar la recomendación de grupos en tiempos convulsos y preparó un auténtico cierre. Si las condiciones se complicaban lo suficiente, la compañía podría eliminar las publicaciones de creadores, páginas y grupos; todo salvo los contenidos procedentes de amigos del usuario. La compañía probó la estrategia, no para comprobar si ello reduciría las mediciones de uso —cosa que obviamente sucedió—, sino para asegurarse de que desactivar tantos mecanismos de la plataforma a la vez no la destruiría.

Tratar de prepararse para cualquier desastre imaginable era un esfuerzo aterrador, un esfuerzo que dio lugar a una lista de mecanismos de emergencia para controlar la plataforma, junto con los contactos de los ingenieros que podían activarlos en un momento dado. La actividad a lo largo de las veinticuatro horas del día generaba también un sentimiento de camaradería. Algunos de los miembros más jóvenes del equipo que no tenían familia decidieron que, después de pasarse siete días a la semana en la oficina durante la recta final de la campaña electoral, volver a casa era demasiado trabajo. En lugar de reservar habitaciones de hotel cerca de la oficina, Liu ingresó 20.000 dólares en una tarjeta de crédito para pagar tres meses de alquiler en una mansión en la cercana localidad de Atherton. Barnes fue uno de los empleados que se instalaron allí. El trabajo le sentaba bien: era como una oportunidad de reparar un error.

El Equipo Cívico tenía una última tarea de la que ocuparse antes de poder centrar toda su atención en las elecciones estadounidenses de mitad de legislatura. Brasil, la segunda mayor democracia del mundo, iba a celebrar elecciones presidenciales en octubre. Se trataba de una contienda entre un populista conservador incendiario y un político asentado, tal como había sucedido en EE. UU. dos años antes.

Algunas semanas antes de que los brasileños acudieran a las urnas, Chakrabarti les dijo a Cox y a Zuckerberg que se pasaran por el centro de operaciones para ver en qué andaba inmerso el equipo. Un día, el consejero delegado asomó la cabeza durante unos minutos y la volvió a sacar sin decir gran cosa. Cox, sin embargo, se presentó una tarde sin avisar y empezó a preguntar a los empleados qué les parecía lo que estaban viendo en Brasil y qué era lo que más les preocupaba.

Había una buena razón para que Cox les diese una charla de bienvenida a casi todos los nuevos grupos de empleados. El jefe de Producto tenía más talento que nadie en las altas esferas de Facebook para tranquilizar a las personas y hacer que se sintieran cómodas. Tras hacerles unas preguntas, Cox las miraba a los ojos y les pedía que le escribiesen personalmente si necesitaban algo. No cabe duda de que el hombre se preocupaba por los empleados, por la misión de Facebook y por el mundo en general.

Cox estaba en plena forma desde el día que había pasado por el centro de operaciones, donde había permanecido noventa minutos con los empleados del Equipo Cívico y de Integridad que se encontraban de servicio. Uno de los empleados de Harbath la advirtió acerca de lo que ella denominaría posteriormente «Preguntas y respuestas inversas de Cox». Harbath, que se encontraba en la Costa Este, regresó apresuradamente para contemplar horrorizada cómo Cox persuadía a los nerviosos y estresados miembros del Equipo Cívico de que diesen rienda suelta a sus frustraciones, muchas de las cuales tenían que ver con el Departamento de Políticas Públicas de Facebook.

Un empleado le había mostrado a Cox que un legislador brasileño que apoyaba al populista Jair Bolsonaro había publicado un vídeo falso de una máquina de votación electrónica que, supuestamente, había sido manipulada en favor de su oponente. La grabación manipulada ya había sido desmentida por verificadores, lo cual, en circunstancias normales, habría sido motivo suficiente para interrumpir inmediatamente la difusión de la publicación. Sin embargo, el Equipo de Políticas Públicas de Facebook había decidido hacía mucho, después de un importante debate sobre la aplicación de la norma al presidente Donald Trump, que las publicaciones de los funcionarios del Gobierno gozaban de inmunidad frente a las verificaciones. Facebook, por tanto, estaba permitiendo la libre divulgación de material falso que socavaba la confianza de los brasileños en la democracia.

Cox se quedó preocupado. Al día siguiente, empezó a organizar reuniones con Kaplan, Sandberg y otros altos ejecutivos. También le pidió a Chakrabarti que argumentase a favor de que se replanteara la exención de la verificación de los políticos durante la reunión semanal de los viernes entre Sandberg y los altos directivos.

El día de la reunión, Harbath intervino desde Washington. Sandberg le dijo a todo el mundo que disponían de media hora para solucionar el tema. Chakrabarti fue el primero en intervenir, argumentando que, a pesar de las reticencias de la compañía en controlar el discurso político, tenía que trazarse una línea roja en los intentos de influir en las elecciones. Esa clase de mentiras eran tóxicas para la democracia, *especialmente* cuando procedían de políticos.

Tanto Sandberg como Cox asintieron.

«Sheryl estaba a puntísimo de decir: "Vamos a revertir esto"», recordó Harbath.

A continuación, el personal de Facebook en Washington solicitó que todo el mundo, salvo Cox y Sandberg, abandonasen la sala unos minutos para poder exponer sus argumentos. Chakrabarti y el resto de los asistentes se sentaron fuera de la sala de juntas acristalada —un espacio denominado en broma «Solo buenas noticias»— mientras los directivos discutían acerca del riesgo de que modificar la política de actuación poco antes de dos importantes elecciones pusiera a Facebook en el punto de mira en un momento en el que la compañía no debería llamar la atención. Harbath telefoneó a un miembro de su equipo en Brasil, el cual se mostró plenamente de acuerdo.

Al cabo de unos minutos, Sandberg les dijo a Chakrabarti y al resto de los directivos que volvieran a entrar. Tanto ella como Cox se mostraron ahora plenamente convencidos de que la idea debía aplazarse, al menos hasta que pasaran las elecciones de Brasil y de EE. UU. A pesar de las dudas del Equipo Cívico, las elecciones brasileñas transcurrieron sin incidentes. No pudo decirse lo mismo de los colegas del Equipo Cívico en WhatsApp. Durante los últimos días de las elecciones brasileñas, la desinformación viral difundida por reenvíos sin restricciones se disparó. El potencial de esa clase de abusos era exactamente el que había llevado a Barnes y a Iyer a pelearse con el Equipo de Messenger al imponer límites al envío de mensajes. Al Equipo Cívico no le pareció ninguna maravilla, pero al menos esta vez su plataforma no estaba en peligro.

La celebración duró muy poco. A primera hora de la noche, los teléfonos empezaron a sonar: un sistema automatizado para detectar la aparición de problemas estaba alertando de que los discursos de odio en Brasil se estaban disparando.

Los partidarios del vencedor Bolsonaro, los cuales compartían la hostilidad de su candidato contra la homosexualidad, estaban celebrando su victoria en Facebook, publicando memes de hombres enmascarados que blandían pistolas y bates. El texto en portugués que los acompañaba combinaba la frase «vamos de caza» con un insulto a los gais, y algunas de las publicaciones animaban a los usuarios a unirse a grupos de WhatsApp, presuntamente con fines violentos. La participación se disparó, llevando a los sistemas de Facebook a difundirlos aún más.

Aunque los clasificadores de la compañía habían conseguido detectar el problema, no eran lo suficientemente fiables como para eliminar automáticamente la oleada de odio. En lugar de celebrar el final de la carrera electoral, el personal del centro de operaciones del Equipo Cívico hizo un llamamiento fuera del horario laboral para pedir ayuda a sus colegas de habla portuguesa. Un científico de datos polifacético, que no era brasileño pero hablaba un portugués excelente —y que resultó ser gay—, respondió a la llamada.

Para los miembros del Equipo Cívico, el incidente no era nada bueno, pero tampoco se trataba de algo extraordinario. Habían llegado a asumir que, de vez en cuando, en la plataforma surgían cosas desafortunadas como esa, especialmente en época de elecciones.

A Barnes le bastó con echar una ojeada al científico de datos que hablaba portugués para recordar lo extraño que era que los horrores virales se hubieran vuelto tan cotidianos en Facebook. El voluntario trabajaba duro, como todos los demás, pero sollozaba quedamente mientras lo hacía. «Ese momento se me ha quedado grabado en la mente —dijo Barnes—. Está llorando, y el Equipo de Operaciones va a tardar diez horas en arreglar esto.»

Las elecciones de mitad de legislatura de EE. UU. llegaron. La noche electoral, Barnes y algunos colegas se quedaron en el centro de operaciones controlando la plataforma hasta altas horas antes de regresar a la casa alquilada y emborracharse como haría cualquier empleado normal de una empresa tecnológica después de un lanzamiento exitoso. Un vídeo grabado por Liu con su teléfono muestra a Barnes sentado en un sofá tocando la guitarra mientras sus colegas tratan de improvisar letras de baladas sobre la integridad cívica.

De nuevo, nada había salido desastrosamente mal. Era el momento de la celebración de la victoria. Al día siguiente, los habitantes de la casa tomaron un vuelo con destino a Washington para asistir a una reunión postelectoral y, a su llegada, vieron que el Equipo de Políticas había encargado cajas de magdalenas glaseadas en las que se leía «Gracias por hacernos más seguros».

El viaje había sido idea de Chakrabarti. Después de un tenso periodo electoral, el objetivo era que su personal pasase algún tiempo con sus colegas de Washington. Los Equipos Cívico y de Políticas Públicas de Facebook tenían un largo camino por delante, y tal vez las cosas fluirían más si se conocían mejor. Chakrabarti preguntó si Kaplan podría darles una charla a los empleados visitantes del Equipo Cívico hacia el final del viaje, pero ya no había tiempo. En su lugar, Kaplan propuso que se encargara su amigo y adjunto Kevin Martin.

Antes de unirse a Facebook aquel mismo año, Martin había trabajado en un grupo de presión y posteriormente como presidente de la Comisión Federal de Comunicaciones durante la administración de George W. Bush. Su actuación como supervisor de la entidad reguladora fue tan problemática que dio origen a una investigación bipartidista del ejercicio de su cargo, de la cual se desprendió que, en ocasiones, había engañado a sus colegas de la comisión, no había atajado los gastos indebidos de sus adjuntos y había tomado represalias contra los empleados cuyo trabajo no se ajustaba a sus decisiones sobre la política de actuación a seguir. El informe no citaba ninguna ilegalidad, pero decía muy poco de sus virtudes como director.

El plan de Martin era concluir el viaje del Departamento Cívico con un agradecimiento y una sesión de preguntas y respuestas. Cuando el equipo —más de cincuenta personas en total— se reunió, Martin no aparecía por ningún lado. Harbath tomó la palabra e hizo tiempo hasta que se presentó, con quince minutos de retraso. Martin enseguida empezó a menospreciar el trabajo del Equipo Cívico, cuestionando la necesidad de la verificación de datos, despreciando las preguntas difíciles acerca de la política publicitaria de Facebook y poniendo en entredicho el valor del trabajo de integridad en general.

Por si fuera poco, Martin tampoco parecía entender qué hacía el Equipo Cívico ni cómo funcionaban los sistemas de

Facebook. De un alto ejecutivo de Políticas Públicas no se esperaba que tuviera un conocimiento minucioso de cómo construir un clasificador, pero es que Martin parecía no estar familiarizado ni siquiera con los conceptos básicos. No podía aceptar que Facebook no pudiera explicar siempre la razón por la cual un contenido era eliminado y, aparentemente, no tenía ni idea de los elementos de la clasificación del News Feed.

Posteriormente, una portavoz de la compañía desmentiría que la charla de Martin fuese mal recibida, si bien los asistentes recordaban algo muy distinto. La reunión fue motivadora, pero no en el sentido que Chakrabarti esperaba. Cuando todo acabó, en un bar, varios miembros del Equipo Cívico hablaron acaloradamente de dejar el trabajo.

Adiós a las magdalenas.

Para los que trabajaban en Integridad y para los que les preocupaba el papel desempeñado por Facebook en la polarización en general, se avecinaba un gran cambio.

Cox llevaba trece años en la compañía cuando se marchó en marzo de 2019. Él había sido quien empezó el trabajo de clasificación inicial después de 2016, quien auspició el crecimiento de un Equipo de Integración formidable y quien los animó a fijarse en de qué formas era posible que la plataforma no estuviera haciendo del mundo un lugar mejor. Y ahora se había ido. No habría un periodo de transición ni estatus de emérito; a partir de entonces, Cox pasaría tiempo con su familia y se dedicaría a sus proyectos filantrópicos.

Ni siquiera las personas que hablaron directamente con Cox durante los días posteriores al anuncio de su renuncia están plenamente de acuerdo sobre los motivos que le llevaron a marcharse.

Una de las explicaciones fue su frustración para con la propia compañía. Cox había incorporado personal para estudiar temas como la polarización, los había animado a encontrar soluciones visionarias y, posteriormente, había expuesto su trabajo en foros de alto nivel. En el Festival de Ideas de Aspen de 2018, declaró que la compañía tenía la «inmensa responsabilidad» de garantizar que los contenidos de calidad reinasen en Facebook y que estaba trabajando duramente para «hacer que las conversaciones fueran más civilizadas». Se comprometió en nombre de Facebook a exigirles a las grandes páginas que demostrasen quién era su verdadero propietario y le dijo a la audiencia que se preparara porque la plataforma iba a empezar a sancionar los comentarios votados como desagradables por otros usuarios.

Como jefe de Producto de la compañía, Cox era teóricamente el responsable de hacer que esos proyectos se materializaran, pero habían sido descafeinados o bloqueados. Esto le había afectado personalmente y, en privado, les dijo a algunas personas que le preguntaron por su marcha que él y Zuckerberg no estaban al mismo nivel en cuanto a las responsabilidades sociales de la plataforma. Al marcharse, escribió un post de despedida en Workplace, declarando que «la historia de las redes sociales aún está por escribirse, y sus consecuencias no son neutrales».

En cierto modo, Facebook también se estaba volviendo aburrido. Zuckerberg había anunciado hacía poco un cambio estratégico a nivel de toda la compañía para centrase en la mensajería interoperable, la cual permitiría a los usuarios de la aplicación chatear directamente con alguien en WhatsApp o Instagram. Técnicamente, el problema era enorme y nadie tenía ni la más mínima idea de cómo hacer que Facebook e Instagram pudieran interoperar con WhatsApp sin desencriptar el cifrado de esta última aplicación. Sin embargo, desde un punto de vista más general, carecía por completo de interés y era algo que los usuarios no habían pedido. «¿Tienes idea de por qué Mark está haciendo esto?», le preguntó Cox a un ejecutivo intermedio de WhatsApp hacia finales de 2018. La explicación más convincente que se le podía ocurrir a alguien, tanto de dentro como de fuera de Facebook, era que codificar la infraestructura técnica de la compañía pretendía ser una píldora venenosa ante cualquier intento de ruptura corporativa. Los reguladores no podían despedazar la red social más grande del mundo si sus plataformas eran únicamente un revestimiento del mismo producto.

Ambas explicaciones a la marcha de Cox insinuaban la existencia de una distancia cada vez mayor, cuando no una ruptura, entre el consejero delegado de Facebook y su director de Producto. Sin embargo, Cox dio a la gente una tercera explicación. Había empezado a plantearse cuándo sería el momento adecuado para alejarse de una empresa que había sido fundamental en su vida. No pudo encontrar una respuesta; no la había. Así que se marchó.

Fuera cual fuera la razón, la ausencia de Cox se sintió en profundidad, especialmente cuando el Equipo Cívico se topó con un muro en la India.

La India era un objetivo enorme para Facebook, que ya había sido expulsado de China a pesar de los numerosos esfuerzos de Zuckerberg. El consejero delegado había salido a correr sin mascarilla por la plaza de Tiananmen, como muestra de que no le preocupaba la tristemente célebre contaminación de Pekín. Le había pedido sin éxito al presidente Xi Jinping que escogiese un nombre chino para su primer hijo. La compañía había trabajado incluso en una herramienta secreta que habría permitido que Pekín censurase directamente las publicaciones de los usuarios chinos. Todo ello fue en vano: Facebook no iba a introducirse en China. En 2019, Zuckerberg cambió de actitud, diciendo que la compañía no *quería* estar allí: el compromiso de Facebook con la libertad de expresión era incompatible con la represión y la censura del Estado. Por mucho que a Facebook le consolara adoptar esta postura moral, triunfar en la India se volvió aún más vital: si Facebook no era la plataforma dominante en ninguno de los dos países más poblados del mundo, ¿cómo iba a ser la red social más importante?

El Equipo Cívico se sentía preparado para afrontar las elecciones generales de la India en abril. Tras el éxito de las elecciones de mitad de legislatura de EE. UU., ahora disponían de un manual de actuación genérico para las contiendas electorales de alto nivel y estaban listos para aplicarlo.

A juzgar por las elecciones indias de 2014, las cuales llevaron al poder al nacionalista hindú Narendra Modi, el equipo tenía trabajo por delante. Durante esa campaña, el partido de

Modi, el Bharatiya Janata Party, o BJP, había empleado tácticas inapropiadas, cuando no prohibidas explícitamente, en Facebook, estableciendo las llamadas células TI para hacer *astroturfing* en la plataforma y amplificar los sitios de noticias que los aliados del partido pagaban de manera encubierta.

Aunque el BJP era considerado ampliamente como el más sofisticado a la hora de realizar campañas digitales, el Congreso Nacional Indio (INC), principal partido de la oposición, también había establecido células TI que funcionaban básicamente como granjas de troles nacionales. Y Facebook, con 200 millones de usuarios diarios en su aplicación principal en la India y más de 400 millones de usuarios diarios en WhatsApp, era el foro de mayor relevancia.

Los operarios a nivel nacional tenían suficiente sentido común para ser ligeramente discretos, pero los jefes políticos locales parecían *querer* decirles a los empleados de Facebook lo que estaban haciendo. Estaban orgullosos de ello. En más de una ocasión, funcionarios del partido invitaron a los empleados de Facebook a visitar oficinas estrechas en las que montones de empleados que trabajaban en turnos escribían entradas y comentarios en la red social. El caso más surrealista se dio cuando un operario del partido guio a un empleado de Facebook en una visita a un almacén provisto de miles de teléfonos en estantes. Los teléfonos destellaban mientras el *software* introducía mensajes de campaña, carácter a carácter, y sonaban al unísono cuando se enviaba el mensaje. Se trataba de una operación masiva de envío de mensajes de WhatsApp que no respetaba los límites de la aplicación.

Con el fervor de un idealista, Chakrabarti le dijo a su equipo que, como mínimo, tenían que replicar lo que habían hecho en EE. UU. y, mejor aún, que podrían usar las elecciones indias para mejorar sus tácticas todavía más. De lo que no les habló fue de la probable resistencia a la que se enfrentarían por parte de la homóloga de Harbath en Delhi, Ankhi Das, jefa del Equipo de Políticas de la India.

Das tenía una ya larga relación con los políticos nacionalistas hindúes que se remontaba a su época como miembro de un grupo de presión de Microsoft, donde trabajó hasta su incorporación a Facebook en 2011. Durante la campaña de 2014, había visitado con frecuencia la sede del partido de Modi, aunque ese hecho despertó algunas suspicacias. A Facebook le entusiasmaba cualquier candidato al que le entusiasmase Facebook, y Modi se estaba posicionando como un reformista económico experto en tecnología, alejado de su historial como jefe local de la provincia de Gujarat cuando estaba sumida en disturbios mortíferos antimusulmanes. Al principio, el trabajo del Equipo Cívico resultó fácil, porque la mala conducta era evidente. Tomando únicamente medidas superficiales para tapar su rastro, todos los grandes partidos contaban con redes de páginas falsas, lo cual constituía una clara violación de las normas de Facebook.

La célula TI del BJP era, aparentemente, la más eficaz. El grueso de las publicaciones coordinadas podía rastrearse a los sitios y páginas web creados por Silver Touch, la empresa que había creado la *app* de la campaña de la reelección de Modi. Con un total de más de 10 millones de cuentas de seguidores, la red cumplía las condiciones para su eliminación aprobadas por Facebook: utilizaban trucos prohibidos para aumentar la participación e infringían la política de contenidos de la plataforma mediante citas ficticias e incendiarias que, supuestamente, revelaban el apego de los adversarios de Modi hacia los violadores y denigraban a los musulmanes.

A principios de la primavera, ya con documentación del mal comportamiento de todos los partidos, los miembros del Equipo Cívico que supervisaban el proyecto organizaron una reunión de una hora de duración en Menlo Park con Das y Harbath para plantear una supresión masiva. Das se presentó cuarenta minutos tarde y, deliberadamente, le dijo al equipo que, a pesar de las amplias cafeterías, comedores y lugares donde tomar algo que había en la oficina, había salido a tomar café. Mientras Liu y Ghosh, del Equipo Cívico, se afanaban en exponer sus investigaciones de varios meses, mostrando cómo los principales partidos recurrían a emplear tácticas prohibidas, Das escuchaba impasible. A continuación, les dijo que ella tendría que dar su aprobación a cualquier medida que quisieran tomar.

El departamento siguió adelante con los preparativos para la eliminación de las páginas transgresoras. El equipo, siempre pendiente de la imagen, se preocupó por agrupar un gran número de páginas ofensivas, algunas de la red de BJP y otras del INC, que tuvieron mucho menos éxito. Con la ayuda de la División de Seguridad de Nathaniel Gleicher, una pequeña serie de páginas de Facebook vinculadas al ejército pakistaní fueron añadidas por si acaso.

A pesar de ese intento de lograr un equilibrio, el proyecto quedó empantanado enseguida. El entusiasmo de las altas esferas por las eliminaciones era tan escaso que Chakrabarti y Harbath tuvieron que presionar directamente a Kaplan antes de obtener la autorización para seguir adelante.

«Creo que pensaban que sería más sencillo», dijo Harbath refiriéndose al esfuerzo realizado por el Equipo Cívico.

Aun así, el equipo siguió presionando. El 1 de abril, a menos de dos semanas de la fecha prevista para el inicio de la votación, Facebook anunció que había retirado más de mil páginas y grupos en acciones separadas contra comportamientos falsos. En una declaración, la compañía mencionó a las partes culpables: el ejército pakistaní, la célula TI del Congreso Nacional Indio e «individuos vinculados con una empresa india de TI, Silver Touch».[3]

Para cualquiera que supiera qué estaba pasando realmente, el anuncio era sospechoso. De las tres partes citadas, la red de propaganda a favor del BJP era la mayor, con mucha diferencia; y, aun así, dicho partido no estaba siendo reprendido como el resto.

Harbath y otra persona familiarizada con las eliminaciones masivas insistieron en que aquello no tenía nada que ver con favoritismos. Era, según ellos, un desastre. Mientras que el INC había fracasado estrepitosamente con sus artimañas —lo cual, según las normas de Facebook, hacía imposible la atribución—, las acciones en favor del BJP se habían realizado a través de un contratista. Esa hoja de parra le permitió al partido negarlo hasta cierto punto, aunque no llegase a ser plausible.

Si la omisión del anuncio del BJP no fue una concesión al partido gobernante de la India, lo que Facebook hizo a continuación sin duda lo pareció. Mientras en público se burlaba del INC por dejarse atrapar, en privado el BJP exigía que Facebook restaurara las páginas con las que el partido afirmaba no tener relación. A los pocos días de la cancelación, el equipo de Das y Kaplan en Washington se sentía presionado para restablecer las entidades conectadas con el BJP que el Equipo Cívico tanto había luchado por desmantelar. Ganaron, y algunas páginas del BJP fueron restauradas.

Con los equipos Cívico y de Políticas Públicas en desacuerdo, se recurrió a Zuckerberg para que resolviera el desagradable incidente. Kaplan afirmó que aplicar las normas de campaña estadounidenses en la India y muchos otros mercados internacionales no tenía ninguna justificación. Además, hiciera lo que hiciera Facebook, el BJP seguía siendo el indiscutible favorito para volver al poder cuando concluyeran las elecciones en mayo, y Facebook le estaba tocando mucho las pelotas. Zuckerberg se mostró de acuerdo con los recelos de Kaplan. La compañía debía seguir aplicando mano dura a los intentos extranjeros encubiertos de influir en la política, dijo, pero en la política nacional la línea que separaba la persuasión de la manipulación era mucho más difusa. Quizás Facebook tenía que establecer nuevas normas con la aprobación del Equipo de Políticas Públicas.

El resultado fue casi una moratoria al ataque a los comportamientos falsos y al *spam* político organizados a nivel nacional. Los planes inminentes de eliminar redes de páginas, grupos y cuentas indonesias coordinadas ilícitamente fueron anulados. Al Equipo Cívico le estaban cortando las alas.

Posteriormente, Chakrabarti le dijo a su equipo que consideraba indefendible la decisión de renunciar a imponer la aplicación de las normas establecidas por Facebook contra los partidos políticos. Sin embargo, en la India se daba una incoherencia específica que también le preocupaba. Le había preguntado a Zuckerberg que, si la nueva reticencia por parte de Facebook a intervenir contra comportamientos falsos coordinados a nivel nacional había justificado el restablecimiento de cuentas falsas simpatizantes del BJP, ¿no debería Facebook también anular la retirada de las cuentas de las entidades del Congreso Nacional Indio?

«No —respondió Zuckerberg—. Creo que eso solo causaría más problemas.»

En un resumen *a posteriori* del trabajo de integridad de la plataforma en las elecciones indias, Chakrabarti hizo una crítica feroz del esfuerzo realizado por la compañía y por él mismo. Facebook no solo no había impuesto la aplicación de sus propias normas, sino que no había tratado a todos los partidos por igual.

Para muchos de sus miembros, el hecho de que esta derrota del Equipo Cívico se produjese inmediatamente después de la marcha de Cox no fue una coincidencia. Durante dos años, el directivo había sido el principal defensor del trabajo de integridad, proporcionándole a Chakrabarti no solo recursos, sino también consejos sobre cómo gestionar su trabajo en Facebook.

«Samidh consideraba a Cox su mentor —dijo Harbath—. También pensaba que Chris era el que más le protegería.»

Sin Cox, Chakrabarti ya no tenía a un interlocutor de alto nivel que transmitiera su mensaje. Con su tendencia a la estridencia, acabó irritando a muchas personas que ocupaban cargos superiores al suyo, incluyendo a Guy Rosen. A principios de año, Rosen organizaba regularmente reuniones en las que Chakrabarti y Harbath informaban a un montón de ejecutivos, entre los que se encontraban Sandberg y Kaplan, sobre el trabajo en las próximas elecciones internacionales. Después de la marcha de Cox, se empezaron a anular las reuniones, y nunca fueron reprogramadas.

La indiferencia mutua era cada vez mayor. Chakrabarti dejó de aparecer en los medios de comunicación hablando en nombre de la compañía y les confió a sus colegas que no estaba dispuesto a repetir como un loro argumentos en los que ya no creía.

El trabajo de aplicación de la integridad a lo largo y ancho de la compañía se había ralentizado mientras el Equipo Cívico trataba de recuperar algo de la autonomía perdida durante la debacle de la India. El departamento se pasó el verano de 2019 haciendo lo que podía.

A instancias de Chakrabarti, el equipo también adoptó una nueva estrategia para defender su trabajo. En lugar de argumentar que Facebook tenía que combatir los abusos en la plataforma porque perjudicaban a los usuarios o al discurso político, los miembros del Equipo Cívico empezaron a afirmar que la compañía tenía que afrontar el «riesgo de los titulares», un eufemismo para referirse a la humillación pública de parecer ineptos.

Un ejemplo de esto mismo se dio en agosto de 2019, cuando un analista advirtió que, como en 2016, muchas de las páginas y grupos de más éxito de la plataforma seguían sin ser estadounidenses. A pesar de que el personal de Michael McNally y el Equipo de Clasificación de News Feed habían hecho remitir el problema de los bulos de la plataforma, la reticencia de Facebook a la hora de adoptar medidas adicionales para aumentar la calidad había abierto una brecha por la que podía introducirse una nueva generación de granjas de *spam* político. Denominadas «Exportadores cívicos de baja calidad», esa clase de operaciones metastatizaron, y arraigaron en Letonia, Pakistán, Vietnam y cualquier otro lugar con una mano de obra infrautilizada y una conexión a internet fiable. Los usuarios de EE. UU. consumían el 75 % de los contenidos de los grupos políticos macedonios en Facebook; en Instagram, los pesos pesados eran los «países altamente transgresores», como Bangladesh y Uganda.

Las redes extranjeras difundían contenidos que fomentaban la división, publicaban enlaces a páginas de comercio electrónico falsas y solicitaban donaciones fraudulentas a favor de organizaciones benéficas de veteranos estadounidenses. Sin embargo, la justificación propuesta para tomar medidas no era que los extranjeros estuvieran haciendo un mal uso de Facebook, sino que los extranjeros estaban abusando de los usuarios de Facebook de manera *demasiado evidente.*

«Esos ejemplos son tan descarados y palmarios que nuestra inacción mina la credibilidad de nuestros esfuerzos en pos de la integridad», escribió el analista en una nota, declarando que el hecho de que el abuso pudiera «detectarse fácilmente desde fuera» era una razón «por la cual es importante».[4]

Una portavoz de la compañía negó posteriormente que aquella táctica fuera necesaria, diciendo que, en la compañía, «las decisiones sobre los productos y las políticas se toman en función de razones de fondo». Sin embargo, exempleados del Equipo Cívico declararon después que el hecho de presentar los problemas de abusos como un asunto relacionado con las relaciones públicas les reportó algunas victorias: en el Equipo de Comunicaciones a nadie le entusiasmaba la idea de explicar por qué la plataforma no había notado nada sospechoso en un grupo enorme llamado «News of the United State» ('noticias de Estado Unido' [sic]). No obstante, la táctica reflejaba lo débil que se había vuelto el Equipo Cívico dentro de Facebook y lo poco que confiaba en que la dirección de la empresa hiciera lo correcto.

9

Kang-Xing Jin era un disidente atípico.

Era amigo de Zuckerberg desde el primer día de clase en Harvard en 2002. «Llegaba tarde, así que me puse corriendo una camiseta, y no me di cuenta hasta después de que la llevaba al revés, con la etiqueta asomando por delante», recordó Zuckerberg cuando volvió a Harvard en 2017 para dar un discurso en la ceremonia de graduación y recoger un título honorífico. «No entendía por qué nadie me hablaba, excepto un chico, KX Jin, al que le pareció normal.» Acabarían compartiendo problemas de informática y cenas a altas horas en Pinocchio's Pizza, más conocida por los residentes de Cambridge como Noch's. Allí fue, según una entrada de Facebook publicada por Zuckerberg años después, donde hablaron de «cómo algún día alguien crearía una comunidad para conectar a todo el mundo».

Jin también estaba presente la noche que Zuckerberg lanzó Facebook desde su dormitorio universitario. De los más de 2.000 millones de usuarios de Facebook, él fue el número dieciséis.

Cuando Zuckerberg y su compañero de habitación dejaron Harvard al cabo de dos años para convertir Facebook en una empresa, Jin se quedó y se graduó con matrícula de honor. Se unió a la compañía en el verano de 2006 como parte del equipo original que lanzó News Feed y posteriormente fue ascendido a vicepresidente de Ingeniería. Con ocasión de su décimo aniversario en la compañía, Zuckerberg le regaló una réplica en madera de la caja de pizza para llevar de Noch's, y declaró que, «a lo largo de los años, ha trabajado en casi todo lo que hemos creado».

Jin destacaba tanto por su amistad universitaria con Zuckerberg como por su lealtad. Mientras los primeros miembros de Facebook se largaron con los bolsillos llenos de dinero después de la salida a bolsa de la compañía en 2012, él no se movió, convirtiéndose en uno de los empleados más veteranos de la compañía.

Sin embargo, en 2019 el prestigio de Jin en la empresa se estaba deteriorando. Había tomado la decisión de dejar de trabajar tanto, delegando parte de su trabajo en otros, cosa que no cuadraba con la cultura de Facebook. Por otra parte, Jin tenía la costumbre de formular lo que hacía la compañía en términos morales. ¿Era eso bueno para los usuarios? ¿Estaba Facebook mejorando realmente sus productos?

Al comunicarle decisiones a Zuckerberg, otros ejecutivos tenían cuidado de no planteárselas en términos de correcto o incorrecto. Todo el mundo intentaba colaborar para crear un producto mejor, y lo que decidiera Zuckerberg, fuera lo que fuera, estaba bien. Las propuestas de Jin no seguían esa tónica. Era indefectiblemente respetuoso, pero también era muy claro en cuanto a las posturas que le parecían aceptables. Alex Schultz, director general del Departamento de Marketing, le comentó una vez a un colega que el problema de Jin era que hacía que Zuckerberg se sintiera como una mierda.

En julio de 2019, Jin redactó una circular titulada «La reducción de la viralidad como estrategia de integridad» y la publicó en un grupo de Workplace de 4.200 empleados que trabajaban en problemas de integridad.[1] La circular empezaba diciendo:

> Hay una serie cada vez mayor de investigaciones que demuestran que algunos canales virales son utilizados para el mal más que para el bien. ¿A qué principios deberíamos apelar a la hora de enfocar esto?

A continuación, Jin pasó a enumerar, con numerosos enlaces a investigaciones internas, cómo los productos de Facebook obtenían regularmente mayores índices de crecimiento a expensas de la calidad de los contenidos y de la seguridad de los usuarios. Las funciones que generaban un incremento del uso marginal eran responsables de manera desproporcionada del *spam* en WhatsApp, del explosivo aumento de los grupos de odio y de la difusión de noticias falsas mediante reenvíos, escribió.

Ninguno de esos ejemplos era una novedad. Cada uno de ellos había sido citado previamente por los equipos de Producto e Investigación como problemas individuales que requerían o bien una modificación del diseño o bien una imposición adicional del cumplimiento de las normas. Sin embargo, Jin los enmarcaba de manera diferente. En su opinión, eran el resultado inexorable de los intentos de acelerar y hacer crecer la plataforma.

La respuesta de sus colegas fue entusiasta. «La viralidad es el objetivo de malhechores tenaces que distribuyen contenidos maliciosos», escribió un analista. «Totalmente de acuerdo en esto», escribió otro, señalando que la viralidad había contribuido a exacerbar el sentimiento antimusulmán en Sri Lanka después de un atentado terrorista. «Esta es la dirección a seguir al Óscar cien por cien», escribió Brandon Silverman, de CrowdTangle.

Tras más de cincuenta comentarios abrumadoramente positivos, Jin se topó con una objeción: la de Jon Hegeman, el ejecutivo de News Feed que, para entonces, había sido promocionado a responsable del equipo. Sí, probablemente Jin tenía razón en que los contenidos virales eran exageradamente peores que los contenidos no virales, escribió Hegeman, pero ello no significaba que el material fuera malo *en general*.

Jin respondió diciendo que no importaba que, en general, el contenido estuviera bien. El problema era que los productos de Facebook estaban empeorando los contenidos. Lo que no era objetable acostumbraba a ser insustancial. Jin señaló que los sondeos indicaban que los usuarios de Facebook tendían a sentirse molestos por los contenidos virales, incluso cuando eran compartidos por amigos íntimos.

Probablemente, Facebook no tendría que eliminar la viralidad para abordar el problema, continuó, ilustrando su tesis con un gráfico que indicaba que la compañía podía frenar la mayor parte de los daños virales sin que ello afectara negativamente a la utilidad de la plataforma para los usuarios. El gráfico era hipotético, apuntó Jin, porque Facebook nunca había intentado reducir los perjuicios. Tal vez había llegado la hora de hacerlo.

Hegeman era escéptico. Si Jin tenía razón, respondió, probablemente Facebook debería tomar medidas drásticas como prohibir todos los reenvíos, y la compañía no estaba por la labor de intentarlo. «Si eliminamos un pequeño porcentaje de los reenvíos del inventario de la gente —escribió Hegeman—, deciden volver menos a Facebook.»

Hegeman no tenía una actitud hostil hacia los empleados dedicados a la integridad. Muchos de los que trabajaban con él lo consideraban un aliado. Sin embargo, modificar Facebook de manera que se redujese el número de usuarios diarios era simplemente impensable.

Algunos meses después de ese diálogo, la compañía actualizó una guía para probar los cambios de productos y cómo interpretar los resultados de los experimentos.[2] Fuera cual fuera la evolución que hubiera tenido lugar en la mentalidad de la plataforma a lo largo de los años transcurridos desde las elecciones de 2016 —tanto si tenía que ver con una mayor atención a los contenidos como con una mayor consciencia de los peligros de la viralidad—, la media de personas por día seguía siendo lo que marcaba el rumbo de la empresa. La guía decía que cualquier función propuesta que redujera el número de usuarios diarios de Facebook no tenía prácticamente ninguna posibilidad de prosperar.

«Regla número 1: la media de personas diarias es sagrada.»

La compañía intentó no tocar otros indicadores, como el número de sesiones iniciadas, el tiempo pasado en la plataforma y las publicaciones originales. Sin embargo, en lo referente a las mediciones de la desinformación u otros perjuicios en los que Jin se centraba, todavía no había barreras que impidiesen a los equipos de Crecimiento cambiar Facebook de maneras que influyeran negativamente en los indicadores de integridad, o incluso que avisaran cuando lo hicieran. No fue hasta la segunda mitad de 2019 que alguien construyó un cuadro de mandos para detectar si otros productos estaban perjudicando la labor de los miembros del Departamento de Integridad.

En cuanto el nuevo sistema se puso en marcha, el Equipo de Integridad se dio cuenta de que tenía un problema. Los cambios realizados en la plataforma enfocados al crecimiento parecían agravar activamente los problemas de integridad. Una circular de un investigador del Equipo Cívico señaló que, en el transcurso del año, los contenidos de páginas que publicaban regularmente información falsa aumentaron un 17%. Las visitas a contenidos de páginas que habían incumplido las normas comunitarias de Facebook al menos en cuatro ocasiones a lo largo de los últimos noventa días aumentaron un 64%.

Tras dos años y medio de autoevaluación, la idea de que los cambios realizados en aras de aumentar el crecimiento a veces agravaban los problemas de integridad no podía ser una absoluta sorpresa para nadie de Facebook. Sin embargo, nadie había sido capaz de darse cuenta de lo absolutamente opuestos que eran los dos objetivos. Como mínimo desde finales de 2018, y casi seguro desde mucho antes, los colegas del Equipo Cívico de otros departamentos habían estado acumulando beneficios por uso y recibiendo bonificaciones al patrocinar contenidos que la compañía se había comprometido públicamente a combatir.

Cuando se aproximaban las elecciones primarias presidenciales de 2020, el Equipo Cívico afirmó que, de una vez por todas, la compañía tenía que averiguar la manera de dejar de pegarse tiros en el pie con sus esfuerzos de integridad.

Para determinar si Facebook creía realmente que los beneficios de un crecimiento adicional del 1% compensaban los perjuicios de ofrecerles a los usuarios un 10% más de desinformación «es necesario que haya conversaciones cruciales», escribió el analista.

Desde el punto de vista del Departamento Cívico, la respuesta a esa pregunta era evidente. A pesar de los esfuerzos realizados por el equipo, las visitas a contenidos de páginas que habían infringido repetidamente las normas de Facebook habían aumentado un 23% desde principios de año. A las puertas de las elecciones de 2020, la compañía no podía permitirse una constante erosión de sus defensas.

«Hay que mantener las cosas como están», escribió el analista en una nota. Deshacer los cambios en el producto encaminados a aumentar el crecimiento que eran más responsables de dicho incremento era tan urgente como la necesidad de «poner sacos de arena en una tormenta».

Si los miembros del Equipo Cívico pensaban que la directiva de Facebook se pondría nerviosa por el descubrimiento de que los intentos de crecimiento de la compañía habían agravado los problemas de integridad, estaban muy equivocados. Zuckerberg no solo era contrario a nuevas acciones que perjudicaran el crecimiento, sino que estaba empezando a preguntarse si algunos de los antiguos intentos relacionados con la integridad no habrían sido un error.

El Equipo de Políticas Públicas, capacitado para vetar no solo nuevas propuestas en materia de integridad, sino también trabajos aprobados hacía mucho tiempo, declaró que algunos no cumplían las normas de «legitimidad» de la compañía. Sparing Sharing, la degradación de contenidos impulsados por usuarios hiperactivos —ya reducidos un 80% en el momento de su adopción—, se iba a revertir por completo. (Al final se salvó, pero quedó aún más descafeinado.)

«No podemos dar por sentado que los enlaces compartidos por personas que comparten mucho sean malos», decía un documento crítico con los planes de deshacer los cambios.[3] (En la práctica, la consecuencia de la anulación de Sparing Sharing, incluso en su forma debilitada, no dejaba lugar a la ambigüedad: las visualizaciones de «contenidos de ideología extremista por parte de usuarios de todas las ideologías» aumentaron inmediatamente en un porcentaje de dos dígitos, correspondiendo el grueso de las ganancias a la extrema derecha.)

Asimismo, se programó el desmantelamiento del «reenvío informado», una iniciativa que había degradado los contenidos compartidos por personas que no habían clicado en las publicaciones en cuestión y que había logrado reducir la difusión de *fake news*.

«El hecho de que sea menos probable compartir contenidos después de leerlos no es un buen indicador de la integridad», afirmaba un documento que justificaba la suspensión programada.

Una portavoz de la compañía rebatió el argumento de numerosos empleados del Equipo de Integridad —quienes afirmaban que la División de Políticas Públicas estaba facultada para vetar o anular los cambios en materia de integridad—, diciendo que el equipo de Kaplan era únicamente una voz de las muchas que había dentro de la plataforma. Sin embargo, independientemente de quién llevara la batuta, la trayectoria de la compañía estaba clara. Facebook no solo iba a dejar de ralentizar las labores de integridad: planeaba activamente deshacer gran parte de las mismas.

Los llamamientos de Jin se hicieron más urgentes... y más básicos.

Unos meses después de su primera advertencia de que la búsqueda de crecimiento viral estaba afectando negativamente a la seguridad de los usuarios y a la calidad de los contenidos, escribió otra circular, titulada «Definiendo el éxito a la hora de abordar los daños a la integridad».[4]

El ingeniero partía de una premisa sencilla: Facebook nunca podría eliminar todas las cosas negativas de su plataforma, y no era razonable esperar que lo hiciera. Sin embargo, era evidente que la compañía tenía cierta responsabilidad, así que ¿qué significaba tener éxito a la hora de combatir los problemas de integridad?

> El éxito consiste en intervenir en todos los lugares en los que nuestros productos están amplificando desmesuradamente los daños a un mundo en el que no existen.

Se trataba de un principio fácil de entender incluso por un niño. Que el suelo de la cocina esté limpio es irrelevante para saber si se ha derramado algo. Del mismo modo, la noticia de cómo al servirte una bebida has acabado con una jarra volcada puede conllevar complicaciones e incluso resultar merecedora de un riguroso estudio, pero esas preguntas no son relevantes para saber si eres tú quien tiene que ir a buscar la fregona.

Para Facebook, afirmó Jin, arreglar todo el desastre provocado significaba que había que prestar especial atención a sus sistemas de recomendaciones y a las funciones que fomentaban un mal comportamiento o eran exageradamente proclives al abuso. Para evitar un desastre en las elecciones de 2020, escribió, la compañía tendría que eliminar las funciones que amplificaban los problemas sociales, o bien ser más eficaces a la hora de suprimir el material negativo.

Facebook prefería este último enfoque, señaló Jin, pero, desde un punto de vista técnico, era mucho más difícil ponerlo en práctica. Además, limpiar Facebook e Instagram centrándose en el comportamiento inadecuado planteaba preocupaciones inevitables en cuanto a la censura. Por mucho dinero que destinase la compañía al proyecto, seguía corriendo el riesgo de perder el control de sus plataformas.

Por el contrario, prosiguió Jin, Facebook podía estar segura de alcanzar sus objetivos para las elecciones de 2020 si estaba dispuesta a frenar las funciones virales. Ello podría incluir imponer límites a los reenvíos de mensajes y la amplificación algorítmica agresiva (la clase de medidas que los equipos de Integridad de Facebook llevaban más de un año presionando para que se adoptaran). Las acciones serían sencillas y baratas. Lo mejor de todo era que los métodos habían sido probados y garantizaban el éxito a la hora de combatir problemas arraigados.

La opción correcta era evidente, sugirió Jin, pero, sorprendentemente, Facebook no parecía dispuesto a elegirla porque ello implicaría ralentizar el crecimiento de la plataforma, el único principio inviolable. Jin se lamentó:

Hoy en día, el listón para conseguir una victoria en materia de integridad (que podría ser negativa para la participación) está a menudo más alto que el listón para lograr una victoria de la participación (que podría ser negativa para la integridad).

Si la situación no cambiaba, advirtió, existía el riesgo de que se produjera un desastre en las elecciones de 2020 como consecuencia de una «viralidad perjudicial desenfrenada».

Aunque la opinión de Jin sobre la preparación de las elecciones por parte de Facebook era pesimista, la expresó de manera sutil. Entre los miembros del Equipo de Integridad, era habitual observar que los clasificadores de Facebook no estaban a la altura de las minuciosas tareas de ejecución que estaban llamados a realizar.

Incluso teniendo en cuenta el descenso en la clasificación, «calculamos que podríamos intervenir solamente entre un 3 y un 5 % de los contenidos de odio y en un 0,6 % de la [violencia e incitación] en Facebook, a pesar de ser los mejores del mundo», señaló una presentación. Según las personas que trabajaban con él, Jin conocía esas estadísticas, pero era demasiado educado para insistir en el tema.

Los empleados del Equipo Cívico y los antiguos empleados de News Feed como Jin no eran los únicos que estaban preocupados en aquel otoño de 2019. Numerosos investigadores que desconocían la mecánica de la plataforma se estaban empezando a asustar. Aunque QAnon —la teoría de que Trump estaba enzarzado en un combate mortal con las fuerzas maléficas y pedófilas del Deep State (a pesar de que el presidente se pasaba muchísimos días jugando al golf)— se originó en 4Chan y fue incubada en Reddit, grupos de Facebook habían creado las condiciones adecuadas para su crecimiento exponencial. Parte del crecimiento de ese movimiento se debía a la hiperactividad de sus seguidores, quienes admitían la teoría de la conspiración de la batalla de Trump contra el mal y la difundían con fervor mesiánico.

Otra parte procedía también de los algoritmos de Facebook. Aunque la compañía había descubierto que sus «Grupos que podrían interesarte» estaban fomentando el extremismo en 2016, la plataforma parecía inusualmente encantada de recomendar QAnon.

El fenómeno no fue ninguna sorpresa: los sistemas de recomendación como el de Facebook tratan inevitablemente de clasificar a los usuarios, y cuanto más oscuros sean sus intereses, mejor. Saber que alguien está interesado en la lucha grecorromana le es más útil a Facebook para personalizar su *feed* que saber que le gusta el fútbol universitario. Las teorías de la conspiración como QAnon tienen exactamente esa clase de atractivo limitado aunque profundo.

Los investigadores de la compañía utilizaban múltiples métodos para demostrar la fuerza gravitatoria de QAnon, pero la prueba más sencilla y más visceral se obtuvo creando una cuenta de prueba y observando qué hacían los algoritmos de Facebook.

Tras crear una cuenta ficticia a nombre de «Carol» —una hipotética mujer conservadora de Wilmington, en Carolina del Norte, entre cuyos intereses se incluían la familia Trump, Fox News, el cristianismo y la maternidad—, el investigador observó cómo Facebook guiaba a Carol desde esos intereses generales a ámbitos más oscuros.

Al cabo de un día, las recomendaciones de Facebook se habían «desplazado a contenidos polarizados». Al cabo de una semana, la plataforma proponía una «avalancha de contenidos extremistas, conspiratorios y gráficos».

El problema no era únicamente News Feed: eran las recomendaciones de páginas, las sugerencias de «publicaciones similares» e incluso las notificaciones. El documento incluía un llamamiento a pasar a la acción: si Facebook iba a promover contenidos con tanta intensidad, la compañía tenía que ser mucho más selectiva con lo que promovía.

Documentos posteriores reconocieron que esas advertencias fueron ignoradas.

Puede decirse con seguridad que, de los millones de usuarios de Facebook que acabarían uniéndose a grupos dedicados a las conspiraciones, muchos no eran verdaderos seguidores.

Sin embargo, en otoño de 2019, los verdaderos creyentes de QAnon ya habían cometido unos cuantos delitos inquietantes —el bloqueo de un puente sobre la presa Hoover, un secuestro, la ocupación de una fábrica de cemento—, y los investigadores de la compañía tenían más información sobre la extraña conspiración que la mayoría.

Un directivo de Facebook recordó un encuentro con un usuario en Las Vegas, un destino habitual para los investigadores que querían salir de la burbuja cultural de la zona de la Bahía para reclutar sujetos. El método no tenía nada de particular: una empleada del directivo entrevistaba a una serie de usuarios de Facebook acerca de su actividad en la plataforma, mientras el directivo y un colega permanecían sentados detrás de un espejo en una oficina alquilada para realizar estudios de mercado. Los sujetos eran intencionadamente variados y la empleada de Facebook con formación específica que dirigía la entrevista hacía preguntas rigurosamente neutras. Sin embargo, uno de los sujetos, una mujer blanca de mediana edad, no lo vio así.

Sus publicaciones, reenvíos en su mayoría, se basaban mayoritariamente en contenidos relacionados con «Make America Great Again» y QAnon, y hasta las preguntas más insustanciales sobre cómo utilizaba Facebook le parecieron sospechosas.

La mujer empezó a gesticular y luego alzó la voz. Al principio, al directivo la intransigencia de la mujer le pareció graciosa. Sin embargo, a medida que la entrevistadora intentaba calmarla sin éxito, él y su colega intercambiaron una mirada de preocupación.

«¡Mierda! —pensó el directivo—. Va a saltar por encima de la mesa.»

Detrás del espejo, el directivo y su colega se levantaron de sus asientos. Mientras la entrevistadora se apresuraba a concluir permanecieron de pie, preparados para irrumpir en la habitación si la mujer se abalanzaba sobre ella.

«Lo asumimos —dijo—. Nuestros usuarios están locos.»

Con las elecciones de 2020 a la vuelta de la esquina y gran parte de su trabajo entorpecido por los departamentos de Políticas Públicas y de Producto, el Equipo Cívico tenía que hacer algún movimiento audaz. Así que hicieron una presentación. La presentación en PowerPoint que Samidh Chakrabarti y Kaushik Iyer, entre otros, hicieron circular hacia finales del verano incluía una gráfica de colores en la que se relacionaba la gravedad de crisis potenciales con el grado de preparación de Facebook para hacerles frente. En cuanto el documento empezó a consolidarse, Chakrabarti lo compartió con Katie Harbath.

La presentación era deprimente, le dijo Harbath, pero no estaba equivocada.

«Quería asustarlos un poco», recordó que le dijo Chakrabarti. A continuación, le envió la presentación por correo electrónico directamente a Zuckerberg y a dos docenas de otros altos ejecutivos que asistían a una reunión semanal con el consejero delegado en la sala de juntas de paredes de cristal a la que llamaban el Acuario.

El color blanco señalaba las cosas que no eran tan importantes y para las que Facebook estaba adecuadamente preparado. El amarillo y el naranja señalaban áreas intermedias, lugares en los que las cosas podían salir mal, pero en los que las probabilidades de que se produjera un verdadero desastre eran limitadas. El rojo estaba reservado para problemas de gran relevancia, ante los cuales Facebook únicamente estaba preparado para llevar a cabo un control de daños.

Existía una última categoría: carmesí. Aparecía muchas veces, aunque estaba reservada para problemas que era «muy probable» que surgieran y lo suficientemente graves como para que provocasen un «conflicto social», término utilizado a menudo como eufemismo de violencia. Según la gráfica, la compañía no estaba preparada en absoluto para hacer frente a los intentos de manipulación nacionales, la verificación de datos era demasiado lenta y limitada para adaptarse a la velocidad a la que se difundían las falsedades, y los «incentivos perversos» estaban menoscabando la calidad de las noticias que consumía la gente. Los esfuerzos realizados por la compañía para evitar la mala conducta de páginas y grupos a gran escala eran terriblemente inadecuados y no había manera de que los usuarios distinguieran si esas entidades estaban gestionadas desde el extranjero. El sistema de aplicación de las normas de Facebook era tan poco fiable que no era descartable que emprendiera acciones indebidas contra uno de los principales candidatos a la presidencia.

En una videoconferencia desde Washington, Harbath vio cómo Chakrabarti presentaba el material al equipo directivo reunido, fijándose sobre todo en Zuckerberg. El consejero delegado no dijo gran cosa, recordó Harbath, simplemente parecía frustrado. Antes de que Chakrabarti llegase al final, Zuckerberg le interrumpió con una pregunta: ¿qué era lo que Chakrabarti necesitaba para abordar los problemas identificados?

Chakrabarti tenía la respuesta preparada. Le pidió que impusiera un «cierre» hasta que las cosas se solucionaran.

Zuckerberg se quedó perplejo. Por lo general, los cierres se imponían desde arriba, no se solicitaban desde abajo. Cuando la compañía declaró uno durante una crisis concreta, a todos los que trabajaban para solucionar el problema se les pidió que trabajaran por las noches y los fines de semana hasta que lograran «criterios de salida específicos», lo que equivalía a que el problema estuviera bajo control. Se suponía que el proceso era horrible, pero tenía una ventaja: cuando un equipo se encontraba en un cierre, tenía la capacidad de exprimir al personal y los recursos hasta que el problema en cuestión estuviera solventado.

Si Chakrabarti pensaba que era necesario un cierre, la compañía lo impondría, dijo Zuckerberg. A continuación, suspendió la reunión. Cuando los directivos estaban saliendo, el consejero delegado apartó a un lado a Guy Rosen, del Equipo de Integridad. «¿Por qué me has enseñado eso delante de tanta gente?», le preguntó a Rosen, el cual, como jefe de Chakrabarti, era responsable de que la presentación de su subordinado se hubiera fijado en el programa de aquel día. Zuckerberg tenía buenas razones para estar disgustado por el hecho de que tantos directivos hubieran visto cómo le decían sin tapujos que las próximas elecciones se presentaban como un desastre. Durante el transcurso de la investigación de Cambridge Analytica, reguladores de todo el mundo ya habían citado miles de páginas de documentos de la compañía y habían presionado para tener acceso a las comunicaciones de Zuckerberg correspondientes a la mayor parte de la década. Facebook había pagado 5.000 millones de dólares a la Comisión Federal de Comercio de EE. UU. para poner fin a una de las investigaciones más importantes, pero la amenaza de las citaciones y declaraciones no había desaparecido.

Si las elecciones de 2020 se malograban bajo la supervisión de Facebook, los reguladores querrían saber si Zuckerberg conocía los problemas de antemano y, probablemente, se lo preguntarían bajo juramento. Lo último que querían los abogados de Facebook era que hubiera pruebas de que el consejero delegado estaba informado de que la situación era un desastre y que, aun así, se había encogido de hombros. Chakrabarti acababa de obtener pruebas documentales en ese sentido, y no había escasez de testigos. Un portavoz de la compañía desmintió que el disgusto de Zuckerberg tuviera algo que ver con el hecho de que se le hubiera mostrado un documento alarmante ante una audiencia considerable dentro de la empresa. Por el contrario, dijo la compañía, creía que el material presentado no había sido examinado adecuadamente.

Si quedaba alguna duda de que el Equipo Cívico era el niño problemático de la División de Integridad, presentar un documento tan condenatorio directamente en el escritorio de Zuckerberg zanjó la cuestión. Como informó más adelante Chakrabarti a sus adjuntos, Rosen le dijo que, a partir de entonces, se le exigiría al Equipo Cívico que hiciera circular esa clase de material entre otros directivos, por razones estrictamente organizativas, por supuesto.

Chakrabarti no se tomó bien la imposición. Algunos meses más tarde, escribió una valoración cáustica del liderazgo de Rosen como parte de la evaluación semestral del rendimiento de la compañía. El principal directivo de la División de Integridad, escribió, estaba «dando prioridad a las relaciones públicas sobre el perjuicio social».[5]

Harbath también vio afectado su prestigio. Había sido uno de los principales enlaces del Equipo de Políticas Públicas con el Equipo Cívico, pero Rosen les había dicho a otros directivos que había perdido la fe en ella, ya que la veía como un vestigio de una época en la que la respuesta de la compañía a cualquier cosa relacionada con la política era un «sí» rotundo y un extenso discurso público. Las elecciones ya no eran una oportunidad, sino un problema que había que gestionar, si era posible, de manera discreta.

Para mantener las elecciones y la labor de integridad bajo control, Facebook recurrió a Molly Cutler, jefa de Respuesta Estratégica de la compañía. Cutler había adquirido notoriedad como asistente del abogado general, contratada para guiar a la plataforma a través del embrollo de Cambridge Analytica. Cuando la situación se calmó, pasó a ser una especie de gestora de crisis permanente. A diferencia de Rosen, era más explícita al hablar de las razones por las cuales la compañía estaba creando una nueva capa de gestión, separando el trabajo relacionado con las elecciones de la dirección ejecutiva, según dos directivos. El propósito era proteger a Zuckerberg. (La compañía atribuyó el cambio a la necesidad de garantizar que los directivos tuvieran acceso a información «clara, precisa y objetiva».)

Las restricciones del nuevo régimen se hicieron patentes enseguida. Poco después de que Cutler asumiera su nuevo cargo, Zuckerberg hizo una pregunta sobre la biblioteca de anuncios de Facebook en un hilo de correos electrónicos grupal. La pregunta no era nada delicada y Harbath, que había estado involucrada en su creación y en su presentación al público, respondió.

«Molly me puso a parir —dijo Harbath—. Me dijo: "No hables con Mark sin hablar conmigo".»

Poco después, Harbath fue relevada de su cargo al mando del Equipo de Elecciones Globales y reubicada en Escalamientos, la división responsable de intentar resolver rápidamente problemas relacionados con la moderación de contenidos lo suficientemente importantes como para generar mala prensa o enfadar a personas poderosas. En realidad, había sido relegada a trabajar en un departamento de atención al cliente de alto nivel.

Al ajustarse al perfil profesional que buscaba la compañía para cubrir el puesto, Facebook sustituyó a Harbath por Heather King, una especialista en gestión de catástrofes que había trabajado para el Consejo Nacional de Seguridad y la Agencia Federal de Gestión de Emergencias. (King nunca habló en público durante el tiempo que pasó en Facebook. Después de las elecciones de 2020 se incorporó al Departamento de Defensa, donde, en su biografía oficial, se menciona únicamente que trabajó «en el sector tecnológico».)

A pesar de los efectos colaterales, Chakrabarti consiguió el cierre. A lo largo de los tres meses siguientes, el Equipo Cívico y sus ayudantes forzosos lograron más de lo que habían logrado durante los primeros nueve meses del año. Instagram estableció por primera vez un procedimiento para eliminar cuentas falsas. Facebook revisó los incentivos de su programa de verificación de datos para animar a sus miembros a frenar la desinformación viral en lugar de, por ejemplo, las citas motivacionales atribuidas erróneamente a Winston Churchill.

La plataforma comenzó a crear herramientas para identificar la propaganda «selectiva», en la cual los intentos de manipulación iban dirigidos a una minoría concreta. Empezó aplicando políticas anti-*spam* en los grupos de Facebook y prohibiendo los anuncios que animaban a la gente a no votar.

Desde el punto de vista técnico, la compañía había establecido por fin sistemas que le permitirían detectar un intento de supresión de votantes a gran escala y reaccionar adecuadamente.

Cuando se levantó el cierre, se produjo un avance: casi todo el rojo oscuro se había atenuado, lo que significaba que, como mínimo, la compañía era consciente de los riesgos a los que se enfrentaba. Sin embargo, la versión actualizada de la gráfica que Chakrabarti le había plantado delante a Zuckerberg no parecía tan diferente como cabría esperar. Algunos de los déficits eran técnicos (el trabajo realizado por Instagram en materia de integridad aún no había dado sus frutos), pero otros reflejaban o bien la indecisión por parte de la dirección de la compañía o bien la decisión consciente de no hacer lo que el Equipo Cívico consideraba esencial.

Facebook aún no había dado luz verde al Equipo Cívico para reanudar la lucha contra los intentos de manipulación política coordinados a nivel nacional. Su programa de manipulación de datos era demasiado lento para acabar de manera eficaz con la difusión de información falsa durante una crisis. Por otra parte, la compañía aún no había abordado los «incentivos perversos» resultantes de la tendencia de News Feed a favorecer las publicaciones que generaban división. «No está claro que tengamos la responsabilidad social de reducir la visibilidad de esta clase de contenidos», se afirmó ásperamente en una presentación del Equipo Cívico.

«Samidh trató de presionar a Mark para que tomara esas decisiones, pero no mordió el anzuelo», recordó Harbath.

Había un último riesgo electoral difícil de predecir: Donald Trump. Aunque su nombre no aparecía en la valoración preliminar de las elecciones, a nadie se le escapaba a qué se refería el Equipo Cívico al citar el «riesgo emergente» de «técnicas agresivas en las campañas nacionales».[6] La compañía tendría que demostrar que se tomaba muy en serio la aplicación de sus normas contra las figuras nacionales, advertía la presentación, y que «reaccionaría rápida y sistemáticamente» cuando se incumplieran sus normas.

Este plan era más que un poco ambicioso. Aunque las normas comunitarias de la compañía no daban más margen a los políticos, Facebook había evitado en gran medida aplicar sus normas a candidatos y cargos públicos, exceptuando a los más marginales. La mayor parte de todo esto se hizo de manera tácita, pero, a finales de septiembre de 2019, el responsable de Asuntos Globales de Facebook —el ex viceprimer ministro británico Nick Clegg— dio una conferencia en la que señaló que la compañía había decidido excluir del programa de verificación de datos tanto las publicaciones de los políticos como los anuncios de campaña.

El anuncio desencadenó una conmoción mediática que se prolongó durante varios días, pero los periodistas no fueron el único sector indignado ante la perspectiva de que Facebook publicara anuncios falsos. Aunque en el pasado no había sido un problema (Trump no había tenido que pagar a los medios de comunicación para que sus declaraciones falsas protagonizaran las redes sociales y las noticias), Chakrabarti y su equipo interpretaron la decisión de la compañía como una renuncia a una responsabilidad fundamental. Seguro que tenía que haber alguna línea que ni siquiera un político pudiera cruzar.

Chakrabarti había expresado vehementemente su oposición al anuncio de Clegg, lo cual explica el nerviosismo de Harbath cuando se enteró de que estaba planeando abordar de nuevo el tema durante la reunión corporativa semanal sobre las elecciones del Equipo Cívico. Aquella semana, a Harbath, que normalmente asistía en calidad de oyente, la acompañaron muchos más colegas del Equipo de Políticas Públicas que de costumbre.

Chakrabarti empezó elogiando la misión de Facebook de dar voz a la gente y explicó cómo había entrado a formar parte de la compañía para conseguirlo. Era de esperar que hubiera desacuerdos sobre cómo hacerlo, dijo, pero la decisión de publicar anuncios políticos sin supervisión era injustificable. Recibir dinero por difundir falsedades era una traición a los usuarios de la plataforma.

Mientras repasaba sus beligerantes comentarios —escritos con antelación—, los miembros del Equipo Cívico se miraron mutuamente como para confirmar lo que cada vez parecía más evidente: se trataba de un discurso de dimisión y, con su salida, Chakrabarti incendiaría la dirección de Facebook.

Harbath pensó lo mismo y no le gustó nada. Su relación con Chakrabarti se había vuelto más tensa a medida que el Equipo de Políticas Públicas y el Equipo Cívico se habían retirado a bandos opuestos, y ella había empezado a sospechar que él podría estar ocultándole información. Sin embargo, ella era lo más parecido a un aliado que tenía el Equipo Cívico en el Equipo de Políticas Públicas de Washington; marcharse sin decírselo era una cagada.

No tenía por qué haberse preocupado. Tras arremeter contra la falta de criterio y de voluntad de su empleador, Chakrabarti dio un giro. El trabajo del Equipo Cívico era demasiado importante para abandonar, dijo, y esperaba que su personal continuara luchando a su lado. La audiencia —al menos la parte de ella que trabajaba para el Equipo Cívico— respondió con una ovación.

Posteriormente, Chakrabarti le dijo a Harbath que había pronunciado el discurso porque le preocupaba que las constantes derrotas del Equipo Cívico estuvieran alimentando una sensación de abatimiento entre su personal. Sobrevivir a las elecciones de 2020 iba a ser penoso (casi nadie del Equipo Cívico pensaba que Facebook estuviera preparado adecuadamente) y la lealtad a sus nóminas no era suficiente. Para el caso, el Equipo Cívico podría asumir el papel de oposición leal a la compañía, dijo Chakrabarti, consagrado a la misión más que a la gestión.

Todo el plan dependía de una cosa: que la dirección de Facebook creyera que el Equipo Cívico era indispensable. Al menos de momento era así. Según Harbath, Cutler señaló que ella habría presionado en favor de la destitución de Chakrabarti si no hubiera temido que una parte considerable de su equipo se rebelara. (La compañía niega que Cutler dijera tal cosa.)

10

A pesar de los penosos esfuerzos públicos de Facebook, el negocio prosperaba. En 2016, había contabilizado unos ingresos de 27.000 millones de dólares y 10.000 millones de beneficios. Ambas cifras se duplicaron en el transcurso de los dos años siguientes y, a pesar de destinar miles de millones a la moderación de contenidos y a sanciones regulatorias en 2019, los márgenes de la compañía continuaban siendo de los más elevados del índice S&P 500. El uso de los productos de la compañía aumentaba cada trimestre.

Sin embargo, fuera de la vista de los periodistas y de los analistas financieros, los índices de referencia internos de la salud de la empresa empezaban a tambalearse. Los usuarios publicaban contenidos originales con tres veces menos frecuencia que cinco años antes; una brecha que Facebook pretendía cubrir aumentando la cantidad de contenidos compartidos que mostraba y luego copiando la función de mensajería temporal de Snapchat, las *stories*.

Las actualizaciones funcionaron. No obstante, la plataforma homónima de Facebook tenía problemas más graves, especialmente entre los jóvenes. En 2016, estudios internos reflejaron que, en un momento en que el uso total de Facebook Messenger había aumentado un 40 % en todo el mundo, el número de mensajes enviados por usuarios jóvenes en los principales mercados occidentales se estaba desplomando. Esos usuarios jóvenes, además, se ponían en contacto con menos personas, añadiendo un 36 % menos de amigos respecto al año anterior.

Durante un tiempo, la compañía había confiado en que los adolescentes más jóvenes simplemente se estuvieran tomando su tiempo para subir a bordo (un análisis del aumento de los usuarios se ilustró de manera optimista con la imagen de un perezoso que atravesaba una carretera). No obstante, en un informe de 2018 sobre el «estado de los adolescentes», las cifras eran claras.[1] En 2012, había 0,8 cuentas en la plataforma por cada persona de catorce años. Desde entonces, esa cifra se había reducido a la mitad.

Entre los adolescentes, los usuarios de Facebook eran minoría. Los niños eran los canarios en la mina de la atención de Facebook, advertía el informe; los primeros en desaparecer «cuando los productos quedaban obsoletos».

El descenso de la actividad juvenil en la plataforma de Facebook era un problema potencialmente acuciante a largo plazo para la compañía, si bien el informe señalaba una tabla de salvación. La competencia más formidable de la red social era Instagram, la cual, de manera oportuna, era propiedad de Facebook. Mientras Instagram fuera capaz de mantener a los usuarios jóvenes implicados en los productos de la compañía, los problemas con los adolescentes de su plataforma asociada serían asumibles.

Además de sus prometedoras perspectivas de crecimiento, Instagram tenía, en general, una imagen pública mucho mejor que Facebook. A la plataforma basada en fotografías nadie la había acusado de alterar las elecciones, traicionar la privacidad de los usuarios ni fomentar el genocidio. El hecho de que sus fundadores Mike Krieger y Kevin Systrom se mantuvieran al mando de la *app* hasta finales de 2018 no le perjudicó en absoluto. La mayoría de los usuarios de Instagram ni siquiera sabían que la aplicación era propiedad de Facebook.

Había otra razón por la cual Instagram había evitado muchas de las dificultades de Facebook. Su mecánica, bastante más sencilla, no podía fallar tanto como había fallado la de Facebook. Los divulgadores de noticias falsas eran menos inquietantes en Instagram, ya que la plataforma no permitía a los usuarios insertar enlaces en sus publicaciones. La ausencia de páginas y grupos evitaba la necesidad de defenderse contra intentos complejos de manipulación de productos. Todos los problemas de Facebook con los contenidos compartidos no eran motivo de preocupación en una *app* que carecía de un botón para reenviarlos.

Aunque el diseño de Instagram lo hacía inmune a gran parte de las críticas vertidas contra Facebook, el hecho de contar con una base de usuarios más joven y una cultura centrada en las imágenes hacía que la plataforma fuera más vulnerable que Facebook en un aspecto: la salud mental.

Existen temores constantes a que nuevas formas de medios de comunicación corrompan a la juventud, de modo que era inevitable que los teléfonos inteligentes y las redes sociales provocasen la misma inquietud que habían provocado los videojuegos, la televisión y los libros de cómics en generaciones anteriores. Sin embargo, la interacción y la competitividad de las redes sociales añadieron una nueva vuelta de tuerca. En 2018, el *Journal of Family Medicine and Primary Care* había catalogado 259 muertes relacionadas con los selfis, en su mayoría como resultado de lo que los investigadores denominaron «conductas de riesgo».[2]

Numerosas aplicaciones de redes sociales rivales quedaban en evidencia cuando sus usuarios se acercaban con demasiada tranquilidad a un acantilado o a una manada de búfalos. Sin embargo, los críticos culturales y los médicos también habían empezado a investigar si las redes sociales podían estar contribuyendo a la aparición de problemas como el *bullying*, los trastornos de la alimentación y la percepción irreal de vidas ajenas. Instagram, en virtud de su enorme base de usuarios y de su énfasis en la autopromoción, se llevó la peor parte. En 2017, un estudio británico concluyó que Instagram era la aplicación de red social que provocaba peores efectos sobre la salud y el bienestar de los adolescentes y los jóvenes adultos.[3]

Facebook tenía que estudiar el tema directamente. A finales de 2017, Instagram había creado un Equipo de Bienestar cuyo cometido era examinar posibles perjuicios a los usuarios y cómo la plataforma podía mitigarlos. El trabajo del equipo recibió un importante espaldarazo como consecuencia de dos acontecimientos muy diferentes. El primero fue el nombramiento de Adam Mosseri como director de Instagram en octubre de 2018, tras la marcha de los fundadores de la aplicación. Ya fuera porque era padre, porque era un entusiasta de la cultura juvenil o simplemente porque le preocupaba el bienestar de los adolescentes, Mosseri era un defensor acérrimo del trabajo de investigación, otorgando al Equipo de Bienestar una importancia nada habitual en el seno de la organización de Instagram.

El segundo fue la muerte de Molly Russell, una chica de catorce años del norte de Londres. A pesar de ser «aparentemente feliz», como determinó posteriormente una investigación forense, Russell se suicidó a finales de 2017. Su muerte fue considerada una tragedia local inexplicable hasta que la BBC emitió en 2019 un informe de su actividad en las redes sociales. Russell seguía a un numeroso grupo de cuentas que idealizaban la depresión, las autolesiones y el suicidio, y había participado en más de 2.100 publicaciones macabras, la mayoría de ellas en Instagram. Su última conexión se había producido a las 12.45 de la mañana del día de su muerte.

«No tengo ninguna duda de que Instagram contribuyó a la muerte de mi hija», declaró el padre de la chica en la BBC.[4]

Investigaciones posteriores —tanto internas como externas— demostraron que un tipo de cuentas con fines comerciales habían recurrido a contenidos relacionados con la depresión por la misma razón que otras se centraban en accidentes de coche o peleas: se trataba de un material que generaba mucha atención.[5] Sin embargo, mostrar contenidos que incitaban al suicidio a una niña vulnerable era claramente indefendible, por lo que la plataforma se comprometió a eliminar y restringir las recomendaciones de esa clase de material, así como a ocultar *hashtags* como #selfharm ('autolesiones'). Además de evidenciar un fallo operativo, la amplia cobertura de la muerte de Russell hizo que se asociara a Instagram con un aumento de la preocupación por la salud mental de los adolescentes.

La compañía no estaba segura de que esas preocupaciones tuvieran sentido, así que el personal del Departamento de

Bienestar de la plataforma se puso enseguida manos a la obra para averiguarlo. Para la segunda mitad de 2019, ya habían realizado un montón de investigaciones internas, una mezcla de sondeos de usuarios a gran escala, intentos cualitativos de entender la experiencia de los adolescentes en la plataforma y análisis de sus hábitos de consumo. Por si acaso, Instagram también encargó un estudio a la empresa de encuestas YouGov.

Algunas de las conclusiones fueron tranquilizadoras, aunque inesperadas. Los adolescentes declararon que intercambiar mensajes con amigos, visitar cuentas humorísticas y aprender cosas en Instagram les parecía bien. Cuando buscaban una distracción, una abrumadora mayoría de los adolescentes consideraba que la aplicación era beneficiosa.

Había otros ámbitos en los que la plataforma parecía mucho menos constructiva. Aunque se había prestado mucha atención al *bullying*, tanto desde dentro como desde fuera de la compañía, los riesgos más graves no radicaban en que unas personas maltratasen a otras. Por el contrario, escribieron los investigadores, el daño se producía cuando se combinaban las inseguridades de un usuario con la mecánica de Instagram.[6] «Quienes están más insatisfechos con sus vidas son los que se ven afectados más negativamente por la aplicación», señaló una presentación, indicando que los efectos eran más acusados entre chicas descontentas con su cuerpo y su estatus social.

La cosa tenía lógica, una lógica que los propios adolescentes expusieron a los investigadores. El flujo de contenidos de Instagram reproducía «momentos memorables», que eran a la vez parte de la vida real, pero en muchos casos inalcanzables. Esto era asumible por los usuarios que tenían un estado mental equilibrado, pero podía ser tóxico para quienes se mostraban vulnerables. Ver los comentarios sobre el magnífico aspecto de una conocida en una foto podía hacer que una usuaria descontenta con su peso se sintiera mal, pero eso no le impedía seguir navegando.

«A menudo sienten "adicción" y saben que lo que están viendo es malo para su salud mental, pero son incapaces de parar», señaló la presentación «Investigación en profundidad sobre la salud mental de los adolescentes».[7] Investigaciones de campo realizadas en EE. UU. y el Reino Unido descubrieron que más del 40% de los usuarios de Instagram que se sentían «poco atractivos» achacaban esa sensación a la aplicación. Entre los adolescentes estadounidenses que declararon haber tenido pensamientos suicidas en el último mes, el 6% decía que la idea había surgido de la plataforma. En Reino Unido, esa cifra se duplicó.

«Los adolescentes que tienen problemas de salud mental dicen que Instagram los empeora —afirmó la presentación—. Los jóvenes lo saben, pero no adoptan patrones de conducta diferentes.»

Esas conclusiones no eran legalmente dispositivas, pero sí desagradables, en buena medida porque tenían sentido. Los adolescentes decían —y los investigadores parecían aceptarlo— que determinadas funciones de Instagram podían agravar los problemas de salud mental más que el resto de las redes sociales. Snapchat se centraba en el uso de filtros tontos y en la comunicación entre amigos, mientras que TikTok se dedicaba a las actuaciones. ¿Qué pasaba con Instagram? Giraba en torno a los cuerpos y al estilo de vida. La compañía desmintió esas conclusiones cuando se hicieron públicas, afirmando que la supuesta conclusión a la que habían llegado los investigadores —de que Instagram podía perjudicar a los usuarios con inseguridades previas— no era fiable. La compañía negó las acusaciones de ocultación de los resultados negativos de las investigaciones, declarando que eran «absolutamente falsas».

La preocupación ante el hecho de que Instagram se hubiera convertido en una olla a presión para el resto de las redes no era exclusiva de los científicos sociales bienintencionados. Los equipos de Producto que se centraban en la salud empresarial de Instagram también tenían motivos de preocupación. La competencia social llevaba mucho tiempo formando parte de la experiencia de dicha red social, pero tanto las entrevistas a los usuarios como los datos conductuales parecían indicar que muchos de los consumidores tenían la impresión de que el listón para conseguir una buena publicación se había puesto demasiado alto. Concretamente, los usuarios blancos adinerados de Estados Unidos reaccionaron de manera evidente reduciendo sus publicaciones. Preferían cada vez más las historias, que desaparecían al cabo de un día; un material que, desde el punto de vista del producto, tenía una vida útil más corta.

Según los investigadores centrados en el aumento del uso, a los adolescentes les preocupaba el «mito» de tener que salir perfectos en las fotos. Seguían consumiendo gran cantidad de contenidos, desde luego, pero Instagram necesitaba que también los creasen. Intentar aliviar la ansiedad a la hora de publicar era indispensable para el negocio.

Y, por supuesto, encontrar la manera de reducir las comparaciones sociales negativas y las preocupaciones por la imagen corporal era lo que había que hacer. Mosseri quería identificar las funciones concretas que podrían estar agravando el problema.

Un sospechoso: el botón con forma de corazón.

Como su empresa matriz, Instagram había implementado una clasificación algorítmica de los contenidos, si bien lo había hecho más tarde que Facebook, en 2016. Ello significaba que, incluso dejando de lado los contenidos de famosos e *influencers* profesionales, era prácticamente seguro que un usuario viera los contenidos de amigos y conocidos que generasen más participación que lo que ellos mismos publicaban.

Según una investigación realizada por la compañía, «la gente ve alrededor de un 5% más de "me gusta" en sus propias publicaciones que en las de IG».[8] El recuento de los «me gusta» evidenciaron una brecha de popularidad, y los usuarios declararon que eliminaban fotos que no habían logrado impresionar a sus compañeros ni a los algoritmos de Instagram. En noviembre de 2019, Mosseri anunció que la plataforma iba a empezar a experimentar con la ocultación de los «me gusta».

Algunos *influencers* odiaron la idea. El recuento de *likes* era la prueba ante sus patrocinadores y seguidores de que eran populares. Sin embargo, según la gente que trabajaba en la idea, conocida como Proyecto Daisy, la compañía prestaba poca atención a ese dato y, cosa inusual, estaba preparada para aceptar un descenso de la participación si se producía. Los potenciales beneficios de conseguir que los usuarios se sintieran mejor y publicasen más contenidos eran demasiado apasionantes. Como dijo Mosseri al anunciar el experimento: «Tomaremos decisiones que perjudiquen a la empresa si favorecen el bienestar y la salud de la gente».[9]

Incluso en ese momento, la declaración era llamativamente audaz, en especial porque las conclusiones de Instagram eran anteriores y menos concretas que las de la compañía en cuanto a los errores de sus sistemas de recomendación y la vulnerabilidad de Facebook frente a la manipulación a gran escala. Sin embargo, en lo tocante a salud mental, la compañía no hablaba de manera imprecisa de «concesiones». Mosseri dijo que Instagram podría haber creado involuntariamente una funcionalidad que contribuía a su negocio pero perjudicaba a los usuarios, y prometió que, de ser así, la compañía lo solucionaría.

El 17 de octubre de 2019, Zuckerberg subió al podio ornamentado del Gaston Hall de la Universidad de Georgetown para pronunciar un discurso poco habitual sobre el tema de la libertad de expresión. Los murales del enorme salón y los escudos jesuitas conferían al acto la estética de un sermón, y, sin duda, el Equipo de Relaciones Públicas de Facebook lo había presentado como tal.

Zuckerberg empezó haciendo referencia a la muerte, acaecida aquel mismo día, del congresista por Maryland, Elijah Cummings, cuya ilustre trayectoria en el campo de los derechos civiles se inició a los once años de edad, cuando fue atacado por una turba de hombres blancos al entrar en una piscina de Baltimore, lo cual le dejó una cicatriz en la cara para toda la vida.

«Fue una voz poderosa en favor de la igualdad, el progreso social y la unión entre las personas», le dijo Zuckerberg a la multitud. A continuación, afirmó que Facebook también defendía esos valores.

El consejero delegado explicó que había creado Facebook porque creía que el progreso nacía cuando se daba voz a la gente corriente, achacando esa convicción al hecho de encontrarse en la universidad en la época de la guerra de Irak:

> Recuerdo haber tenido la impresión de que, si más gente hubiera podido hacer oír su voz para compartir sus experiencias, tal vez las cosas habrían sido diferentes. Aquellos primeros años determinaron mi convicción de que dar voz a todo el mundo da poder a los indefensos y hace que la sociedad mejore con el tiempo.

Sin embargo, dijo Zuckerberg, le preocupaba que el compromiso con el ejercicio democrático de la libertad de expresión en Estados Unidos pudiera estar tambaleándose. «En momentos de inestabilidad social, a menudo sentimos el impulso de reprimir la libertad de expresión —afirmó—. Queremos el progreso que procede de la libertad de expresión, pero no su tensión.»

En medio de un ataque por parte de los legisladores, los medios de comunicación y el público, Zuckerberg insistió en su predilección y la de su plataforma por la libertad de expresión. Dejó claro que no era un absolutista, refiriéndose al compromiso de Facebook por poner freno a la propaganda terrorista, el acoso a los jóvenes y la pornografía. Pero, aparte de eso, preguntó: «¿Dónde ponemos el límite?».

«La mayoría de la gente está de acuerdo con el principio de que uno debería poder decir cosas que no le gustan a los demás, pero no decir cosas que pongan a los demás en peligro», continuó Zuckerberg, antes de argumentar largo y tendido que ampliar la definición de «discurso peligroso» podía ser muy arriesgado.

Explicó que Facebook había creado sistemas, muchos de ellos impulsados por la IA, para controlar alrededor de veinte categorías de contenidos dañinos. «Todo este trabajo tiene que ver con aplicar las políticas existentes, no con ampliar nuestra definición de lo que es peligroso», dijo.

Por lo que respectaba a la desinformación, en lugar de abordar directamente las falsedades de la plataforma, Zuckerberg argumentó que la compañía había ideado una estrategia mejor: asegurarse de que las cuentas fueran auténticas y eliminar las que no lo fueran, incluyendo los bots. La verdadera lucha no era contra la polarización o la desinformación, dijo. Era contra quienes «ya no confían en los conciudadanos que tienen la capacidad de informar y deciden creer por sí mismos». Y ahí, dijo Zuckerberg, Facebook no iba a intervenir. Las redes sociales eran un «quinto poder» que confería a sus usuarios la capacidad de posicionarse contra los «guardianes tradicionales de la política o los medios de comunicación». Una red social era una fuerza excepcionalmente democrática, incompatible con un gobierno represor como el de China, y los estadounidenses tenían que defenderla.

La democracia se basa en la idea de que consideramos que el derecho a expresarnos y a ser oídos está por encima de nuestro propio deseo de obtener siempre los resultados que queremos. Tenemos que asegurarnos de que estamos dando poder a la gente, no solo reforzando las instituciones y las estructuras de poder existentes.

Las redes sociales, abandonadas a su suerte, traerían consigo una nueva era de libertad y progreso social, concluyó. «Creo que hay que dar voz a la gente porque, en definitiva, creo en la gente —dijo—. A partir de todas nuestras voces y puntos de vista individuales, podemos unir al mundo.»

Si la presentación que hizo Zuckerberg del origen antibelicista de Facebook era revisionista, la descripción del consejero delegado del actual propósito de Facebook no fue más certera. Por mucho que la compañía hablase de dar voz a la gente, había sido creada para hacer que la gente usara el producto, y luego se había ido perfeccionando repetidamente para asegurarse de que la gente lo usara más y más.

Igual de absurda fue la afirmación de Zuckerberg de que la compañía podía controlar la desinformación y los intentos de manipulación eliminando las cuentas falsas. A finales de 2019, la idea de que los problemas de la plataforma podían achacarse a los bots había sido absolutamente desmentida, tanto desde dentro como desde fuera de la compañía. Independientemente de lo que pudiera pensarse de la gente que promocionaba de manera fanática la conspiración QAnon, o la afirmación de que las vacunas provocan autismo, se trataba de gente real. Facebook les permitía a los fanáticos conseguir mucha más visibilidad en su plataforma de la que habrían conseguido en cualquier otro sitio.

Para las personas que trabajaban en la solución de problemas de integridad de la plataforma, el discurso fue clarificador. Se dieron cuenta de que Zuckerberg no respaldaba personalmente su trabajo. En una ocasión, había declarado que él era el único tipo capaz de arreglar Facebook. Ahora, estaba afirmando públicamente que ya no era necesario ningún arreglo.

Arturo Béjar, durante su segunda etapa en Facebook —trabajando como consultor en Instagram—, contempló el discurso con cierta consternación. Refiriéndose a Zuckerberg, dijo:

> Mi experiencia con él es que es muy bueno trabajando con principios como la libertad de expresión. Sin embargo, nunca tuve la impresión de que entendiese realmente que con lo que estaba tratando y de lo que era responsable eran seres humanos.

«Esto es algo de lo que Mark y sus allegados hacen gala —continuó—. Tienen la sensación de que, si dejamos que la gente diga cualquier cosa, todo irá bien.» En su día, Béjar había pensado lo mismo. Sin embargo, ahora era consciente de que Facebook era responsable de las experiencias de la gente en su plataforma.

Los estudiantes de Georgetown aplaudieron respetuosamente cuando Zuckerberg acabó. En Facebook, donde el público había sido mucho más numeroso, la reacción fue claramente distinta. La gente le dedicó el equivalente digital a una cerrada ovación, con vítores y gritos de apoyo. Zuckerberg era un genio, un humanista y un líder mundial, declararon los usuarios en cientos de frases cortas y curiosamente parecidas, en las que aparecían las palabras «gracias», «amor» o «felicidades». De los cientos de respuestas de los usuarios, tan solo media docena fueron hostiles.

«Gracias por crear la mejor plataforma de la historia, te quierooooooo 😗😗😗😗😗😗», escribió un usuario. «QUIERO AL CHAVALOTE LISTO DE MARK», escribió otro.

¿Eran falsos aquellos comentarios aduladores? ¿Habían sido escritos por un ejército de bots extranjeros? ¿Habían sido las reacciones al discurso censuradas por el personal de Zuckerberg casi en tiempo real? El Departamento de Comunicaciones de Facebook negó que hubiera habido nada incorrecto, pero una herramienta de rastreo de la red reveló que los sentimientos que se mostraban en la pantalla no eran representativos de los 45.000 usuarios que habían comentado.

Un examen más minucioso del puñado de comentarios negativos que sí pudieron verse dio una pista de lo que realmente había sucedido. La única muestra de maldad fue expresada de manera sarcástica: gente que le «agradecía» a Zuckerberg que hubiera arruinado su país y coartado su libertad de expresión.

El Equipo de Comunicaciones de Facebook declinó explicar lo que había hecho, más allá de decir que la compañía trataba de dar preferencia a las «respuestas de calidad». Sin embargo, parecía estar claro lo que había pasado: Facebook había desplegado un sistema de filtrado de comentarios para impedir que personajes públicos como Zuckerberg fueran interrumpidos con preguntas durante las emisiones en directo, que ocultaba no solo palabras malsonantes y quejas, sino también cualquier clase de discusión sustancial. El sistema había sido ajustado para la adulación, y no demasiado bien. La ironía de censurar severamente los comentarios de un discurso *sobre* libertad de expresión no era difícil de ignorar. Sin embargo, en el contexto de otras acusaciones a Facebook —una compañía acusada de subvertir elecciones, lavar el cerebro a sus usuarios e impulsar el genocidio— aquello difícilmente tenía la categoría de noticia de primera plana. Por tanto, no resultó sorprendente que los profesionales del *Wall Street Journal* no aprovecharan la ocasión para averiguar si la compañía había silenciado burdamente las voces que criticaban a «Mark Suckerberg».*

Aquello no me impidió intentarlo. La verdad es que mis propuestas de artículos habían sido rechazadas con cierta regularidad. Llevaba ocho meses en el que probablemente era uno de los momentos más importantes del periodismo tecnológico y empecé a plantearme si había llegado el momento de dejar de cubrir la información de Facebook.

Mis colegas de San Francisco cubrían información de empresas capitaneadas por hombres que anunciaban adquisiciones ficticias a 420 dólares la acción (la Tesla de Elon Musk) o lanzaban botellas de tequila contra puertas de cristal para relajarse (WeWork, de Adam Neumann). En cambio, los *paparazzi* pillaron a Mark Zuckerberg montado en una tabla de surf eléctrica con demasiada crema solar. Otros destacados artículos del *Wall Street Journal* fueron igual de inútiles al referirse a Facebook. La compañía ya era demasiado grande para plantearse adquisiciones importantes. La edad de Zuckerberg excluía la posibilidad de que hubiera noticias sobre disputas sucesorias y la Junta era dócil. Tras un tiempo mareando la perdiz, supe que los rumores de la inminente marcha de Sandberg saltaban con la misma previsibilidad que los pájaros de barro en un campo de tiro. A falta de situaciones dramáticas en la directiva, podía haber subsistido a base de noticias acerca de la situación financiera de Facebook, pero el negocio era inusualmente rentable y estable, generando cientos de millones de dólares diarios, clic a clic.

A pesar de todo, algo no me cuadraba. Ciertamente, hablar sobre la mecánica interna de una red social —a qué comentarios se les da visibilidad y a cuáles no, por qué algunas publicaciones se vuelven virales y otras no, cuántos memes se perpetúan— ya no resultaba especialmente atractivo. Estaba atascado en el lenguaje de los «algoritmos», los «clasificadores» y la «ex-

* La grafía malintencionada del apellido del fundador de Facebook juega con la cercanía fonética de la palabra *sucker*, que podría traducirse por «mamón». *(N. del T.)*

223

periencia de usuario», términos diseñados prácticamente para matar de aburrimiento a los no iniciados. Aun así, eran conceptos que yo mismo debía comprender mejor si quería compartirlos con los lectores.

Sin embargo, lo cierto era que esa mecánica resultaba esencial para entender el producto en que se había convertido Facebook, que era una máquina que te servía contenidos personalizados para que siguieses navegando hasta el infinito. Los periodistas habíamos dedicado incontables columnas a los discursos de odio, las noticias falsas y el porno vengativo, escenarios que, para entonces, ya habían entrado a formar parte de la conciencia popular. Habíamos informado de las controvertidas normas y los llamamientos a la moderación de contenidos de Facebook. Pero, como pude apreciar, importaban mucho más las publicaciones eliminadas que las amplificadas. Una obsesión trivial por los comentarios amañados al discurso de Zuckerberg se convirtió en una especie de estrella polar. Bajo la superficie de una plataforma en la que los usuarios podían publicar e interactuar había una maquinaria endemoniada. Para mantenerla, sin duda se necesitarían mecánicos profesionales, personas que supieran cómo funcionaban los componentes y qué hacer si se estropeaban. Yo no conocía a nadie con esos conocimientos, pero al menos sabía lo que estaba buscando.

Una lección práctica sobre los peligros de la amplificación tuvo lugar tan solo unos meses después del discurso de Zuckerberg y de mi pequeña revelación. Brandon Silverman caminaba por un pasillo de Menlo Park cuando se topó con un ejecutivo que trabajaba muy cerca del comité de dirección de Facebook.

«Ayer montaste un buen simulacro de incendio», dijo el colega de Silverman, con una expresión entre sonriente y mohína.

Silverman se quedó confuso. Nunca había estado en contacto con ningún alto cargo de la compañía. ¿Qué era lo que había hecho?

«El correo electrónico del martes», le aclaró el hombre. Entonces, Silverman lo recordó. Algunos meses atrás, había preparado un correo automatizado en CrowdTangle para enviar cada día una lista de las publicaciones más vistas de la plataforma a un puñado de altos directivos, como parte de su intento de que la directiva se fijase en la calidad de los contenidos. Después, se había olvidado.

Resultó que en el resumen de CrowdTangle de los mejores contenidos de ese martes se incluyó un culo. No se trataba de una imagen imprecisa del culo de alguien. Era una imagen inconfundible y en primer plano de un ano. No es que hubiera tenido éxito en Facebook: había tenido un éxito *sin precedentes*. Al ocupar el primer lugar de la lista, fue lo primero que vieron los directivos al abrir el correo electrónico de Silverman. «No había puesto en copia a Mark ni a Sheryl, pero, básicamente, había incluido a todos los demás», dijo Silverman.

La imagen era una miniatura de una toma de un vídeo porno que había escapado de los filtros automatizados de Facebook. Esa clase de errores era de esperar, pero ¿desconocía la compañía su plataforma hasta el punto de no darse cuenta de que sus sistemas habían difundido ese contenido entre millones de personas?

Sí, no cabía duda de que así era. La descomunal brecha en la autoconciencia de Facebook era el motivo por el cual Silverman había programado la alerta. Los contenidos de más éxito eran a menudo terribles, constituían *spam* y violaban las normas de la plataforma. El correo electrónico de aquel día fue una ilustración especialmente gráfica del problema.

El incidente desencadenó un debate interno en Facebook, y a Silverman se le pidió ayuda para que aportase una definición funcional de calidad de contenidos. Definir qué significaba «calidad» era el primer paso para llegar al meollo de un asunto que nunca había sido analizado. Enfrentarse a lo que no querían en su plataforma era una cosa; pensar en lo que realmente *querían* era otra muy distinta. Aunque Facebook no tenía problemas a la hora de eliminar o bajar de categoría contenidos negativos, la compañía nunca se había planteado subir de categoría los contenidos de calidad.

Silverman consideraba que se trataba de una distinción semántica. Independientemente de cuáles fueran los principales contenidos incluidos por Facebook en los *feeds* de los usuarios, habían sido colocados en los primeros puestos de la clasificación por el algoritmo de News Feed, lo llamase la compañía como lo llamase. Todo el proceso era artificial, así que ¿por qué no promover cosas de las que Facebook pudiera sentirse orgulloso?

«No llegaron a donde yo esperaba llegar, que era a poner la bandera en lo que Facebook creyera que debería formar el *feed* —dijo Silverman—. Mark quería flexibilidad.»

El episodio no atrajo mucha atención fuera de los muros de Facebook. Sin embargo, el tumulto que se produjo en los meses y años siguientes fue mucho más difícil de ignorar.

11

Cuando el COVID-19 irrumpió a principios de 2020, Facebook fue una de las primeras empresas importantes de EE. UU. en cerrar. Si bien el personal mínimo indispensable continuó trabajando presencialmente en los centros de datos de la compañía para que los servidores siguieran funcionando, Facebook envió a casa a la inmensa mayoría de sus 50.000 empleados, a esperar órdenes y a enfrentarse a la realidad de una pandemia mundial.

Fue una época difícil para todo el mundo en general y para muchos empleados en particular. Pero ¿y para la compañía? La pandemia fue simple y llanamente una bendición. Después de tres años envuelto en escándalos relacionados con cuentas falsas, fallos en la moderación y desinformación, Facebook, como producto, se volvió indispensable para millones de personas confinadas en sus casas y que querían mantener algún tipo de contacto con otros seres humanos. Cuando Italia se convirtió en el primer país después de China en imponer un confinamiento por COVID a escala nacional en el mes de marzo, el uso de los productos de Facebook aumentó un 70 % y algunos de los ellos, como las llamadas grupales de WhatsApp, se multiplicaron por diez.[1] Para las empresas, los productos de la compañía fueron también una tabla de salvación. Facebook llevaba años intentando impulsar el comercio a través de su plataforma y la pandemia lo consiguió.

Los cuadros de mando internos reflejaron un uso extraordinario durante los primeros días del confinamiento. Solo los usuarios estadounidenses aumentaron sus publicaciones un 50% y pasaron 200 millones de horas al día en la aplicación. Ese *boom* de atención tardaría en dar sus frutos en cuanto a ingresos publicitarios, pero, con 60.000 millones de dólares en efectivo y valores, la compañía tenía mucho dinero para gastar. Le pagó a su personal externo dedicado a la moderación de contenidos para que se quedara en casa sin hacer nada durante meses y concedió una bonificación de 1.000 dólares a su personal a tiempo completo. Asimismo, suspendió las evaluaciones de rendimiento y declaró que la valoración de todos los empleados sería «Supera las expectativas», garantizando a todo el mundo una importante bonificación anual.

La pandemia acabó también con el déficit de contrataciones. Facebook había tenido dificultades para encontrar suficientes empleados para mantener su rápido crecimiento y Zuckerberg había «dejado muy claro» a los directores de contratación a finales de 2019 que estaba descontento con el ritmo de las contrataciones. Según señaló posteriormente una circular de Recursos Humanos:

> Sabíamos que teníamos que crear muchos productos y teníamos más confianza que otras empresas en que íbamos a ser capaces de desenvolvernos en medio de la incertidumbre empresarial del COVID-19. Y la apuesta nos salió bien.[2]

El mundo estaba cambiando de un modo que se ajustaba al modelo de negocio de Facebook y a los puntos fuertes de Zuckerberg.

Al consejero delegado le interesaban las pandemias desde hacía mucho tiempo. Él y su mujer, Priscilla, habían lanzado el Chan Zuckerberg Biohub en 2016, con el objetivo de «apoyar a la ciencia y a la tecnología que permitirán curar, prevenir o gestionar todas las enfermedades para finales de siglo». Zuckerberg estaba especialmente interesado en la inmunización, ya que implicaba tecnología y, sobre todo, escala. Para gestionar Biohub, Zuckerberg contrató a Joseph DeRisi, un bioquímico de la Universidad de California en San Francisco, el cual había inventado la tecnología que permitió identificar por primera vez el síndrome respiratorio agudo grave (SARS, por sus siglas en inglés), lo cual resultó ser un coronavirus. Justo unos meses antes del estallido de la pandemia, Zuckerberg había retransmitido en directo un debate con DeRisi sobre los avances realizados en el campo de la virología, en el cual se trató el tema de «la erosión del sentido de la verdad y la confianza en los expertos».

Facebook difícilmente podría haber estado mejor posicionado cuando se desencadenó el desastre. Zuckerberg ordenó a sus lugartenientes que comenzaran a prepararse para la pandemia ya en enero, y exigió al Equipo de Integridad que empezase a trabajar en la desinformación que rodeaba al COVID. Además, escribió a Anthony Fauci para proponerle crear un «Centro de Información sobre el COVID», que dispusiera de información autorizada sobre el virus y contenidos potenciales del propio director del Instituto Nacional de Alergias y Enfermedades Infecciosas del Instituto Nacional de Salud.[3] «No se sienta obligado a responder si no le parece útil», escribió Zuckerberg.

Como mucho de lo que Zuckerberg estaba haciendo, la sugerencia *fue* útil. Fauci aceptó la propuesta y el consejero delegado declaró que la compañía no toleraría informaciones falsas que pusieran a la gente en peligro.

A medida que la plataforma de Facebook se llenaba de recaudaciones de fondos para trabajadores de baja temporal, restaurantes que promocionaban comida para llevar y retransmisiones de actuaciones musicales en vivo, la compañía se ganó una revalorización a regañadientes. Como autoproclamado consejero delegado en tiempos de guerra, Zuckerberg se adaptó perfectamente al hecho de tener un virus como adversario. «La pandemia le está dando a Zuckerberg la oportunidad de arreglar las cosas», anunció *Bloomberg Businessweek*.[4] Un artículo del *New York Times* dijo que, tras años de errores, el coronavirus le había dado al consejero delegado la «oportunidad de demostrar que ha asumido sus responsabilidades como líder».[5]

A nivel interno, el personal de Facebook estaba aparentemente de acuerdo. La compañía encuestaba sin cesar a sus empleados, y descubrió que, incluso en medio del caos inicial de la pandemia, la satisfacción de estos iba en aumento. El 25 de mayo, el 83 % de la plantilla declaró sentirse optimista ante el futuro de Facebook, lo que suponía un aumento de más de 25 puntos en dos meses.[6] Casi el mismo porcentaje declaró tener confianza en la dirección de la compañía, un nivel no registrado desde antes de las elecciones de 2016.

Sin embargo, había señales de que no todo iba bien. En mayo, un científico de datos que trabajaba en integridad publicó una nota en Workplace titulada «Facebook está creando una gran cámara de resonancia para el relato "el Gobierno y los funcionarios de salud pública nos mienten". ¿Nos importa?».[7]

Cuando solo habían transcurrido unos pocos meses desde el inicio de la pandemia, grupos contrarios a las medidas de confinamiento se habían convertido en algunos de los más visitados de la plataforma, difundiendo afirmaciones falsas acerca de la pandemia bajo la apariencia de activismo político. Además de servir como cámara de resonancia de afirmaciones de que el virus era una conspiración china y que no era real, los grupos sirvieron de teatro de operaciones para arremeter contra la información médica dominante en toda la plataforma. Los médicos informaban de que las abarrotadas salas de urgencias y los camiones refrigerados estaban siendo abucheados; expresiones de duda colonizaban la información sobre las indicaciones de la sanidad pública como percebes en un muelle.

Un estudio reveló que esos grupos habían surgido repentinamente y, aunque tenían vínculos con comunidades antivacunas asentadas, no se habían creado de manera natural.[8] Muchos de ellos tenían nombres y descripciones casi idénticos, y un análisis de su crecimiento demostró que «un número relativamente pequeño de personas» estaba enviando automáticamente invitaciones a «cientos o miles de usuarios cada día».

La mayor parte de esto no vulneraba las normas de Facebook, señaló el científico de datos en su publicación. Afirmar que el COVID era una conspiración de Bill Gates para enriquecerse con las vacunas no se ajustaba a la definición de «peligro» de Facebook. Sin embargo, dijo, la compañía debía pensar si simplemente estaba reflejando un escepticismo muy extendido en torno al COVID o si estaba creando ese escepticismo.

«Esto está afectando gravemente a la actitud de la gente en materia de sanidad pública —respondió un veterano científico de datos—. Dispongo de datos de un sondeo de próxima aparición que indican resultados muuuuy malos.»[9]

Poco después, la compañía declaró un «*site evento*», o SEV, reconociendo formalmente un problema significativo. La emergencia en cuestión era que la desinformación parecía haber aumentado más del doble.

La desinformación del COVID-19, difundida por QAnon y otros movimientos conspirativos, no era el único problema que estaba a punto de atosigar a Facebook.

El presidente Trump estaba maniobrando para lograr la reelección y acudió a su plataforma preferida, Twitter, para lanzar lo que se convertiría en un intento de varios meses de duración de minar la legitimidad de las elecciones de noviembre de 2020. «No hay ninguna posibilidad (¡CERO!) de que el voto por correo no sea esencialmente fraudulento», escribió el todavía presidente. Como era habitual en los tuits de Trump, el mensaje se publicó también en Facebook.

Debajo del mensaje, Twitter incluyó una pequeña alerta que animaba a los usuarios a «Conocer los datos del voto por correo». A cualquiera que clicara se le informaba de que las acusaciones de Trump de que las elecciones estaban «amañadas» eran falsas y de que no había pruebas de que votar por correo supusiera un riesgo de fraude.

Twitter había marcado su límite. Ahora, Facebook tenía que decidir cuál era su posición. Monika Bickert, directora de Política de Contenidos de la empresa, declaró que la publicación de Trump estaba justo en el filo de la clase de desinformación sobre los «métodos de votación» que la compañía se había comprometido a eliminar.

Zuckerberg no tenía una posición clara, así que se dejó llevar por su instinto y lo dejó. Sin embargo, luego acudió a Fox News para atacar a Twitter por hacer lo contrario. «Creo firmemente que Facebook no debería ser el árbitro de la verdad de todo lo que la gente dice en internet —le dijo a la presentadora Dana Perino—. Las empresas privadas, especialmente estas plataformas, no deberían estar en posición de hacer eso.»

La entrevista causó cierto revuelo en Facebook. ¿Por qué iba Zuckerberg a fomentar que Trump pusiera a prueba los límites de Facebook al declarar que su tolerancia a la publicación era cuestión de principios?

La percepción de que Zuckerberg se estaba arrastrando ante Trump estaba a punto de empeorar mucho. El día de su entrevista en Fox News, las protestas por el reciente asesinato de George Floyd por oficiales de policía de Minneapolis se habían extendido a todo el país y, al día siguiente, el presidente tuiteó que «cuando empiezan los saqueos, empiezan los tiroteos» (una frase claramente amenazadora pronunciada por un jefe de policía blanco de Miami durante la época de los derechos civiles).

Al declarar que Trump había infringido sus normas contra la glorificación de la violencia, Twitter tomó la medida inesperada de limitar la capacidad del público para ver el tuit: los usuarios tenían que clicar en un aviso si querían verlo y se les impedía dar un «me gusta» o retuitearlo.

En Facebook, donde el mensaje también había sido publicado como de costumbre, el clasificador de violencia e incitación a la violencia de la compañía estimó que tenía menos de un 90 % de probabilidades de infringir las normas de la plataforma, justo por debajo del umbral que haría que la publicación de un usuario corriente fuera eliminada automáticamente.[10]

Trump no era un usuario corriente, desde luego. Como personaje público —podría decirse que el personaje *más* público del mundo—, su cuenta y sus publicaciones estaban protegidas por un montón de capas diferentes de dispositivos de seguridad.

Facebook había desarrollado el concepto de aplicar diferentes estándares de tratamiento a los personajes públicos hasta el punto de que se había convertido en marca de la casa. Durante su primer mandato como presidente, Barack Obama publicó una lista de sus libros favoritos, entre los que se incluía la célebre novela de Herman Melville sobre la obsesión, el progreso industrial y una ballena blanca. El título disparó la alarma de un antiguo proyecto de automatizar la eliminación de obscenidades.

El consiguiente apagón de la página de Obama fue breve y, en última instancia, no tuvo consecuencias, pero envió un mensaje a los líderes de Facebook: la compañía no podía irse de rositas con la chapuza de las llamadas a la moderación al presidente de Estados Unidos. Ese incidente y otros parecidos dieron origen al concepto de «blindaje», el cual fue rebautizado posteriormente como XCheck (pronunciado «*cross-check*»).

Para aplicarlo, Facebook elaboró una lista de cuentas inmunes a algunas o a todas las acciones de ejecución inmediata. Si esas cuentas parecían infringir las normas de Facebook, el tema se remitía a estamentos superiores en la jerarquía de la empresa, los cuales decidían si había que tomar medidas contra la cuenta o no. Todas las plataformas de redes sociales acabaron creando listas parecidas; no tenía sentido juzgar a jefes de Estado, deportistas famosos o defensores de derechos humanos que eran objeto de persecución de la misma forma que las compañías juzgaban a los usuarios corrientes. El problema fue que, como sucedía muchas veces en Facebook, el procedimiento de la compañía se volvió especialmente complicado.

Para la plataforma, los riesgos de blindar a pocos usuarios superaban a los de blindar a demasiados. Eliminar por error el contenido de un pez gordo podía desatar el infierno público (en la terminología de Facebook, un «escalamiento mediático» o, el acontecimiento más temido, un «incendio de relaciones públicas»). La eliminación por error de publicaciones de víctimas de cáncer de mama o de toda clase de activistas acarreó horas o días de cobertura periodística. La eliminación de una foto de la portada de una revista francesa subida de tono, publicada en Instagram por la cantante estadounidense Rihanna en 2014, casi provocó un incidente internacional. Como señalaron posteriormente críticas internacionales al sistema, el incentivo era blindar todo lo posible cualquier cuenta con suficiente influencia para generar una atención indebida.

Ningún equipo supervisaba el XCheck, y el término ni siquiera tenía una definición específica. Había infinitas variantes y gradaciones que se aplicaban a los anunciantes, las publicaciones, las páginas y los políticos, y cientos de ingenieros de la compañía codificaban diferentes tipos de protección y etiquetaban las cuentas como procediera. Con el tiempo, al menos 6 millones de cuentas y páginas fueron inscritas en XCheck, y una guía interna estableció que una entidad debía ser «relevante», «influyente o popular» o «correr riesgo de relaciones públicas» para cumplir los requisitos. En Instagram, XCheck controlaba incluso a *influencers* animales como Doug the Pug.

Cualquier empleado de Facebook que conociera los pormenores podía introducirse en el sistema y marcar las cuentas que requerían un control especial. XCheck era utilizado por más de cuarenta equipos dentro de la compañía.[11] A veces, había un registro de cómo lo habían aplicado y a veces no. Revisiones posteriores determinaron que las protecciones de XCheck se habían otorgado a «cuentas abusivas» e «infractores recurrentes» de las normas de Facebook.[12]

La tarea de llevar a cabo una segunda revisión del contenido infractor de usuarios preeminentes requería un equipo considerable de empleados a tiempo completo. Facebook nunca había tenido uno. Las publicaciones señaladas se ponían en una cola que nadie tenía en cuenta nunca, barriendo bajo la alfombra digital las quejas una vez comprobadas. «Como no había gobernanza ni rigor, esas colas podrían no haber existido —recordó alguien que había trabajado en el sistema—. El interés se centraba en proteger el negocio, lo cual implicaba asegurarse de no eliminar la publicación de algún pez gordo.»

Podía haber mucho en juego. XCheck protegía las cuentas importantes, también en Myanmar, donde personalidades públicas estaban utilizando Facebook para incitar al genocidio. Según reveló una investigación realizada por Channel Four en 2018, la compañía blindó la cuenta del ultraderechista británico Tommy Robinson.

Uno de los casos más polémicos fue el de la estrella del fútbol brasileña Neymar, cuyos 150 millones de seguidores lo convirtieron en uno de los veinte *influencers* más importantes de la plataforma. Después de que una mujer lo acusara de violación en 2019, Neymar la acusó a ella de extorsionarlo y publicó vídeos en Facebook e Instagram en los que se defendía y mostraba a sus espectadores su correspondencia de WhatsApp con la acusadora, en la cual se incluía su nombre y fotos de ella desnuda. El protocolo de Facebook para gestionar la publicación de «imágenes íntimas no consentidas» era sencillo: eliminarlas. Sin embargo, Neymar estaba protegido por XCheck. Durante más de un día, el sistema impidió a los moderadores de Facebook eliminar el vídeo. Una revisión interna del incidente reveló que 56 millones de usuarios de Facebook e Instagram vieron lo que la empresa describió en un documento separado como «porno vengativo», exponiendo a la mujer a lo que un empleado definió en la revisión como un «abuso continuado» por parte de otros usuarios.[13]

Las directrices operativas de Facebook estipulan que no solo se deben eliminar las fotos de desnudos no autorizadas, sino que las cuentas de las personas que las publican deben ser también eliminadas. Ante la perspectiva de suspender a uno de los deportistas más famosos de su plataforma, a Facebook le asaltaron las dudas.

«Tras elevar el caso a dirección —se explicó en la revisión—, decidimos permitir que las cuentas de Neymar continuasen activas, en lo que era una desviación respecto a nuestra política habitual de eliminación "a la primera".»

Facebook sabía que otorgar un trato preferente a los usuarios famosos y poderosos era, en el mejor de los casos, problemático y, en el peor, inaceptable. «A diferencia del resto de nuestra comunidad, esas personas pueden infringir nuestras normas sin sufrir ninguna consecuencia», señaló un informe de 2019, en el que se calificaba al sistema como «no justificable públicamente».[14]

En ningún sitio hubo tantas intervenciones por parte de XCheck como en la política estadounidense, especialmente en la derecha. Mientras Trump continuaba arremetiendo contra la cobertura mediática hostil, los conservadores comenzaron a lanzar cada vez más acusaciones de falta de objetividad, convirtiendo las quejas normales sobre las prácticas de las redes sociales en materia de moderación en escándalos importantes. En un caso acaecido en 2018, Facebook limitó la difusión de publicaciones realizadas por Diamond y Silk, personalidades de las redes sociales y simpatizantes de Trump, como consecuencia de repetidas infracciones. La compañía les envió a ambas un correo electrónico en el que afirmaba que sus contenidos eran «inseguros para la comunidad», declarando que «esta decisión es definitiva y no es apelable en ninguna instancia».[15]

Después de que el senador Ted Cruz acusara a Zuckerberg de censurar a las mujeres, Facebook declaró que su mensaje a la pareja había sido «erróneo» y levantó la sanción. Sin embargo, aquello no fue suficiente para calmar las aguas. Al cabo de un mes, Diamond y Silk estaban testificando ante el Comité Judicial de la Cámara de Representantes controlado por los republicanos.

Esa clase de incidentes dio lugar a otra forma de trato preferente conocido como «ventana de autocorrección». Cuando se demostrara de manera concluyente que una cuenta lo suficientemente importante había infringido las normas de Facebook, la compañía no tomaría ninguna medida hasta pasadas veinticuatro horas, durante las cuales intentaría convencer a la parte infractora de que retirase la publicación ofensiva voluntariamente. El programa era una invitación a las cuentas privilegiadas para que jugaran al límite de la tolerancia de Facebook. Si cruzaban la línea, les bastaba con retirarlo, pero ya habrían recibido la mayor parte del tráfico que recibirían de todas formas. (Junto con Diamond y Silk, a todos los miembros del Congreso se les acabó concediendo la ventana de autocorrección.)

A veces, el propio Kaplan se vio directamente involucrado. Según los documentos obtenidos por primera vez por Buzz-Feed, el jefe mundial de Políticas Públicas era capaz tanto de presionar a los empleados para que levantasen las sanciones impuestas a conservadores importantes por difundir información falsa como de recurrir a los verificadores de datos de Facebook para que alteraran sus veredictos.[16]

Entre los políticamente poderosos, iba naciendo la convicción de que, si eras lo suficientemente importante, Facebook sería benévolo contigo. Las entidades destacadas interpretaban, con razón, cualquier sanción significativa como un signo de que Facebook no las consideraba dignas de un trato de guante blanco. Para demostrar que la compañía estaba equivocada, responderían gritando con todas sus fuerzas.

«Algunas de esas personas eran auténticas joyas», recordó Harbath. En la oficina de Facebook en Washington D. C., los empleados justificaron explícitamente el bloqueo de las sanciones contra «Activist Mommy», una cuenta cristiana del Medio Oeste con tendencia a realizar proclamas en contra de los homosexuales, porque su titular habría acudido inmediatamente a la prensa conservadora.

El temor de Facebook a importunar a una personalidad pública importante era tal que algunas lograron un estatus que iba más allá de XCheck y entraron a formar parte de una lista blanca, haciendo que hasta sus contenidos más repugnantes fueran inmunes a las sanciones, a la degradación y, en algunos casos, incluso a la revisión interna.

Este era el océano de trato especial en el que Trump se encontraba nadando cuando tuiteó sobre saqueos y tiroteos. No podía haber más en juego. La cuestión de decidir qué hacer le correspondía a Zuckerberg.

Los miembros del Equipo Cívico observaron cómo la plataforma se sumía en la polémica en tiempo real. Inmediatamente después del asesinato de Floyd, el cual fue grabado en vídeo, un mapa del discurso de odio y de las reacciones negativas de los usuarios en Estados Unidos mostraba un mar de color verde, nada por encima de la línea de referencia. Después de que las protestas en Minneapolis se volvieran violentas, empezaron a surgir bolsas rojas dentro y alrededor de la ciudad, pero en ningún sitio más. Después de que los seguidores de Trump en Facebook empezaran a compartir su mensaje —a menudo en grupos en los que el contenido se convirtió en un imán para las opiniones más violentas e intolerantes— la mayoría de las ciudades más importantes de Estados Unidos se pusieron de color rojo brillante.

«Al final del 2 de junio, podemos ver claramente que todo el país estaba básicamente "ardiendo"», escribieron cuatro científicos de datos en un análisis posterior titulado «El odio engendra odio; la violencia engendra violencia».[17]

Durante las semanas siguientes, habría tiempo de sobra para plantearse la interpretación de las palabras de Trump, su contexto histórico y la intención del presidente. Los presentadores de televisión discutieron una y otra vez sobre esas palabras hasta el infinito, y los empleados de Facebook debatieron sobre cómo aplicar la maraña de normas comunitarias y las directrices de ejecución de la compañía. Sin embargo, las intenciones y las normas no venían en absoluto al caso.

Lo que importaba, tal como señalaron los científicos de datos, era que las publicaciones se comportaban como discursos de odio. La posibilidad de responder a los delitos contra la propiedad con la fuerza letal funcionó como cebo de odio a escala nacional, provocando una conversación pública que hizo que las personas quisieran arrancarse los ojos unas a otras, creando un «alto grado de correlación entre el daño denunciado por el usuario en internet y los actos de protesta fuera de la red».

Los científicos de datos no pudieron establecer una relación de causalidad, pero pudieron observar claramente que la difusión del material no era casual. En cuanto Trump publicó en Facebook el tuit, una «serie de distribuidores» se puso a compartirlo en redes partidistas, donde provocó respuestas aún más incendiarias en las que aparecían frases como «balas reales», «que les jodan a los blancos...» y «disparar a los cabrones».

Esto no fue ninguna sorpresa para los tecnócratas de Facebook. Anteriormente, el trabajo realizado por el Equipo de

Países en Riesgo había establecido que esa clase de material escandaloso proporcionaba un andamiaje para el odio del mismo modo que los arrecifes de coral se crean en torno a un barco hundido.

Los autores del informe «El odio engendra odio», lo resumieron diciendo que «el odio y la violencia se pueden ver exacerbados por la difusión de grupos», y la actividad en torno a la publicación de Trump representaba una analogía estadounidense a conclusiones previas de que ese tipo de actividades fomentaban «la violencia intercomunitaria».

Sin llegar a restringir el uso compartido ni eliminar la publicación de Trump, la compañía podía haber tomado algunas medidas para limitar el daño causado. Podía haber limitado los reenvíos, haber rebajado la precisión exigida para ocultar comentarios provocadores o haber pedido a los usuarios que se replantearan el lenguaje subido de tono empleado al discutir sobre la publicación.

No obstante, Zuckerberg decidió no hacer nada, declarando que el comentario de Trump equivalía a una advertencia informativa del uso potencial de la violencia por parte del Estado y diciéndoles a sus empleados que la frase no era una alusión velada al racismo.[18] La reacción que se produjo a continuación fue rápida y furiosa, tanto dentro como fuera de la compañía.

La tarea de explicar la decisión de Zuckerberg a nivel interno le correspondió a Bickert, y no fue fácil. «¿Cómo vamos a mirar a los ojos a nuestros empleados y decirles que estamos de acuerdo con esto?», preguntó Mike Schroepfer, director de Tecnología de Facebook. (En entrevistas públicas posteriores, Schroepfer se mostró más circunspecto, diciendo solamente que era importante que la compañía estableciese normas claras y las cumpliese.)

Las conclusiones del informe «El odio engendra odio» fueron lo suficientemente desalentadoras para que sus autores añadieran un apéndice dirigido «A nuestros colegas». El hecho de que ahora Facebook tuviera el conocimiento y las herramientas para mejorar y no lo hubiera hecho era «descorazonador».

Pero, «cuando hay vidas en riesgo, no intentarlo no es una opción», rezaba el apéndice, citando a Ime Archibong, uno de los más altos ejecutivos negros de Facebook: «Quedaos y luchemos esta batalla juntos».

Tras los saqueos y los tiroteos, el tono ya de por sí espontáneo de la conversación de Workplace se volvió más intenso. Algunas de las publicaciones eran denuncias beligerantes contra el liderazgo de Zuckerberg; otras pretendían no desperdiciar una crisis. Chakrabarti escribió un post titulado «Dirigir nuestras plataformas hacia la justicia racial», abordando el tema de manera moderada, pero haciendo propuestas absolutamente revolucionarias.[19] La plataforma de la compañía, escribió, no había sido creada para un debate púbico funcional y, actualmente, estaba «priorizando los intereses regulatorios por encima de la protección a la comunidad», sin «respaldar los valores democráticos».

Lanzando una pulla al Equipo de Políticas Públicas con el que llevaba años peleándose, escribió que para solucionar el problema sería necesario separar las decisiones en materia de política de contenidos de las presiones de Washington, así como dar voz al público y a los empleados sobre las decisiones de gobierno de la plataforma que estaba tomando Zuckerberg. En una publicación coincidente, Iyer, corresponsable del Equipo Cívico junto con Chakrabarti, escribió que la inacción significaba que Facebook «fracasará a la hora de que la compañía aplique las decisiones que Mark tome este año».

Enseguida sonó un coro de voces de aprobación. «Un gran post, como de costumbre», escribió Fidji Simo, directora de la aplicación de Facebook. «¿Qué puedo hacer para ayudar a defender la causa?», preguntó Margaret Stewart, vicepresidenta de Diseño de Producto. «Todas las herramientas de que disponemos están a vuestro servicio», escribió Miranda Sissons, directora de Derechos Humanos de Facebook. «Contad conmigo para apoyaros y ayudaros en todo lo que pueda», escribió Kristin Hendrix, directora de Investigación de Instagram.

La respuesta de Guy Rosen, jefe de Chakrabarti, fue claramente más fría; en privado, le reprochó que «decir esas cosas no era propio de un líder de la compañía».[20]

A Boland, vicepresidente de Asociaciones, que llevaba en la compañía desde 2009, le preocupaba menos la retórica del presidente que lo que estaba viendo en CrowdTangle. No había forma de sentirse orgulloso de los contenidos que estaba amplificando la compañía. Llamó a Sandberg y le dijo que, después de once años en Facebook, lo dejaba.

«No deberías hacer eso ahora», le dijo Sandberg y, a continuación, le contó un secreto: Chris Cox iba a volver a Facebook. Los problemas que veía Boland eran reales, le concedió, y, en lugar de marcharse, se los debería plantear a Cox dentro de unas semanas. Boland estuvo de acuerdo con intentarlo.

Fuera de los rangos directivos, el estado de ánimo de los empleados estaba más cerca del amotinamiento que nunca. Cuatro días después del tuit de Trump, los trabajadores organizaron un paro virtual. En un extraño giro de los acontecimientos, muchos empezaron a expresar sus preocupaciones fuera de los confines de las salas de chat internas de la compañía, llevando su insatisfacción a Twitter. «Mark está equivocado y pondré todo mi empeño en que cambie de opinión», tuiteó Ryan Freitas, un director que supervisó el diseño de producto de News Feed y el trabajo de integridad asociado.

En una sesión de preguntas y respuestas, un miembro del Equipo de Integridad le preguntó a Zuckerberg por qué Rosen, cuya división era responsable de las preocupaciones por la violencia social, no había estado implicado en la decisión de dejar intacto el post de Trump.

«Lo siento, creo que Guy estuvo involucrado», respondió Zuckerberg. Aquello no era exacto, y la empleada del Equipo de Integridad lo sabía. Rosen le había dicho a todo su equipo aquella mañana que no le habían consultado. La empleada estaba lista para entrar a matar.

«He asistido a la sesión de preguntas y respuestas de Guy esta mañana», empezó diciendo. Zuckerberg pareció titubear. «Puede que no estuviera involucrado —cambió Zuckerberg de opinión, refiriéndose a Rosen—. De hecho, no estoy seguro de que lo estuviera.»

Que Zuckerberg no recordara si había consultado al vicepresidente de Integridad de Facebook sobre una decisión en materia de integridad no era «estupendo», declaró la empleada. Con el consejero delegado a la defensiva, le pidió que se comprometiera a implicar al equipo encargado de gestionar los riesgos de violencia social a la hora de tomar esa clase de decisiones en el futuro.

Fue entonces cuando su conexión de la llamada de Zoom se cortó.

«Lo siento, te he perdido», dijo Zuckerberg, asegurándole al público que quedaba que «todos los argumentos serían tenidos en cuenta».

Nadie pudo afirmar con seguridad que la desconexión de la interrogadora no hubiera sido un accidente. Sin embargo, las sospechas de que el interrogatorio había sido interrumpido sin miramientos se vieron confirmadas posteriormente por un cambio en la política.

Las reuniones corporativas de Facebook tenían una larga tradición de intercambios de opiniones sinceros y pocas filtraciones. En 2017, Bloomberg había publicado un artículo en el que se maravillaba de la capacidad de los líderes de Facebook para realizar debates abiertos con toda la compañía, sin que se filtraran jugosos detalles. Ahora, esa tradición se había perdido. Horas después de que acabase la sesión de preguntas y respuestas, *Vox* publicó una transcripción completa de la misma.[21] Tras la reunión, Facebook anunció que las futuras preguntas de las reuniones generales de la compañía serían pregrabadas. (Posteriormente, la compañía atribuyó el cambio a la pandemia y precisó que los empleados podían seguir haciendo preguntas en directo a través de la sección de comentarios.)

No obstante, las filtraciones se convirtieron en algo habitual casi cada semana, propiciando una avalancha de artículos sobre los fallos de la compañía y cómo pecaba de favoritismo a la hora de imponer el cumplimiento de las normas establecidas. Según informó *BuzzFeed News*, la empresa había anulado repetidamente la verificación de datos de autores conservadores destacados, incluyendo a Breitbart, con Kaplan interviniendo personalmente para blindar la cuenta del agitador de derechas Charlie Kirk.[22]

A finales de agosto, menos de un mes después de la publicación del artículo, un chico blanco con cara de niño llamado Kyle Rittenhouse condujo desde su casa de Indiana a Kenosha, Wisconsin, donde habían estallado disturbios civiles después de que la policía hubiera disparado a un hombre negro llamado Jacob Blake. Una vez allí, Rittenhouse mató a tiros a dos personas y mutiló a una tercera. Había hecho el viaje después de que un vecino de la localidad creara un evento de Facebook en el que hacía un llamamiento a voluntarios a «tomar las armas y defender nuestra ciudad esta noche de los malvados matones». El post, que también fue difundido por la radio y otros medios de comunicación a medida que iba ganando popularidad, había sido marcado por los usuarios de Facebook 455 veces. Zuckerberg calificó el hecho de no haberlo retirado como «un fallo operativo».

Los miembros del Equipo de Integridad se quedaron perplejos tras la declaración de Zuckerberg afirmando que Facebook simplemente había cometido un error en la aplicación de las normas de su plataforma. La realidad era mucho más compleja. «El lenguaje empleado en esos eventos y grupos no infringía las normas», señaló con razón un director de investigación del Equipo de Integridad Cívica en Workplace, prediciendo además que el intento por parte de Facebook de separar los elogios a las actuaciones de Rittenhouse (lo cual estaba prohibido) del cuestionamiento de si estaba siendo justamente tratado (lo cual estaba permitido) sería un desastre.[23] La compañía no tenía ni remotamente la capacidad para hacerlo bien y, probablemente, nunca la tendría.

Otros miembros del Equipo Cívico y de Integridad se apelotonaron en la sección de comentarios para mostrar su acuerdo:

> Si, para empezar, nuestro objetivo fuera, por ejemplo, tener menos odio, violencia, etc. en nuestra plataforma, en lugar de eli-

minar más odio, violencia, etc., probablemente nuestras soluciones e inversiones serían muy diferentes.

Rosen se estaba cansando de tratar con el Equipo Cívico. Zuckerberg, del cual era bien sabido que no le gustaba reconsiderar las decisiones una vez tomadas, ya había declarado cuál era su enfoque preferido: eliminar automáticamente los contenidos que los clasificadores estaban convencidos de que infringían las normas y tomar medidas «suaves» como las degradaciones cuando los sistemas predecían que la infracción era más que probable. Esas eran las órdenes de avanzar y el único camino productivo era ejecutarlas de manera diligente.

Según Rosen, otros miembros del Equipo de Integridad confiaban en las decisiones de colegas de otros departamentos de la compañía, pero los trabajadores del Equipo Cívico parecían pensar que sabían más que nadie. Los del Equipo Cívico citaban el juramento del departamento en las reuniones, y Rosen consideraba que la conclusión de que dicha división seguía unas normas éticas más elevadas que el resto de la compañía era tóxica. Chakrabarti no debería haber creado los principios, dijo, y le advirtió al mismo de que el Equipo Cívico tendría que ser «cero dramático» para tener la oportunidad de obtener siquiera un «Regular» en la revisión de rendimiento.[24]

12

Era agosto de 2020, y Kiran, un empleado de Facebook India, estaba a punto de hacer algo poco inteligente. La semana anterior, *The Wall Street Journal* había publicado un artículo que escribimos mi colega Newley Purnell y yo sobre cómo Facebook había eximido a un político agitador hindú de la aplicación de las normas contra los discursos de odio.[1] No cabía duda de que Raja Singh, miembro del parlamento del estado de Telangana, estaba incitando a la violencia. Pronunciaba discursos pidiendo que se disparase a los inmigrantes rohinyás que huían del genocidio en Myanmar, calificaba a todos los indios musulmanes de traidores y amenazaba con demoler las mezquitas. Lo hacía mientras acumulaba una audiencia de más de 400.000 seguidores en Facebook. Anteriormente, aquel mismo año, la policía de Hyderabad lo había sometido a arresto domiciliario para impedirle guiar a sus partidarios al lugar donde se habían producido recientemente actos de violencia religiosa.

Que Facebook no hiciera nada ante ese discurso podía haberse debido a la negligencia (había numerosos políticos agitadores que incitaban a la violencia en muchas lenguas diferentes por todo el mundo). Sin embargo, en este caso, Facebook era plenamente consciente de la conducta de Singh. Grupos indios defensores de los derechos civiles lo habían puesto en conocimiento del personal tanto en Delhi como en Menlo Park, como parte de sus intentos por presionar a la compañía para que actuase contra los discursos de odio en el país.

No cabía duda de que Singh cumplía los requisitos para ser considerado un «individuo peligroso», alguien a quien, normalmente, se le prohibiría estar presente en las plataformas de Facebook. A pesar de la conclusión interna de que Singh y otros destacados nacionalistas hindúes estaban provocando un riesgo real de que hubiera un derramamiento de sangre, su designación como incitadores al odio había sido bloqueada por Ankhi Das, directora de Políticas Públicas de Facebook India, la misma ejecutiva que, años atrás, había presionado para restablecer las páginas relacionadas con el BJP después de que el Equipo Cívico luchara por eliminarlas.

Das, cuyo trabajo incluía presionar al Gobierno indio en favor de Facebook, no se molestó en tratar de justificar la protección a Singh y otros nacionalistas hindúes, alegando razones procedimentales. Dijo simplemente que designarlos como incitadores al odio indignaría al Gobierno y al BJP, que estaba en el poder, así que la compañía no iba a hacerlo. Mi colega Newley Purnell y yo nos habíamos enterado de la protección que Das había concedido a Singh, y lo presentamos como un incumplimiento evidente del compromiso de Facebook de salvaguardar a sus usuarios y un ejemplo extremo de la presunta disposición de la compañía a hacer excepciones en favor de los poderosos. Una acusación de sometimiento a un gobierno así de contundente habría sido impensable por parte de un alto directivo de Facebook en EE. UU., pero, obviamente, la India era diferente.

A raíz de nuestro artículo, el entonces director general de Facebook India, Ajit Mohan, les aseguró a los empleados musulmanes de la compañía que estábamos equivocados. Facebook eliminaba los discursos de odio «en cuanto era consciente de su existencia» y jamás renunciaría a sus normas comunitarias con fines políticos.[2] «Aunque sabemos que queda mucho por hacer, hacemos avances cada día», escribió.

Fue después de la publicación del artículo cuando Kiran (nombre supuesto) se puso en contacto conmigo. Quería que quedase claro que nuestro artículo del *Journal* no había hecho más que arañar la superficie. Los vínculos de Das con el Gobierno eran mucho más fuertes de lo que creíamos, dijo, y Facebook India estaba protegiendo a entidades mucho más poderosas que Singh.

Kiran estaba preparado para profundizar en todo eso, pero no para dar nombres, ni siquiera a través de canales encriptados. El riesgo no era solamente que le despidiesen, dijo. La India ya no era un lugar en el que resultara seguro hablar del Gobierno ni del uso que se hacía de Facebook.

Kiran compartió algunos detalles de su historia. Se había quedado embelesado con Facebook en la universidad, cuando la plataforma arrasaba en los campus universitarios de toda la India. Sin embargo, el hecho de que estuviera de moda no fue para él el principal atractivo de Facebook. Kiran pertenecía a un grupo marginal y la plataforma le había permitido encontrar una comunidad que, fuera de internet, era mucho menos accesible.

Su contratación por parte de la compañía —para trabajar en temas de seguridad con equipos tanto en la India como en Estados Unidos— le pareció un triunfo. «Me metí porque realmente me encantaba Facebook», dijo.

Pero, desde el principio, Kiran se dio cuenta de que algo iba claramente mal. Parte del problema era el favoritismo político de Das. Se aseguraba de que Facebook realizara donaciones a instituciones benéficas alineadas con el Gobierno y llevaba a cabo entrevistas en directo en las páginas oficiales de Facebook a ministros del BJP que querían mejorar su imagen. No se cortaba a la hora de expresar internamente su apoyo al gobierno de Modi.

En ocasiones, a los colegas de Das les parecía de mal gusto que hablase como si fuera una trabajadora de campaña del BJP, pero que un responsable de Políticas Públicas de Facebook tuviera vínculos partidistas en mercados importantes no era algo inusual. Joel Kaplan tenía vínculos republicanos en Estados Unidos; enardeció a sus colegas cuando acudió en apoyo del futuro juez del Tribunal Supremo Brett Kavanaugh durante su comparecencia en el Congreso para responder a las acusaciones de agresión sexual que pesaban sobre él. En Israel, la responsable de políticas era Jordana Cutler, antigua asistente del primer ministro Benjamin Netanyahu. Facebook quería mantener relaciones amistosas con los gobiernos, así que contrataba a personas que ya las tenían.

Sin embargo, Kiran, cuyo trabajo le permitía ver la gestión que hacía la compañía de los problemas de moderación de contenidos de cuentas destacadas en todo el mundo, vio que había algo más oscuro en juego. Cuando los empleados estadounidenses advirtieron de que personajes públicos estaban utilizando la plataforma para incitar a la violencia, se estaban refiriendo a que Trump había publicado en Facebook un comentario ingenioso y amenazante de Twitter. En la India, el mejor punto de referencia no era el presidente de EE. UU., sino lo que había sucedido unos meses antes, en febrero de 2020, cuando activistas hindúes en Delhi, algunos de ellos vinculados al BJP, habían hecho un llamamiento a sus seguidores de Facebook para que impidieran —por la fuerza— una sentada que llevaban a cabo los musulmanes desde hacía un mes.

«Hindúes, en marcha. Matad o morid», declaró un destacado activista durante una emisión en directo en Facebook, según un informe posterior realizado por funcionarios indios jubilados.[3] La violencia que se produjo a continuación dejó cincuenta y tres muertos y zonas del nordeste de Delhi quemadas.

Según Kiran, a nivel visceral, los empleados de Facebook de Estados Unidos no se hacían una idea de lo grave que se estaba volviendo la situación en la India. Desconocían que existían grupos hindúes comprometidos con la protección de las vacas que hacían correr rumores sobre el transporte de ganado para su sacrificio, y que luego documentaban la justicia infligida a los camioneros por mano propia. No sabían que la policía no iba a aparecer cuando grupos hindúes violentos atacaran iglesias acusadas de realizar conversiones. Y no se dieron cuenta de que las publicaciones de Facebook sobre la «yihad del amor» —una teoría conspiratoria islamofóbica según la cual los musulmanes pretendían invadir la India seduciendo a chicas hindúes ingenuas— estaban matando gente.

Así que Kiran intentó explicárselo a sus colegas de Menlo Park. Participó en foros sobre políticas de actuación y se unió a otros empleados para incitar con éxito a la compañía a prohibir el odio basado en las castas. Señaló hasta qué punto el discurso de la «yihad del amor» representaba a los hombres afroamericanos como depredadores sexuales, una calumnia que tuvo mucho que ver con muchos de los linchamientos que tuvieron lugar durante la época de las leyes Jim Crow. Sin embargo, aunque sus colegas estadounidenses estaban de acuerdo en que la compañía tenía graves problemas de integridad en la India, aparentemente no sucedió gran cosa. «Todo el mundo decía que sí, que sí, que sí, y luego todo quedaba en un eterno proyecto inacabado», dijo Kiran.

La impresión de Kiran de que, en líneas generales, sus colegas estadounidenses no entendían la situación de Facebook en la India resultó ser correcta. Los empleados de la empresa en EE. UU. —si es que usaban regularmente la plataforma fuera del trabajo— parecían estar en una red social diferente.

Desde el punto de vista de la compañía, se trataba de una elección de diseño intencionada. Desde la decisión de Facebook en 2008 de acelerar su tirón internacional delegando la traducción del sitio en usuarios extranjeros voluntarios, la plataforma había considerado que la incomprensión acerca de su uso era, en buena medida, una ventaja de su modelo de negocio. Dar por hecho que los usuarios solucionarían las cosas por sí solos tal vez explicaba también por qué la compañía no se había molestado nunca en traducir sus normas comunitarias a las docenas de lenguas en las que prestaba sus servicios, y por qué no había contratado nunca ni siquiera a un moderador capaz de hablar la lengua principal de cada uno de los países en los que operaba.

Esta agilidad se había logrado a costa de la ignorancia. Aun cuando la compañía creó versiones simplificadas de sus productos para que funcionaran en los dispositivos baratos presentes en mercados más desfavorecidos y pagó por los servicios de operadores de telecomunicaciones transfronterizos para que proporcionaran acceso a Facebook a localidades que no disponían de carreteras, continuó optimizando la plataforma para personas que la utilizaban como ellos, personas que aceptaban solicitudes de amistad solamente si procedían de gente a la que conocían, seleccionaban las páginas que seguían y silenciaban a los conocidos que compartían demasiados contenidos basura.

Para las personas con títulos de ingeniería, esa pulcritud cotidiana en internet no era una prueba de sofisticación. Se trataba, sin embargo, de una habilidad. Las decisiones de los usuarios no solamente restringían los contenidos que Facebook les mostraba en el News Feed, sino también lo que la plataforma les mostraba a sus conocidos. Tener amigos adinerados era incluso más importante que el mejor clasificador de desinformación a la hora de mantener las teorías de la conspiración fuera de tu *feed*.

Como sucede con todas las formas de inmunidad de rebaño, las protecciones no eran perfectas. Todo el mundo tiene un tío o un amigo de la infancia que puede compartir cosas absurdas y picar en ciberanzuelos. Sin embargo, el efecto protector de contar con amigos formados y conocedores del funcionamiento de internet ayudó a explicar por qué a la alta dirección de la compañía le había sorprendido descubrir que las granjas de troles de Macedonia estaban creando los principales contenidos electorales de la plataforma. Los incendios en los pisos inferiores de Facebook se tuvieron que convertir en un auténtico infierno antes de que los habitantes del ático notaran el olor a humo.

La empresa pagaba a su personal de Integridad para que detectase problemas, pero hasta a los vigilantes profesionales les pillaron desprevenidos mercados como el de la India. Antes de las elecciones indias de 2019, la compañía envió al país a investigadores en materia de la experiencia de los usuarios para tomar el pulso a los empleados, incluyendo a la investigadora que había relatado las despreciables tendencias de los sistemas de recomendación de Facebook en «El viaje de Carol a QAnon».[4]

La investigadora creó una cuenta ficticia mientras viajaba. Dado que la plataforma tenía en cuenta la ubicación geográfica de los usuarios a la hora de establecer las recomendaciones de contenidos, ella y una colega anotaron en un informe de sus conclusiones que era la única forma de obtener una lectura real de lo que la red social ofrecía a un nuevo usuario indio.

De manera inquietante, su resumen de las recomendaciones de Facebook a su hipotética mujer india de veintiún años empezó con una advertencia de contenido sensible por imágenes violentas. Mientras que el impulso de Facebook a los usuarios de prueba estadounidenses hacia las teorías de la conspiración había sido preocupante, la versión india era distópica.

«En las tres semanas transcurridas desde la apertura de la cuenta, al seguir los contenidos recomendados, el News Feed del usuario de prueba se ha convertido en una avalancha constante de contenidos nacionalistas polarizados, desinformación, violencia y actos sangrientos», señaló la nota. El *feed* de la cuenta ficticia se volvió especialmente sombrío después de los conflictos fronterizos entre Pakistán y la India a principios de 2019. En medio de un periodo de tensiones militares extremas, Facebook condujo a la usuaria a grupos que ofrecían contenidos que promovían una guerra a gran escala e imágenes burlándose de cadáveres con emojis sonrientes.

No se trataba de un caso de publicaciones malignas que habían eludido las defensas de Facebook, ni de una usuaria india que se había quedado enganchada al contenido reprobable. Lo que Facebook le había recomendado a la joven era malo desde el principio. La plataforma la había incitado a unirse a grupos repletos de imágenes de cadáveres, a contemplar imágenes malintencionadas de huelgas aéreas falsas y a felicitar a pilotos de combate inexistentes por su valentía. «He visto más imágenes de muertos en las últimas semanas que en toda mi vida», escribió la investigadora, señalando que la plataforma había permitido que las falsedades, los discursos deshumanizadores y la violencia «dominaran todo durante una importante situación de crisis». Facebook tenía que plantearse no solo cómo estaban afectando sus sistemas de recomendación a «usuarios distintos a nosotros», concluyó, sino también replantearse cómo crear sus productos para un «contexto no estadounidense».

El de la India no fue un caso aislado. Fuera de los países de habla inglesa y de Europa Occidental, los usuarios veían cada vez más crueldad, más ciberanzuelos y más falsedades. Es posible que diferentes visiones culturales acerca del sentido de corrección pudieran explicar en parte la brecha, pero, en gran medida, se debía a las diferencias en cuanto a inversión e interés.

A partir de 2016, los «incendios de relaciones públicas» en Estados Unidos habían impulsado gran parte del trabajo de integridad de Facebook. La compañía creó sus defensas contra la injerencia extranjera como respuesta a las preocupaciones por las elecciones de EE. UU., impuso políticas de privacidad a raíz de lo sucedido con Cambridge Analytica, y redactó sus normas relativas a la desinformación sobre las vacunas como respuesta a un brote de sarampión en California. En todos los casos, la mala prensa generalizada fue lo que impulsó a Facebook a tratar de solucionar los problemas. Otros mercados importantes y prósperos recibieron, en ocasiones, la misma atención.

Los incendios de relaciones públicas tendían a ser menos virulentos en los países más pequeños y más pobres, aunque los problemas tuvieran consecuencias iguales o peores. Los lugares a los que Facebook había dedicado menos atención y menos recursos eran a menudo aquellos en los que su producto era más primordial para la vida pública.

En 2019, la BBC emitió un reportaje en el que destapaba la venta de trabajadoras del servicio doméstico en los estados del Golfo Pérsico a través de Instagram y de aplicaciones de intercambio disponibles en las tiendas de Apple y Google.[5] Se trataba de un material desgarrador: a mujeres de Nepal, Filipinas y países de África que eran atraídas a Kuwait y Arabia Saudí con falsas promesas de empleo se les arrebataban los pasaportes. Una vez en el país, las mujeres eran vendidas de casa en casa, obligadas a trabajar siete días a la semana y sometidas a confinamiento.

Se suponía que aquello no era legal en el Golfo según el sistema de acogimiento laboral del mercado gris conocido como *kafala*, pero internet había eliminado las complicaciones a la hora de comprar personas. Periodistas de incógnito de la BBC Árabe se hicieron pasar por una pareja kuwaití y negociaron la compra de una chica de dieciséis años cuyo vendedor alardeaba de no permitirle nunca salir de la casa.

Todos los entrevistados le dijeron a la BBC que estaban horrorizados. La policía kuwaití rescató a la chica y la envió a su casa. Apple y Google se comprometieron a erradicar el abuso y las aplicaciones de intercambio mencionadas en el reportaje y eliminaron las secciones de «ayuda doméstica». Facebook se comprometió a tomar medidas y suprimió un *hashtag* popular utilizado para anunciar la venta de trabajadoras domésticas.

Después de eso, la compañía se olvidó en gran medida del asunto. Sin embargo, Apple le dedicó al tema mucha más atención. En octubre, después de enviarle a Facebook numerosos ejemplos de ventas de empleadas domésticas a través de Instagram, amenazó con eliminar los productos de Facebook de su App Store.

Para Facebook, esto —a diferencia del tráfico de seres humanos— constituyó una verdadera crisis. Un informe interno sobre el incidente afirmó:

> Sacar nuestras aplicaciones de las plataformas de Apple tendría consecuencias potencialmente graves para el negocio, incluyendo privar a millones de usuarios del acceso a IG y FB.[6]

Con todas las alarmas sonando, la compañía eliminó la friolera de 133.000 publicaciones, grupos y cuentas en el espacio de pocos días. Además, llevó a cabo una rápida actualización de sus políticas de actuación, derogando una norma anterior que permitía la venta de empleadas domésticas a través de empresas «tradicionales». (Para evitar herir la sensibilidad de los «socios» de los estados del Golfo, la compañía había permitido anteriormente anunciar y vender trabajadoras domésticas a empresas con una sede física.)

Asimismo, Facebook se comprometió a «imponer el cumplimiento holístico de las normas en relación con todos los contenidos que promovieran la esclavitud doméstica», según se establecía en el documento.

Apple retiró su amenaza, pero, una vez más, Facebook no cumplió con sus compromisos. Dos años después, a finales de 2021, un empleado del Equipo de Integridad escribió un artículo de investigación titulado «Esclavitud doméstica: Esto no debería suceder en FB y cómo evitarlo».[7] El documento, centrado en las Filipinas, describía cómo agencias de empleo fraudulentas reclutaban mujeres con «promesas irreales», para luego traficar con ellas y obligarlas a trabajar en el extranjero para pagar las deudas contraídas. Si en Instagram era donde se vendían las trabajadoras domésticas, en Facebook era donde se reclutaban.

Tras acceder a las bandejas de entrada de los mensajes directos de las agencias, el empleado descubrió que había trabajadoras domésticas filipinas suplicando ayuda. Algunas denunciaban violaciones o enviaban fotos de moratones provocados por golpes. Otras llevaban meses sin cobrar. Otras denunciaban que las tenían encerradas y pasaban hambre. Las agencias de trabajo no las ayudaban.

En el apasionado artículo y en otros similares se enumeraban cosas que la compañía podía hacer para impedir los abusos. Había que mejorar los clasificadores, modificar las políticas y publicar anuncios de servicio público. Mediante la utilización del aprendizaje automático, Facebook podría identificar a las filipinas que buscaban trabajo en el extranjero e informarles de cómo detectar señales de alarma en las ofertas de empleo. En los países del Golfo Pérsico, Instagram podría publicar anuncios de servicio público sobre derechos laborales.

Esas cosas no sucedieron, debido, en gran medida, a una serie de razones. Un memorándum hizo referencia a la preocupación de que, si se expresaban de manera demasiado contundente, los anuncios de servicio público en lengua árabe reprobando el maltrato a las empleadas del servicio doméstico podrían «provocar la enemistad de los compradores».[8] Sin embargo, según personas familiarizadas con el equipo, el principal obstáculo consistía simplemente en los recursos. El equipo que se ocupaba exclusivamente del tráfico de seres humanos —lo cual incluía no solo el contrabando de personas con fines laborales o sexuales, sino también la venta de órganos— estaba compuesto por media docena de personas en todo el mundo. Simplemente, no era lo bastante grande para solucionar el problema.

En el momento de escribir este libro, el problema seguía siendo claramente reconocible.

La compañía pagaba a su personal para que detectara y, en ocasiones abordara, esos y otros problemas, pero, sin el minucioso examen de periodistas en busca de nuevas noticias ni de anunciantes conscientes de la importancia de la marca, Facebook, desde el punto de vista institucional, parecía a menudo incapaz —o no dispuesta— a exhibir una capacidad congruente para centrarse en dichos conflictos.

Muchos de los problemas eran fundacionales. Facebook nunca se molestó en traducir sus normas comunitarias a lenguas habladas por decenas de millones de personas. A menudo, recurría a personal contratado para revisar los contenidos en otras lenguas y trasladaba las publicaciones en árabe, sirio e iraquí a contratistas de Marruecos, para los cuales eran incomprensibles. Un examen interno se refirió a eso como la incapacidad de cumplir la norma «mínima exigible» de que los moderadores contratados entendieran la lengua en la que estaban escritos los contenidos que tenían que revisar.[9]

Sin duda, disponer de más dinero habría contribuido a mejorar las tareas de integridad, pero la plantilla de Menlo Park se dio cuenta de que se enfrentaba a otro problema. Al tratarse de una compañía que tenía que hacer todo a gran escala, los clasificadores no ofrecían resultados fiables en todas las lenguas. Solamente aquellos basados en imágenes, como los que buscaban imágenes de desnudos, funcionaban bien a escala mundial. Todo lo demás tenía que llevarse a cabo individualmente. Por ejemplo, para mantener el clasificador cívico de la compañía, era necesario que Facebook estuviera encima no solo de los funcionarios públicos, sino también de los lugares, las personas y las condiciones importantes para la sociedad. Era esencial que hubiera un proceso de formación casi permanente; cosas que en su momento pasaban desapercibidas —como, por ejemplo, el nombre de George Floyd— podían convertirse en un foco de atención de la noche a la mañana.

El Equipo Cívico no era el único clasificador que necesitaba atención y recursos. Solamente en lo tocante a la integridad, había discursos de odio, terrorismo, desinformación, violencia o incitación a la misma y discursos que rayaban con la hostilidad, entre otras cosas. Si la compañía quería que funcionasen en portugués, tendría que contar con equipos de Ingeniería que trabajaran por separado y que, además, tuvieran en cuenta las discrepancias regionales entre Portugal, Brasil y Angola.

Llevar a cabo las variaciones necesarias para que los clasificadores funcionaran de manera fiable en todo el mundo podía parecer una tarea descomunal, hasta que recordabas que, a menudo, la precisión y la memoria de los clasificadores era marginal incluso en inglés estadounidense. El problema empezó a parecer imposible de solucionar.

La IA era la piedra angular de la estrategia de Facebook para controlar su plataforma, pero esa estrategia era imposible que funcionara fuera de una serie de lenguas habladas en los mercados más importantes. Solo en la India existen más de veinte lenguas oficiales. En 2021, los empleados aún se referían a los clasificadores en materia electoral en las dos lenguas principales —hindi y bengalí—, como «subdesarrollados», «anticuados» y «poco atrayentes». Para la mayoría del resto de las lenguas indias, las cuales tenían más hablantes nativos que el inglés en todo el mundo, no existían ni siquiera clasificadores rudimentarios. Y Facebook no tenía intención de crearlos.

La falta de una inteligencia artificial a medida no solo privaba a los hablantes de esas lenguas de cualquier mejora que pudiera aportar un sistema automatizado de moderación de contenidos, sino que conllevaba que la versión de la plataforma que experimentaban no pudiera más que empeorar.

En 2020, el equilibrio entre el crecimiento y el trabajo de integridad estaba aceptado en Facebook. La compañía podía negar rotundamente que el News Feed promoviera odio y mentiras para impulsar el crecimiento, pero no podía afirmar que el hecho de promover el crecimiento en el News Feed no potenciara el odio y las mentiras *como un efecto secundario*. Este hecho provocó constantes negociaciones entre los equipos dedicados al crecimiento y a la integridad. Si la compañía alteraba el News Feed de tal manera que provocara que el sensacionalismo se disparara en todo el mundo, podía rebajar el sensacionalismo en Estados Unidos o en Alemania para compensarlo. Sin embargo, para muchos de los mercados englobados bajo la categoría conocida como «resto del mundo», no era posible una reacción de ese tipo.

Las circunstancias dejaron al Equipo de Países en Riesgo un tanto atado de pies y manos. Cuanto más invirtiese la plataforma en inteligencia artificial para cada lengua con el fin de mitigar las preocupaciones sociales, más se ensancharía la brecha entre los mercados en los que existían dichos clasificadores y los que no. «La mayoría de nuestros sistemas de integridad son menos eficaces fuera de Estados Unidos —escribió Tony Leach, jefe del Equipo de Países en Riesgo, en un resumen de sus avances realizado a finales de 2020—. Los clasificadores, o bien no existen, o bien funcionan peor, y nos faltan recursos humanos.»[10]

El equipo de Leach aspiraba a crear algún día clasificadores e intervenciones de calidad estadounidense para las naciones en riesgo de violencia social, pero la compañía no iba a conseguirlo a corto plazo. En esos países, entre los que se incluían Myanmar y Yemen, Facebook carecía incluso de clasificadores rudimentarios para detectar la instigación a la violencia y el ensalzamiento de personajes que incitaran al odio, por no hablar de la capacidad para llevar a cabo intervenciones específicas en una crisis.

En plena guerra civil étnico-regional en Etiopía, Facebook no disponía de un clasificador de discursos de odio en una de las principales lenguas del país. Realizaba un 3 % más de comprobaciones de datos por usuario que en Estados Unidos, pero ni siquiera permitía que la gente denunciase contenidos infractores de las normas en oromo, la lengua de la región más poblada de Etiopía.

«Somos, en gran medida, incapaces de ver los problemas de nuestra plataforma», escribió Leach en su presentación refiriéndose a la nación africana.

Los empleados de Facebook realizaron muchos trabajos internos como ese: declaraciones de que la compañía se estaba metiendo en algo que le superaba y que era incapaz de ofrecer siquiera un remedio básico para abordar problemas potencialmente horribles. Según grupos de defensa de los derechos humanos que controlaban la situación etíope, los eventos de la plataforma podían provocar previsiblemente la pérdida de vidas humanas, y casi con toda seguridad así fue.[11] Meareg Amare, un profesor universitario de Adís Abeba, fue asesinado a la puerta de su casa un mes después de la publicación de un post viral que recibió 35.000 «me gusta», en el que se mencionaba su dirección y se hacía un llamamiento a que atentaran contra él. Facebook no lo eliminó. Su familia demandó a la compañía.[12]

Como sucedía muy a menudo, la empresa había optado por el crecimiento en detrimento de la calidad. Los esfuerzos realizados para ampliar el servicio a países más pobres y lugares más aislados no iban a esperar a que las protecciones de los usuarios estuvieran a la altura e, incluso en el caso de países en riesgo «extremo» de que se produjeran atrocidades masivas, el Equipo de Países en Riesgo necesitaba obtener la aprobación antes de hacer cosas que pudieran afectar negativamente a la participación.

El compromiso de la compañía de «luchar por la libertad de expresión en todo el mundo», como había declarado Zuckerberg en su discurso de Georgetown, también tenía límites. A principios de 2020, en un intento de obligar a Facebook a cumplir una orden de censurar las publicaciones «contrarias al Estado», el gobierno de Vietnam bloqueó los servidores locales de la compañía en el país. La decisión no implicó la desconexión de internet de los servicios de Facebook; simplemente hizo que dichos servicios funcionaran de manera más lenta e intermitente.

La empresa se resistió durante siete semanas. Luego, accedió a las exigencias del Gobierno, suprimiendo las cuentas de los activistas, los cuales acabaron siendo condenados a largas penas de prisión.

Facebook declaró a Reuters —que fue la agencia que sacó a la luz la capitulación de la compañía— que seguía considerando que la libertad de expresión era un derecho fundamental.[13] Pero también lo era el uso de Facebook. «Hemos tomado esta medida para garantizar que nuestros servicios seguirán estando disponibles y seguirán pudiendo ser utilizados por millones de personas en Vietnam, las cuales recurren a ellos a diario», decía la declaración de la plataforma.

A pesar de las restricciones, incluso los empleados más pesimistas pudieron apreciar el valor de su trabajo cuando se cerraron las redes divulgadoras de odio, se revisaron las políticas y se modificaron las clasificaciones. La escala de la compañía amplificó sus logros. Una tarde dedicada a actualizar la lista interna de Facebook de insultos anti-LGTBI en lengua árabe tuvo más influencia en el discurso social del que nunca podría soñar una organización local sin ánimo de lucro. Sin embargo, para realizar esa tarea, era necesario aceptar los límites relacionados con el negocio. La disonancia entre las aspiraciones y la realidad fue quizás mayor en el caso de los empleados que trabajaban en la India, ya que el país constituía el riesgo «principal» de violencia social y, al mismo tiempo, tenía un gobierno al que Facebook temía.

Documentos y transcripciones de reuniones internas del personal estadounidense de la compañía muestran a los empleados esforzándose por explicar por qué Facebook no seguía su propio manual de estrategia a la hora de abordar los discursos de odio, la coordinación de la violencia y la manipulación gubernamental en la India. Los empleados de Menlo Park discutían acerca de la promoción de la «yihad del amor» por parte del BJP. Se reunieron con organizaciones de derechos humanos que habían documentado la violencia ejercida por las patrullas protectoras de las vacas y rastreado los intentos de manipular la plataforma mediante redes de cuentas, algo llevado a cabo por el Gobierno indio y sus aliados. Sin embargo, nada cambió.

«Tenemos muchos negocios en la India, sí. Y tenemos contactos con el Gobierno, supongo, así que hay cierta sensibilidad a la hora de aplicar una mitigación en el país», le dijo un empleado a otro refiriéndose a la prolongada incapacidad de la compañía para abordar el comportamiento abusivo de un servicio de inteligencia indio.

Durante otra reunión, un equipo que trabajaba en lo que se denominó problema de «odio politizado» informó a sus colegas de que el BJP y sus aliados estaban coordinando tanto la falacia de la «yihad del amor» como otro *hashtag*, #CoronaJihad, basado en la idea de que los musulmanes estaban infectando de COVID a los hindúes a través de la comida halal.

El Rashtriya Swayamsevak Sangh, o RSS —el movimiento nacionalista hindú del cual el BJP es su brazo político—, estaba difundiendo esas falacias a través de 6.000 o 7.000 entidades diferentes en la plataforma, con el objetivo de presentar a los indios musulmanes como infrahumanos. Algunas de las publicaciones decían que el Corán animaba a los hombres musulmanes a violar a las mujeres de su familia.

«Lo que hacen está calando realmente en la sociedad india», señaló el portavoz del equipo, añadiendo que formaba parte de «una guerra a mayor escala».

Durante la reunión, un colega planteó la pregunta evidente. Si se sabía a ciencia cierta de la existencia de una campaña de odio coordinada, ¿por qué no se habían eliminado las publicaciones o las cuentas implicadas?

«Mmmm, la respuesta que se me ha dado durante el último año y medio es que, desde un punto de vista político, resulta demasiado delicado retirar contenidos del RSS por considerar que constituyen una incitación al odio», le explicó el portavoz.

No fue necesario responder nada.

«Veo tu cara —dijo el portavoz—. Y estoy totalmente de acuerdo.»

Si retirarse ante un discurso genocida coordinado fue algo difícil de soportar por los empleados estadounidenses de Menlo Park, mucho más lo fue en el caso de Kiran.

Como empleado de Facebook, su futuro en la India era prometedor. Sin embargo, como persona comprometida con la democracia laica, se estaba asustando. Y esto último acabó por superar a lo primero.

Un incidente concreto en el que se vio involucrado un candidato político indio le llamó especialmente la atención. Según recordaba Kiran, se trataba de un tipo de medio pelo, un nacionalista hindú cuya cuenta no había alcanzado el número de seguidores de seis dígitos de Raja Singh, pero era, de todas formas, un agitador. El comportamiento realmente aberrante del hombre había sido señalado repetidamente por moderadores de rango inferior, pero, por alguna razón, la compañía siempre parecía pasarlo por alto.

Esta vez fue diferente. El activista había emitido un vídeo en el que él y sus cómplices secuestraban a un hombre que, según dijeron mirando a cámara, había matado una vaca. Llevaron al prisionero a un solar en construcción y le pegaron, mientras los usuarios de Facebook los jaleaban entusiasmados en la sección de comentarios.

El vídeo fue eliminado y la cuenta del activista fue señalada para su cancelación, dijo Kiran. Sin embargo, era difícil librarse de la desolación de ver a una persona torturada para conseguir visitas en una red social. Más allá de la maldad del contenido, el vídeo reflejaba el miedo de Kiran a que Facebook estuviera cambiando el comportamiento real de los usuarios indios fuera de internet.

En menos de una década, los métodos de la compañía para poner a las personas en contacto contribuyeron a normalizar el discurso que hizo que las en su día estrictas leyes contra la «promoción de la enemistad» entre diferentes razas, religiones y castas parecieran pintorescas. Ver materializado el discurso de las patrullas defensoras de las vacas en Facebook aún tenía la capacidad de provocar conmoción, pero tal vez se tratara de algo temporal.

Algunas semanas más tarde, Kiran descubrió que la cuenta de las patrullas defensoras de las vacas había sido reabierta. Nunca supo por qué.

«Era un momento en el que nuestro equipo estaba gravemente falto de personal —dijo—. No podías dedicar un día a estudiar un caso porque tenías cincuenta más a los que dar prioridad.»

Como periodista, estoy encantado de trabajar con fuentes fiables, independientemente de sus motivaciones. La información de alguien despechado porque se le ha negado un ascenso puede ser exactamente igual de valiosa que la de un informante que sigue los dictados de su conciencia, y probablemente hay más de los primeros que de los últimos.

Los idealistas —como Kiran— suelen ser más difíciles de proteger. Por lo general, una persona que cree que ha sido maltratada por su jefe no hace nada que pueda perjudicar aún más sus intereses personales. Alguien motivado porque su empleador está llevando a su nación a una situación de violencia generalizada es mucho más propenso a correr riesgos.

Cuando hablé con Kiran, no entendía todavía el rastreo interno de Facebook de la actividad de sus empleados en Workplace lo suficientemente bien como para valorar hasta qué punto se estaba exponiendo personalmente. Fue una fuente de información increíble, capaz de explicarme tanto la política operativa de Facebook India como la dinámica de sus productos en el extranjero. Su información me proporcionó la mayor parte de dos artículos de primera plana. Uno trataba sobre el trabajo interno de Facebook relacionado con Bajrang Dal, un grupo juvenil afiliado al RSS.[14] Miembros de la organización —entre los que se incluyen miles de clubes locales de toda la India— se habían ganado fama de violentos, atacando cada año a parejas laicas que celebraban el día de San Valentín y asesinando a musulmanes y cristianos.

El gobierno de EE. UU. consideraba a Bajrang Dal una organización violenta, y Facebook también. La costumbre de los miembros de Bajrang Dal de retransmitir en directo actos violentos bastaba para que fuera fácil designar al grupo como una «organización peligrosa».

Sin embargo, Facebook no había pasado a la acción. Una razón era que, igual que el RSS, la organización mantenía una estrecha relación con el BJP. Otra era que Bajrang Dal y sus aliados eran lo suficientemente violentos para que el Equipo de Seguridad de Facebook hubiera dejado constancia por escrito de que temía que pudieran atacar físicamente las oficinas de la compañía en la India. El artículo ponía de manifiesto lo arraigada que estaba la violencia mayoritaria en Facebook y la inmunidad de las fuerzas que la provocaban. Bajrang Dal no podía calificarse como «organización peligrosa» porque la organización era demasiado peligrosa.

Kiran fue también la fuente de información clave para un artículo posterior sobre Ankhi Das, la directora del Departamento indio de Políticas Públicas.[15] Facebook siempre había manifestado a nivel global su compromiso a que la plataforma se mantuviese absolutamente neutral en temas políticos. Como dijo Nick Clegg, el antiguo vice primer ministro británico que ejercía como vicepresidente de Asuntos Mundiales, el papel de la compañía consistía en proporcionar un foro para que se desarrollase una competición política, no en «agarrar una raqueta y empezar a jugar».

Das no era conocida entre sus colegas por ser una mera espectadora. Con todo, las acusaciones anónimas de favoritismo dentro de Facebook no bastaban para justificar un artículo. Kiran, sin embargo, sabía dónde podía encontrar pruebas concluyentes de falta de imparcialidad: en Workplace.

La plataforma, cuyas características eran similares a las de Facebook, engatusaba a la gente para que hablase de manera informal. Durante años, Das había alardeado de tener acceso a los altos directivos del BJP, había insultado a los partidos rivales y había llamado la atención a su personal por no mostrar suficiente entusiasmo por el gobierno de Modi.

«Han sido necesarios treinta años de trabajo comunitario para librar a la India del socialismo de Estado», escribió tras la primera elección del primer ministro, alabando su temperamento de «hombre poderoso». Llegó incluso a afirmar ante sus colegas que la ayuda prestada por Facebook a la campaña de Modi en las redes sociales era responsable de su elección.

Las publicaciones eran condenatorias, pero también tenían ya unos cuantos años. Se trataba de un material que ya nadie leía en 2020, a menos que lo anduviera buscando. Esa clase de investigación conllevaba un gran riesgo para Kiran: era el tipo de cosas que Facebook podía investigar si una acusación de esa clase se publicaba en el *Journal*. Dependiendo de quién más hubiera tenido acceso a las publicaciones, Kiran estaría a salvo o estaría delatándose ante el Equipo de Seguridad de la compañía. No había forma de cuantificar el riesgo.

A pesar de todo, Kiran me dio luz verde para examinar las publicaciones. El 21 de agosto de 2020, el *Journal* publicó un artículo sobre cómo la directora de Políticas Públicas de Facebook India era simpatizante del BJP.

Das, que ya se había disculpado ante sus colegas por sus comentarios sobre los musulmanes, pasó un tiempo fuera de la oficina. Según la compañía, abandonó formalmente Facebook seis semanas después «para desarrollar sus intereses en la función pública».

Por razones de seguridad personal, la historia de Kiran también tiene que acabar aquí.

13

La ventana para que Facebook tomase medidas significativas antes de las elecciones presidenciales de 2020 se iba estrechando día tras día.

El Equipo Cívico sabía que si había alguna cosa a la que había que dar prioridad era mantener a los grupos bajo control. Los grupos podían ser maravillosos, desde luego, especialmente si tenían que ver con comunidades existentes en el mundo real o con intereses reducidos (por ejemplo, ebanistas o cónyuges de personas con alzhéimer). Sin embargo, también podían ser muy, pero que muy malos, especialmente si tenían que ver con temas como la sanidad o la política. Había grupos defensores de «terapias naturales» cuyo número de miembros era de seis cifras, que pretendían convencer a personas con cáncer de mama para que abandonasen el tratamiento médico y, en su lugar, se aplicasen un ungüento que destruía los tejidos, llamado «bálsamo negro». Grupos políticos masivos estaban dominados por pequeñas bandas de usuarios que publicaban memes reciclados, discursos que rayaban en la incitación al odio, y correos basura.

Los grupos se habían vuelto así de terribles gracias a una combinación de negligencia extrema y crecimiento artificial. Uno de los principales puntos débiles del producto era que permitía que los usuarios motivados provocaran, prácticamente por sí solos, un crecimiento viral. Un único usuario podía (y así sucedió) enviar 400.000 invitaciones a grupos de QAnon en el plazo de seis meses.[1] Esto, combinado con los permisivos criterios de Facebook para «unirse» a un grupo —todo lo que tenía que hacer un usuario era interactuar de cualquier forma con una de sus publicaciones en el News Feed—, era una pesadilla en ciernes, especialmente antes de unas elecciones en época de pandemia, ya plagada de teorías conspirativas.

Ya en 2017, el personal del Equipo de Integridad había documentado cómo grupos «pasarela» moderadamente problemáticos servían como base de captación para grupos perniciosos a los que únicamente podía accederse mediante invitación, que organizaban campañas de acoso a los usuarios que no les gustaban. Esa clase de grupos escudriñaban a los usuarios en busca de posibles delatores, exigiéndoles en ocasiones que utilizaran los discursos de odio como criterio de entrada. (La cosa fue moderadamente eficaz: en más de una ocasión no se me permitió entrar en un grupo a causa de la exigencia de utilizar la palabra que empieza por «n».) Dos años después, el Equipo de Integridad encargado de los grupos trató de frenar el producto, animado por la existencia de un grupo incitador de odio de Sri Lanka que había superado con creces los 300.000 miembros en el plazo de tres días y por el éxito de activistas antivacunas furiosos ante el intento de frenar un brote de sarampión en aquella época. La iniciativa se denominó «caza de ballenas de invitaciones» y los miembros de los equipos de Integridad y de Países en Riesgo propusieron que la compañía recortase drásticamente el límite existente del número de invitaciones a grupos, que era, en aquel momento, de mil por cuenta y por hora.

A continuación, empezó el baile habitual. En resumen: el Equipo de Producto de Grupos había aumentado sus objetivos y la propuesta fue denegada.

Por una desafortunada coincidencia, el enfoque de que las herramientas de crecimiento viral de los grupos podían ser utilizadas incorrectamente surgió justo cuando Zuckerberg estaba reorientando públicamente la plataforma de Facebook para empujar hacia formas de comunicación más privadas a los usuarios y *especialmente* a los grupos.

El producto estaría «en el corazón de la aplicación», me dijo Zuckerberg en una entrevista concedida en abril de 2019 para anunciar el cambio. Yo mismo, que acababa de unirme a un grupo de 96.000 miembros que afirmaba que los pacientes de cáncer deberían rechazar los tratamientos médicos convencionales en favor de las «terapias naturales», le pregunté a Zuckerberg acerca de la seguridad. El consejero delegado fue tranquilizador: «Si la gente la busca realmente por sí misma, vale», afirmó. Pero estaba claro que Facebook no iba a contribuir al crecimiento de esa clase de comunidades conspiranoicas. El gran impulso de la compañía a los grupos se había retrasado seis meses, dijo, porque Facebook «daba prioridad a esos temas de seguridad».

A pesar de las palabras tranquilizadoras de Zuckerberg, los problemas con los grupos siguieron siendo evidentes y crónicos. Los correos electrónicos facilitados posteriormente a los investigadores de la Cámara de Representantes como parte de la investigación del Comité del 6 de enero, probaron que Samidh Chakrabarti, Guy Rosen y Tom Alison, en aquel momento vicepresidente de Ingeniería, recibieron una valoración que establecía que el estado de los grupos en el periodo previo a las próximas elecciones presidenciales era desastroso.[2] Uno de los correos electrónicos enviados afirmaba:

> Los grupos cívicos perniciosos crecen más rápido de lo que nuestros sistemas de integridad pueden asumir. Seguimos estando muy expuestos al riesgo durante las elecciones presidenciales de EE. UU. de 2020, ya que esta clase de grupos proliferan y evitan ser detectados.

A pocos meses de las elecciones, el Equipo de Integridad creó un «cuerpo especial para grupos» encargado de lograr que la dirección de la compañía se replantease su política no intervencionista. Trump se negaba a decir si aceptaría los resultados de las elecciones en caso de ser derrotado por Joe Biden. Las preocupaciones en torno a posibles disturbios, o incluso episodios de violencia, iban en aumento.

El cuerpo especial tenía dos cometidos principales. El primero se centraba en el «crecimiento de grupos abusivos», sugiriendo medidas para ralentizar el crecimiento de los grupos, al menos el tiempo suficiente para que el equipo pudiera hacer frente a las infracciones. Fuese cual fuese la tolerancia normal de Facebook ante el rápido crecimiento de los grupos terribles, debía rebajarse al menos de momento, arguyeron los empleados. En una presentación a la directiva, los analistas expusieron que aproximadamente «el 70% de los cien grupos cívicos más activos de EE. UU. se consideran no recomendables por incurrir en discursos de odio, desinformación, *bullying* y acoso».[3]

«Tenemos que hacer algo para impedir que se produzcan esas conversaciones y que crezcan con tanta rapidez», escribieron.

Este argumento ya se había planteado e ignorado anteriormente, pero un amplio sector de la dirección de Facebook se estaba poniendo nervioso ante las inminentes elecciones. En un correo electrónico a su homólogo en el Departamento de Políticas de Facebook, Rosen dijo que Facebook necesitaba ponerles «algunos frenos» a los grupos. Y advirtió:

> Algunos de los mayores grupos cívicos tienen, literalmente, un par de semanas de vida; así que imagínate si crecen rápidamente en octubre o noviembre, antes de que podamos ocuparnos de ellos.

En lo que fue un reconocimiento tácito de que la supervisión de los grupos por parte de Facebook no era operativa, Sagnik Ghosh y otros ingenieros del Equipo Cívico fueron reclutados para crear herramientas que pudieran sacar a la luz de manera fiable los contenidos problemáticos de los grupos para someterlos a la revisión de personas o asignar cancelaciones automáticas a los administradores. Nada de esto era innovador, pero, en los meses finales de las elecciones, Rosen dio prioridad a los grupos preeminentes. No se puede decir lo mismo del consejero delegado de la compañía.

Resulta un tanto irónico que, justo cuando los altos directivos de Facebook reconocieron la toxicidad de los grupos, la plataforma eliminó uno del cual Zuckerberg era miembro. El grupo se restableció rápidamente, pero no antes de que el consejero delegado pusiera en marcha una campaña interna contra el intervencionismo excesivo en las redes sociales. Ordenando la creación de un equipo dedicado a impedir las cancelaciones arbitrarias de contenidos, Zuckerberg exigió a los altos cargos informes regulares de los avances realizados. Asimismo, sugirió que, en lugar de imponer rígidamente el cumplimiento de las normas de la plataforma a los contenidos de los grupos, Facebook debería tener más en cuenta las sensibilidades de los usuarios. En respuesta a esto, un empleado propuso eximir por completo a los grupos privados de la imposición de las normas a los «discursos de odio que pasan desapercibidos».[4]

Este entorno no era especialmente favorable para solucionar lo que incluso los altos directivos de Facebook interpretaban como un problema evidente. Cuando un ingeniero sugirió que la plataforma debía rebajar el número de infracciones necesarias para eliminar un grupo de cinco a tres, el jefe de News Feed, John Hegeman, respondió que la idea era sensata, pero se trataba de una causa tan perdida que no valía siquiera la pena plantearla. La dirección ya había desestimado propuestas parecidas, dijo, y «no era demasiado probable» que estuvieran dispuestos a volver a plantearse el tema.

A pesar de su intransigente consejero delegado, en septiembre la compañía había realizado unos cuantos cambios básicos aprobados por Zuckerberg. La compañía dejó activamente de impulsar en el News Feed grupos no recomendados y, finalmente, estableció algunos límites a las «invitaciones masivas». Accedió a dejar de recomendar temporalmente todos los grupos cívicos y sanitarios, e impuso un periodo de espera de tres semanas antes de que los grupos de reciente creación sobre cualquier tema pudieran optar a ser recomendados a los usuarios de Facebook.

Por último, el equipo hizo una aportación al arsenal de intervenciones del tipo «rompa el cristal» del Equipo de Integridad Cívica. En caso de que se desatara el infierno en torno al día de las elecciones, la compañía podría accionar un interruptor y obligar a los administradores de los grupos con un historial de infracciones de las reglas de Facebook a aprobar manualmente todas las publicaciones de sus miembros. Ese cambio ralentizaría la actividad de los grupos en general y obligaría a los administradores a responsabilizarse de los contenidos que aprobasen.

Una segunda parte de la actuación del cuerpo especial para grupos se centró en enfrentarse finalmente a algunos de los peores grupos del sitio. En un intento de obtener la aprobación para eliminarlos, el líder del equipo empezó a enviarle a Rosen y a otros altos directivos análisis diarios de la actividad de los grupos, así como muestras de sus peores contenidos.

El material era visceralmente terrible: personas que clamaban a favor de linchamientos y guerras civiles. Un grupo estaba repleto de «llamamientos entusiastas al uso de la violencia cada día». Otro grupo muy importante afirmaba estar formado por patriotas partidarios de Trump, pero, en realidad, estaba gestionado por «albaneses con motivaciones económicas» y dirigía un millón de visitas diarias a informaciones falsas y otros contenidos provocativos.

A menudo, los comentarios eran peores que las propias publicaciones, e incluso eso era intencionado. El contenido de las publicaciones podía ser escandaloso, pero no sobrepasaba los límites establecidos por Facebook para su supresión; sin embargo, sí que podía ser lo bastante malo como para provocar la ira de los usuarios, el clásico «cebo de odio». Los administradores eran profesionales y conocían las debilidades de la plataforma exactamente igual que el Equipo Cívico. En el News Feed, la rabia se hinchaba como un globo de aire caliente, y esa clase de comentarios podían llevar a un grupo a lo más alto.

Anteriormente, el Equipo de Políticas Públicas se había negado a actuar contra los cebos de odio. ¿Hasta qué punto era justo culpar a quien hubiera publicado un artículo de los comentarios al mismo? Sin embargo, dada la proximidad de las elecciones y el estado de agitación general en que se encontraba el país, todo el mundo estaba un poco más receptivo que antes. Publicar cebos de odio seguía sin constituir una infracción de las normas de Facebook, pero la dirección estaba de acuerdo en que, si el cuerpo especial para grupos pudiera arañar suficientes ejemplos de mal comportamiento oficial por parte de un grupo determinado, podrían cancelarlo. Un equipo de empleados controlaría a los grupos problemáticos conocidos, esperaría a que traspasaran la línea roja y, a continuación, argumentarían por qué las infracciones merecían que se les impusiera una sanción.

Podría alegarse, como llevaba mucho tiempo haciendo el Equipo de Políticas Públicas, que ese escrutinio reflejaba parcialidad. El contrapunto era que la plataforma estaba preparada para el fracaso.

«Hemos hecho excesivas promesas en relación con nuestra capacidad de moderar los contenidos de la plataforma —le escribió un científico de datos a Rosen en septiembre—. Estamos incumpliendo nuestras recientes promesas, y seguiremos incumpliéndolas.»

Por una vez, se impuso el argumento de que más vale prevenir que curar.

En el transcurso de unos cuantos meses, cuatrocientos grupos relacionados con la política fueron eliminados mediante un proceso al que, según admitió el propio equipo, le faltó «grandeza metodológica». Sin embargo, tuvo un impacto importante, ya que, según los cálculos, se anularon unos mil millones de visitas a contenidos de grupos tóxicos.

Por otro lado, la compañía cambió de opinión respecto a los anuncios políticos, anunciando en septiembre que los prohibiría durante una semana antes y después de las elecciones. Si surgían acusaciones falsas de fraude electoral, lo último que Facebook quería era ganar dinero promocionándolas.

Asimismo, la compañía se desdijo de su reticencia a calificar los discursos de los políticos. Partiendo del trabajo realizado anteriormente por Harbath, Facebook preparó notificaciones sobre publicaciones políticas que conducirían en primer lugar a los usuarios a fuentes de información externas sobre las votaciones, y luego declararían que las elecciones habían concluido una vez realizado el recuento de los votos.

También se estaba fraguando otro cambio relevante de última hora en relación con la Interacción Social Significativa. Aunque los miembros del Equipo Cívico primero habían advertido y luego documentado cómo el énfasis puesto por las MSI en los comentarios y reenvíos propiciaba la indignación en materia política, Facebook no había hecho demasiado por abordar el problema en los dos años y medio transcurridos. Sin embargo, en septiembre, de repente la compañía aceptó la antigua recomendación del Equipo Cívico de reducir la recompensa por publicar contenidos que provocaban la ira de los visitantes. A partir de ese momento, el algoritmo dejaría de utilizar los emojis como base para amplificar una publicación. Facebook también dejó de considerar los comentarios acosadores como una señal positiva para su difusión.

Esto supuso una gran victoria para los equipos Cívico y de Clasificación de Integridad, si bien llegó un poco tarde. Para renovar adecuadamente los sistemas de recomendación de News Feed para reducir la viralidad de los «contenidos exclusivamente indignantes» se necesitarían semanas; un tiempo del que la compañía ya no disponía. Mientras tanto, impondría una versión realizada deprisa y corriendo, simplemente manipulando los resultados del sistema.

«Se trata de un lanzamiento temporal, hasta que se actualicen los modelos centrales», señaló el autor de un documento redactado en septiembre en el que explicaba a grandes rasgos las consecuencias del cambio.[5] Sin embargo, incluso esa solución chapucera reduciría significativamente la desinformación y la incitación a la violencia. (Facebook declararía posteriormente que el cambio no acarreó demasiadas consecuencias, aunque la compañía lo ha mantenido.)

La repentina oleada de aprobaciones de última hora de proyectos de integridad que llevaban mucho tiempo estancados justificó la sensación de que, muy por encima del Equipo Cívico, los miembros de las altas esferas de la empresa se estaban poniendo nerviosos. Sin embargo, fueron las medidas que Facebook esperaba no tener que tomar las que demostraron más claramente que la compañía se estaba preparando para un aterrizaje electoral de emergencia.

Aunque los intentos de la plataforma de fijar las intervenciones tipo «rompa el cristal» empezaron en EE. UU., la tarea también se orientó a países menos desarrollados. Muchas de las medidas, como restringir agresivamente los reenvíos, abstenerse de recomendar grupos recién creados y penalizar la difusión de usuarios que publicaban reiteradamente informaciones falsas, empezaron como propuestas de mejoras permanentes en la integridad del conjunto de la plataforma que fueron rechazadas alegando que reducían la participación o que el Equipo de Políticas Públicas centrado en EE. UU. las consideraba cuestionables. En el caso de los mercados principales, esas propuestas ya no tenían recorrido.

Sin embargo, en el caso de los países en riesgo, esas medidas de integridad desperdigadas tuvieron ocasión de cobrar un nuevo impulso. Al no poder depender de los clasificadores y con una capacidad limitada para revisar los contenidos publicados en lenguas como el birmano, el tamil o el oromo, Facebook estaba dispuesto a modificar su mecánica de manera mucho más contundente que en su país.

Muchas de las herramientas relegadas a esos mercados eran sospechosamente parecidas a las que el año anterior KX Jin había pedido a la compañía que aplicara en todo el mundo. Las medidas estaban mucho menos basadas en la inteligencia artificial y mucho más en la fricción, haciendo que la plataforma fuera más estable y no necesitara moderación. Ralentizaron la difusión de contenidos virales, sustituyéndolos por material publicado directamente por amigos del usuario. Limitaron la velocidad de crecimiento de los grupos de Facebook, redujeron las recomendaciones de contenidos de fuentes de reciente creación y restringieron los comentarios a las publicaciones que parecían generar muchas respuestas incitadoras al odio. También hubo degradaciones agresivas. La eficacia de los clasificadores aumentaba exponencialmente si estabas dispuesto a rebajar de forma drástica la categoría de una publicación que tenía un 50 % de probabilidades de ser problemática, aunque muchas de las medidas más contundentes no lo requerían.

La primera utilización a gran escala de las medidas de «rompa el cristal» (BTG, por sus siglas en inglés) tuvo lugar en Myanmar, donde, en 2018, la compañía había hecho todo lo posible, aunque con retraso, por acabar con la violencia respaldada por el Estado contra los rohinyás. A continuación, las medidas BTG fueron desplegadas en Sri Lanka durante la Semana Santa de 2019, cuando devastadores atentados suicidas inspirados por el ISIS contra iglesias y hoteles amenazaron con dar paso a una violencia generalizada.

«Intentamos que las bombas de Sri Lanka fuesen un importante medio de aprendizaje», recordó un empleado del Equipo de los Países en Riesgo. Al principio, era difícil apreciar qué estaban logrando las medidas, ya que no era ético realizar pruebas A/B en una situación de emergencia. Sin embargo, el equipo había sido capaz de realizar pruebas posteriormente, determinando que las herramientas más poderosas estaban todas relacionadas con la clasificación de los contenidos. «Según los informes que empezamos a recibir de la sociedad civil, se estaban salvando vidas.»

Aunque los beneficios en materia de seguridad fueran elevados y los riesgos empresariales bajos —a nadie le preocupaba el aumento de los usuarios en Yemen ni la opinión del gobierno sirio sobre la moderación de contenidos—, las herramientas BTG seguían siendo escasamente utilizadas. Antes de las elecciones de 2020 en Myanmar, por ejemplo, la compañía aplicó una medida BTG que limitaba la difusión de contenidos compartidos y la sustituía por más contenidos de amigos de los usuarios. La intervención provocó una impresionante reducción del 25 % de las publicaciones incendiarias y del 49 % de las fotos falsas virales. Esas mejoras —que, según expuso un documento, reducirían el riesgo de que Facebook «desencadenase más conflictos» en Myanmar— no hicieron que disminuyera el número de sesiones iniciadas en la aplicación por usuarios de lengua birmana.[6] La única contrapartida fue una reducción de la participación de aproximadamente un 2 %, según cálculos de las Interacciones Sociales Significativas.

Teniendo en cuenta el historial de Facebook en la contribución a la limpieza étnica de Myanmar, una reducción del 2% en las reacciones y los comentarios podía parecer un precio muy pequeño a pagar por tener más seguridad. Pero incluso ese coste era demasiado elevado para que la compañía pudiera asumirlo de manera permanente. «Tenemos la intención de reducir la intervención después de las elecciones de noviembre en Myanmar», apuntó el documento de ese mismo mes del Equipo de ARC.[7] Después de que el ejército birmano se hiciera con el poder mediante un golpe de Estado, la compañía continuó aplicando algunas medidas con el fin de mantener la calma, pero levantó las restricciones que habían reducido la difusión de contenidos subversivos. Por cuestión de principios, a Zuckerberg seguía sin gustarle alterar la plataforma de cualquier manera que redujera el «valor para el usuario».

En Estados Unidos, la compañía era aún más reticente a aplicar medidas de protección BTG. Designar formalmente a Estados Unidos como un país en riesgo de «nivel 1» lo situaría al mismo nivel que naciones como Irak, Yemen y Siria y, por lo general, la compañía trataba de evitar discutir en detalle la eficacia de sus medidas de emergencia incluso en esos países. Hacerlo revelaría que la compañía tenía un poder considerable para abordar problemas como los discursos de odio, de los cuales directivos como Andrew Bosworth —autor de la tristemente famosa circular titulada «Lo feo»— preferían culpar a la humanidad en su conjunto.

A pesar de todo, era indudable que la temperatura de la política estadounidense iba en aumento, con refriegas regulares entre manifestantes y policías en Portland, caravanas de partidarios de Trump que intentaban sacar de la carretera al autobús de campaña de Biden en Texas, y el presidente en funciones insinuando que no aceptaría una derrota. En septiembre, Nick Clegg dijo en *USA Today* que la compañía había preparado planes de contingencia, pero que no los debatiría porque ello «sin duda provocaría una sensación de ansiedad mayor de la que esperamos que esté justificada».[8] La compañía estaba intentando tranquilizar al público, diciéndole que, como mínimo, se encontraba preparada para afrontar una crisis. Con todo, Estados Unidos seguiría siendo un miembro no oficial del club de los países potencialmente fallidos de Facebook.

Un alto directivo de Comunicaciones de la empresa se lamentaría posteriormente por haber sido incapaz de evitar que arraigara el nombre de «rompa el cristal», con sus connotaciones de extintores y alarmas de incendios. El término evocaba un pánico justificado, una crisis absoluta y amenazas contra la vida humana. Todo ello adecuado, teniendo en cuenta el contexto. Sin embargo, desde el punto de vista de las relaciones públicas, era una absoluta mierda de nombre y tal vez demasiado poco sutil.

En octubre, el Equipo Cívico estaba de nuevo en su centro de operaciones, controlando la plataforma a todas horas. Tras años de presionar para idear una estrategia más dura para abordar problemas endémicos como la desinformación y la polarización, algunas de sus propuestas más ambiciosas veían finalmente la luz. Era un momento muy tenso —en la historia reciente, el país no había estado nunca tan en ascuas a causa de la política interna—, pero los miembros del Equipo Cívico creían que estaban haciendo todo lo posible por atenerse a las circunstancias.

Solamente Chakrabarti y quizás un par de colegas de confianza sabían que el Equipo Cívico estaba trabajando por última vez. Los eternos conflictos entre dicho departamento y las divisiones de Producto y de Políticas y el equipo directivo de Facebook se habían ido intensificando tras el revuelo provocado por el comentario de «los saqueos y los tiroteos», y los ejecutivos —con la excepción de Chakrabarti— habían empezado a discutir en privado cómo abordar lo que ahora se consideraba indiscutiblemente una operación de integridad corrupta. El Equipo Cívico, con su comprometida plantilla de ingenieros, sus importantes operaciones de investigación y su propia declaración de objetivos, se encontraba en el punto de mira.

En un correo al que posteriormente tuvo acceso el Comité del 6 de enero, Rosen le dijo a Hegeman que, en cuanto concluyeran las elecciones, era probable que la compañía desmantelase la estructura de integridad existente.[9]

«Estamos estudiando unos cuantos modelos en un grupo muy muy unido», escribió Rosen, y añadió que Hegeman podía «estar tranquilo» porque la reorganización abordaría «específicamente la sólida relación entre tu equipo y el de Integridad Cívica».

A finales de verano o principios de otoño, Rosen informó a Chakrabarti de que la suerte del departamento estaba echada: una vez concluidas las elecciones, el Equipo Cívico sería desmantelado. Chakrabarti no discutió y, como dijo posteriormente a sus adjuntos, ni siquiera estaba seguro de no estar de acuerdo. La relación entre su equipo y la compañía probablemente ya no tenía arreglo.

Chakrabarti, que normalmente era muy sincero con los directores de Producto en las reuniones semanales, tardó meses en decirles a sus adjuntos que el Equipo Cívico se iba a disolver. Había unas elecciones por las que preocuparse.

Las elecciones centraban toda la atención. Zuckerberg aportó parte de su fortuna personal a aquella guerra. El mismo consejero delegado que había afirmado en Georgetown que la mejor manera de acabar con la desinformación era centrarse en la autenticidad del hablante parecía reconocer al fin que Estados Unidos había entrado en aguas desconocidas y se enfrentaba a la posibilidad de que se produjera un ataque a gran escala contra la democracia. Aquel septiembre, mientras Trump se encontraba inmerso en su campaña de desacreditación del voto por correo —una opción elegida por muchos votantes a causa de la pandemia—, Zuckerberg y su mujer se comprometieron a donar 300 millones de dólares a través de dos organizaciones sin ánimo de lucro a la administración electoral local y estatal. La suma era equivalente a la asignada a los estados por el gobierno federal para el total de las elecciones.

Aportar fondos para reforzar la infraestructura electoral cuadraba con la idea del consejero delegado de que Facebook fuera rigurosamente neutral, pero apoyaba el proceso democrático. Sin embargo, por otro lado, se trataba de intentar de alguna manera ajustar el posicionamiento político de la compañía en los últimos días de la carrera electoral.

Que Facebook estaba censurando a los conservadores se estaba convirtiendo en un argumento cada vez más esgrimido por la derecha. Lo cierto era que gran parte de la desinformación que inundaba la plataforma de la compañía sí que tendía a estar dirigida a un público de derechas, incluyendo material de actores extranjeros que interferían en la política de EE. UU. Durante los cuatro años anteriores, la compañía había estado más preocupada por molestar a Trump que por molestar a los demócratas. Había buenas razones prácticas para ello. Con la Casa Blanca y el Senado bajo el control de los republicanos, los demócratas no podían ordenar una revisión reguladora ni una acción antimonopolio como el presidente.

Y, aunque sus relaciones con los republicanos tendían a generar más atención, cuando las elecciones se acercaron las relaciones con los demócratas se habían deteriorado igualmente, hasta el punto de que al principal enlace de Facebook con el Congreso, una antigua asistente de la entonces líder de la minoría de la Cámara de Representantes Nancy Pelosi, se le prohibió la entrada a su despacho.[10] Con las encuestas indicando claramente que Trump iba a salir derrotado, la compañía era plenamente consciente de que estaba en deuda con un sector importante del electorado. La campaña de Biden ya había mostrado su enfado con Facebook por permitir las repetidas afirmaciones de Trump de que era posible que le robaran las elecciones, según las personas que trabajaban en ella. Desde luego, el plan de la compañía consistente en colocar etiquetas con datos sobre las votaciones en las publicaciones de ambos candidatos no ayudó. El equipo de Biden consideró que los llamativos avisos generaban sospechas injustificadas hacia sus publicaciones basadas en hechos, con el fin de ahuyentar a sus simpatizantes, y el Comité Nacional Demócrata expresó su desacuerdo con Facebook: quería que las etiquetas se reservasen exclusivamente para las reflexiones de Trump sobre el fraude electoral.

En octubre, Rosen le preguntó a Chakrabarti si había alguna manera de que la compañía pudiera justificar la supresión de las etiquetas de información electoral de las publicaciones del candidato demócrata. Obviamente, no mencionó que la oficina de Biden estaba reclamando el cambio: solamente era una idea.

Chakrabarti llevaba mucho tiempo en desacuerdo con la postura de Facebook de que la veracidad de las afirmaciones de los políticos acerca de las votaciones y las elecciones no era asunto suyo, y había liderado el intento infructuoso de cambiarla antes de las elecciones brasileñas de 2018.

Sin embargo, cambiar las reglas en octubre de 2020, como respuesta a lo que suponía —con razón— que era una petición de la gente de Biden, le parecía inaceptable. Tras años de acusaciones al Equipo Cívico de parcialidad a favor de los liberales, les confesó posteriormente Chakrabarti a dos de sus adjuntos, era un tanto irónico decirle a Rosen que el etiquetado selectivo a favor de los demócratas no estaba justificado por la política de Facebook.

Como el resto del país, el Equipo Cívico llegó nervioso al día de las elecciones. Nadie se sentía preparado. La compañía había adoptado algunas buenas medidas, pero a nadie le parecía que la plataforma estuviera donde debía estar. El riesgo de caos parecía elevado.

A diferencia del centro de operaciones de 2018, este estaba formado, gracias a la pandemia, por un grupo de personas sentadas en sus casas frente a sus ordenadores. Aun así, todo el mundo estaba en alerta máxima.

Con gran alivio por su parte, el martes empezó y acabó sin incidentes destacables. No hubo violencia en las votaciones ni intentos de eliminación de votantes a gran escala. No hubo documentos pirateados en el último minuto, ni falsificaciones graves, ni *fake news* terriblemente virales inundando internet.

El Equipo Cívico podía respirar tranquilo, o casi.

Tenían un último deseo: un batacazo electoral que tuviera como resultado una victoria contundente que enviase a la cama a las once hasta a los más adictos a la política de la Costa Este. No tuvieron suerte.

Mientras Trump se había pasado las semanas previas al 3 de noviembre despotricando acerca de «elecciones amañadas», los comentaristas y los responsables políticos habían estado advirtiendo de la posibilidad de que los resultados no se conocieran durante días. Para Trump, el esperado aumento del voto por correo era motivo de fraude. Para todos los demás, era resultado de votar durante una pandemia mundial, en un momento en que muchos seguían teniendo miedo a salir de sus casas.

A medida que se iban conociendo los resultados aquella noche, quedó claro enseguida que ya no había posibilidad de batacazo electoral. Trump iba ganando en una serie de estados clave, incluyendo Florida. Pero lo mismo sucedía con Biden. Cuando Fox News atribuyó Arizona a los demócratas, uno de los estados decisivos, los conservadores montaron en cólera, preparando el terreno para una batalla más cruenta. El recuento se prolongó hasta bien entrada la noche y, tal como estaba previsto, durante varios días. Sin embargo, eso no le impidió a Trump dirigirse a la nación desde la Casa Blanca poco después de las dos de la madrugada.

«Nos estábamos preparando para ganar estas elecciones —dijo—. Francamente, hemos ganado estas elecciones.»

Con Trump agitando desde la Casa Blanca, un grupo de Facebook recién creado, denominado «Stop the Steal» ('Detengamos el robo'), estaba creciendo a razón de 10.000 usuarios por hora, convirtiéndose en una parte central de la infraestructura para las acusaciones disparatadas de fraude electoral descarado. Ninguna de esas acusaciones resistió más de unas cuantas horas de escrutinio. Pero eso no importaba. Para cuando los verificadores de datos desmintieron las acusaciones de manipulación de las máquinas de votación electrónica en Pensilvania, Stop the Steal ya había pasado a proclamar que los interventores estaban proporcionando a los votantes republicanos de Arizona un tipo de bolígrafo inadecuado que permitiría invalidar sus votos.

El grupo aumentó hasta tener más de 360.000 miembros menos de veinticuatro horas después, cuando Facebook lo eliminó alegando «medidas extraordinarias». Difundir acusaciones falsas de fraude electoral a una audiencia masiva, en un momento en el que hombres armados estaban reclamando que se detuviera el escrutinio fuera de los centros de recuento, era un problema evidente que la compañía sabía que solamente iba a empeorar. Stop the Steal tenía otros 2,1 millones de usuarios pendientes de admisión cuando Facebook lo desenchufó.

La dirección de Facebook describió el crecimiento de Stop the Steal como un hecho sin precedentes, aunque no se puede culpar a los miembros del Equipo Cívico por no compartir su sensación de sorpresa. Análisis posteriores confirmaron lo que muchos sospecharon inmediatamente. Los superinvitadores estaban haciendo lo que se les daba bien: el 30% de los miembros del grupo solo podían rastrearse hasta el 0,3% de los usuarios.[11]

Había otras señales problemáticas. Los clasificadores de Facebook habían sido lo suficientemente buenos como para detectar que los discursos de odio se estaban disparando por toda la nación durante el auge de Stop the Steal, pero no fueron lo suficientemente buenos para frenarlos. La «desenfrenada viralidad nociva» de la que había advertido KX Jin había llegado y, tal como este había avisado, las defensas de Facebook eran demasiado débiles y sus normas demasiado enrevesadas para estar a la altura. La plataforma era simplemente demasiado rápida.

La tarde del 5 de noviembre, dos días después del final de las votaciones, Facebook «rompió el cristal» en las elecciones estadounidenses de 2020. De repente, las publicaciones de grupos con un historial de infracciones de las normas requerían la aprobación de la administración. Los usuarios que quisieran compartir contenidos relacionados con las elecciones tendrían que clicar en un aviso que les dirigiría a fuentes de información fidedignas. Las publicaciones clasificadas con un 70% o más de probabilidades de incitar a la violencia empezaron a desaparecer, y los hilos de comentarios con un volumen de discursos de odio anormalmente grande se frenaron. Los creadores de contenido peor clasificados en términos de calidad tuvieron mucha menos difusión, igual que las publicaciones compartidas en largas cadenas virales.

El título de una de las medidas de «rompa el cristal» —«Dejar de promocionar contenidos de grupos no recomendables»— subrayaba lo correctivo que era todo. En lugar de ralentizar la plataforma de la manera sutil recomendada desde hacía mucho por el personal de Integridad de la compañía, Facebook estaba tirando del freno de emergencia. En total, se activaron sesenta y cuatro medidas «rompa el cristal» mucho antes de que las votaciones declararan vencedor a Biden el 7 de noviembre.

Las medidas de emergencia de Facebook funcionaron según lo previsto y también se retiraron según lo previsto. Al cabo de menos de un mes, cuando los indicadores de violencia e incitación a la violencia se habían reducido hasta los niveles anteriores a las elecciones, la compañía las empezó a retirar. Las degradaciones por incitación a la violencia y las sanciones a los usuarios por distribuir reiteradamente noticias falsas fueron las primeras en desaparecer.[12]

El 2 de diciembre, aproximadamente doscientos miembros del Equipo de Integridad Cívica de Facebook asistieron a una reunión general. Nadie sabía con seguridad en qué se iba a centrar el departamento ahora que habían pasado las elecciones. Todo el mundo sabía que había tensiones entre el Equipo Cívico, el de Políticas Públicas y varios equipos de Producto, y que era necesario que se produjese algún cambio. Asumieron que había llegado el momento de llevar a cabo una reorganización.

Rosen inició la reunión dando las gracias al Equipo Cívico, diciéndoles que habían marcado la diferencia. Su trabajo era duro, interdisciplinario e importante y, ahora que habían concluido las elecciones, era el momento de pensar de manera más metódica. Los intentos del Equipo Cívico no se ajustaban bien, así que gran parte de lo que hacía era *ad hoc*. Para corregir eso se necesitaría trabajar más estrechamente con otros equipos de la compañía.

«Estoy muy emocionado con esta nueva fase de nuestro enfoque de la integridad», le dijo a todo el mundo, antes de ceder la palabra a Chakrabarti para que hablase de lo que Rosen denominó «la evolución de la organización cívica».

«Genial. Vale», empezó Chakrabarti, en un tono menos emocionado que el de su jefe. El Equipo Cívico había existido durante 1.961 días, dijo, relatando cómo, al principio, todos trabajaron para aumentar los registros de votantes antes de centrar su atención en la desinformación, haciendo frente a una ola de crisis tras otra, tanto nacionales como extranjeras. El equipo había hecho todo lo que había podido como organización autónoma, afirmó Chakrabarti, pero necesitaba al resto de Facebook para tener éxito. Por tanto, anunció que el Equipo Cívico se iba a disolver, y que él iba a presentar su dimisión.

«A lo largo de los años, muchos de vosotros me habéis dicho que en este equipo habéis experimentado una sensación de parentesco con otros que creen en la construcción de plataformas de manera consciente», les dijo a los asistentes, admitiendo que la disolución del Equipo Cívico «podría parecer una recompensa un tanto extraña». «En cuanto a mi mensaje de despedida, lo que quiero es que seáis conscientes de que las semillas de los valores del Equipo Cívico están ahora dentro de todos y cada uno de vosotros», afirmó, instando a su personal a que difundiera por la compañía la ética de ser «desinteresados, constructivos, representativos, protectores, justos y conscientes».

Si el lenguaje de Chakrabarti parecía más propio de un misionero que de un director de Producto de nivel intermedio o alto de una empresa tecnológica, había una razón para ello. De la forma más educada posible, estaba a punto de decir que los directivos de Facebook eran una panda de bárbaros:

Cuando veáis un problema grave que todavía no nos estamos tomando en serio, tened el valor de presionar para que ampliemos nuestro sentido de responsabilidad. Cuando veáis que corremos el riesgo de anteponer nuestros intereses a corto plazo a las necesidades a largo plazo de nuestra comunidad, expresadlo de manera constructiva y respetuosa. [...] Y cuando veáis que nuestra plataforma está protegiendo aún más a los poderosos en lugar de democratizar las opiniones, mantened la fe en la misión declarada por nuestra compañía.

«Así es como honraréis el legado de lo que hemos construido aquí —concluyó—. Y, en esencia, así es como podéis ejercer vuestro deber cívico.»

Dicho esto, Chakrabarti cedió de nuevo la palabra a Rosen y al resto de los directivos que heredarían a su personal. Tras una breve sesión de preguntas y respuestas, Rosen les dio las gracias a todos por su tiempo. Y eso fue todo.

En plena pandemia, sus colegas no pudieron decirle que lo sentían en persona. Todo el mundo se limitó a desconectarse. Lo que había sido un equipo era ahora un centenar de exempleados, todos ellos sentados en sus casas sin tener ni idea de qué iba a pasar con su trabajo. Entre ellos estaba Frances Haugen, una directora de producto de treinta y cinco años que llevaba en Facebook un poco menos de un año y medio.

14

Le envié un mensaje a ciegas a Haugen y a un par de docenas de colegas suyos del Equipo Cívico justo después de las elecciones, a través de LinkedIn, para decirles que estaba familiarizado con su trabajo, que sabía que había ciertas tensiones internas en torno a él y que creía que sus esfuerzos eran merecedores de atención.

De conformidad con las normas de la compañía sobre los contactos a través de redes sociales —y con el acuerdo de confidencialidad firmado por todos los empleados al aceptar un empleo en Facebook—, varios trabajadores reenviaron diligentemente mi mensaje al Equipo de Relaciones Públicas, mientras que un par de ellos me contestaron declinando amablemente hablar conmigo. Sin embargo, Haugen llevaba allí un mes. Había leído mis artículos en el *Journal* sobre la disposición de Facebook a tolerar los discursos de odio y la infracción de las normas en la India, y cómo la directora de Políticas de la India había expresado abiertamente su desprecio por los adversarios del partido gobernante en el país.

Haugen se había unido a Facebook porque quería ayudar a la compañía a arreglar su plataforma. Tenía razones profundamente personales para ello.

Haugen se había criado en Iowa y era hija de profesores universitarios. Estudió Ingeniería Eléctrica e Informática en el Olin College antes de trasladarse a Silicon Valley a mediados de la década de 2000, una época en la que la tecnología era excepcionalmente benévola con los veinteañeros que tenían sus aptitudes.

En Google, trabajó en un proyecto consistente en digitalizar libros y facilitar su búsqueda, un proyecto lo suficientemente poco conocido como para que, incluso siendo una empleada júnior, acabara ocupando un puesto de responsabilidad. El trabajo le proporcionó unas cuantas patentes y unos conocimientos prácticos poco habituales sobre la creación de productos para extraer y filtrar información. Lo hizo bien. Al cabo de unos años, Google le pagó un MBA en Harvard. Haugen regresó a la compañía en 2011, preparada para reanudar su ascendente carrera. Sin embargo, estuvo a punto de morir a causa de una enfermedad autoinmune. Los informes médicos de la época muestran que pasó por un auténtico calvario. Aparentemente, a Haugen no le ocurría nada malo, pero pasó de recorrer más de ciento cincuenta kilómetros en bicicleta cada día a moverse con dificultad sin la ayuda de una silla de ruedas.

Haugen se quedó rezagada en su trabajo y tuvo que abandonarlo a principios de 2014. Dos meses más tarde, permaneció en la unidad de cuidados intensivos durante tres semanas. Para cuando los médicos averiguaron que la causa de su estado era un enorme coágulo de sangre en la pierna, ya había sufrido daños permanentes en los nervios de las manos y de los pies.

Haugen era una sombra de lo que había sido. No podía subir un tramo de escaleras ni mantener un empleo y sufría dolores insoportables provocados por una enfermedad invisible. Vivir así indefinidamente parecía algo impensable.

Un contacto familiar la ayudó a alejarse del abismo. El joven, contratado para ayudarla con los recados mientras Haugen trabajaba durante la convalecencia, se convirtió en un apoyo fundamental después de un año prácticamente confinada en casa. Iba a hacer la compra, la llevaba a las citas médicas y la ayudaba con la fisioterapia. «Él estaba un poco perdido. Yo estaba perdida; estábamos perdidos juntos —me explicaría Haugen posteriormente—. Fue una amistad realmente importante para mí. Y luego lo perdí porque estaba convencido de que George Soros dirigía la economía mundial.»

El joven, que había sido simpatizante de Bernie Sanders en 2016, había empezado a pasar cada vez más tiempo en el foro de mensajes 4Chan y en los rincones más oscuros de Reddit, después de que el senador de Vermont no consiguiera la nominación como candidato demócrata en su pugna con Hillary Clinton. Él mismo me contaría posteriormente que, en aquella época, su visión del mundo era una mezcla de ocultismo, nacionalismo blanco y la Singularity, el punto hipotético en el que la conciencia humana es superada por las máquinas.

La salud de Haugen mejoró lo suficiente como para permitirle volver al trabajo, primero creando algoritmos para extraer datos de las fotos publicadas por los usuarios en Yelp y luego incorporándose a Pinterest, donde se convirtió en la principal directora de Producto de uno de los sistemas centrales de recomendación de la plataforma.

Eran cargos importantes e interesantes en un campo apasionante, pero Haugen se sentía un poco fuera de lugar. Ello se debía, en parte, a que se había quedado rezagada en su carrera profesional; a veces se le encomendaban tareas en las que tenía que rendir cuentas a personas a las que ella había contratado como becarios en Google. Sin embargo, su alejamiento era más profundo. Incluso después de su recuperación, el dolor y la soledad de una larga enfermedad la habían alejado de sus jóvenes colegas que, a los veintitantos años, estaban sanos y tenían vida social.

Su optimismo sobre las redes sociales también se había visto perjudicado. Antes de caer enferma, Haugen había asumido instintivamente la idea de que las redes sociales eran buenas para el mundo o, en el peor de los casos, neutras y entretenidas. Ver a un amigo cercano envenenarse con conspiraciones locas y llenas de odio la hizo cambiar radicalmente de idea.

«Estudiar la desinformación es una cosa, y perder a alguien por su causa otra muy distinta —dijo—. Mucha gente que trabaja en esos productos solamente ve su lado positivo.»

Los encargados de selección de personal de Facebook llevaban mucho tiempo intentando fichar a Haugen. Los contactos regulares no eran tanto motivo de halago como un reflejo de que Facebook duplicaba su tamaño cada dos años y necesitaba personal cualificado.

Haugen nunca había picado. Sin embargo, cuando un encargado de selección de personal se puso en contacto con ella a finales de 2018, contestó que podría estar interesada si el puesto tuviera que ver con la desinformación y la democracia. A medida que iba avanzando en el proceso de selección, le fue explicando a la gente que un amigo muy cercano se había radicalizado en internet y que quería ayudar a Facebook a impedir que sus usuarios recorriesen caminos parecidos.

Entre sus puntos fuertes, señaló en una carta de presentación, destacaba su experiencia trabajando en proyectos corporativos «con discreción». Empezó a trabajar en el Equipo de Integridad Cívica de Facebook en junio de 2019.

Al principio, le encargaron que creara herramientas para estudiar la desinformación cívica fuera del alcance de la verificación de datos de Facebook realizada por terceros. Luego, ante el temor a que los rusos estuvieran divulgando información falsa dirigida a comunidades de activistas y oficiales de policía, fue reubicada para que creara un sistema capaz de detectar esas prácticas. Su equipo, compuesto por ella y cuatro nuevas incorporaciones más, disponía de tres meses, un plazo que consideró imposible de cumplir. No lo consiguió y su evaluación inicial fue mala.

«En Facebook, la gente consigue hacer lo que hay que hacer con muchos menos recursos de los que cabría imaginar», recordó que le había dicho Chakrabarti. La frase pretendía ser motivadora, pero a Haugen le pareció una excusa lamentable por parte de una empresa que no estaba invirtiendo lo suficiente en materia de seguridad.

En el Departamento de Integridad en sentido amplio, vio pequeños equipos que abordaban problemas enormes. El equipo principal —responsable de detectar y combatir la explotación de seres humanos, incluyendo la esclavitud, la prostitución forzosa y la venta de órganos— estaba compuesto por unos pocos investigadores. «Yo pregunté por qué no se contrataba a más personal —recordó—. Facebook actuaba como si no tuviera capacidad de dotar de personal a esos equipos.»

La escasez de recursos de una de las empresas más rentables del mundo no era el único problema que vio:

Estaba rodeada de personas inteligentes y meticulosas que cada día descubrían formas de hacer que Facebook fuera más seguro. Desgraciadamente, la seguridad y el crecimiento no suelen ir de la mano y Facebook no estaba dispuesta a sacrificar ni siquiera un ínfimo porcentaje de crecimiento.

Haugen llegó a verse a sí misma y al Equipo Cívico como una brigada de limpieza con escasez de personal. Facebook había contratado a un grupo de personas inteligentes y apasionadas para solucionar problemas que podían tener consecuencias potenciales de vida o muerte, pero no les había dotado de recursos o capacidad para actuar.

A Haugen le disgustaban muchas cosas, desde la incapacidad de la compañía a la hora de combatir el tráfico de seres humanos hasta la solapada condescendencia de la plataforma con los personajes poderosos. Por encima de todo, lo que le preocupaba era que la compañía ignorase los peligros que en sí misma planteaba en países pobres que tenían acceso a internet por primera vez. En su opinión, el genocidio de Myanmar, impulsado por las redes sociales, no era una casualidad: seguía un patrón. Facebook elevaba constantemente la temperatura del discurso social. Si la compañía no cambiaba de rumbo, sus productos matarían a mucha gente.

Bastantes colegas de Haugen habían llegado a una conclusión parecida. Los empleados del Equipo de Integridad, cuyos proyectos eran bloqueados, hablaban a veces de «estrés» y «desgaste» antes de tomar la decisión de abandonar la empresa. Haugen llegó a creer que la jerga de los trabajadores de cuello blanco no hacía justicia a la situación en que se encontraban. Empezó a pensar que el trabajo de integridad de Facebook provocaba un daño moral, un término acuñado por psicólogos estadounidenses para describir una serie de síntomas similares al TEPT que padecían los veteranos de la guerra de Vietnam que habían formado parte de algo que había traicionado sus convicciones más profundas.

Haugen no quería sentirse así, y sabía que no era un pez lo bastante gordo para lograr algo simplemente criticando a la compañía al salir por la puerta. Por lo general, tampoco le impresionaba la calidad del debate público en torno a las redes sociales. Se habían escrito miles de artículos sobre si Facebook debía eliminar algunas publicaciones concretas, si debía disolverse o si estaba a favor o en contra de los conservadores. Pero, en su opinión, lo que realmente importaba era la mecánica de Facebook. La compañía había diseñado su plataforma de un modo que la hacía intrínsecamente escandalosa, inestable y proclive a la manipulación. Las personas ajenas a la empresa tenían que conocer los detalles.

Una tarde de mediados de diciembre de 2020, conduje hasta el inicio de un sendero en el Parque Regional Redwood en Oakland Hills. Era un día templado, pero Haugen salió de su coche vestida con una parka gruesa, un forro polar, guantes, *leggins* y calentadores. Mientras las personas que habían salido a correr pasaban junto a nosotros en pantalón corto, Haugen me contó la historia de su lesión nerviosa. Hasta el más leve escalofrío significaba horas de dolor insoportable.

Haugen me había enviado un mensaje encriptado a través de una aplicación la noche de la reunión general en la que se había anunciado la disolución del Equipo Cívico.

Llevaba varios meses anotando sus dudas, cada vez más convencida de que Facebook no estaba comprometido con la integridad. Siempre que algo le preocupaba o le parecía significativo, lo apuntaba. No sabía qué iba a hacer con aquel material. Se había puesto en contacto con una organización sin ánimo de lucro en defensa de la tecnología, pero su contacto le dijo que no se dedicaban a airear denuncias de irregularidades empresariales.

Aquel sábado por la tarde paseamos durante algunos minutos por el sendero, un tanto saturado de corredores y ciclistas, antes de detenernos en un claro para charlar en serio. Mientras me relataba su trabajo en la compañía, interrumpía frecuentemente su discurso para interrogarme sobre qué sabía yo de varios sistemas y procesos de Facebook. No cabía duda de que me estaba poniendo a prueba: hablar con un periodista constituía un incumplimiento de su acuerdo de confidencialidad con Facebook y, potencialmente, el fin de su carrera profesional. Además de preguntarme cómo pensaba mantener su identidad en secreto, buscaba pruebas de que merecía la pena correr el riesgo que representaba hablar conmigo.

Hablamos hasta que cayó la noche bajo los grandes árboles. De camino a los coches, Haugen sugirió que empezásemos a encontrarnos con regularidad. En el peor de los casos, dijo, contestar preguntas podría aclararle las ideas y ayudarle a identificar qué era importante documentar antes de abandonar Facebook.

Esa última parte fue la que marcó la diferencia. Cuando la conocí, yo ya había hablado con muchos exempleados que habían descrito a grandes rasgos infinidad de preocupaciones parecidas a las suyas. Los detalles variaban: algunos estaban furiosos por lo que les parecía proxenetismo político y otros por los peligros de la clasificación algorítmica de contenidos, o por el diseño adictivo. Pero, con un poco de atención, se podía entrever a grandes rasgos la historia subyacente general: la compañía tenía pruebas concretas de que sus productos podían provocar daños a nivel social, pero sus líderes no estaban dispuestos a poner en peligro sus propios intereses corporativos con sus autocorrecciones.

Yo sabía por experiencia que los empleados bien informados que llegaban a esa conclusión acostumbraban a irse, normalmente sin hacer ruido. Con menos frecuencia, vilipendiaban públicamente a la compañía o daban detalles de su trabajo.

Pero nunca hacían lo que Haugen se estaba planteando hacer. En lugar de sacar a la luz un documento aislado o los detalles de un proyecto concreto que había salido mal, Haugen se estaba planteando pasar meses dentro de la compañía con el objetivo específico de investigar a Facebook. Si hubiese sido ella quien se hubiera puesto en contacto conmigo y no al revés, me habría vuelto paranoico. Aunque Facebook nunca había intentado jugármela, que una empleada bien situada me ofreciera una colaboración así de extraordinaria tras la primera reunión parecía algo demasiado bueno para ser cierto.

Me pasé la mitad del trayecto de vuelta a casa tratando de imaginar si Haugen podría ser el cebo de algún tipo de complot muy elaborado y la otra mitad preparándome para la decepción en caso de que no siguiera adelante. Reflexionando sobre todo lo que podía salir mal, me sentí también un poco incómodo con la intensidad de sus convicciones. Durante nuestra reunión, no expresé mi escepticismo, pero ella me dijo en dos ocasiones que estaba motivada para ayudarme porque, si no revelaba lo que ya se sabía en Facebook, probablemente morirían millones de personas.

Después de que las Naciones Unidas hubieran culpado a la compañía de impulsar la limpieza étnica en Myanmar, su acusación no podía descartarse sin más. Sin embargo, seguía pareciéndome imponente.

Tras dos años cubriendo la información de la compañía, era consciente de que sus productos y los de las redes sociales de la competencia podían influir en la política y en el flujo de información de maneras que influían en las vidas de las personas y, en ocasiones, que acababan con ellas. Sin embargo, la afirmación de que las aplicaciones de teléfonos inteligentes, incluso las más populares, tenían tanta capacidad de destrucción como ella afirmaba seguía pareciéndome exagerada.

El papel desempeñado por Facebook y otras plataformas en acontecimientos que tendrían lugar tan solo unas semanas más tarde me hizo sentirme un poco menos seguro.

15

Se describían unas a otras como estafadoras, divas y payasas. Mentían, instintiva y torpemente, en busca de dinero y relevancia. Gracias al poder de las redes sociales cambiarían el curso de la historia política estadounidense.

Después del 6 de enero, periodistas e investigadores se centraron en fallos de inteligencia, intrigas en la Casa Blanca y columnas bien organizadas de nacionalistas blancos. Todas esas cosas eran reales. Sin embargo, entró en juego un cuarto factor: los *influencers*.

Trump era, en cierto modo, el principal *influencer* de la derecha, experto en la manipulación a través de su plataforma preferida, Twitter, para alterar la información a su antojo. Tras él, había una caravana de locos que esperaban abrirse paso hasta el estrellato como *influencers*. Para muchos de ellos, la plataforma elegida fue Facebook.

El grupo de Facebook Stop the Steal nació de una conversación mantenida una jornada electoral entre una madre y su hija llamadas Amy y Kylie Kremer, activistas conservadoras con un historial de disputas con grupos del Tea Party rival sobre recaudación de fondos.

Formado por Kylie con unos cuantos clics, el nombre del grupo fue elegido intentando aprovecharse del *hashtag* #StopTheSteal, que ya era tendencia en Twitter y Facebook.

En entrevistas posteriores con el Comité especial del 6 de enero, creado por la Cámara de Representantes para investigar los hechos de aquel aciago día, ninguna de las dos mujeres supo explicar por qué el grupo saltó a la fama, a diferencia de otros con nombres parecidos. El hecho de que las Kremer lo crearan a través de una página importante de Facebook con estatus verificado no le vino nada mal. Al cabo de unas horas de su creación, el número de miembros de Stop the Steal se había disparado hasta cientos de miles, atrayendo tanto a usuarios corrientes como a activistas militantes como una luz a las polillas.

«Creo que aumentaba a un ritmo de cien personas cada diez segundos, lo cual rompía muchos algoritmos», les dijo Kylie Kremer a los investigadores.

Facebook lo suprimió, pero ello no significó que el movimiento y sus *influencers* dejasen de ganar terreno. Las cosas se complicaron mucho casi inmediatamente, a medida que se enfrentaban personalidades que rivalizaban por destacar en internet mediante palabras y conductas ofensivas. Ali Alexander, un antiguo delincuente conspiranoico de extrema derecha, creó una página web para recaudar fondos y una SL con el nombre de Stop the Steal, solicitando donaciones de las cuales las Kremer y otros activistas les acusarían posteriormente de apropiarse. Brandon Straka, un peluquero de Nueva York y fundador de #WalkAway, un movimiento que había crecido hasta tener más de un millón de seguidores en Facebook para animar ostensiblemente a los demócratas a abandonar su partido, también se unió.

El primer intento de las Kremer de reunir a los *influencers* en un congreso acabó a gritos.[1] Straka se peleó con Kylie Kremer y, posteriormente declaró a los investigadores: «Me pareció emocionalmente inestable y una incompetente». Kylie Kremer, a su vez, se enfrentó con el célebre teórico de la conspiración Alex Jones, el cual también estaba intentando entrar en acción. Presentó una denuncia ante la policía de Washington acusándolo de «amenazas de causarle daños corporales» después de que, presuntamente, amenazara con tirarla del escenario gritando: «Voy a hacerlo. Voy a hacerlo. Voy a hacerme con el mando».[2]

Las cosas se intensificaron después de que Trump tuiteara, el 19 de diciembre, que habría «una gran protesta en Washington D. C. el 6 de enero. ¡No faltéis! ¡Será brutal!». El tuit les pilló por sorpresa tanto a las Kremer como al personal de la Casa Blanca, y no unió a nadie, sino que subió la apuesta inicial de las peleas. Cada vez había más en juego y todo aquel que era alguien en el mundo de los *influencers* de derechas quería un trozo del pastel. La heredera de la fortuna de los supermercados Publix, de setenta y tres años, donó un total de tres millones de dólares al proyecto, una parte de los cuales fue para Jones y otra para el asesor de Trump, Roger Stone, pero una porción enorme —1,25 millones de dólares— fue a parar a manos de Charlie Kirk, el fundador del grupo estudiantil conservador Turning Point USA, para «desplegar a *influencers* de las redes sociales en Washington» y «educar a millones de personas». Cuando, posteriormente, los investigadores le mostraron a Kirk unos documentos que demostraban que había facturado a la heredera 600.000 dólares por el alquiler de unos autocares que nunca se fletaron, respondió acogiéndose al derecho a no declarar contra sí mismo recogido en la quinta enmienda.

Esa banda de autodenominados patriotas se formó en un momento extraordinario de la historia de EE. UU., con las redes sociales en su máximo apogeo, y con la atención de un presidente obsesionado con las redes sociales en la Casa Blanca. Trump quería que gente como Alexander y Jones hablaran en su acto del 6 de enero, según textos enviados por una de sus asistentes, Katrina Pierson. O, como dijo en una nota dirigida a Kylie Kremer: «Le gustan los locos».[3] Había una división nominal entre los «locos» por un lado y las Kremer por el otro, pero todos se estaban uniendo para que el 6 de enero fuese inolvidable.

«Se estaban diciendo y divulgando muchas cosas preocupantes a través de las redes sociales», les dijo Kylie Kremer a los investigadores, defendiendo la decisión de mantener una alianza informal con los activistas de las plataformas, a los que, según los casos, calificaba de mercenarios, estafadores y, muy probablemente, enfermos mentales, y que difundían publicaciones sobre la guerra civil, 1776 y su disposición a morir por la libertad. «Fue necesario que todos difundiéramos el mensaje para atraer a toda la gente que acudió a Washington D. C.», dijo.

El poder de los *influencers* radicaba en su beligerancia. «Cuanto más agresiva era la gente, como los Alis y compañía, más destacaban gracias al lenguaje que utilizaban», les dijo Pierson a los investigadores.

Puede que Trump hubiera promovido la protesta oficial de las Kremer del 6 de enero a través de su cuenta de Twitter, pero, al final, según un activista, solo recibieron 20.000 confirmaciones en Facebook. El sitio pirata de Ali, con un lenguaje más agresivo y teorías de la conspiración aún más descabelladas, recibió 500.000.

Los «locos» de Pierson eran, en realidad, las luminarias del quinto poder de Zuckerberg.

«La capacidad de esa gente para influir en la vida real es limitada. Si Ali Alexander hubiera hecho un llamamiento para invadir el Capitolio, solamente se habrían presentado un par de docenas de personas —afirmó Jared Holt, el cual se hizo cargo de la investigación de los acontecimientos que dieron lugar al 6 de enero para el Laboratorio de Investigación Forense Digital del Consejo Atlántico financiado por Facebook—. Pero donde arraigaron fue en los efectos de red, donde personas más respetables y populares que Ali remodelan su contenido.»

Para que los *influencers* siguieran promocionando el acto del 6 de enero —aunque mucho menos que el propio presidente—, Pierson ayudó a negociar un acuerdo con lo que denominó «la lista de psicópatas» para que hablasen en un evento diferente el 5 de enero. Bajo una gélida llovizna invernal, en la Freedom Plaza de Washington D. C., Ali y Straka, junto a Jones, despotricaron del excomisario de la policía de Nueva York Bernard Kerik y del hombre que se ocultaba tras la cuenta de memes DC Draino, la cual tenía 2,3 millones de seguidores solo en Instagram.

Al día siguiente, en el acto real, las Kremer indicaron a los miembros del equipo de seguridad que estuvieran preparados por si Ali Jones o Straka intentaban subir al escenario y hacerse con el micrófono por la fuerza.

Straka les dijo a los investigadores que le habría gustado hablar el 6 de enero, pero, al no poder hacerlo, se las arregló como pudo. «Tengo mi cámara y tengo mi micrófono —recordó haber pensado—. Lo voy a convertir en una oportunidad de crear contenido para mi público.»

La historia de cómo las defensas de Facebook fueron superadas por completo por un grupo tan incompetente empieza justo después de la supresión del grupo Stop the Steal, y parte desde arriba.

Aunque Facebook había alegado vagamente que había suprimido el grupo debido a que publicaba contenidos prohibidos, lo cierto era que el grupo no había infringido las normas sobre incitación a la violencia y la plataforma no tenía ninguna política de actuación que prohibiese las acusaciones falsas de fraude electoral. Sin embargo, basándose en la evidente malignidad del grupo, Bickert y el Equipo de Política de Contenidos de Facebook declaró que se había producido una vulneración del «espíritu de la política», una rara pero no desconocida denominación que equivalía a «porque nosotros lo decimos».

Zuckerberg había aceptado la eliminación por tratarse de una emergencia, pero no quería que la supresión del grupo Stop the Steal se convirtiera en un precedente para falsas acusaciones subrepticias de fraude electoral. Durante el periodo previo a la jornada electoral, Facebook había eliminado únicamente mentiras acerca del proceso de votación; cosas como «los demócratas votan el miércoles» y «las personas con multas de aparcamiento pendientes de pago no pueden acudir a las urnas». Consciente de la leve diferencia entre la afirmación de que los votos no se contarían o de que no se contarían bien, Chakrabarti había presionado para que al menos se tomasen algunas medidas contra las denuncias infundadas de fraude electoral.

El Equipo Cívico no había ganado aquella batalla, pero, con el grupo Stop the Steal generando un montón de imitadores con nombres parecidos —algunos de los cuales acumularon también un número de seguidores de seis cifras—, la amenaza de más intentos de deslegitimación de las elecciones era evidente.

Al prohibírsele inhabilitar las nuevas entidades, el Equipo Cívico asignó a parte de su personal para, como mínimo, estudiarlas. Asimismo, empezaron a rastrear las principales publicaciones deslegitimadoras, las cuales estaban consiguiendo decenas de millones de visitas, para tener lo que un documento describió como «conciencia de la situación». Un análisis posterior concluyó que hasta el 70 % del contenido de Stop the Steal procedía de páginas conocidas por la «baja calidad de su ecosistema de noticias», creadores de contenido con intereses comerciales que el Equipo de Integridad del News Feed de Facebook llevaba tratando de combatir desde hacía años.

El Equipo Cívico contaba con destacados aliados para recabar información sobre esos grupos, cuando no para suprimirlos directamente. Facebook había prohibido oficialmente las redes de la teoría de la conspiración de QAnon y los grupos paramilitares aquel mismo año, y Brian Fishman, el responsable de Contraterrorismo de Facebook, apuntó que existían datos que indicaban que Stop the Steal estaba claramente impulsado por los mismos usuarios fascinados por fantasías de insurrecciones violentas.

«Se pusieron del lado de tipos que sabíamos que tenían un historial violento», explicó Fishman posteriormente, refiriéndose a Stop the Steal.

Sin embargo, Zuckerberg desautorizó tanto al Equipo Cívico de Facebook como a su jefe de Contraterrorismo. Poco después de que Associated Press atribuyera la victoria en las elecciones a Joe Biden el 7 de noviembre —lo que tradicionalmente indicaba que la carrera electoral había concluido definitivamente—, Molly Cutler reunió a unos quince ejecutivos responsables de la preparación de las elecciones. Alegando órdenes de Zuckerberg, dijo que el control de la deslegitimación de las elecciones tenía que cesar de inmediato.

Aunque el consejero delegado no estaba allí para compartir su razonamiento, Rosen no se cortó a la hora de decirle a Chakrabarti que estaba de acuerdo con la decisión de Zuckerberg, una explicación que a Chakrabarti le pareció suficientemente importante como para dejar constancia de la misma. Citó a Rosen en una nota dirigida al Departamento de Recursos Humanos de la compañía, señalando que le había dicho que hacer un seguimiento de los intentos para detener la transición presidencial simplemente «provocaría una situación y unas expectativas de actuación con las que no estaba de acuerdo».

La sensación de que la compañía podía dejar atrás las elecciones no se limitaba a la directiva. Ryan Beiermeister, cuyo trabajo al frente del cuerpo especial para grupos en 2020 era ampliamente admirado tanto por el Equipo Cívico como por las altas esferas de la División de Integridad de Facebook, redactó un informe conmemorando las estrategias utilizadas por su equipo para anular lo que denominó el «riesgo de polvorín».

Beiermeister, recién llegada a Facebook, procedente de la gigante empresa de análisis de datos Palantir, felicitó a su equipo por los «heroicos» esfuerzos realizados para conseguir que los altos directivos de Facebook autorizasen la supresión de grupos tóxicos. «Realmente, creo que el cuerpo especial para grupos hizo que las elecciones fueran más seguras y evitó posibles episodios de violencia real», concluyó, felicitando a los treinta miembros del equipo por su «impacto transformador sobre el ecosistema de grupos para estas elecciones y más allá».

Ahora, con la crisis de las elecciones aparentemente superada, Facebook volvía a centrarse en la participación. Las medidas limitadoras de crecimiento «rompa el cristal» tenían que desaparecer.

El 30 de noviembre, Facebook eliminó todas las degradaciones de los contenidos que deslegitimizaban los resultados electorales. El 1 de diciembre, la plataforma reincorporó fuentes informativas con abundante desinformación a las recomendaciones de «Páginas que te podrían gustar» y levantó las restricciones a la viralidad. Suavizó la supresión de contenidos que incitaban a la violencia al día siguiente y reanudó «la promoción del *feed* de contenidos de grupos no recomendables» el 7 de diciembre. El 16 de diciembre, Facebook ya había eliminado los límites a las invitaciones masivas a grupos que habían impulsado el crecimiento de Stop the Steal.

No sería hasta más adelante cuando la compañía descubriría que más de cuatrocientos grupos que publicaban contenidos a favor de la insurrección y acusaciones falsas de robo electoral ya estaban operando en Facebook cuando la compañía levantó las restricciones a las invitaciones masivas.[4] «Casi todos los grupos de más rápido crecimiento de Facebook fueron Stop the Steal durante el periodo de máximo crecimiento», señaló el documento.

Un análisis posterior de los hábitos en las redes sociales de las personas arrestadas por los actos realizados el 6 de enero mostró que muchas de ellas «consumían profusamente contenidos radicales en Facebook», gran parte de los cuales procedían de su afiliación a lo que, en ocasiones, eran cientos de grupos políticos. Por término medio, esos grupos publicaban sobre la guerra civil o la revolución veintitrés veces al día.

Facebook había rebajado sus defensas, tanto en sentido metafórico como técnico. Sin embargo, no toda la disminución de las protecciones de la compañía en materia de integridad fue intencionada. El 17 de diciembre, un científico de datos advirtió de que un sistema responsable de eliminar o suprimir publicaciones destacadas que infringían las normas de Facebook había dejado de funcionar.[5] Sus colegas ignoraron la advertencia, asumiendo que todo se debía únicamente a un «problema de registro», es decir, que el sistema funcionaba, pero que no estaba registrando sus acciones. En la lista de prioridades de Facebook en materia de ingeniería no figuraba arreglar eso.

De hecho, a principios de noviembre el sistema había fallado por completo. Desde entonces hasta que los ingenieros se dieron cuenta de su error a mediados de enero, el sistema había dejado pasar 3.100 publicaciones altamente virales que deberían haber sido eliminadas o declaradas «perturbadoras».

Ese tipo de fallos técnicos sucedían constantemente en Facebook. Por desgracia, este generó 8.000 millones de visualizaciones «lamentables» a nivel mundial, debido a que Facebook había mostrado a sus usuarios contenidos que sabía que eran problemáticos. La compañía declararía posteriormente que solo una pequeña minoría de los 8.000 millones de visualizaciones de contenido «lamentable» tenían que ver con la política estadounidense, y que el error no tuvo que ver con acontecimientos ulteriores. Una revisión posterior del trabajo de Facebook después de las elecciones describió secamente el fallo como un «punto débil» de la actuación de la plataforma en relación con las elecciones de 2020, aunque la compañía niega que tuviera un impacto significativo.[6] Según la empresa, al menos 7.000 millones de visualizaciones de contenidos reprobables fueron internacionales, y, en cuanto al material estadounidense, solo una pequeña parte tenía que ver con la política. En general, dijo una portavoz, la compañía continuaba sintiéndose orgullosa de su trabajo en materia de seguridad tanto antes como después de las elecciones.

Facebook nunca había abandonado la zona roja de la tabla de amenazas electorales del Equipo Cívico. Ahora, seis semanas después de las elecciones, los miembros del equipo estaban desperdigados, Chakrabarti se había ido y las protecciones contra los riesgos de crecimiento viral habían sido suprimidas.

Durante los días previos al 6 de enero, los conocidos indicadores de problemas —discursos de odio, contenidos provocativos y desinformación verificada— se encontraban de nuevo en aumento. No era difícil imaginar por qué. El control del Senado dependía de una segunda vuelta electoral en Georgia, prevista para el 5 de enero, y los seguidores de Trump empezaron a congregarse en Washington D. C., para asistir a la protesta que Trump había prometido que iba a ser «¡brutal!».

El Equipo de Contraterrorismo que dependía de Brian Fishman estaba haciendo un seguimiento de la actividad insurgente a la que consideraba «realmente preocupante». El 5 de enero, Facebook ya estaba preparando un nuevo Equipo de Coordinación de Crisis, por si acaso, pero nadie de la compañía —ni, en realidad, de ninguna parte del país— estaba preparado en absoluto para lo que sucedió a continuación.

El 6 de enero, dirigiéndose a una multitud de seguidores escandalosos, Trump repitió de nuevo su afirmación de que había ganado las elecciones. A continuación, los dirigió al Ca-

301

pitolio, declarando que «si no lucháis con todas vuestras fuerzas, ya no tendréis un país». Riadas de personas se dirigieron al Capitolio y, a las 13.00, los alborotadores habían franqueado las barreras exteriores que rodeaban el edificio.

Fishman, que en aquel momento se encontraba en el exterior dando un paseo, se fue corriendo a casa, según declaró en una entrevista con el Comité del 6 de enero. Había llegado el momento de activar de nuevo los interruptores. Sin embargo, el restablecimiento de las protecciones eliminadas por Facebook tan solo un mes antes se produjo demasiado tarde para mantener la paz en la plataforma o en cualquier otro sitio. Los paneles de control de integridad reflejaban el desgarrón en el tejido social del país en tiempo real, con los informes de noticias falsas multiplicándose por cuatro y los llamamientos a la violencia por diez desde la mañana. En Instagram, las visualizaciones de contenidos de lo que Facebook denominaba países de «confianza cero» se dispararon bruscamente, lo cual sugería que entidades hostiles habían entrado en liza en un intento de intensificar aún más el conflicto.

En Workplace, la temperatura también iba en aumento. Para quienes se encontraban en las primeras líneas de respuesta de la compañía, el silencio inicial por parte de la directiva de Facebook era ensordecedor.

«Resistid todos», escribió Mike Schroepfer, director general de tecnología, y añadió que los líderes de la compañía estaban trabajando para «posibilitar el debate pacífico y la organización, pero no los llamamientos a la violencia».[7]

«Con todos los respetos, ¿no hemos tenido tiempo suficiente para averiguar cómo gestionar el diálogo sin permitir el uso de la violencia?», replicó un empleado en la que fue una de las numerosas respuestas que, en total, arrancaron cientos de «me gusta» de colegas furiosos. «Hemos estado avivando el fuego durante mucho tiempo y no debería sorprendernos que ahora se haya descontrolado.»

Poco después de las 14.00, los alborotadores entraron en el Capitolio. A las 14.20, se decretó el cierre de emergencia del edificio.

Pasaron varias horas antes de que la dirección de Facebook adoptara sus primeras medidas públicas, retirando dos de las publicaciones de Trump. En privado, la compañía reconsideró su decisión de que Washington D. C. se encontraba «temporalmente en riesgo elevado de violencia política». Ahora, la zona geográfica en riesgo era la totalidad de Estados Unidos.

Mientras los alborotadores entraban en la cámara del Senado y en los despachos situados en el edificio y los miembros del Congreso se colocaban máscaras antigás y se escondían por donde podían, Facebook seguía modificando la plataforma para calmar las cosas, mucho más allá del conjunto de intervenciones «rompa el cristal» establecidas en noviembre. Además de otra serie de medidas para reducir la viralidad, la compañía dejó de eliminar automáticamente el calificativo injurioso «basura blanca» que se estaba usando mucho a medida que las fotos de agitadores llamativamente vestidos merodeando por el Capitolio se hacían virales. Facebook tenía cosas más importantes que hacer que defender a los alborotadores de racismo inverso.

Asimismo, se dio carta blanca a los equipos del Departamento de Operaciones de Ejecución, pero no fue suficiente. Se iba a tener que poner todo sobre la mesa, incluyendo la práctica inviolabilidad del derecho de Trump a utilizar la plataforma. Cuando cayó la noche sobre Washington, Trump, siguiendo el consejo de varios asesores, publicó un vídeo presentado como un intento de suavizar la tensión. «Necesitamos paz, así que marchaos a casa», dijo el acosado presidente. Pero lo dijo en medio de más declaraciones de que las elecciones habían sido robadas y, además, se dirigió a los alborotadores diciendo: «Os queremos. Sois muy especiales». Facebook se unió a YouTube y a Twitter y lo eliminó y, a continuación, suspendió su cuenta durante veinticuatro horas. (El veto se prolongaría durante la toma de posesión de Biden, programada para el 20 de enero, antes de decidir expulsarlo de la plataforma indefinidamente.)

Zuckerberg permaneció en silencio durante todo el 6 de enero, dejando que Schroepfer se encargara de suavizar tensiones a la mañana siguiente. Escribió en Workplace:

Vale la pena dar un paso atrás y recordar que realmente se trata de un hecho sin precedentes. No estoy seguro de saber cuáles son las respuestas exactas, pero hemos ido cambiando y adaptándonos cada día, incluyendo el día de ayer.[8]

Aún se necesitarían más cosas. Aunque la compañía estaba imponiendo restricciones en su plataforma como nunca antes lo había intentado en un mercado desarrollado, no bastó con suprimir el Stop the Steal, una frase y un concepto que seguían en pleno apogeo. El Equipo de Políticas Públicas, respaldado por la directiva de Facebook, llevaba sosteniendo desde hacía mucho tiempo que la compañía no debía suprimir —o ni siquiera degradar— contenidos, a menos que estuviera plenamente convencida de que infringía las normas. Eso fue en beneficio de quienes divulgaron el *hashtag* #StopTheSteal. Al determinar que las acusaciones de robo electoral no eran inherentemente perniciosas, Facebook había dejado en paz al resto de los grupos tras suprimir el original de las Kremer. Un informe publicado con posterioridad concluyó:

> No fuimos capaces de actuar sobre cosas sencillas como las publicaciones y los comentarios, porque por sí solas no acostumbraban a infringir nada, aunque estuvieran rodeadas de odio, violencia y desinformación.

Solo después de que se apagaran los fuegos del Capitolio y resultaran muertas cinco personas, Facebook se dio cuenta de lo mal que había jugado. Un grupo principal de extremistas coordinados había publicado, comentado y compartido de manera hiperactiva la existencia del movimiento.

Stop the Steal no fue un *hashtag* más: fue un «punto de encuentro alrededor del cual podía converger un movimiento violento de deslegitimación del proceso electoral», según determinó un análisis posterior.[9] Además, en este se insinuó veladamente quién tenía la culpa en la compañía: la dirección y el Equipo de Políticas Públicas. Las «costuras» en las normas de la plataforma permitieron que «la gran oleada del movimiento se filtrara por las aberturas», señaló el informe.

No había tiempo de señalar a la Junta Directiva ni, en definitiva, a nadie. El *hashtag* #StopTheSteal se disparó después del 6 de enero. Los equipos de Integridad no habían hecho más que destruir el *hashtag* y localizar las redes de activistas que lo utilizaban cuando identificaron una nueva amenaza: la misma comunidad insurgente se estaba uniendo para llevar a cabo otro intento. El nuevo punto de convergencia fue el Patriot Party ('partido patriota'), que se presentaba como la alternativa de la ultraderecha, defensora de Trump al Partido Republicano. Por suerte para los investigadores de Facebook que se apresuraron a rastrearlos, los organizadores del nuevo «partido» se reunieron en la plataforma en grupos privados compuestos únicamente por administradores, lo cual, básicamente, les proporcionó una hoja de ruta que conducía a la dirección central. Lo que haría Facebook con esa información estaba por verse.

En circunstancias normales, los investigadores de Facebook hubieran dedicado semanas a recopilar un dosier sobre la conducta inapropiada de cada entidad individual que quisieran clausurar y, posteriormente, hubieran intentado que el Equipo de Políticas Públicas autorizase una cancelación masiva. Sin embargo, en esta vez nadie de la directiva estaba preocupado por que hubiese un rigor exagerado en la aplicación de las normas. La nueva estrategia de Facebook en tiempos de crisis era el método de eficacia probada que utilizan los camareros con los borrachos alborotadores: dejar de servirles y echar a la calle a los muy cabrones. La compañía empezó a rebajar drásticamente de categoría el término Patriot Party en Facebook e Instagram y a eliminar los nódulos centrales de la red que lo difundían. Las cuentas de Ali Alexander estaban acabadas, como también lo estaba el movimiento Walk Away, de Brandon Straka, y los de otros *influencers* del movimiento Stop the Steal.

El combate entre Facebook y el movimiento al que ayudó a nacer se prolongó durante semanas. Cuando el nivel más alto del estado de emergencia interno de la compañía se redujo por fin el 22 de enero, dos días después de la toma de posesión de Biden, se hizo evidente que la táctica había tenido éxito. Activando unos cuantos interruptores, el megáfono que la plataforma le había entregado a los insurgentes les fue arrebatado de las manos.

«Logramos eliminar de raíz términos como "Patriot Party"», señaló un informe posterior.[10]

Bloquear los intentos de reagrupación de los insurgentes fue un gran logro, si bien atenuado por los recelos de muchos antiguos miembros del Equipo Cívico. Cumpliendo órdenes de la dirección, simplemente habían sofocado un intento de organizar lo que se hubiera convertido en un nuevo partido político. Irónicamente, Zuckerberg había rechazado anteriormente intentos mucho más contundentes de hacer que la plataforma fuera más estable, argumentando que limitaban la libertad de expresión de los usuarios.

Inmediatamente después del 6 de enero, Facebook no hizo ningún movimiento. Cuando fuentes de la compañía y el personal de Comunicaciones de Facebook devolvieron llamadas telefónicas de periodistas o respondieron a sus correos electrónicos —cosa muy poco habitual—, reconocieron haberle dado muchas vueltas al asunto. Lo más parecido a una defensa de la actuación de la compañía fue señalar que el principal responsable del asalto al Capitolio había sido Trump.

El 7 de enero, mientras la mayor parte del mundo intentaba averiguar qué demonios acababa de suceder, un breve ensayo titulado «Problemas de demanda» apareció en un blog en el que Andrew Bosworth publicaba sus ideas sobre filosofía y liderazgo.[11] Su tesis era que los usuarios de Facebook tenían el mismo deseo insaciable de odio que los estadounidenses de narcóticos. Por tanto, los intentos de la compañía por suprimir el odio, a pesar de ser bienintencionados, fracasarían igual que había fracasado la «lucha contra la droga», al menos «hasta que avancemos más como sociedad».

Nadie le prestó atención —al fin y al cabo, solo era el blog personal de un directivo de Facebook—, pero la publicación no dejaba de ser una declaración de principios. Un día después de que una revuelta impulsada por el odio y la desinformación hubiera sacudido la democracia, uno de los principales lugartenientes de Zuckerberg le estaba echando la culpa a la maldad de la sociedad en su conjunto; o, lo que es lo mismo, a los usuarios de Facebook.

La nota era una versión abreviada de una publicación de Bosworth en Workplace, que provocó un debate con otros empleados en el que él fue más allá. Un exceso de restricciones, escribió, era una mala idea, porque los usuarios deseosos de odio «simplemente satisfarían su demanda en algún otro lugar».[12]

El argumento de Bosworth tenía algunos matices: como entidad encargada de la supervisión del suministro de contendidos, Facebook estaba obligada a «invertir enormes cantidades» en la seguridad de los usuarios. El ejecutivo —que supervisaba el *hardware* de Facebook, no la moderación de contenidos— dijo en otros comunicados que prefería trabajar para abordar el sesgo de las recomendaciones hacia los problemas relacionados con la crueldad y la viralidad.

Sin embargo, la lección extraída por muchos de los miembros del Equipo de Integridad que leyeron la publicación fue más sencilla: si la gente tenía que ser intolerante, la compañía prefería que fuera intolerante en Facebook.

Para cuando comenzaron los análisis de Facebook sobre los disturbios del Capitolio, Haugen y yo ya nos reuníamos más o menos cada semana en el patio trasero de mi casa de Oakland, California. Para eludir la potencial vigilancia tanto como fuera posible, pagué en efectivo un teléfono Samsung barato y se lo entregué a Haugen, a la cual me dirigía como «Sean McCabe». El nombre fue elección suya, y lo tomó prestado de un amigo de la escena artística de San Francisco que había muerto justo después de conocernos. McCabe había sido un agitador al que le gustaban las emociones, y Haugen estaba bastante segura de que él habría aprobado lo que ella estaba haciendo.

Ahora, «Sean» estaba utilizando aquel teléfono con tarjeta prepago para hacer capturas de pantalla de los archivos de su ordenador portátil del trabajo, transfiriéndolas a un ordenador que se había comprado para usar un dispositivo que nunca hubiera estado conectado a internet.

Uno de esos archivos era el documento resultante del análisis de Facebook titulado «Detengamos el robo y el Partido Patriota. El crecimiento y la mitigación de un movimiento conflictivo y dañino».[13] Muchas de las personas involucradas en la redacción de su borrador eran antiguos miembros del Equipo Cívico. Estaba ilustrado con una caricatura de un perro con un casco de bombero delante del edificio del Capitolio en llamas. (El importante documento se publicaría en BuzzFeed en abril.) El informe se preguntaba:

> ¿Qué hacemos cuando un movimiento es auténtico, está coordinado desde la base o a través de medios auténticos, pero es intrínsecamente dañino y vulnera el espíritu de nuestra política? Estamos creando herramientas y protocolos y celebrando debates sobre políticas de actuación para que nos ayuden a hacerlo mejor la próxima vez.

Menos de un año y medio antes, en Georgetown, Zuckerberg había regañado a críticos anónimos de las redes sociales que querían que Facebook «impusiera la tolerancia de arriba abajo». El viaje hacia el progreso, declaró, «requiere que nos enfrentemos a ideas que representan un desafío». Ahora, Facebook se enfrentaba a la posibilidad de que, al final, sus plataformas no estuvieran destinadas a generar resultados saludables. Un pequeño grupo de usuarios hiperactivos se había aprovechado de las propias herramientas impulsoras del crecimiento de Facebook para conseguir una enorme difusión de contenidos incendiarios.

Tras lo sucedido el 6 de enero, Haugen había sido destinada a un grupo de trabajo para abordar las «Redes Conflictivas Dañinas». Su misión consistía en identificar las lecciones que podían extraerse del trabajo realizado con el Partido Patriota, el cual se consideraba un patrón para acciones futuras. Después de localizar movimientos malignos y de identificar sus estructuras de liderazgo, Facebook podía, en caso de ser necesario, llevar a cabo un ataque relámpago para dejarlos fuera de combate y, a continuación, desplegar operaciones de limpieza para impedir la reagrupación de nuevos líderes. En broma, ella y yo denominamos a esta nueva estrategia el «enfoque SEAL del equipo seis».

El nombre oficial del equipo sufriría muchos cambios, tal vez como reflejo de la incomodidad de Facebook a la hora de abordar los problemas más complejos. «Redes Conflictivas Dañinas» se convirtió en «Comunidades Temáticas Dañinas», «Teorías de la Conspiración No Recomendables», «Relatos Dañinos No Infractores» y, en el momento de escribir el presente libro, «Daño Social Coordinado».

Independientemente de cómo se denominase el equipo, la estrategia era la misma. Tras Stop the Steal y el Partido Patriótico, la compañía empezó a basarse en sus importantes herramientas de análisis de datos para entender el funcionamiento interno de movimientos que parecían problemáticos. Aquel cachorrito adorable iba en serio.

Tras recopilar los datos conductuales y las actividades de 700.000 partidarios de Stop the Steal, Facebook identificó las conexiones existentes entre ellos y empezó a distinguir entre cabecillas (los que creaban los contenidos y la estrategia), amplificadores (cuentas destacadas que difundían esos mensajes), enlaces (activistas con un pie en múltiples comunidades, como las antivacunas o QAnon) y, por último, «usuarios susceptibles» (aquellos cuyos círculos sociales parecían ser «puertas de entrada» al radicalismo).

En conjunto, esta colección de usuarios constituía un «corredor de información». Los mensajes que se originaban entre usuarios de élite de un movimiento recorrían las vías que conectaban a los usuarios y los productos de Facebook, difundiéndolos con cada reenvío, respuesta y reacción a una audiencia cada vez mayor. Con el tiempo, esos vectores ocultos se convirtieron en algo trillado, casi reflejo, capaz de transmitir material cada vez más extraño a una escala sin precedentes.

Análisis realizados demostraron que la difusión de odio, violencia y desinformación se producía a un ritmo significativamente mayor a lo largo del corredor de Stop the Steal que en la plataforma en general. Sin embargo, Facebook ya no trataba de filtrar el material negativo: en lugar de eso, trataba de identificar e interrumpir las líneas de transmisión.

El trabajo conllevaba mucha estadística y aprendizaje automático, pero los principios fundamentales no eran difíciles de entender. Para acabar con un movimiento, las cuentas del cabecilla tenían que ser eliminadas todas a la vez, privando al movimiento de su ideólogo. Sus lugartenientes —que, probablemente, intentarían sustituir a sus líderes en un «contragolpe» contra las eliminaciones— podrían ser interceptados con límites estrictos a la hora de crear nuevas páginas, grupos y publicaciones. Los amplificadores y los enlaces podrían desactivarse simplemente mediante la degradación. Y, por último, la compañía trataría de impedir que se crearan conexiones entre personas «susceptibles», con las recomendaciones de Facebook alejándolas activamente de contenidos y usuarios que podrían hacerles que se hundieran aún más en la ciénaga a la que se estaban asomando.

El equipo realizó experimentos con esas propuestas, utilizando un modelo basado en los datos históricos de Stop the Steal. Los resultados indicaron que la estrategia había funcionado, frenando el movimiento en Facebook mucho antes del 6 de enero. «Los corredores de información nos podrían haber ayudado a identificar el movimiento social en torno a la deslegitimación mediante una serie de señales textuales individualmente llamativas», se decía en una circular titulada «Corredores de información. Breve introducción».[14] Otros documentos que Haugen compartió conmigo parecían indicar que en Facebook estaban convencidos de que podrían haber cortado de raíz «el crecimiento de los movimientos deslegitimadores de las elecciones que se desarrollaron, difundieron conspiraciones y contribuyeron a incitar a la toma del Capitolio».[15]

El entusiasmo por la iniciativa fue lo bastante importante para que Facebook creara un Cuerpo Especial de Redes de División para ir más allá. La compañía pasó de permitir que prosperaran grupos conspiranoicos de todo tipo a mostrar la máxima preocupación por cómo las personas se veían arrastradas a ellos. En una llamada de coordinación en la que Haugen participaba, el responsable del cuerpo especial señaló que la compañía tenía doce equipos diferentes trabajando en métodos no solo para destruir el liderazgo de movimientos perniciosos, sino también para inmunizar a potenciales seguidores contra ellos. «Son vulnerables y tenemos que protegerlos», declaró el director del proyecto durante la llamada, refiriéndose a la audiencia «susceptible».

Aquello le preocupó a Haugen, una demócrata progresista con inclinaciones libertarias; la clase de empleada tecnológica que acostumbraba a asistir al festival Burning Man. Se dio cuenta de que Facebook había pasado de centrarse en los actores peligrosos a centrarse en las ideas peligrosas, construyendo sistemas que pudieran sofocar discretamente un movimiento desde sus inicios. Le sonaba a la policía del pensamiento de George Orwell. Para ella, la cosa estaba empezando a dar miedo, y, además, le parecía un proyecto innecesario.

Facebook disponía de años de investigaciones que demostraban cómo modificar la plataforma para hacer que fuera mucho menos útil como incubadora de comunidades construidas en torno a discursos violentos, teorías conspirativas y desinformación. Podría evitar eliminar grupos conspirativos que crecían de manera exponencial si impidiera que sus miembros invitaran a unirse a mil desconocidos en un día. No sería necesario preocuparse tanto por que los «corredores de información» compartiesen desinformación si se limitaran los reenvíos, tal como llevaba reclamando el Equipo Cívico desde hacía mucho tiempo.

Sin embargo, siguiendo la tónica habitual, la compañía no estaba dispuesta a hacer nada que ralentizara el crecimiento de la plataforma, así que se estaba embarcando en una estrategia consistente simplemente en impedir la viralidad de entidades seleccionadas a las que temía. Y el trabajo iba avanzando a gran velocidad.

En la primavera de 2021, Facebook estaba experimentando con los cierres de «corredores de información» de sus «comunidades temáticas dañinas». Eligió como objetivo a Querdenken, un movimiento alemán que difundía una teoría conspirativa según la cual una élite del Estado profundo, compinchada con «los judíos», estaba fomentando la imposición de restricciones COVID a una población inconsciente. Los adeptos al movimiento habían atacado y herido a policías durante manifestaciones en contra del confinamiento, pero la principal página de Querdenken en Facebook seguía teniendo solamente 26.000 seguidores. Dicho de otro modo, Querdenken era un movimiento pequeño, violento y no tenía amigos en el gobierno alemán. Eso lo convertía en un excelente conejillo de Indias.

En realidad, a Facebook no le importaba tanto acabar con Querdenken: simplemente quería asegurarse de que podría hacerlo. Mientras se preparaba para llevar a cabo el experimento, la plataforma dividió a los seguidores del movimiento en grupos de tratamiento y de control, modificando sus correspondientes News Feeds. El plan era empezar el trabajo a mediados de mayo.

Finalmente, resultó que la compañía no tendría que esperar tanto para tener ocasión de utilizar sus nuevas herramientas.

Zuckerberg discutía vehementemente con quienes decían que la vacuna contra el COVID no era segura, pero defendía su derecho a decirlo, incluso en Facebook. Esa había sido la postura del consejero delegado antes incluso de que existiese una vacuna; era parte de su filosofía. Ya en 2018 había llegado al extremo de decir que la plataforma no debía suprimir contenidos que negasen el Holocausto, ya que no todo el mundo que publicaba negacionismo del mismo «tenía intención» de hacerlo. (Posteriormente, aclaró que la negación del Holocausto le parecía «profundamente ofensiva» y su manera de gestionar el tema indignó a Sheryl Sandberg, una colega judía que, finalmente, le convenció de que diera marcha atrás.)

Según la política de Facebook, la desinformación sanitaria sobre el COVID tenía que suprimirse únicamente si representaba un riesgo inminente, como, por ejemplo, una publicación que aconsejara a los infectados beber lejía. «Creo que, si alguien señala un caso en el que una vacuna ha causado daño, o que eso le preocupa, es difícil afirmar, desde mi punto de vista, que no se te deba permitir expresarlo», declaró Zuckerberg a *Axios* en una entrevista celebrada en septiembre de 2020.[16]

Sin embargo, a principios de febrero de 2021, la compañía empezó a darse cuenta de que el problema no eran los escépticos con la vacuna que daban su opinión en Facebook, sino con qué frecuencia lo hacían.

Un investigador tomó muestras aleatorias de comentarios en inglés que contenían frases relacionadas con el COVID y las vacunas.[17] Un total de dos terceras partes de estos eran antivacunas. El memorándum del investigador comparó esa cifra con encuestas públicas que mostraban la prevalencia del sentimiento antivacunas en EE. UU.: era 40 puntos menor.

Otra investigación reflejó que tras una gran parte de los contenidos antivacunas de la plataforma se encontraba un pequeño número de «grandes ballenas».[18] De los 150.000 usuarios que publicaban en grupos de Facebook que acabaron siendo cancelados por desinformación relacionada con el COVID, solamente el 5 % generaba la mitad de todas las publicaciones. Y solamente 1.400 usuarios eran responsables de invitar a la mitad de todos los miembros. Investigadores de Facebook señalarían posteriormente:

> Descubrimos que, como sucede muchas veces en FB, se trata de un problema muy complicado con un número de actores relativamente bajo que generan un porcentaje muy elevado de contenidos y crecimiento.[19]

Una de las tácticas favoritas de las brigadas antivacunas era recurrir a las publicaciones de entidades como UNICEF y la Organización Mundial de la Salud, las cuales Facebook difundía de manera gratuita. Los activistas antivacunas respondían con desinformación o burlas en la sección de comentarios de las publicaciones, y luego, con un entusiasmo prácticamente imposible de entender, se lanzaban mutuamente comentarios hostiles hasta situarse en los primeros puestos. Algunos rayaban el límite de comentarios de Facebook, situado en trescientos por hora. Como consecuencia de ello, los usuarios de lengua inglesa se topaban con muestras de escepticismo hacia las vacunas 775 millones de veces al día.

Como en el caso de otros intentos malignos anteriores, como los troles rusos o Stop the Steal, era difícil calibrar hasta qué punto esas tácticas eran eficaces a la hora de convencer a la gente de que evitara la vacuna. No obstante, el sentido de los efectos estaba claro. La gente que se conectara a las plataformas de Facebook se desconectaría creyendo, como mínimo, que la vacuna era más polémica de lo que era realmente.

La investigación del movimiento no proporcionó pruebas de conducta tergiversadora ni de tácticas no autorizadas. Ello significaba que había llegado el momento de trabajar de nuevo en el corredor de información. El equipo creado para combatir «entidades dedicadas a desaconsejar el uso de la vacuna» se marcó como objetivo limitar la actividad antivacunas del 0,001 % de los usuarios; un grupo que resultó tener un impacto considerable en el discurso general.

A principios de mayo de 2021, a medida que se aproximaba el momento de lanzar el experimento Querdenken, el cual se alargaría durante algunos meses, la situación con la desinformación relacionada con el COVID había empeorado tanto que la compañía tuvo que recurrir a las medidas «rompa el cristal». Tan solo seis meses antes, Facebook tenía la esperanza de no tener que utilizar nunca esas medidas en Estados Unidos. Ahora, estaba recurriendo a ellas por tercera vez en medio año.

A diferencia de conflagraciones anteriores, en esta ocasión Facebook no le podía echar la culpa a Trump. Desde el otoño de 2016, la compañía había señalado, no sin razón, al errático presidente como el factor desencadenante de noticias falsas, división racial y deslegitimación de las elecciones. Puede que hubiera desatado fuertes críticas en la política estadounidense, pero ahora ya no ocupaba el cargo y no estaba en la plataforma. Este movimiento tenía sus propios artífices.

En Facebook, el estado de crisis se estaba convirtiendo en la norma, y el enfoque del Equipo de Integridad comenzaba a reflejar ese hecho. Facebook empezó a trabajar en la creación de un «interruptor de eliminación» para cada uno de sus sistemas de recomendación. Los líderes del Equipo de Integridad empezaron a apoyar la estrategia de «Iteración de productos siempre activada», en la cual cada nuevo embate para frenar una crisis creciente se incorporaría a los planes de la compañía para afrontar la siguiente catástrofe.

«Está muy bien que las cosas se preparen durante el COVID y pasen a formar parte de nuestra defensa general», escribió uno de los líderes del equipo, dando un giro positivo a las expectativas de un mundo cada vez más inestable.

Incluso mientras Facebook se preparaba para que las crisis virales se convirtieran en algo rutinario, la directiva de la compañía se sentía cada vez más cómoda eximiendo a sus productos de responsabilidad por el hecho de avivarlas. En la primavera de 2021, Boz no solo argumentó que el 6 de enero fue un problema ajeno, sino que Sandberg insinuó que el 6 de enero fue «organizado en gran medida en plataformas que no tienen nuestra capacidad de poner freno al odio». Zuckerberg declaró en el Congreso que no tenían que buscar culpables más allá de Trump y de los propios alborotadores. «En este momento, el país está profundamente dividido, y eso no es algo que la tecnología pueda reparar por sí sola», dijo. Al parecer, en algunos casos, la compañía citó públicamente investigaciones de un modo que su propio personal había advertido que era inadecuado. Una revisión, tanto de investigaciones internas como externas, realizada en junio de 2020, había advertido a la compañía de que debía evitar argumentar que los mayores índices de polarización entre las personas de la tercera edad —el grupo demográfico que menos utilizaba las redes sociales— era la prueba de que Facebook no estaba generando polarización.

Aunque el argumento era favorable a Facebook, escribieron los investigadores, Nick Clegg debía evitar citarlo en futuros

315

artículos de opinión porque «una investigación interna apunta a la conclusión opuesta».[20] Resultó que Facebook difundía información falsa a los ciudadanos de la tercera edad a un ritmo tan frenético que al final lo consumían mucho más a pesar de pasar menos tiempo en la plataforma. En lugar de justificar a Facebook, escribieron los investigadores, «el aumento de la polarización de los usuarios de la tercera edad podría deberse en parte al uso de Facebook».[21]

Todo lo que querían los investigadores era que los ejecutivos dejaran de repetir como loros una afirmación que Facebook sabía que no era cierta, pero no vieron su deseo cumplido. Según la compañía, el argumento nunca llegó a oídos de Clegg. Cuando, el 31 de marzo de 2021, publicó en Medium un ensayo titulado «Tú y el algoritmo: hacen falta dos para bailar un tango», citó la afirmación desacreditada a nivel interno entre «estudios fiables recientes», refutando que «simplemente hemos sido manipulados constantemente por máquinas». (La compañía dijo con posterioridad que la conclusión correcta del ensayo de Clegg sobre la polarización fue que «la investigación sobre el tema es mixta».)

Ese tipo de argumentos de mala fe no les sentaron bien a los investigadores que habían trabajado en la polarización y en los análisis de Stop the Steal, pero, al fin y al cabo, Clegg era un antiguo político contratado para defender a Facebook. La verdadera conmoción la causó la reseña de una investigación publicada a nivel interno y escrita por Chris Cox.

El memorándum de Workplace, publicado en abril de 2021 y titulado «Lo que sabemos de la polarización», señaló que «el relato público del tema seguía siendo un lastre» y a Facebook se le acusaba de «conducir a las sociedades a contextos en los que no pueden confiar los unos en los otros, no pueden compartir intereses comunes, no pueden mantener conversaciones sobre temas y no pueden compartir una visión común sobre la realidad».[22]

Sin embargo, Cox y la coautora del documento, la directora de Investigación de Facebook, Pratiti Raychoudhury, informaron encantados de que un análisis exhaustivo de las pruebas disponibles indicaba que este «relato mediático» era infundado. Las pruebas de que las redes sociales desempeñaban un papel determinante en la polarización, escribieron, eran, «en el mejor de los casos, contradictorias». Según Cox y Raychoudhury, aunque probablemente Facebook no tenía la culpa, la compañía seguía tratando de ayudar, en parte animando a la gente a unirse a algunos de sus grupos. «Creemos que, en conjunto, los grupos son una fuerza despolarizadora positiva», señaló el documento.

Resulta destacable la elección de las fuentes del documento. El memorándum de Cox citaba artículos de los columnistas del *New York Times* David Brooks y Ezra Klein, además de las primeras investigaciones publicadas de Facebook, que, según el propio personal de la compañía, ya no eran precisas. Al mismo tiempo, omitía las conclusiones anteriores de la compañía, ratificadas en otro documento solo diez meses antes, según las cuales los sistemas de recomendación de Facebook fomentaban la retórica grandilocuente de los creadores de contenido y los políticos, así como en otros trabajos en los que se afirmaba que ver publicaciones agresivas hacía que los usuarios expresaran «más rabia hacia personas con diferentes opiniones sociales, políticas y culturales». Si bien nadie podía afirmar con seguridad cómo influía Facebook en el comportamiento de los usuarios fuera de la plataforma, cómo modelaba la compañía su actividad en las redes sociales era un hecho aceptado. «Cuanto más expuesta está una persona a la desinformación en Instagram, más confianza tiene en la información que ve en dicha red social», concluyeron los investigadores de la compañía a finales de 2020.[23]

La compañía emitió un comunicado en el que calificaba a la presentación de «exhaustiva» y señaló que las divisiones partidistas en la sociedad surgieron «mucho antes de que existieran plataformas como Facebook». Para los empleados a los que Cox en su día había asignado la tarea de abordar los consabidos problemas de polarización, su memorándum fue como un puñetazo en el estómago. Su jefe —alguien que había leído los análisis más rigurosos de sus investigaciones, había sido informado de los análisis y experimentos realizados y había defendido sus planes de abordar los problemas de diseño de los grupos— estaba diciendo ahora que el problema cuya solución se les había encomendado era una amenaza tan real como los ataques de los hombres lobo.

«Todos habíamos celebrado el regreso de Cox. Antes de su marcha, había actuado como contrapeso en la organización; alguien que podía decir: "Creo que esto no es algo que deberíamos estar haciendo" —recordó un director, el cual se refirió a Cox como su inspiración para enfrentarse a la directiva de la compañía hasta el punto de que su carrera se viese perjudicada por ello—. Puede que mi respeto por el hombre no estuviera justificado.»

16

Haugen empezó a recopilar una serie de documentos internos, a pesar de que tenía buenas razones de seguridad para no indagar demasiado en los sistemas de Facebook. Formaba parte de un equipo del Departamento de Investigación e Inteligencia, lo cual le daba acceso a material extremadamente delicado. Si alguien le preguntara por qué estaba husmeando en el trabajo del «corredor de información», podría responder mucho más rápido que, por ejemplo, un empleado del Departamento Comercial de Publicidad de Instagram. No obstante, sabía que Facebook registraba lo que la gente miraba y hacía en Workplace. Hablamos sobre la información que iba encontrando, pero el objetivo no era publicarla a toda prisa; ninguno de los dos estaba ansioso por provocar una investigación sobre filtraciones. En broma, adoptamos el lema del secreto del éxito de Rosen —«Buen trabajo, constantemente, durante un largo periodo de tiempo»— como inspiración para el nuevo curro a tiempo parcial de Haugen rebuscando información interna de Facebook.

Sin embargo, no cabía duda de que, en la primavera de 2021, Haugen estaba empezando a perder un poco el norte. Nuestras comidas al aire libre en mi patio trasero a base de sushi para llevar, durante las cuales me explicaba sus experiencias en Facebook y sus opiniones acerca del diseño de la plataforma, me resultaban reveladoras, pero eran cada vez menos y más espaciadas. A veces, llegaban a pasar una o dos semanas antes de que respondiera a un mensaje de Signal. Cuando por fin quedábamos, empezaba a hablar de la posibilidad de mudarse a Sierra Nevada o de abandonar Facebook para fundar una empresa de análisis de datos de código abierto. Estaba actuando como asesora en la puesta en marcha de una *startup* de criptomonedas de unos amigos.

Haugen me reconoció más adelante que la presión de ser un topo por propia voluntad le estaba empezando a pasar factura. Aunque en la época del COVID el trabajo no presencial hacía que fuera mucho más fácil recabar la información —Haugen no habría podido hacer fotos de material delicado con su teléfono en la oficina—, seguía estando sometida a mucho estrés. ¿Cómo no se iba a fijar en ella su equipo, en el cual se incluían analistas de inteligencia fichados del gobierno de EE. UU.?

Por mucho que Haugen creyera que la mayoría de sus antiguos colegas del Equipo Cívico compartían su desencanto con Facebook, no tenía permiso para hacer público su trabajo. Las filtraciones pasadas —concretamente las de los agitadores infiltrados de derechas del Proyecto Veritas— habían provocado amenazas de muerte y el despliegue permanente de un equipo de seguridad para los analistas de datos. Le aseguré que el *Journal* mantendría los nombres del personal no ejecutivo en el anonimato, pero no cabía duda de que airear el trabajo de sus colegas en el periódico le acarrearía problemas a mucha gente.

La descarga de energía inicial procedente del hecho de trabajar con un periodista había desaparecido hacía mucho, y el mero hecho de pensar qué hacer con la información le resultaba estresante. Seguimos hablando de sus planes de hacer algo realmente grande, pero su recopilación de información pareció irse ralentizando. Una de las principales razones para reunirnos en persona, dijo, era que necesitaba la estructura de lo que empezó a denominar una «sala de estudio».

«Averiguar qué información podía comportar un cambio significativo era difícil —me confesó más adelante—. Y la idea de que no podía ser cien por cien transparente con las personas que había en mi vida me resultaba muy duro. Realmente me destrozaba.»

Llegado marzo no conseguía, de forma habitual, fijar reuniones con Haugen. Dado que ella ya había pasado un montón de horas guiándome a través de los sistemas internos de recomendación y de ejecución de Facebook, no estaba en posición de quejarme, pero, a pesar de todo, sus largos periodos de silencio me dolían.

«Lo siento, he sido una impresentable esta semana —me escribió el 22 de marzo—. Me voy a Puerto Rico mañana por la noche.»

Varios de sus amigos que compartían intereses en las *startups* tecnológicas y en las inversiones en criptomonedas se estaban mudando a Puerto Rico. Ella también estaba harta de las frías noches de verano de la zona de la Bahía y había notado que la relación con una de sus compañeras de piso se había vuelto un tanto tensa. (Haugen descubrió posteriormente que la mujer se había enterado de su recopilación de información de Facebook y había empezado a decirles a conocidos comunes que creía que Haugen era una agente federal de incógnito.) Como Facebook les permitía a sus trabajadores trabajar desde cualquier lugar durante la pandemia, trasladarse a Puerto Rico le pareció relativamente poco arriesgado: siempre podía cambiar de idea y regresar a California.

No volví a saber de Haugen durante un par de semanas, hasta que me llamó para darme malas noticias. Tras volar a Puerto Rico y alquilar un apartamento en San Juan, actualizó su dirección en el sistema de nóminas de Facebook, lo cual provocó una llamada del Departamento de Recursos Humanos. Aunque la compañía permitía que sus trabajadores se reubicasen en otros países durante la pandemia, las peculiaridades del impuesto sobre la renta en los territorios de Estados Unidos hacían que fuera imposible estar empleada de manera permanente en Puerto Rico. Tenía que regresar inmediatamente al país o renunciar a su empleo como muy tarde a mediados de mayo; faltaba poco más de un mes.

Cuestionándose ya su capacidad de resistencia como topo de Facebook, decidió quedarse en San Juan. Fuera cual fuera la información que estuviera recopilando, tendría que completarla antes de su último día en Facebook.

«Me gustaría que encontrásemos la manera de hacer las cosas en remoto», me escribió Haugen.

Lo intentamos durante una semana, pero Haugen estaba claramente agotada. Por mucho que fuera una operación en solitario, tener compañía ayudaba. Así que, animado por mi editor, Brad Reagan, le planteé la idea de reunirme con ella en San Juan durante unos pocos días. Aceptó.

«¿Así que tú también has venido por las criptomonedas?», me preguntó el tipo con el que compartí un taxi desde el Aeropuerto Luis Muñoz Marín hasta la ciudad. Había vendido su casa y su empresa en Pasadena a finales de 2020 y, contradiciendo cualquier principio de gestión financiera, invirtió todos los ingresos en Bitcoin, Ethereum y un par de criptomonedas menos conocidas. Su cartera se duplicó en tan solo dos meses.

Ahora estaba dejando correr su apuesta, alojándose en un hotel del litoral y esperando ver qué pasaba a continuación. Si las criptomonedas seguían subiendo, se iba a comprar una mansión. Si bajaban, dijo, acabaría viviendo «en un cubículo» tierra adentro. Tras responderle con evasivas a la pregunta de por qué estaba en la ciudad, me dijo que, si había ido allí a escribir sobre las criptomonedas, debía quedar con él para desayunar.

Después de bajar del taxi en el barrio de Condado en San Juan, nunca le volví a ver, pero aquel breve encuentro me impactó. Entre los expatriados recién llegados, reinaba una impresionante tolerancia al riesgo.

Me di cuenta de que Haugen ni se había inmutado por su próximo desempleo y su cambio de ubicación. Tras unas breves vacaciones, pasaba la mayor parte del tiempo con su ordenador portátil en una mesita rodeada de paquetes sin abrir que ella y un nuevo grupo de compañeros de piso se habían enviado a sí mismos antes de mudarse a San Juan. La diferencia horaria era de tres horas más que la Costa Oeste, así que decidió dedicar las mañanas a documentar todo lo que pudiera y luego desempeñar su jornada laboral habitual cuando su equipo de Menlo Park se conectara. Por las noches, nos reuníamos para cenar y charlar.

Su rutina se parecía mucho a la que seguía en San Francisco; simplemente se aplicaba una crema solar con un factor de protección más alto cuando salía al exterior. Aquel estilo de vida, intencionadamente aburrido, era un guiño consciente a su sensibilidad del Medio Oeste, me dijo Haugen. Algunos de los recientes criptomillonarios que conocía lo estaban celebrando en exceso. La vida de Haugen no tenía que ser más extravagante de lo que ya era.

Tiempo atrás, Haugen y yo habíamos comentado que, si ella conseguía realmente tanto material como preveía, era casi seguro que Facebook la descubriría. Incluso suponiendo que no tocara ninguno de los cables internos instalados para atrapar a los espías, la ulterior publicación de artículos sobre el material acabaría delatándola. Cada vez que Facebook se enteraba de que se había filtrado un documento específico, podía ver quién había accedido a esa información y cuándo, reduciendo poco a poco la lista de posibles sospechosos.

A ella, al menos en principio, le parecía bien esa posibilidad. Sin embargo, su objetivo era sobrevivir tanto como fuera posible e, idealmente, abandonar la compañía antes de que nadie se enterase. Para ello, había documentado en demasía temas directamente relacionados con su trabajo y había evitado rebuscar a ciegas. Por consiguiente, ni ella ni yo nos hacíamos una idea de lo que sería accesible una vez empezara a examinar la amplia red de grupos de Workplace, los documentos en línea, los indicadores de seguimiento y las solicitudes de respuesta a las incidencias.

La única suposición razonable era que no demasiado. Cuando las filtraciones alcanzaron su punto álgido por el descontento de los empleados ante la respuesta de la compañía a la publicación de Trump relativa a los «saqueos y tiroteos», Facebook empezó a bloquear sus sistemas. A los foros que, en su día, habían sido accesibles para cualquiera que dispusiera de una identificación laboral ahora solamente se podía acceder mediante invitación, y, en ocasiones, nuevos moderadores internos hacían desaparecer publicaciones polémicas de Workplace.

Workplace era un sistema de navegación compleja, tremendamente resistente a las búsquedas por palabra clave. Arrojaban unos cuantos resultados, pero encontrar algo concreto requería o bien una memoria enciclopédica, o bien dar vueltas durante quince minutos por foros de debate adyacentes. A un tema de investigación concreto se podía acceder a través de hipervínculos sin etiquetar en media docena de publicaciones y documentos diferentes, de modo que el enorme volumen de material desestructurado y publicado en diferentes sitios hacía imposible la existencia de un inventario preciso. Esto podía atribuirse en gran parte a los vestigios de la cultura histórica de apertura de Facebook, pero otra parte se debía simplemente a una cagada. Los documentos sujetos al supuesto trato de privilegio abogado-cliente y los borradores de presentaciones para Zuckerberg, junto con el historial completo de correcciones por parte de altos directivos, se publicaban ocasionalmente en lugares en los que podían ser vistos por más de 60.000 empleados, por no hablar de un número indeterminado de contratistas.

La plataforma de comunicaciones internas de Facebook funcionaba de manera enormemente parecida a su producto público, con un diseño y unas características muy similares. Grupos como «Solo respuestas incorrectas» y «Shitposting@» estaban formados por decenas de miles de miembros que hacían alarde de una cultura de autoburla. Cuando el director de Ingeniería de la compañía denunció que los empleados estaban «holgazaneando» durante el teletrabajo, los empleados compartieron orgullosos fotos de posavasos con la marca de la empresa.

Igual que su hermana pública, la plataforma interna a veces se volvía un poco subida de tono. La gente casi siempre era educada —al fin y al cabo, estaban interactuando con colegas—, pero, a menudo, las frustraciones salían a la luz en las secciones de comentarios en lugar de hacerlo en correos electrónicos escritos diplomáticamente.

Los empleados que estaban a punto de abandonar la compañía podían ser especialmente mordaces. En la compañía existía la tradición del *badge posting* ('post con acreditación'), que consistía en que los empleados que se marchaban publicaban una foto de la tarjeta de acreditación que estaban a punto de devolver, junto con una despedida a sus colegas. Entre expresiones de agradecimiento e invitaciones a seguir en contacto, a veces los empleados explicaban por qué habían decidido marcharse.

Las razones podían ser reveladoras. En 2016, *The New York Times* había informado de que Facebook estaba trabajando discretamente en una herramienta de censura en lo que era un intento de entrar en el mercado chino. Aunque el artículo fue una bomba, a mucha gente de dentro de la compañía no le sorprendió. Cuatro meses antes, un ingeniero había descubierto que otro equipo había modificado una herramienta para combatir el *spam* de modo que permitiera que un agente externo controlara la moderación de contenidos en regiones geográficas específicas. En respuesta, había presentado la dimisión, dejando tras él un post con acreditación en el que presuponía, con razón, que el código pretendía incluir a los censores chinos.

Con un *mic drop* literario final, el post concluyó con una cita sobre la ética de *Jane Eyre*, de Charlotte Brontë:

Las leyes y los principios no son para los momentos en que no hay tentaciones: son para momentos como este, cuando el cuerpo y el alma se amotinan contra el rigor; cuanto más estrictos sean, más inviolables deben ser. Si, por mi conveniencia, los infringiese, ¿de qué valdrían?

Tras recibir 1.100 reacciones, 132 comentarios y 57 reenvíos, la publicación hizo que el programa pasase de ser de alto secreto a ser un secreto a voces. Su autor acababa de inaugurar un nuevo patrón: la despedida contundente.

Esa despedida en concreto tuvo lugar en una época en la que las encuestas de satisfacción a los empleados de Facebook eran generalmente positivas, antes de la crisis interminable, cuando las preocupaciones sociales acapararon la atención.

Durante ese periodo, Facebook contrató a una enorme base de empleados de Integridad para que se ocuparan de esos problemas, y le tocó las narices a una cantidad nada despreciable de ellos.

Como consecuencia, algunos posts con acreditación empezaron a adoptar un tono más rebelde. Los empleados que habían realizado un trabajo pionero en materia de radicalización, tráfico de seres humanos y desinformación resumían tanto sus logros como aspectos en los que creían que la compañía no había estado a la altura desde un punto de vista técnico y moral. Algunas críticas acababan con una nota esperanzadora que incluía instrucciones detalladas y en lenguaje llano sobre cómo sus sucesores podían resucitar su trabajo en el futuro.

Esas publicaciones fueron una mina de oro para Haugen, ya que conectaban propuestas de productos, resultados experimentales e ideas de maneras imposibles de reproducir por alguien ajeno a la compañía. No solo fotografió las publicaciones, sino también el material vinculado, siguiendo los hilos hasta otros temas y otros documentos. Una media docena eran crónicas realmente increíbles y no autorizadas de la naciente conciencia por parte de Facebook de cómo su diseño determinaba lo que sus usuarios consumían y compartían. Los autores de esos documentos no trataban de empujar a la plataforma hacia la ingeniería social: estaban advirtiendo a la compañía de que ya se había adentrado en ese terreno y que ahora estaba metida hasta el cuello.

Haugen pasaba la mayoría de las mañanas recopilando documentos y el resto del día concluyendo sus tareas en Facebook, si bien estaba empezando a continuar investigando subrepticiamente durante las reuniones por Zoom. Mucho después, sus colegas me dijeron que sus investigaciones incluían preguntas que, vistas en retrospectiva, no eran nada habituales, como si recordaban dónde se podía encontrar el vínculo al trabajo en el que se documentaba la prevalencia del discurso de odio en amárico, el idioma más hablado de Etiopía.

Yo dedicaba la mayor parte del día a intentar entender lo que ella recopilaba, y casi todas las noches quedábamos para cenar, tomar una copa y hablar de todo ello. Haugen hacía una media de unos cuantos cientos de capturas de pantalla al día. Desde mi punto de vista, se trataba de un batiburrillo borroso, pero casi siempre legible.

Trabajar con una fuente que se dedica al desvío de documentos es un tema muy delicado en el que se mezclan consideraciones éticas y legales. Yo no podía pedirle que recopilase unos documentos concretos y ni siquiera poner un dedo en el teclado de su ordenador, lo cual, como me dejaron muy claro los abogados del *Journal*, podía hacer que se presentaran cargos contra mí según la Ley de Abuso y Fraude Informático, la ley federal bajo la cual se enjuician la mayoría de los delitos informáticos.

Aquello limitaba mi posición. Mi trabajo consistía en discutir cualquier información que Haugen quisiera compartir, investigar todo lo que se supiera sobre el tema fuera de la compañía y, a continuación, hacer preguntas al respecto. El panorama general no era que en Facebook sucedieran cosas malas, sino que Facebook lo sabía. Conocía el alcance de los problemas en su plataforma, conocía —y, habitualmente, ignoraba— las formas de abordarlos y, por encima de todo, sabía cómo difería la dinámica de su red social de las del internet abierto y la vida fuera de la red.

Entre la propia percepción de Haugen de los problemas de Facebook y varios meses de debate, ya habíamos consensuado algunas preguntas básicas que queríamos responder. ¿Qué pensaba la compañía de su influencia en la política? ¿Qué capacidad tenían sus plataformas para detectar problemas de contenidos? ¿Cómo interactuaba Facebook con las personalidades políticas y las entidades de alto nivel?

Después de cuatro o cinco días en San Juan, ya había aprendido lo suficiente para sostener convincentemente ante mi redactor jefe que el viaje no era una buena excusa para pasar unas vacaciones en la playa.

Fui a Marshalls a comprar ropa limpia y alquilé un apartamento vacacional a poca distancia a pie del apartamento de

Haugen. Utilizaríamos el apartamento como oficina común, ya que queríamos evitar que sus compañeros de piso fueran testigos de una operación de espionaje en solitario. Me quedaría allí hasta que Haugen se marchara, la despidieran o decidiera parar.

Recopilar los documentos llevaba tiempo. Ello se debía en parte a que Haugen tenía que aprender un nuevo lenguaje. ¿Cómo funcionaban las herramientas de aplicación e investigación llamadas CORGI, Bonjovi, Rabbithole, Drebbel, Black Hole y Bouncer? Ella conocía parte de los sistemas y de la jerga, pero no todo.

Algunas búsquedas fueron por impulso. El trabajo real de Haugen en Facebook se centraba en la desinformación en la red. Sin embargo, hablamos sobre preguntas acerca de los efectos de Instagram en la salud mental de los adolescentes. ¿Podría haber algo ahí?

Haugen se pasó media hora buscando sin encontrar gran cosa. Aquella noche, lo intentó de nuevo... y encontró algunos documentos. Entre ellos había una presentación de 2019 de investigadores de la experiencia de usuario que establecía que, aunque era difícil determinar la causalidad, la estética de perfección casual de Instagram podía provocar pensamientos negativos en algunos usuarios.[1] La conclusión de los investigadores se resumía de la siguiente forma: «Agravamos los problemas de imagen corporal en una de cada tres chicas adolescentes».

Mierda.

Me quedé asombrado, no solo por el hallazgo, sino por el hecho de que lo hubiéramos encontrado. Facebook llevaba más de un año endureciendo los controles de acceso a material delicado, pero dicho material seguía allí, accesible para cualquiera que husmeara. Por alguna razón, antes de Haugen nadie lo había hecho.

Una noche, mientras compartíamos una botella de vino en la terraza de mi apartamento, nos preguntamos cómo era posible que nadie la hubiera detenido. Como mínimo, se trataba de un error garrafal del Equipo de Seguridad de Facebook. Un principio básico de la ciberseguridad es estar alerta ante cualquier uso anormal, y lo que Haugen estaba haciendo distaba mucho de ser corriente. En mi segundo fin de semana en Puerto Rico, abandonó toda precaución y recopiló documentos tanto el sábado como el domingo. A cualquiera que controlase la actividad de la empleada que estaba a punto de dimitir le habría mosqueado el volumen de información que estaba recabando. Si se hubieran dado cuenta de que una trabajadora encargada de combatir la manipulación patrocinada por el Estado había empezado a buscar documentos sobre la salud mental de las adolescentes, habrían pulsado el botón del pánico.

Irónicamente, se trataba de la misma falta de interés mostrada por Facebook por los usuarios que utilizaban exageradamente sus plataformas. La compañía no se dio cuenta, o no le importó, que un pequeño número de personas estuviera haciendo amigos, enviando invitaciones y reenviando contenidos de un modo que guardaba relación con malos resultados. *Más uso estaba bien.* ¿Por qué iba Facebook a aplicar unas normas diferentes a Workplace que a sus plataformas públicas?

Las defensas de la compañía contra las filtraciones se basaban en la confianza ciega de que personas como Haugen, con trabajos de oficina bien remunerados, no tirarían por la borda un puesto así, ni se arriesgarían a recibir una demanda de una empresa de un billón de dólares. Haugen descartó esa idea desde el principio. Comparado con los riesgos que creía que Facebook entrañaba, especialmente para los usuarios extranjeros, la amenaza de fastidiar una cómoda carrera profesional no le parecía para tanto.

A pesar de todo, Haugen se levantaba cada mañana con miedo a que el Equipo de Seguridad de Facebook hubiera programado una reunión en su agenda. Me preguntó si pensaba que la empresa la iba a demandar. Le dije sinceramente que no existían registros de ningún caso en que Facebook hubiera acudido a los tribunales contra informantes. No obstante, me vi obligado a añadir una advertencia: ningún empleado de Facebook había llevado antes una campaña de espionaje de seis meses de duración mientras trabajaba en un equipo dedicado al contraespionaje. Haugen dijo que estaba preparada para asumir cualquier consecuencia, pero la frecuencia con que mencionaba los riesgos era un claro recordatorio de cuál de nosotros corría más peligro. Empezó a preparar la renovación de su pasaporte caducado, porque, bueno, nunca se sabe.

Pasó una semana, luego otra y luego otra más sin señales de que la compañía fuese a intervenir para detenerla antes de su último día, a mediados de mayo. Y entonces surgió un nuevo tema de conversación entre nosotros. Si Haugen no conseguía encontrar nada durante el tiempo que le quedaba en la compañía, lo más probable era que nadie más tuviera nunca la oportunidad de hacerlo. Ya había hecho 10.000 capturas de pantalla, acumulando una enorme cantidad de información que, seguramente, constituía la mayor filtración de la historia de la compañía. Era absurdo que la seguridad corporativa fuera tan poco eficaz y era del todo imposible que siguiese siéndolo cuando saliese a la luz la información que ella había recopilado.

Me gustó aquel tema de conversación. En un momento en el que Haugen había adoptado la costumbre de llevar una muñequera a causa de la constante tensión sufrida de tanto desplazarse por la pantalla y fotografiarla, era un recordatorio de que la ventana se estaba cerrando. Si se lo hubiera dicho de ese modo, aunque lo hubiera hecho con delicadeza, habría sonado a explotación. Haugen estaba visiblemente agotada y empezaba a quejarse de que la medicación que tomaba para controlar su dolor neuropático no estaba funcionando.

Podía argumentarse también que asegurarse de que la escala de la infracción fuera lo mayor posible constituía una forma de protección. Para Facebook, perseguir a alguien que filtrara información sería una cosa, pero perseguir a una potencial informadora estrella sería otra muy distinta.

Yo intentaba controlar la información recabada por Haugen, una tarea que se volvía cada vez más abrumadora, ya que llenaba la tarjeta de memoria de su teléfono barato dos veces al día. Aunque era sensata al seleccionar lo que grababa, a los dos se nos iban desdibujando los contornos exactos de qué era lo que buscaba y lo que encontraba. Dado que habría que esperar a que se fuera para hacer un inventario completo, más valía prevenir que curar.

Para aprovechar al máximo el tiempo durante la última semana de Haugen en la compañía, convertimos mi apartamento vacacional en una especie de oficina para dos. Haugen ocupó la mesa y yo la cama. Si necesitaba intimidad para llamar a sus colegas, yo salía a la terraza, aunque, a veces, me quedaba por allí si se trataba de conversaciones menos delicadas, incluyendo algunas relativas a su marcha. Cuando la entrevistaron para entrar en Facebook, Haugen les dijo a los encargados de selección de personal que quería el empleo para poder ayudar a la empresa a arreglar sus productos. Al salir, les dijo a los directivos que se iba porque la compañía no le permitía hacerlo. En una de aquellas llamadas le dijo a un directivo:

> He conocido a personas muy meticulosas y serias que intentan solucionar problemas muy importantes y me siento honrada por haber trabajado con ellas. Sin embargo, la cultura de los simulacros de incendio, donde las cosas no se arreglan hasta que la prensa no informa de ellas, es profundamente tóxica.

Los días se fueron haciendo más largos y el tiempo de que disponíamos más corto. Yo traía café antes de que Haugen llegara por la mañana, luego pedía comida a domicilio. Pasábamos la pausa para comer en la terraza y, cuando vimos manatíes pastando en el pasto marino de la Laguna del Condado, bromeamos diciendo que eran las mascotas de sus esfuerzos. Haugen trajo un altavoz portátil para poner música de baile por la noche cuando estábamos cansados. De sus últimas cuarenta y ocho horas en Facebook, trabajamos treinta y ocho.

«Buen trabajo, constantemente, durante un largo periodo de tiempo», recordó ella.

Estaba previsto que Haugen dejara de tener acceso a la red de Facebook a las 19.00 del 17 de mayo, y yo había hecho una reserva para esa hora en un restaurante de lujo para celebrarlo. Pedí un taxi a las 18.30 para que nos llevara allí, pero Haugen todavía estaba ocupada descargando todo el organigrama de la compañía, una tarea especialmente delicada que había dejado para el final. Bajé, le pagué al taxista veinte dólares para que no se fuera y volví a subir al apartamento para decirle que se diera prisa en salir.

Antes de apagar el ordenador, hizo una última búsqueda en Workplace, suponiendo que sería lo último que vería el Equipo de Seguridad de Facebook en su inevitable análisis forense.

«No odio a Facebook —empezó diciendo—. Me encanta Facebook. Quiero salvarlo.»

Acabó de escribir, pulsó «enter» y apagó el ordenador. Al día siguiente tomé un vuelo de vuelta a la Costa Oeste y me puse a trabajar.

17

Facebook había lidiado con una serie de escándalos —relacionados con su acceso a los datos, con la política, con el extremismo que se filtraba en sus plataformas—, pero siempre había cierto runrún de insatisfacción de baja intensidad de personas que decían que utilizarlo no les hacía sentirse bien. Investigaciones internas realizadas en 2019 determinaron que algo más del 3% de los usuarios estadounidenses padecían «graves problemas de sueño, de trabajo o de relaciones que atribuían a Facebook» y que su relación con el producto les provocaba ansiedad. El estudio sugería que aproximadamente diez millones de estadounidenses sufrían a causa del «uso problemático» solo de la principal plataforma de Facebook. «Aunque puede que el uso de Facebook no cumpla los requisitos clínicos para ser calificado de adicción, queremos solucionar los problemas subyacentes que provocan esta inquietud», escribieron los investigadores.[1] Con el país todavía atenazado por la pandemia del COVID-19, la salud mental —y especialmente la salud mental de los adolescentes que pasaban sus años de formación aprendiendo desde casa en lugar de acudir al colegio con sus compañeros— había empezado a recibir aún más atención por parte de los funcionarios, los medios de comunicación y los padres. El hecho de que el aislamiento y la cuarentena a los que condujo la pandemia hicieran que cada vez más gente se conectara a internet con más frecuencia no hizo más que agravar el problema.

Facebook nunca negó rotundamente que sus productos podían ser malos para los adolescentes, pero, a menudo, discutía con quienes decían que lo eran. Había suficientes discrepancias y dudas sobre los efectos de las redes sociales en la salud mental para que los directivos pudieran alegar escepticismo de buena fe. Según señaló públicamente Mosseri, de Instagram, los estudios realizados a partir de encuestas no eran fiables, y mencionó que un estudio de Oxford ampliamente citado había concluido que los usuarios que decían que las redes sociales les resultaban problemáticas a menudo sobrestimaban su propio uso. La salud mental era subjetiva y una baja difícil de demostrar.

Cuando Zuckerberg fue llamado a declarar en el Congreso en marzo de 2021, junto con el entonces consejero delegado de Twitter Jack Dorsey y el consejero delegado de Google Sundar Pichai, acerca del papel desempeñado por las compañías tecnológicas en los disturbios del 6 de enero, la representante Cathy McMorris Rodgers le preguntó si las redes sociales podrían estar contribuyendo al aumento de los índices de depresión entre los adolescentes y sobre los efectos de esas plataformas en la salud mental en general. Declinó definirse claramente. «No creo que los estudios sean concluyentes al respecto», respondió.

Puede que los estudios no fueran concluyentes, pero sí exhaustivos. En 2020, el Equipo de Bienestar de Instagram llevó a cabo un estudio de ámbito masivo, encuestando a 100.000 usuarios de nueve países acerca de la comparación negativa en Instagram.[2] Los investigadores cotejaron las respuestas con datos individuales sobre cómo se había comportado en Instagram cada uno de los usuarios participantes en el sondeo, incluyendo cómo y qué habían publicado. Descubrieron que para una considerable minoría de usuarios Instagram era un espacio complicado. Un 10 % declaró que «a menudo o siempre» se sentían peor consigo mismos tras usar la plataforma, y una cuarta parte creía que Instagram empeoraba las comparaciones negativas.

Sus resultados fueron increíblemente pormenorizados. Revelaron que los contenidos de moda y belleza provocaban sentimientos negativos, cosa que no sucedía con otros contenidos próximos como el *fitness*. Llegaron a la conclusión de que «las personas se sentían peor cuando veían a más famosos en el *feed*» y que, al parecer, Kylie Jenner provocaba especialmente esa sensación, mientras que con Dwayne «la Roca» Johnson no había ningún problema. Descubrieron que las personas se autojuzgaban mucho más duramente frente a sus amigos que frente a los famosos. Una publicación de una estrella de cine necesitaba 10.000 «me gusta» para provocar una comparación social, mientras que, en el caso de amigos, bastaba con diez.

Con el fin de hacer frente a esos resultados, el Equipo de Bienestar sugirió que la compañía redujese las recomendaciones de seguimiento a famosos, recalibrase el *feed* de Instagram para que incluyese menos contenidos relacionados con famosos y moda o redujese los comentarios sobre el aspecto físico de la gente. Como señaló un empleado en respuesta al resumen de estas propuestas en Workplace, el Equipo de Bienestar estaba sugiriendo que Instagram fuera menos Instagram.[3]

«¿No va Instagram precisamente de eso? —escribió el hombre—. ¿De echar un vistazo a la (muy fotogénica) vida del 0,1 % de la gente? ¿No es esa la razón por la que están los adolescentes en la plataforma?»

Mientras tanto, la compañía estaba financiando a una serie de organizaciones sin ánimo de lucro que difundían el mensaje de que Facebook estaba comprometido con el tema y que hablaba claro sobre de qué maneras podían empoderarse los usuarios en las plataformas de la compañía, como si los problemas no fueran inherentes. Una de esas organizaciones, la Asociación Nacional de Trastornos de la Alimentación (NEDA, por sus siglas en inglés), prometía ayudar a los usuarios a «asegurarse de que el tiempo que pasas en Instagram sea saludable, solidario y empoderante», admitiendo que existían contenidos nocivos en las redes sociales, pero asegurándole al público que «Instagram ha tomado medidas directas para hacer que su plataforma sea más segura para todos los usuarios». En su blog, la NEDA destacaba testimonios de usuarios de Instagram que se habían recuperado de trastornos de la alimentación gracias a contactos establecidos en la plataforma.

El patrón se repetía con otros grupos. Un ejecutivo de la Jed Foundation, una llamativa organización sin ánimo de lucro dedicada a salvaguardar la salud mental de los adolescentes financiada por Instagram, declaró a *The Washington Post* que la plataforma estaba «preocupada por la salud mental» y «comprometida con garantizar la protección del usuario».[4] Jed también colaboraba con Instagram en campañas de *marketing* corporal positivo, como «Presión para lograr la perfección», que proponían ser «plenamente conscientes» como antídoto. Como parte de su trabajo financiado por la compañía, el grupo animaba a los adolescentes a realizar «afirmaciones diarias» de la frase «Tengo el control de mi experiencia en Instagram».

En lugar de reconocer o abordar los defectos en el diseño de la plataforma, el problema se presentaba como un problema de consciencia y autocontrol. A primera vista, el concepto no parecía disparatado, especialmente porque quienes lo transmitían eran organizaciones sin ánimo de lucro dedicadas a la salud mental de los adolescentes. Resultó que cuadraba perfectamente con la decisión final de la compañía sobre el Proyecto Daisy, el plan propuesto para ocultar los «me gusta» en Instagram con el fin de mejorar la experiencia de los usuarios.

Las cosas se estancaron después de que Mosseri y otros altos directivos le presentaran el plan a Zuckerberg a principios de 2020. La compañía había llevado a cabo investigaciones que mostraban que si bien a los usuarios les gustaba la idea de ocultar los «me gusta», ello no los llevaba a compartir más y ese paso no provocó un cambio en las «medidas generales de bienestar», como decía una presentación de Mosseri, Alex Schultz y otros directivos a Zuckerberg.[5] También había otros inconvenientes. Sin un recuento de los «me gusta» que señalara qué publicaciones eran populares, los usuarios pasaban un poco menos de tiempo en la plataforma y clicaban en menos anuncios. Los ingresos habían descendido hasta un 1%.

Como intento de «despresurizar los reenvíos y reducir las comparaciones sociales», el Proyecto Daisy había sido un fracaso. Pero, en aquel momento, la presentación decía que la compañía tal vez querría, de todas formas, continuar ocultando los «me gusta»:

El lanzamiento del Proyecto Daisy sería recibido por la prensa y por los padres como un claro indicador positivo de que Instagram se preocupa por sus usuarios, especialmente si se lleva a cabo junto con otros lanzamientos considerados positivos por la prensa.

Hegeman, el responsable de News Feed, replicó cuestionando en las notas del borrador de la presentación que se pudiera afirmar realmente que ver publicaciones populares en Instagram fuera la causa de que los usuarios se sintieran mal consigo mismos.[6] «Soy consciente de que es una hipótesis plausible», escribió, antes de añadir que afirmar rotundamente la existencia de una relación de causalidad «parece un tanto arriesgado». Otro importante investigador respondió citando un análisis cualitativo en el que los usuarios habían expresado claramente que se sentían mal consigo mismos cuando veían publicaciones populares. De todas maneras, Hageman eliminó la línea de la presentación. Con la aprobación de la directora de Investigación de la compañía, Pratiti Raychoudhury, la afirmación de que existía un papel causal cooperador no se incluyó en la presentación a Zuckerberg.

El criterio probatorio que se aplicaba era destacable en comparación con los requisitos habituales de la compañía. Los directivos de Facebook —de Zuckerberg hacia abajo— hablaban regularmente de las ventajas que comportaba la plataforma para el bienestar. Desde luego, no había hecho falta una investigación causal para demostrar que su producto era bueno para la gente. Sin embargo, plantear inconvenientes exigía una prueba positiva.

El proyecto se aparcó hasta marzo de 2021, cuando *Buzz-Feed News* tuvo acceso a un documento filtrado que revelaba que Instagram tenía planes de crear una plataforma para preadolescentes.[7]

La información desató un escándalo. A los niños menores de trece años se les prohibió el acceso a la plataforma. Tan solo dos días antes, Instagram había publicado un post en el que se resumían a grandes rasgos las medidas que estaba tomando para hacer que Instagram fuera más seguro para los adolescentes, entre las que se incluían una nueva guía parental, restringir la capacidad de los adultos para enviar mensajes directos a los niños menores de dieciocho años, e instar a los adolescentes a hacer que sus cuentas fueran privadas.

Las protestas fueron inmediatas, contundentes y duraderas. En el plazo de dos meses, los fiscales generales de cuarenta y cuatro estados y territorios de EE. UU. escribieron una carta a Facebook urgiéndole a que abandonara su plan, alegando tanto razones de privacidad como preocupaciones por los posibles efectos sobre la salud mental.

Después de todo, teniendo en cuenta la reacción negativa, tal vez era el momento de resucitar el Proyecto Daisy. Facebook hizo pruebas adicionales en el producto y se decidió por una versión descafeinada que no ocultaba los «me gusta» por completo, pero les ofrecía a los usuarios la posibilidad de no verlos.

La medida fue, en el mejor de los casos, modesta. En principio, ocultar los «me gusta» no fue extremadamente eficaz, y únicamente una pequeña parte de los usuarios utilizó la opción de no verlos. Sin embargo, en línea con la estrategia expuesta en la presentación a Zuckerberg el año anterior, Mosseri acudió a *Good Morning America* para anunciar el cambio.

Después de que Mosseri hiciera su «gran anuncio», como lo definió la presentadora Gayle King, explicó que el cambio permitiría a los usuarios «centrarse más en las personas que les importaban y que les inspiraban». A continuación, mostró a los telespectadores el procedimiento para cambiar la funcionalidad si así lo deseaban.

«Nos habéis dado la opción y lo agradecemos», concluyó King.

Mosseri llevó a cabo otros intentos de promover el cambio, incluyendo una teleconferencia con periodistas en mayo. De vuelta en Oakland, me conecté y, cuando llegó el turno de preguntas, le dije a Mosseri que iba a dejar de lado el Proyecto Daisy y que, en cambio, le iba a preguntar qué sabía Instagram acerca de la capacidad de su plataforma para influir en la sensación de bienestar de sus usuarios.

«Es una buena pregunta», respondió Mosseri. Los efectos de Instagram eran probablemente parecidos a los de otras plataformas de redes sociales, dijo, «pequeños efectos positivos y pequeños efectos negativos, pero bastante pequeños».

No había nada en el archivo público que contradijera esa autoevaluación, nada que sugiriera a ninguno de los oyentes que la plataforma no era segura en su estado actual. Sin embargo, yo había regresado de Puerto Rico la semana anterior y disponía de años de datos internos en sentido contrario. Haugen había compartido conmigo una evaluación de riesgos llevada a cabo tan solo dos meses antes, según la cual Instagram estaba recomendando contenidos a favor de la anorexia a usuarios vulnerables.[8] La conclusión coincidía con todo lo que sabía la compañía sobre la tendencia de sus sistemas de recomendación a conducir a los usuarios hacia contenidos provocadores, tendencia que la empresa era incapaz de controlar.

«Prácticamente, no estamos haciendo nada», escribieron los investigadores, señalando que, en ese momento, Instagram no podía dejar de promocionar a *influencers* con un peso inferior al recomendable y dietas agresivas. Una cuenta de prueba que expresaba interés por los contenidos relacionados con los trastornos de la alimentación se llenó de fotos de muslos escuálidos y miembros esqueléticos.

El problema era relativamente fácil de documentar por terceros. La investigación advertía de que Instagram «se estaba saliendo con la suya porque nadie había decidido tomar cartas en el asunto».

Arturo Béjar había visto las cosas desde un punto de vista privilegiado, pero sus conclusiones fueron las mismas. Tras volver a Facebook en 2019, después de un paréntesis de cuatro años, Béjar trabajaba como consultor en el Equipo de Bienestar de Instagram, un paso motivado por las historias de abusos en la plataforma que le había explicado su hija adolescente. La postura de Béjar, que en su día había estado rebosante de optimismo por las posibilidades de la tecnología en general y de Facebook en particular, se había vuelto incuestionablemente más pesimista.

Béjar, el original «Sr. Majo» de Facebook, había liderado el proyecto de la compañía de mejorar la experiencia de los usuarios. Su Equipo de Compasión había realizado un trabajo especialmente revolucionario en el ámbito de la prevención del suicidio, ofreciendo a los usuarios la posibilidad de denunciar si les preocupaba que un amigo de Facebook corriera el riesgo de autolesionarse, facilitándoles, en primer lugar, el acceso a los recursos locales adecuados para situaciones de crisis y, de existir motivos de preocupación inminente, animándoles a denunciarlo. Si una persona parecía encontrarse deprimida, la próxima vez que se conectase recibiría un mensaje diciéndole: «Alguien está preocupado por ti». Si alguien parecía encontrarse en peligro inminente, los moderadores de Facebook irían más allá y, de ser necesario, lo denunciarían ante las autoridades.

«Hubo un par de casos aislados en los que algunos usuarios publicaron en Facebook que tenían intención de suicidarse y, efectivamente, lo hicieron», recordó un miembro del equipo dedicado a la prevención del suicidio. Esas muertes provocaron introspección y análisis. En algunas ocasiones, las revisiones revelaron que los moderadores de la compañía habían metido la pata. En otras, los usuarios no habían informado del riesgo. E, incluso cuando los usuarios habían dado la voz de alarma de que había alguien en situación de crisis, el tiempo de respuesta había sido a menudo lento, puesto que las colas de informes estaban saturadas de denuncias de mala fe.

La cobertura periodística de una oleada de suicidios retransmitidos en directo en 2017 no hizo ninguna diferencia entre esos escenarios. Si alguien se suicidaba en Facebook, la culpa era de Facebook. La compañía recurrió a la IA en busca de ayuda. Con el fin de crear un clasificador de autolesiones o violencia gráfica, el equipo dotó a su herramienta de aprendizaje automático, FB Learner, de una considerable serie de datos, inicialmente compuesta solamente por texto. El nuevo sistema parecía prometedor, dando prioridad a los informes de manera que los moderadores tuvieran acceso a los válidos aproximadamente veinte veces más rápido. A continuación, pasaron a los vídeos en directo. Lo que crearon no era perfecto, pero estaba bien.

Si bien no es posible conocer el número de vidas salvadas por la herramienta, el equipo sí que podía determinar cuántas veces el clasificador —no los usuarios— había detectado conductas suicidas lo suficientemente preocupantes para que el Equipo de Atención al Cliente de Facebook informara a las autoridades. «Era un indicador de cuántas veces éramos la única esperanza y lo intentamos, y la cifra era mucho mayor de lo que esperábamos —dijo el miembro del equipo, el cual se echó a llorar al recordar las intervenciones—. No sabemos cuántos murieron, pero intentamos salvarlos.»

Esto era Facebook en su máxima expresión, improvisando apresuradamente con la tecnología de manera imperfecta aunque poderosa. El proyecto continuó en vigor después de que Béjar dejara la compañía en 2015, pero otros de los proyectos que lideró no duraron tanto. El procedimiento de presentación de denuncias de los usuarios que había perfeccionado y que consideraba esencial para crear y mantener una buena plataforma desapareció. La compañía pasó de gestionar los informes negativos de los usuarios a desincentivarlos activamente.

Al mismo tiempo, Facebook hizo más hincapié en reducir la existencia de lo estrictamente definido como «contenido nocivo» tras pedir a los usuarios que denunciasen únicamente casos claros de infracciones de normas específicas de Facebook, algo que pudiera dejarse en manos del aprendizaje automático.

Localizar a usuarios que vendían animales vivos, distribuían material de abuso sexual infantil o reclutaban a participantes para llevar a cabo un atentado terrorista era algo bastante claro. Mejorar humildemente la capacidad de un clasificador para detectar un pezón femenino, por ejemplo, podía evitar decenas de millones de visualizaciones «lamentables».

Lo que esa aplicación automática de las normas no podía hacer era abordar problemas con componentes subjetivos, desde los discursos de odio hasta el acoso. Debido a una combinación de su excesiva dependencia de la automatización y su excesivamente escasa dependencia de la revisión humana, la compañía carecía de la habilidad para determinar qué publicaciones sobre la anorexia incitaban a ella sutilmente, cuándo una referencia a la confesión religiosa de alguien era inapropiada o si el comentario «¡Me encanta tu maquillaje!» era un cumplido o una forma de acoso.

Los usuarios no podían hacer gran cosa para expresar su descontento con lo que veían, más allá de enviar informes —que, a menudo, no llegaban a ningún sitio— o, como mucho, bloquear a un usuario. Durante años, los usuarios habían reclamado algo así como un botón de «no me gusta», pero la idea nunca había sido del agrado de la dirección, Zuckerberg incluido. «Nuestro instinto sobre el producto nos decía que un botón de "no me gusta" era una vía directa al aumento de la negatividad», escribió Julie Zhuo, vicepresidenta de Diseño de la aplicación en un ensayo de 2021 sobre el correcto diseño del producto.[9]

Gran parte de esto se debía a la reticencia de Facebook —una compañía que, por otra parte, tenía un apetito de datos insaciable—, a la hora de recopilar impresiones negativas como las que, en su día, Béjar había tratado de obtener. Hubo múltiples intentos de retractarse que fracasaron. «Los sentimientos negativos no tienen cabida en FB, porque somos un lugar feliz en el que te relacionas con amigos —me dijo un antiguo director, resumiendo la manera de pensar de la compañía—. Si a ti, como usuario, te permitimos recibir una valoración negativa, eso no es bueno para ti.»

Durante una semana cualquiera, Facebook recopilaba 80.000 millones de señales positivas diferentes de lo que les gustaba a los usuarios de la plataforma, pero solamente el 0,5 % de señales de lo que no les gustaba, según declaró un científico de datos en un informe de 2019.[10] El científico de datos señaló que la cifra oficial de los contenidos no ofrecía una imagen nítida de lo que experimentaban los usuarios. La desnudez prohibida oficialmente representaba únicamente un 0,05 % de las publicaciones visualizadas en Facebook, mientras que los discursos de odio eran alrededor del 0,2 %. Sin embargo, si sumabas los casos «fronterizos», la proporción de los contenidos problemáticos se disparaba espectacularmente hasta situarse alrededor del 10 % de las publicaciones visualizadas. Y, si considerábamos también que los ciberanzuelos, los contenidos robados y la «información sanitaria escandalosa» provocaban experiencias negativas, la cifra aumentaba a más del 20 % de todas las publicaciones visualizadas en Facebook.

Años después, la compañía empezaría a experimentar con la introducción de métodos sencillos para que los usuarios expresaran su descontento, reconociendo en la práctica que el investigador tenía razón. No obstante, en aquel momento, a Facebook no le interesaba recopilar esa clase de información. Dado que había diseñado su plataforma para recibir únicamente impresiones positivas, solo se enteraba de las personas que disfrutaban activamente de ella.

Béjar compartía el desconcierto del científico de datos ante el hecho de que la compañía no invirtiera de manera considerable en la recopilación de una serie de datos más amplia. Dedicó mucho tiempo a explicar que no todos los usos señalados como negativos tenían siquiera que ser negativos. Durante su primera etapa en Facebook, el Equipo de Compasión había demostrado que quienes se comportaban de manera claramente zafia en las redes sociales a menudo cambiaban de comportamiento cuando se les informaba privadamente de que habían molestado a otras personas. Si Facebook le decía a un usuario que machacar a desconocidos atractivos con solicitudes de amistad no estaba bien, había un 50 % de probabilidades de que dejase de hacerlo sin necesidad de aplicar ninguna medida disciplinaria ni restringir su cuenta. ¿Qué podía no gustar?

La cuestión era que, dejando de lado abusos evidentes, a Facebook no le gustaba ni siquiera plantearse la posibilidad de que hubiese una actividad poco saludable. Béjar podía pensar que conseguir que los usuarios dejasen de enviar aleatoriamente solicitudes de amistad era una victoria sin paliativos, pero el equipo encargado de las amistades seguro que no. ¿Quién era Facebook para decir que los usuarios debían relacionarse únicamente con personas a las que conocían?

Béjar entendió que se trataba de una cuestión de diseño. En materia de contenidos, los usuarios podían pisar el acelerador, pero solo la plataforma podía pisar el freno. Zuckerberg y otros ejecutivos habían elogiado durante mucho tiempo las virtudes del «contradiscurso» como una forma de «elevar el diálogo más allá del alcance del miedo, el odio y la violencia», como declaró altaneramente un anuncio de la compañía. Por muy bonita que fuera la idea, la plataforma no podía afirmar de buena fe que funcionara. Si un usuario discutía con una página que publicaba una caricatura ligeramente racista, lo único «elevado» era la participación. Cuando Béjar reconoció lo que estaba haciendo la empresa, lo veía por todas partes. En lugar de preguntar a los usuarios si les gustaría ver menos fotos de *influencers* mejoradas con filtros, Instagram preferiría que expresasen sus sentimientos corporales positivos incorporando a la plataforma cientos de millones de publicaciones con el *hashtag* #nofilter. Al respecto, Béjar afirmó:

> Una de las razones por las cuales la gente cuelga esos contenidos de belleza y bienestar con exagerados retoques de Photoshop es que recibe la señal positiva que está buscando. No había ninguna señal negativa que permitiese que, en privado, la gente dijera: «Esto es un poco burdo», para que la plataforma pudiera degradarlo.

Béjar tardó un año en averiguar todo esto, pero halló la respuesta a lo que había salido mal en las plataformas de Facebook. A pesar de su objetivo declarado de respetar los deseos de sus usuarios, la compañía estaba gestionando Facebook e Instagram según sus propias preferencias, no según las de los usuarios.

Darse cuenta de ello le provocó a Béjar una especie de crisis existencial. «Te dicen que eres un genio, que encontrarás la respuesta correcta, que el resto del mundo no se entera —me dijo—. Me tragué el cuento desde que empecé en Silicon Valley y, cuando eché la vista atrás, sentí vergüenza.»

Sin embargo, Béjar no estaba preparado para abandonar la compañía. Decidió que se dedicaría en cuerpo y alma a averiguar cómo llamar la atención interna sobre el punto ciego de la experiencia del usuario. Una opción consistía en mejorar la encuesta de rastreo del alcance de los problemas de integridad (TRIPS, por sus siglas en inglés), en la que, de manera regular, se preguntaba a los usuarios acerca de lo expuestos que se sentían a diversos tipos de contenidos problemáticos. Los intentos anteriores de hacer que TRIPS fuera una prioridad habían fracasado. «Ese camino estaba plagado de cadáveres», dijo Béjar.

Béjar sospechaba cuál era la razón de ese fracaso. Los intentos de aplicación de las normas por parte de Facebook eran, en gran medida, irrelevantes para los usuarios. Los intentos de combatir el pequeño porcentaje de contenidos que infringían oficialmente las normas no importaban cuando la mayoría de lo que le preocupaba a la gente no se enmarcaba en esa categoría. Una denuncia de acoso era una experiencia vivida, no una acusación que Facebook podía falsear. Si alguien tenía la impresión de que el contenido de Instagram le había hecho sentirse inseguro en relación con su cuerpo o con su vida, la respuesta correcta no era cuestionar la causalidad.

Desde sus primeros años trabajando con los altos directivos de la compañía, Béjar había aprendido que no debía presionarlos para que asumieran la subjetividad de la experiencia humana. Para intentar que Zuckerberg y otros altos directivos abordaran el punto ciego de la compañía, necesitaría datos fehacientes que cuantificasen el problema.

Ese fue el origen del *Feedback* de Experiencia Emocional Negativa (BEEF, por sus siglas en inglés). En colaboración con un grupo de ingenieros y directores de Producto con ideas afines a las suyas, Béjar desarrolló una encuesta semanal pensada para cuantificar lo desagradable de Instagram, tanto si se trataba de la exposición no deseada a la violencia como de ver cómo alguien era acosado. Si la compañía sabía cuántas adolescentes, como su propia hija, tenían que soportar proposiciones sexuales agresivas y acoso verbal cada semana en Instagram, tal vez los directivos se darían cuenta de lo equivocado que era su planteamiento a la hora de gestionar la plataforma.

«Yo me aferraba a la idea de que Mark y toda aquella gente no lo sabían», dijo Béjar.

A mediados de 2021, Béjar se acercaba al final de su contrato de dos años y estaba preparando su último intento de convencer a los directivos de Facebook. El historial de Béjar y el respaldo del Equipo de Bienestar de Instagram le permitieron presentar su trabajo directamente a los altos directivos de la compañía.

Empezó la presentación señalando que el 51 % de los usuarios de Instagram declaraba haber tenido una experiencia «negativa o dolorosa» en la plataforma en los siete días anteriores. Sin embargo, solo el 1 % de dichos usuarios denunció el contenido reprobable a la compañía, e Instagram tomó medidas en el 2 % de esos casos. El cálculo indicaba que la plataforma únicamente había puesto remedio al 0,02 % de lo que molestaba a los usuarios; tan solo una mala experiencia de cada 5.000.

«Las cifras probablemente son parecidas en Facebook», señaló, afirmando que las estadísticas evidenciaban el fracaso de la compañía a la hora de entender las experiencias de usuarios como su propia hija. A la chica, que ahora tenía dieciséis años, le habían dicho recientemente que «volviera a la cocina» después de colgar una publicación sobre coches, dijo Béjar, y continuaba recibiendo las fotos de pollas no solicitadas que llevaba recibiendo desde que tenía catorce años. «Le pregunté por qué los chicos seguían haciendo eso. Me dijo que, si lo único que les pasaba era que les bloqueaban, ¿por qué no lo iban a hacer?»

Dos años de investigaciones habían confirmado que la lógica de Joanna Béjar era coherente. Cada semana, el 24 % de la totalidad de los usuarios de Instagram de edades comprendidas entre trece y quince años recibía proposiciones no solicitadas, informó Béjar a los directivos. La mayor parte de esos abusos no infringían las políticas de actuación de la compañía, e Instagram rara vez pillaba a los que lo hacían.

«La imposición del cumplimiento de las políticas es análoga a lo que sucede con la policía: es necesaria para evitar los delitos, pero no hace que un espacio parezca seguro», escribió Béjar. Por mucho que Facebook quisiera solucionar los problemas de integridad reduciendo el predominio de los contenidos reconocidos oficialmente como negativos, la compañía tendría que reorientarse hacia indicadores basados en la experiencia como el BEEF y los intentos de inculcar las normas sociales. Béjar escribió:

> Apelo a vosotros porque creo que, para trabajar en esto, es necesario que haya un cambio cultural. Sé que en el equipo directivo todo el mundo se preocupa por las personas a las que servimos y por las comunidades que intentamos cultivar.

Béjar intentó también exponer el mensaje a cada directivo individualmente, explicándoles que había poca correlación entre el comportamiento que Facebook trataba como un problema y lo que sus usuarios experimentaban como tal. Mosseri le pareció comprensivo y Sandberg empática —aunque poco implicada— con el tema de las conductas abusivas para con las mujeres jóvenes. El que le sorprendió fue Cox.

«Él lo sabía», dijo Béjar. El director de Producto de Facebook parecía entender el argumento de Béjar: las plataformas de la compañía no permitían que los usuarios se opusieran de manera significativa al trato recibido y mucho menos les proporcionaban herramientas para aspirar a algo mejor. Sin embargo, después de oír las propuestas de Béjar, incluyendo la que decía que tal vez la compañía debería ponerse urgentemente a trabajar para reducir el porcentaje de adolescentes que denunciaban recibir contenidos sexuales no solicitados cada semana, se mostró evasivo. «Oh, sí, suena realmente interesante —recordó Béjar que le dijo Cox—. Déjame que se lo comunique a Guy Rosen.»

Estaba claro que Rosen, el arquitecto del trabajo de ejecución basado en los indicadores, carecía del interés y de la influencia necesarios para sacar adelante una propuesta como esa. A Béjar, aquella falta de interés le dejó helado. «Cox era una de las personas que siempre me había defendido cuando estaba en la compañía. Realmente entendió el tema de la compasión y lo defendió ante Mark.» (Una portavoz de la compañía afirmó que la remisión del tema por parte de Cox no hacía más que reflejar su convicción de que Rosen, como responsable de Integridad, era el directivo adecuado para tratar el asunto.)

Tal vez había sido ingenuo pensar que cualquiera podría haber persuadido a Zuckerberg para que se replantease cómo había creado Facebook. Sin el apoyo de Cox, era una causa perdida. Con el tiempo, la compañía introdujo algunas funcionalidades menores en la línea de lo que Béjar había pensado, pero este las consideró poco trascendentes y de cara a la galería. Restringir la capacidad de los adultos para iniciar conversaciones con niños después de haber sido bloqueados reiteradamente por usuarios menores de edad era una medida ligeramente correctiva, no un salto adelante.

En octubre, finalizó el contrato de Béjar. Aunque no hubiera sido así, su continuidad no tenía sentido.

«La máquina iba a seguir funcionando igual», dijo.

Más o menos en la misma época de la segunda salida de Béjar, Brandon Silverman también se marchó, aunque por otra razón. Al permitir que periodistas, grupos de presión e intelectuales rastreasen y estudiasen los contenidos virales, CrowdTangle había demostrado ser excesivamente útil, permitiendo a terceros detectar los mismos problemas de calidad y algorítmicos que Silverman había señalado internamente a los altos directivos.

En ocasiones, la exposición alteró decisiones importantes. Cuando una película conspiranoica sobre el COVID, titulada *Plandemia*, se estrenó en Facebook y en las plataformas rivales en mayo de 2020, Kaplan y el Equipo de Políticas Públicas impidieron que el Equipo de Salud la eliminara inmediatamente, hasta que un periodista del *New York Times* tuiteó que, según CrowdTangle, *Plandemia* era la publicación número uno de Facebook. El Equipo de Políticas Públicas se retractó y autorizó su eliminación sin más discusión.

Incluso la amenaza de que alguien pudiera estar mirando podía llamar la atención de la directiva. Siempre que Silverman se presentaba ante un directivo con un cuadro de mando que mostraba que Facebook estaba difundiendo contenidos especialmente vergonzosos o potencialmente nocivos ese día, la primera pregunta siempre era: «¿Y todo el mundo puede verlo?». Cuando se les informaba de que sí, hacer frente al escándalo público que se iba a producir se convertía en una prioridad.

Si bien la transparencia tenía costes y beneficios, nada puso tan de relieve los costes como un bot de Twitter creado por el periodista del *New York Times*. Utilizando una metodología realizada con la ayuda de un empleado de CrowdTangle, Roose ideó una ingeniosa manera de elaborar una lista diaria de los diez contenidos de la plataforma que habían generado más participación en Estados Unidos, creando un indicador que demostraba hasta qué punto los creadores de contenido partidistas y los acumuladores de contenidos dominaban las muestras de participación, que era lo más valorado por Facebook.

Habría sido difícil exagerar hasta qué punto una única cuenta automatizada de Twitter llegó a molestar a la directiva de la compañía. Alex Schultz, el vicepresidente encargado de la supervisión del Equipo de Crecimiento, estaba especialmente furioso, en parte porque consideraba que el recuento puro y duro de la participación era engañoso, pero también porque la propia herramienta de Facebook era la que le recordaba al mundo cada mañana a las 9.00, hora del Pacífico, que el contenido de la plataforma era una basura.

«La reacción fue demostrar que los datos eran erróneos», recordó Brian Boland. Sin embargo, los intentos de aplicar otras metodologías no hicieron más que generar listas casi igual de poco favorecedoras. Schultz empezó a abogar por la completa eliminación de CrowdTangle y la sustitución por sus propios informes de los contenidos más importantes. Según él, eso seguiría ofreciendo más transparencia de la que ofrecía cualquiera de los rivales de Facebook.

Antes incluso de tocarle las pelotas a uno de los principales directivos de la compañía, CrowdTangle ya era vulnerable. Dado que el equipo de Silverman trabajaba con tantos grupos de productos distintos, no disponía de un único directivo especializado ni de un presupuesto fijo. Boland hizo un alegato a favor del trabajo de CrowdTangle y, a finales de 2020, envió una nota a sus aproximadamente cuatrocientos colegas vicepresidentes, instándoles a que lo apoyasen también y a que compartiesen datos con investigadores externos. Boland sostenía que, igual que Facebook proporcionaba datos sobre la eficacia de sus campañas de *marketing* a los anunciantes, la compañía debería proporcionar al público la información necesaria para decidir si las críticas a sus plataformas tenían razón de ser.

Podéis decidir invertir en entender esas áreas cuando decidáis la asignación de la plantilla de 2021. [...] Si os parece importante, no esperéis a que alguien lo haga de manera centralizada; no vamos por ese camino.

Sin embargo, con Facebook magullado como consecuencia de las elecciones de 2020 y el asalto al Capitolio, Schultz ganó la batalla fácilmente. En abril de 2021, Silverman convocó a los miembros de su personal a una teleconferencia y les comunicó la disolución del equipo de CrowdTangle. La herramienta continuaría existiendo, al menos durante un tiempo, pero bajo control del Equipo de Integridad de Rosen. Ahí acabaron los intentos de crear nuevas funcionalidades. Según lo recordó Boland:

A Brandon le entusiasmó la idea de trabajar en materia de transparencia. Quería hacer que los datos de Facebook fueran públicos de manera fácilmente digerible en todo el mundo, de modo que los investigadores y los periodistas pudieran acceder a ellos.

Cuando el equipo de CrowdTangle se disolvió, Boland ya se había marchado. Cuando Chris Cox volvió a Facebook en el verano de 2020, Boland fue a verle con una propuesta de creación de un nuevo equipo que respondiese a las críticas externas a la compañía, no tratando de rebatirlas, sino investigando si eran ciertas.

«Chris Cox era el tipo que podía sacar aquello adelante, pero, en aquel momento, llevaba en la compañía dos o tres semanas», explicó Boland. De nuevo, Cox se mostró evasivo. «Todo quedó en agua de borrajas.» Aunque dentro de Facebook dijo lo que pensaba, Boland también se marchó discretamente.

«Seguía dándole vueltas a cómo podía creer lo que había llegado a creer acerca del impacto negativo de la plataforma cuando todos los altos ejecutivos me estaban diciendo que estaba equivocado», recordó Boland. Nadie intentó rebatir sus preocupaciones ni discutir las investigaciones internas que citaba; simplemente consideraban que la posibilidad de que Facebook fuera responsable de un daño significativo era absurda.

«Boz se limitó a decir: "Estás totalmente equivocado" —dijo Boland—. En Facebook, los datos ganan las discusiones, excepto en este caso.»

En cuanto a Silverman, se quedó algunos meses más en un intento de encontrarles un nuevo puesto a los empleados de CrowdTangle. Se marchó en otoño de 2021.

18

Hacia finales de julio de 2021, el entonces director de Comunicaciones de Facebook, John Pinette, se pasó por la delegación de San Francisco del *Wall Street Journal* para una complicada visita informal (debía de saber que se estaba cociendo algo). Sentados con él en una gran sala de reuniones vacía, mi redactor jefe, Brad Reagan, y nuestro jefe de delegación, Jason Dean, hablaron sobre el reciente conflicto entre Facebook y Apple y las tendencias generales de la cobertura tecnológica, antes de decirle al paternal Pinette —un exsacerdote católico— que, efectivamente, estábamos trabajando en algo sustancial, pero que aún no estábamos preparados para hablar de ello.

Habían pasado tres meses desde mi regreso de Puerto Rico. Ahora, el *Journal* disponía de un disco duro que contenía 22.000 capturas de pantalla de 1.200 documentos recopiladas por Haugen a lo largo de seis meses. Brad contrató a siete periodistas más para que ayudasen a repasar todo el material y realizaran amplias labores de investigación y periodísticas adicionales necesarias antes de proceder a su publicación.

Aunque elaborar los borradores definitivos llevó miles de horas de trabajo, los artículos salían prácticamente solos. Facebook había permitido el tráfico de personas en el Golfo Pérsico en su plataforma siempre y cuando se realizase a través de empresas físicas. Al tratar de mejorar la plataforma e incrementar el número de usuarios, había indignado más al sitio y a quienes lo usaban. Los investigadores de salud mental habían concluido que «empeoramos los problemas corporales» y que Instagram era un espacio tóxico, especialmente para muchas chicas adolescentes.

Nos repartimos los artículos. Georgia Wells empezó entrevistando a mujeres jóvenes que habían desarrollado trastornos de la alimentación o problemas de imagen corporal del tipo de los que los investigadores temían que su producto pudiera agravar. Su artículo haría referencia a documentos de la empresa que indicaban que «las comparaciones de Instagram pueden cambiar la autopercepción de las mujeres jóvenes y cómo se describen a sí mismas», citando estudios según los cuales el 32% de las chicas adolescentes decían que «cuando se sentían descontentas con su cuerpo, Instagram las hacía sentirse peor».

Para un artículo sobre los fallos de Facebook en los países en vías de desarrollo, Newley Purnell y Justin Scheck localizaron a una mujer que había sido víctima del tráfico de personas y trasladada de Kenia a Arabia Saudí, e investigaron el papel desempeñado por Facebook a la hora de reclutar sicarios para los señores de la droga mexicanos. Ese artículo revelaría que la compañía no había logrado eliminar eficazmente la presencia del cártel de Jalisco Nueva Generación de Facebook e Instagram, permitiéndole publicar reiteradamente fotos extremadamente sangrientas, incluyendo manos amputadas y decapitaciones.

Para analizar cómo la plataforma fomentaba la ira, Keach Hagey recurrió a documentos que demostraban que los partidos políticos polacos se habían quejado a Facebook de que los cambios realizados en torno a la participación los habían llevado a adoptar posturas más negativas. Los documentos no mencionaban a los partidos; ella trató de averiguar cuáles eran.

Deepa Seetharaman estaba trabajando para entender cómo la tan cacareada inteligencia artificial de Facebook solamente conseguía desmontar un porcentaje minúsculo —de un solo dígito, según los documentos que me había entregado Haugen— de los discursos de odio, incluyendo la constante incapacidad de identificar los vídeos de tiroteos en primera persona y los ataques racistas.

Y Sam Schechner y Emily Glazer estudiaban cómo los activistas habían sembrado dudas infundadas sobre la vacuna contra el COVID de manera tan eficaz que Facebook había tenido que reinstaurar las medidas «rompa el cristal» en mayo de 2021; la tercera vez que lo hacía en Estados Unidos en seis meses.

Yo participé en todos esos artículos, pero dediqué la mayor parte del tiempo a centrarme en dos: revelar la existencia de XCheck, el programa de Facebook para dar un trato preferente a los usuarios vip, y analizar su reacción ante los hechos acaecidos el 6 de enero.

En Puerto Rico, Haugen y yo habíamos discutido sobre las ventajas de publicar los artículos poco a poco, sacando un artículo condenatorio cada semana durante un periodo de varios meses, concediendo a los aspectos complejos de cada uno la atención que merecían. Como era de esperar, los jefes del *Journal* tenían otros planes: querían publicar los artículos diariamente, acaparando ininterrumpidamente la atención durante una semana con noticias tecnológicas, en lo que sería una clara demostración de que el proyecto era algo extraordinario.

Haugen estaba visceralmente en contra de esa idea, pero no pudo dar su opinión al respecto. Yo, sin embargo, sí que lo hice, y opinaba lo mismo que ella. Despectivamente, califiqué el calendario propuesto como «la semana del tiburón», en referencia al conocido sistema cobarde de Discovery Channel para conseguir cuota de pantalla. Resultó que mi opinión tampoco se tuvo en cuenta.

El artículo sobre XCheck, publicado bajo el titular «Facebook dice que sus normas son aplicables a todos. Documentos de la compañía revelan que existe una élite secreta que está exenta», salió a la luz el 13 de septiembre, dando origen a una serie que cautivaría tanto al Congreso como a los usuarios corrientes, revelando interioridades y deliberaciones de una compañía que se había esforzado para evitar ser examinada detalladamente. La decisión de empezar por el artículo de XCheck fue deliberada. A diferencia de otros artículos, este no requería ninguna explicación técnica —sistemas de recomendación de contenidos, clasificadores, la mecánica de la viralidad—. El quid de la cuestión era simplemente que Facebook decía que trataba a todo el mundo por igual, pero no lo hacía. Pero había sido un desbarajuste. Desde octubre de 2020, Facebook había estado trabajando bajo las órdenes de una Junta de Supervisión, un órgano concebido como una especie de tribunal de apelación independiente para las decisiones de moderación de la compañía. En la práctica, la autoridad de la Junta se limitaba en gran parte a adoptar medidas salomónicas sobre publicaciones individuales en la red social.

La decisión de Facebook de suspender de manera indefinida a Trump tras los sucesos del 6 de enero había sido una llamada a la moderación como ninguna otra, y la compañía le pidió a la Junta que emitiera su valoración al respecto. El 4 de mayo, la Junta dictó su fallo: según ella, la decisión de suspender a Trump estaba justificada, pero el modo en que Facebook tomó la decisión fue un absoluto desastre, sin seguir ningún procedimiento identificable. La Junta le dijo a Facebook que disponía de seis meses para responder de forma proporcionada, fijando específicamente un plazo límite a la suspensión.

Asimismo, la Junta aprovechó la oportunidad para acribillar a la compañía con preguntas sobre cómo gestionaba el mal comportamiento de los personajes públicos. Entre ellas, la relativa a la exigencia de que Facebook explicara el programa conocido como *cross-check*. Haugen y yo estábamos en Puerto Rico en aquel momento y la mención nos llamó la atención. Estábamos rodeados de documentos corrosivos que declaraban que XCheck era un desastre. De ellos se desprendía que Facebook sabía que tenía un problema. Reiterados estudios internos habían llegado a la conclusión de que su protección a los personajes vip era peligrosa, indefendible y estaba mal gestionada. Los documentos evidenciaban que la compañía otorgaba erróneamente protección a «cuentas abusivas» e «infractores reincidentes» de sus normas.

Además, los documentos revelaron cómo el Equipo Cívico había intentado abordar los fallos del programa. En respuesta a un llamamiento realizado por Chakrabarti en junio de 2020 para recabar «grandes ideas» sobre cómo hacer que la plataforma fuera más justa, uno de los ingenieros sostuvo que Facebook debía anunciar públicamente los fallos de XCheck, así como quiénes eran los personajes públicos que estaban recibiendo su protección.

«¿Te parece lo bastante importante, Samidh?», dijo el ingeniero, añadiendo un emoji guiñando un ojo.

Chakrabarti incluyó al directivo encargado de reparar el XCheck en la conversación. El directivo admitió el estado lamentable del programa, pero dijo que el «riesgo empresarial» de revelar los fallos del XCheck resultaba demasiado elevado. Lo mejor que podía hacer la compañía era intentar lavar la ropa sucia en casa.

Como tema para un artículo, el programa XCheck tenía prácticamente todo lo que un periodista podía desear. El comportamiento de Facebook no solo era indefendible, sino que la propia compañía así lo reconocía. Zuckerberg, Monika Bickert y otros directivos habían prometido hacía mucho que tratarían a todos los usuarios por igual, pero fueron solo palabras. En lugar de desafiar a la élite de la sociedad, Facebook se había postrado ante ella. XCheck era, según declaró la propia compañía, una «traición» a sus 3.000 millones de usuarios.

Había un factor que podía complicar las cosas. Otros documentos recopilados por Haugen mostraban que, recientemente, Facebook había intentado de buena fe controlar los peores abusos del programa. Había eliminado las exenciones al cumplimiento de las normas de los incluidos en la «lista blanca» para las formas más graves de mal comportamiento y había frenado las inscripciones de nuevas cuentas en XCheck para «detener la sangría», como escribió un directivo. Eliminar por completo el trato especial seguía siendo impensable, puesto que la compañía aún quería conceder a los vip «el beneficio de la duda». No obstante, cuando la Junta de Supervisión reclamó detalles sobre el programa, Facebook ya estaba, como mínimo, en situación de decir que las reformas se encontraban en marcha.

En ese contexto, el calendario le planteaba un dilema al *Journal*. Las preguntas certeras de la Junta le proporcionaban a Facebook la oportunidad de resaltar el «plan de mejoría» del programa. Aun cuando Facebook solo reconociera vagamente los anteriores problemas del programa, ello bastaría para presentarle una victoria a la Junta de Supervisión y poner fin a un secreto inconfesable.

Yo deseaba desesperadamente escribir sobre el XCheck antes de que llegara ese momento, pero hacerlo provocaría de forma inexorable una investigación interna sobre las filtraciones y, potencialmente, podría revelar a la compañía la identidad de Haugen. Decidimos esperar.

Aguantar era la decisión correcta, pero ello no hizo que esperar la respuesta de Facebook a la Junta de Supervisión fuera menos desesperante. Cuando, en mayo, la compañía emitió su respuesta, leí el documento con la boca abierta. Facebook había aceptado la solicitud de información de la Junta sobre XCheck y «cualquier procedimiento excepcional que se aplicase a usuarios influyentes».

«Maldita sea», pensé. Nuestra historia estaba acabada. Entonces leí los detalles. «Queremos que quede claro que eliminamos contenidos de Facebook, independientemente de quién los publique», fue la respuesta de Facebook a la Junta de Supervisión. «La comprobación cruzada simplemente significa que algunos contenidos de unas páginas o perfiles determinados son objeto de una revisión adicional.»

No había ninguna mención a listas blancas, a intervenciones de la Junta Directiva para proteger a deportistas famosos, ni a colas de publicaciones probablemente infractoras de personajes vip que nunca se revisaban. Aunque algunos documentos mostraban que al menos siete millones de los usuarios más destacados de la plataforma estaban protegidos de algún modo por XCheck, Facebook le aseguró a la Junta que eso solamente sucedía en «un pequeño número de decisiones». La única petición relacionada con XCheck desoída por Facebook fue la de aportar datos que demostraran si los usuarios habían recibido un trato preferente.

«Rastrear esa información no es factible», respondió la compañía, olvidando mencionar que eximía por completo a algunos usuarios de la aplicación de las normas.

Fuese cual fuese el programa que Facebook estaba describiendo, seguro que no era XCheck.

Los empleados responsables de redactar la respuesta de Facebook a la Junta de Supervisión —abogados del Equipo de Políticas Públicas— no consideraban haber mentido, me dijo posteriormente una persona familiarizada con el tema. Simplemente, no respetaron los intentos de la Junta de ir más allá de juzgar las decisiones de moderación y juzgar cómo Facebook gestionaba sus plataformas. Y, en consecuencia, habían sido rácanos con la información.

«El centro de gravedad de los currículos de los miembros de la Junta es el derecho, los derechos humanos y el periodismo —me dijo aquella persona—. Eso es un factor limitador de la credibilidad de la Junta a nivel interno.»

Tras leer la respuesta, llamé a Brad para decirle que el XCheck seguía dando para un artículo. A continuación, llamé a Haugen para decirle que, a pesar de haber tenido la oportunidad de evitar el desastre, la compañía se había hundido más profundamente en él.

Haugen siempre me había dicho que no consideraba que Facebook fuera una empresa maliciosa, sino que simplemente se veía superada por la situación. Aquí había una aparente prueba de lo contrario. La compañía ni siquiera fue sincera sobre sus problemas con la moderación de contenidos con una institución creada a tal efecto.

«Espero que esto ayude a entender por qué hice lo que hice», respondió Haugen.

Seguí adelante con la idea de escribir el artículo. Intenté conseguir una entrevista con Guy Rosen para preguntarle por la limpieza del programa, pero no tuve éxito. Facebook hizo una declaración en la que afirmaba que XCheck no concedía un trato especial a los poderosos y que abordaba cualquier problema que pudiera surgir en el programa, aunque sin especificar. La compañía dijo también que no había engañado a la Junta de Supervisión sobre XCheck en modo alguno.

Me enteré de que, a nivel interno, Rosen les había dicho a sus colegas que no veía dónde estaba el problema. Al fin y al cabo, era razonable que Facebook tratara a sus usuarios vip de manera parecida a como tratan las aerolíneas a sus pasajeros más frecuentes. No obstante, la compañía se estaba preparando para recibir la furia de la Junta.

Evidentemente, Facebook llegó al punto de prever cómo se desarrollarían los acontecimientos cuando saliese a la luz la verdad sobre el XCheck. Uno de los diferentes equipos responsables de cooperar con la Junta de Supervisión creó una «junta de asesinatos», un comité compuesto por empleados encargados de actuar como un órgano compuesto por académicos, expolíticos y abogados de derechos humanos furiosos por haber sido engañados.

Facebook no tenía por qué preocuparse. Cuando nos pusimos en contacto con la Junta de Supervisión, solicitándole sus comentarios, diciéndole que documentos internos mostraban que XCheck había eximido a algunos usuarios vip de la moderación de contenidos y otorgado un trato preferente a otros, el portavoz se negó a intervenir. La Junta únicamente se pronunció discretamente después de la publicación del artículo, emitiendo un comunicado de prensa titulado «Para tratar a sus usuarios con justicia, Facebook debe comprometerse con la transparencia».[1]

Durante una reunión privada celebrada algunos días más tarde, representantes de la Junta presionaron a la compañía, preguntándole por qué, tan solo unos meses antes, había dicho que los seis millones de usuarios protegidos por XCheck eran «un pequeño número» y no había respondido a preguntas básicas sobre el programa. Las dos partes discutieron sobre cómo abordar los errores de la respuesta de Facebook.

Al cabo de un mes, en octubre de 2021, la Junta anunció en su informe trimestral que estaba llevando a cabo una evaluación de XCheck a petición de Facebook. La compañía admitió que no debería haberle dicho a la Junta que XCheck solamente se aplicaba a un «pequeño número» de decisiones, pero se defendió diciendo que, para Facebook, seis millones de usuarios tampoco eran tantos.

La Junta amonestó a la compañía por «no ser totalmente sincera» y escribió que esta había asegurado que «a partir de ahora» sus respuestas incluirían más contexto.

Y eso fue todo. Al año siguiente, la Junta realizó una serie de sugerencias prácticas para mejorar el programa y abordar algunas de sus imperfecciones, y Facebook aceptó muchas de ellas. Con ello, los miembros de la Junta de Supervisión, que recibían un salario de seis cifras por un trabajo a tiempo parcial, volvían a dedicarse a su labor principal, consistente en juzgar las decisiones en materia de moderación de publicaciones concretas en la red social.

«No hubo ni siquiera un "¿Cómo os atrevéis?"», dijo asombrada la persona familiarizada con los preparativos de la teórica revolución de la Junta de Supervisión.

Mientras el equipo del *Wall Street Journal* y yo examinábamos los documentos, Haugen y yo seguíamos habitualmente en contacto. Hablábamos cada pocos días sobre algo nuevo que habíamos detectado, acrónimos que no descifrábamos (acabé elaborando un glosario de más de 300 términos) y cómo encajaba todo.

Ella había firmado con Whistleblower Aid, una organización legal sin ánimo de lucro con sede en Washington D. C. que se autodefinía como una entidad que ayudaba a «funcionarios del Gobierno, a patriotas y a trabajadores valientes del sector privado a denunciar y difundir sus preocupaciones de manera segura, legal y responsable».

A los abogados no les entusiasmaba el hecho de que Haugen hubiera estado trabajando directamente con un periodista. Declinó una solicitud por su parte de disponer de información y autorizar nuestros planes de publicación. Yo a Haugen le debía mucho y era plenamente consciente de mi responsabilidad a la hora de no revelar su identidad a toda costa durante tanto tiempo como ella desease, y de que debía hacer todo lo posible para protegerla de los efectos colaterales que se derivaran de nuestro trabajo. Sin embargo, por mucho que la apreciara personalmente, mi trabajo consistía en servir a los lectores del *Journal*, no en ayudarla en su proyecto como activista.

Haugen pareció agradecer más esa distinción que sus abogados, pero, de todas formas, hubo tensiones. Whistleblower Aid le explicó que corría el riesgo de ir a la cárcel, y que, si no se coreografiaba todo adecuadamente, aumentaban las probabilidades de que así fuera. Sin embargo, los precedentes que citaban para justificar ese temor eran extraños y todos hacían referencia a empleados o contratistas federales con acceso a información, que habían filtrado secretos clasificados del Gobierno. Haugen parecía escéptica ante ese riesgo, pero ninguno de los dos estaba en condiciones de contradecir los consejos de los abogados.

Haugen y sus abogados habían decidido presentar una denuncia ante la Comisión del Mercado de Valores. Eso significaba que, al menos en teoría, no podía ser demandada por infringir el acuerdo de confidencialidad que había firmado al incorporarse a Facebook, ya que, oficialmente, había trasladado sus quejas al Gobierno, tanto si la comisión tomaba medidas como si no.

Asimismo, decidieron que Haugen saldría del anonimato por voluntad propia, para anular cualquier posibilidad de que Facebook revelara su identidad contra su voluntad, y organizaron una entrevista con *60 Minutes*. Grabó su entrevista la semana que salieron a la luz los artículos del *Journal*, y me envió una foto de su cara enfocada desde diferentes ángulos en una serie de monitores. Tras varias horas en manos de una estilista de la CBS, apareció como una versión estirada y casi irreconocible de sí misma.

«Parezco una presentadora estrella de Texas», escribió, añadiendo que ojalá su pelo tuviera siempre tan buen aspecto.

Las cosas empezaron a ponerse cada vez más tensas. Whistleblower Aid y algunos de los miembros de una cada vez más larga lista de asesores de lo que denominé el «equipo de Frances» la estaban presionando para que proporcionase los documentos a más medios. Les preocupaba que el hecho de que el *Journal* tuviera la exclusiva creara malestar entre el resto de los medios y que, al no poder conseguir una parte de la historia, atacasen a Haugen.

A mí, aquello me pareció ridículo y ofensivo. Era una forma de pensar que trataba la atención mediática como un indicador que había que llevar al límite y los documentos de Haugen como moneda. Alegué que, tras varios meses trabajando con ella, el *Journal* era el medio mejor posicionado para explicar el contenido de los documentos y le recordé cuántas veces nos pareció que la cobertura crítica de Facebook había errado el tiro. Como me dijo la propia Haugen, si el único efecto de la filtración era que la gente odiara a Facebook un poco más, ella habría fracasado.

Yo creía en mis argumentos y Haugen también, al menos lo suficiente para rechazar de plano la propuesta de un lanzamiento mediático coordinado. Sin embargo, ahora estaba claro que *The Wall Street Journal* se había visto arrastrado a un conflicto de intereses; todo el mundo quería una parte de los documentos de Haugen y, cada vez más, de la propia Haugen.

Haugen y yo siempre supimos que el artículo sobre lo que Instagram estaba provocando en la salud mental de las chicas adolescentes traería cola. La brecha entre lo que la compañía había dicho públicamente sobre el efecto provocado por sus productos en las adolescentes y las conclusiones documentadas por sus propios investigadores era enorme. Por mucha diversión y valor que proporcionara Instagram a la mayoría de sus usuarios, un subconjunto de mujeres jóvenes, concretamente las que ya se encontraban en situación de vulnerabilidad, parecían utilizar la aplicación compulsivamente y de maneras que corroían su autoestima. Y Facebook lo sabía.

También éramos conscientes de que la historia tenía potencial para trascender las divisiones entre partidos en Estados Unidos. Facebook achacaba su capacidad de evitar regulaciones estrictas de Washington al hecho de que, aunque tanto los demócratas como los republicanos odiaban Facebook, no se ponían de acuerdo en el porqué.

Las semanas anteriores al bombazo que supuso la publicación del primer artículo, tanto el *Journal* como el equipo de Haugen habían estado en contacto con los despachos de Richard Blumenthal, el senador demócrata de Connecticut, y de Marsha Blackburn, senadora republicana de Tennessee, los cuales ya estaban peleando con la compañía por el tema de Instagram Kids y los presuntos daños a menores.[2]

Al parecer, Facebook entendió el riesgo que suponía el artículo. Al día siguiente de ponernos en contacto con la compañía para comentar la situación y revelar algunas de las investigaciones realizadas, Zuckerberg anuló una serie de reuniones programadas y la empresa inició una evaluación interna para valorar los daños potenciales.

Se implicaron mucho más de lo que se habían implicado en el artículo sobre XCheck, aportando una entrevista ilustrativa con dos de los investigadores en materia de salud mental de la plataforma, así como una conversación con Mosseri, en gran parte oficial. Este declaró:

> Creo que, como compañía, tardamos en plantearnos los inconvenientes de conectar a la gente entre sí a gran escala. Creo que hay muchas más ventajas que inconvenientes. Pero también creo que hay inconvenientes y tenemos que asumir esa realidad y hacer todo lo posible por hacerles frente tan eficazmente como podamos.

La investigación a la que había tenido acceso el *Journal* mostraba el compromiso de Facebook en ese sentido, dijo Mosseri, y estaba orgulloso del trabajo realizado. Los problemas relacionados con las comparaciones sociales, la ansiedad y la imagen corporal no eran exclusivos de Instagram, pero la compañía estaba haciendo todo posible por asegurarse de que no los estaba agravando.

«No digo que no haya problemas. No digo que no deberíamos haber avanzado más», dijo Mosseri. Pero, ahora, lo único que podía hacer la compañía era avanzar lo más rápidamente posible. «No podemos volver a 1960: va a haber redes sociales», dijo.

El artículo se publicó el 14 de septiembre, con el titular «Documentos internos demuestran que Facebook sabe que Instagram es tóxico para las chicas adolescentes». Algunas de las opiniones citadas correspondían a terapeutas que trataban a mujeres que padecían trastornos de la alimentación, los cuales tenían la impresión de que Instagram podía ser desestabilizador para sus pacientes, pero las voces más destacadas eran las de las propias jóvenes afectadas. El artículo empezaba refiriéndose a Anastasia Vlasova, una tenista de instituto que había desarrollado un trastorno de la alimentación tras intentar emular las dietas absurdamente restrictivas promovidas por los *influencers* en Instagram.

La experiencia de Vlasova se correspondía con el peor escenario posible descrito en el estudio del Equipo de Bienestar: alguien cuya vulnerabilidad personal se había visto afectada por un contenido personalizado. Junto al relato de su experiencia, se aportaban citas seleccionadas de adolescentes que habían participado en la investigación de Instagram sobre la experiencia de usuario.

«Después de ver las fotos de Instagram, siento que estoy demasiado gorda y que no soy lo bastante guapa —les dijo una chica a los investigadores—. Hace que me sienta insegura con mi cuerpo, aunque sé que estoy delgada.»

En su respuesta pública, la compañía adoptó un tono conciliador. «Asumimos los resultados de esta investigación», escribió en Instagram Karina Newton, responsable de Políticas Públicas de la plataforma, cuando el artículo salió a la luz.[3] El *Journal*, escribió, se había centrado en una «serie limitada de resultados» y los analizaba desde una «perspectiva excesivamente negativa», pero dichos resultados eran reales. Instagram podía dar voz a los marginados, poner a las personas en contacto y fomentar el cambio social, escribió, «pero también sabemos que puede ser un lugar en el que la gente puede vivir experiencias negativas, tal como ha denunciado hoy el *Journal*».

La respuesta pública fue desmesurada; aparentemente, el artículo monopolizó todos los informativos y todo internet.

Dos días después de la publicación, Mosseri acudió al pódcast *Recode* de *Vox* para hablar sobre el artículo. Culpó al *Journal* de no valorar lo suficiente los esfuerzos realizados por la compañía para entender y tratar de solucionar el problema. «Obviamente, no soy imparcial; desde mi posición, el artículo es en gran medida parcial, pero sé de dónde viene y no quiero discutir por nimiedades», dijo. A continuación, añadió que los beneficios de las redes sociales tenían un coste, equiparándolos a los de los coches:

> Sabemos que algunas personas mueren como consecuencia de accidentes de tráfico, pero, en líneas generales, los coches crean mucho más valor en el mundo del que destruyen. Y creo que con las redes sociales sucede algo parecido.[4]

Se trataba de una réplica extremadamente respetuosa. El director de Instagram estaba reconociendo la capacidad potencial de causar daño de su producto.

En internet, la reacción fue diferente. «Al jefe de Instagram le llueven las críticas por su grotesca analogía en defensa de las redes sociales», escribió *The New York Post*, una de las numerosas publicaciones que citaron una lista de tuits virulentos de periodistas y críticos del ámbito de la tecnología que lo acusaban de ser displicente.[5]

El propio Mosseri recurrió a Twitter para lamentarse del número de periodistas que insistían en su «obviamente desafortunada» comparación entre las redes sociales y los coches. «La cultura de los titulares —a cuya creación, sí, ya lo sé, han contribuido las redes sociales— es agotadora», escribió. La frustración de Mosseri llegaba un día después de que el *Journal* publicara el tercer artículo de la serie, sobre cómo las recomendaciones de contenidos de Facebook habían encaminado a los usuarios hacia contenidos cada vez más irritantes, explícitos y ofensivos. La dinámica se había visto agravada por la adopción de las Interacciones Sociales Significativas por parte de la compañía, pero aquello únicamente formaba parte de cómo tendían a funcionar los sistemas de recomendación de contenidos.

Twitter también se basaba en un sistema así. Y, como Mosseri acababa de señalar, la plataforma era un entorno ideal para ponerle en ridículo.

«El jefe de Instagram dice que las redes sociales son como los coches: algunas personas morirán», escribió *Mashable* en su compendio de respuestas.[6] El titular era perfecto y demostraba el argumento de Mosseri. Intentar hablar del tema con cierta sinceridad no había llevado a la compañía a ninguna parte.

Observé cómo se iba desarrollando el drama y pensé en los meses que había pasado examinando detenidamente documentos de Facebook que ilustraban lo que estaba sucediendo ante mis ojos. El mismo diseño básico que había sido optimizado para empujar a la gente a los tuits que insultaban a Mosseri no era muy distinto del que promovía las publicaciones de Facebook que afirmaban que había habido un fraude electoral, o de las cuentas de Instagram en las que se exhibían *influencers* peligrosamente delgadas.

El cálculo que había tras los sistemas era complejo, pero los resultados eran aproximados. Tomaban los errores humanos y los fomentaban. Las plataformas promovían lo que tenía más probabilidades de hacer aumentar el número de usuarios, y los creadores de contenidos respondían a esos incentivos. En ese momento, todas las redes sociales parecían tóxicas.

Envié una disculpa a los usuarios por la comparación con la semana del tiburón.

A nivel personal, el tema había sido tremendo, con mucha falta de sueño y mucho estrés. Sin embargo, el proyecto, al que denominamos «Los archivos de Facebook», presentaba la imagen de una compañía en crisis con cierto aire de dramatismo. *The Wall Street Journal* había dedicado todos los recursos de que disponía a los documentos, asignando a más de una docena de personas a tiempo completo al proyecto, el cual tenía una página de aterrizaje separada, diseño personalizado y un pódcast de seis partes creado en colaboración con Gimlet Media. Lo estábamos promocionando con todo lo que teníamos.

«En algún momento tendrán que pedir la regla de la misericordia», tuiteó Kevin Roose del *New York Times*, resumiendo el exceso intencionado de nuestro programa de publicación.

Y nadie sabía que la propia Haugen en persona estaba a punto de aparecer en escena.

A pesar de todo lo mucho que conocía sobre sus usuarios, Facebook parecía verdaderamente incapaz de identificar cuál de sus empleados había filtrado secretos de un montón de sitios diferentes de su red interna. La compañía no solo no se había puesto en contacto con Haugen, sino que parecía no saber con seguridad de qué documentos disponía el *Journal*, algo a lo que un registro adecuado de las actividades de Haugen debería haber podido responder en gran medida.

Al no saber quién era el informante, la única organización contra la que Facebook podía personarse era el *Journal*. A Zuckerberg le molestaba que Facebook no se hubiera defendido con más énfasis desde el primer momento de las informaciones publicadas por el periódico. El consejero delegado dejó claro que no creía que disculparse estuviera justificado o fuera útil. El escándalo de Cambridge Analytica le había enseñado, probablemente de manera correcta, que entonar un *mea culpa* no haría que le perdonaran, y los veteranos miembros de la Junta Directiva Peter Thiel y Marc Andreessen abogaban ahora por una respuesta agresiva. El tono de la réplica de la compañía cambió rápidamente, empezando por un mensaje de Nick Clegg, publicado en el blog de la empresa el fin de semana siguiente a la publicación de nuestros artículos.

El post de Clegg, titulado «Lo que *The Wall Street Journal* no ha entendido», nos acusaba de «seleccionar en beneficio propio» citas y «descripciones falsas» deliberadas, sin aportar detalles.[7] Escribió que «rechazamos por completo esta descripción falsa de nuestro trabajo y el cuestionamiento de los motivos de la compañía».

Sin embargo, Facebook no podía fingir que no habíamos hecho sangre en múltiples frentes. XCheck era un desastre politizado e interesado. La compañía únicamente había actuado contra la trata generalizada de seres humanos cuando la App Store de Apple intervino a modo de conciencia suplente. Los activistas antivacunas habían rodeado las defensas de una compañía cuyo consejero delegado era un apasionado defensor de la vacunación. Sin embargo, nada de eso fue castigador como el material relativo a Instagram y los niños, y no habíamos acabado en ese frente. Poco después de la semana del tiburón, solicitamos a Facebook que comentara un artículo sobre los planes de la compañía para captar a una nueva generación de usuarios.

Haugen había fotografiado algunos documentos estratégicos que demostraban que, con Snapchat y TikTok consiguiendo cada vez más usuarios jóvenes, Facebook estaba «apostando fuerte» por el futuro de la compañía, centrándose en los más jóvenes. Entre los estudios de mercado realizados por la plataforma había una presentación titulada «Estudio de las citas para juegos como palanca de crecimiento». Si la compañía captaba a suficientes usuarios para Instagram Kids y Facebook Kids, podría conducirlos a Instagram cuando fueran mayores de edad. La compañía tenía la esperanza de que, a medida que esos usuarios fueran creciendo, acabarían pasándose a la plataforma homónima, donde productos como Groups y Marketplace contribuirían a que Facebook se convirtiera en un «entrenador para la vida adulta». Para que el plan saliera bien, se necesitaban muchas cosas, empezando por el éxito del lanzamiento de Instagram Kids. La idea de un Instagram para niños fue recibida con muestras de desaprobación cuando se expuso por primera vez en *BuzzFeed News* en marzo de 2021.[8] La compañía se encogió de hombros ante las críticas y, tras la publicación del artículo sobre la salud mental de las adolescentes, aplicó la misma técnica, enviando a desafortunados directivos de nivel intermedio al Congreso a responder preguntas como «¿Ha cuantificado Facebook cuántas adolescentes se han quitado la vida como consecuencia de sus productos?».

Sin embargo, el terreno estaba cambiando. Después de empezar diciendo que apoyaba las investigaciones realizadas por el *Journal* y reconocer que la compañía no había encontrado la forma de poner remedio a sus propias preocupaciones sobre los efectos de Instagram en la salud mental de las adolescentes, la responsable de investigación de Facebook expuso una nueva postura: de hecho, parte de su propio trabajo era una mierda. Describiendo las conclusiones de su propio equipo como meras «hipótesis», Pratiti Raychoudhury dijo que la muestra utilizada para parte de su trabajo era demasiado pequeña para ser significativa y que las conclusiones extraídas «no eran del todo precisas». Sus advertencias de que Instagram contribuía a que hubiera comparaciones sociales negativas y problemas de aceptación de la imagen corporal no estaba respaldada por los estudios.

La flagelación de la responsable de investigación no hizo que cambiaran las tornas. Un día antes de que publicáramos nuestro siguiente artículo sobre los intentos de captación de niños, la compañía «detuvo» Instagram Kids. Según Mosseri, aunque la creación del producto seguía siendo «lo correcto», la compañía interrumpía el proyecto de manera indefinida «para hacerlo bien».

La compañía acababa de abandonar una iniciativa empresarial que, tan solo unos meses antes, consideraba vital para su futuro. Después de eso, sus respuestas al *Journal* se volvieron más duras, tanto externa como internamente. A finales de septiembre, Haugen estaba a punto de dejar de permanecer en el anonimato. La entrevista en *60 Minutes* estaba programada para el 3 de octubre, fecha que había sido acordada tras tensas negociaciones entre su equipo, la CBS y *The Wall Street Journal.* Aquella tarde, los periodistas del *Journal* se reunieron para ver el programa. Yo había escrito un perfil para publicarlo al mismo tiempo.

«Esta es @franceshaugen, a la que me he referido como "Sean" durante los últimos diez meses —escribí en Twitter con un enlace al artículo—. De ahora en adelante, Frances hablará por sí sola.»

Y así fue. Su aparición en *60 Minutes* fue impecable, y recibió aún más atención cuando Facebook sufrió un apagón de seis horas a nivel mundial al día siguiente. Sin que la compañía tuviera muy claro qué había sucedido, algunos medios de comunicación empezaron a especular con la posibilidad de que se tratara de un sabotaje. Sin embargo, en consonancia con el estilo de la compañía, se trataba simplemente de una cagada técnica inoportuna. La empresa se había desconectado accidentalmente de internet durante una operación de mantenimiento rutinaria, un fallo que únicamente se podía reparar entrando físicamente en uno de sus centros de datos.

Las cosas se estaban moviendo increíblemente rápido. Dos días después de la emisión de la entrevista de *60 Minutes*, Haugen compareció ante el Congreso, declarando que Facebook había perdido el norte. Expuso ante el subcomité de protección al consumidor del Comité de Comercio del Senado los errores de la compañía, la mayoría de los cuales se remontaban al propio Zuckerberg.

«Facebook quiere que ustedes crean que los problemas a los que nos estamos refiriendo son irresolubles», declaró Haugen ante el Comité, antes de plantear posibles soluciones que iban desde controlar la viralidad hasta frenar los sistemas de recomendación basados en la participación, pasando por replantearse el diseño de la plataforma.

Haugen se centró especialmente en lo que Facebook había descubierto sobre sus efectos en las chicas adolescentes, tratando de explicar a un órgano formado por miembros de avanzada edad, sin conocimientos técnicos ni conceptuales adecuados, las propuestas que estaba planteando.

La clasificación basada en la participación podía hacer que una usuaria pasara de las «recetas saludables» a contenidos a favor de la anorexia a la velocidad del rayo. Los decepcionantes y sobrevalorados sistemas automatizados de moderación permitían que a las adolescentes se les mostraran anuncios de «parafernalia de drogas». El Senado, dijo, tenía que actuar para proteger «la seguridad de nuestros menores».

Me resultó algo curioso de ver al tratarse de alguien a quien había llegado a conocer tan bien. Sin embargo, Haugen estaba haciendo lo necesario para divulgar su mensaje, acentuando sus raíces del Medio Oeste y suavizando todo lo que pudiera provocar la confusión de los miembros del Comité o de los telespectadores. Si los detalles técnicos de los sistemas de clasificación y los clasificadores se vieron un tanto afectados, fue en favor de su argumentación.

Jerry Moran, senador republicano por Kansas, se dirigió al senador demócrata Blumenthal y le dijo: «Lo dicho hasta el momento me recuerda que usted y yo deberíamos solucionar nuestras diferencias y proponer legislación al respecto». Blumenthal se mostró de acuerdo: «Nuestras diferencias son ínfimas, o parecen ínfimas, si tenemos en cuenta las revelaciones que acabamos de conocer».

El Equipo de Comunicaciones de Facebook estaba furioso. Minutos después de que concluyera la comparecencia, un portavoz emitió un testimonio airado señalando que Haugen no tenía acceso a la Junta Directiva y que no trabajaba en «el tema objeto de debate».

El desaire iba acompañado de un reto. Habían pasado veinticinco años desde que el Congreso redactó las normas relativas a internet y ya era hora de revisarlas. «En lugar de esperar a que la industria tome decisiones sociales que corresponden a los legisladores, ha llegado el momento de que el Congreso actúe», dijo el portavoz.

No cabe duda de que Facebook no quería decir eso. En un intento de anticiparse, la compañía puso enseguida en marcha un plan para desacreditar a Haugen como informante. Irónicamente, el plan se benefició claramente de la divulgación de teorías de la conspiración.

Antes incluso de que Haugen saliera del anonimato, en Capitol Hill corrieron rumores de que trabajaba con Fusion GPS, la empresa de inteligencia estratégica conocida por elaborar el dosier Steele, una recopilación de acusaciones procaces, aunque infundadas, de que los rusos estaban conchabados con Donald Trump. Nos enteramos del rumor cuando un miembro republicano del Congreso que había mostrado interés por los efectos de Instagram sobre la salud mental intervino presa del pánico, preocupado por que se hubieran involucrado sin saberlo con la infame sociedad.

Mis colegas y yo no pudimos localizar el origen del rumor, pero algunos intentos de sembrar dudas sobre Haugen entre los conservadores procedían del propio Facebook. En cuanto salió del anonimato, periodistas de otros medios se pusieron en contacto conmigo para preguntarme qué sabía acerca del origen de los documentos: contactos de Facebook insinuaban que la historia era algo más de lo que parecía a simple vista. ¿Creía que había alguna posibilidad de que estuvieran en lo cierto?

No fui consciente de las fuertes presiones de la compañía hasta que me alcanzó la campaña de rumores. Un empleado del Equipo de Comunicaciones de Facebook me planteó una pregunta: «¿Realmente era tan ingenuo como para creer que Haugen era simplemente una empleada decepcionada que seguía los dictados de su conciencia?». Su recopilación de información era demasiado exhaustiva, su declaración en el Congreso demasiado serena, la historia de su incorporación a Facebook por razones idealistas demasiado íntegra. Aquella persona me aseguró que la verdad acabaría saliendo a la luz: Haugen era una infiltrada profesional que trabajaba para un adversario muy rico.

Me esforcé todo lo que pude por escuchar esta teoría sin echarme a reír. Desde luego, mi presencia allí se debía únicamente a su recopilación de documentos en solitario. No me sorprendió su aplomo ante el Congreso, ya que, en casa de sus padres en Ames, Iowa, había una estantería llena de trofeos obtenidos en los campeonatos universitarios de debate. Y su historia —especialmente la parte de que acabó trabajando en Facebook como consecuencia de que un amigo suyo había caído en el nacionalismo blanco por culpa de internet—, me había parecido demasiado buena para ser cierta incluso a mí, hasta que confirmé la historia con el tipo, el cual había superado su fase racista, y Haugen me enseñó sus correos de Gmail de 2019 en los que le contaba a un responsable de selección de personal de Facebook por qué quería trabajar en el ámbito de la desinformación. En realidad, la prensa convencional nunca se tomó en serio la presunta trama contra Facebook. Sin embargo, la compañía sí que encontró defensores en los medios conservadores, especialmente en aquellos que dependían de la empresa.

Aunque Dan Bongino, un exagente del servicio secreto convertido en presentador de un programa de debate, y Ben Shapiro, un comentarista que dirigía el *Daily Wire*, competían habitualmente entre sí por lograr el primer puesto en las listas de participación de Facebook, en el caso de Haugen eran del mismo parecer. Ambos hombres dijeron que era un pretexto para la censura liberal, refiriéndose a sus antiguas donaciones políticas y a la actual representación de una empresa de relaciones públicas como prueba de que ni ella ni la información que aparecía en sus documentos merecían ser tenidas en serio.

«Les ruego a los conservadores que no caigan en la trampa y trabajen con esa mujer —anunció Bongino en un vídeo de Facebook reproducido 1,2 millones de veces—. Todo esto estaba planeado, todo era un complot.»[9] El *Daily Wire* calificó a Haugen de «activista de izquierdas» y Shapiro declaró que cualquier legislación redactada como consecuencia de los archivos filtrados provocaría «tiranía».[10]

En comparecencias posteriores ante el Congreso resurgieron las diferencias partidistas. Colegas del *Journal* descubrieron más tarde que el personal de Facebook de Washington D. C. había desempeñado un papel importante en los intentos de desacreditar a Haugen, así como a nuestro trabajo periodístico, acusándonos de tener motivaciones siniestras y partidistas en Capitol Hill, aunque nunca obtuvimos pruebas de que la compañía hubiera intentado reunir a creadores de contenido conservadores en su defensa. Tal vez no había necesidad. Bongino y Shapiro lo relacionaban *todo* con motivaciones siniestras, razón por la cual tenían tanto éxito en Facebook.

Por impecable que pareciera el debut de Haugen como activista, entre bastidores las cosas comenzaron a complicarse. Un día antes de su declaración en el Congreso, Whistleblower Aid autorizó a *60 Minutes* para que publicara todos sus archivos de la Comisión del Mercado de Valores, documentos que anticipaban artículos que todavía teníamos que publicar. (Whistleblower Aid dijo posteriormente que la publicación de los documentos había sido consecuencia de un problema de comunicación.)

La empresa le dijo a Haugen que se trataba de un malentendido, pero yo estaba muy enfadado. Llamé a Haugen y acusé a Whistleblower Aid de adelantarse a nuestro futuro trabajo y de mentirnos a los dos. La empresa no solo era tramposa, sino también incompetente. Me puse furioso. ¿Qué genios de las relaciones públicas pensaban que era buena idea publicar documentos candentes en la página web de un programa de televisión semanal emitido el día antes?

Posteriormente, Haugen me dijo que había respondido a mi llamada en la esquina de una calle de Washington D. C., mientras la seguían dos amigas. En cuanto dejó el teléfono, se echó a llorar. Su propio círculo de asesores ya tenía sus discusiones internas y, ahora, el *Journal* y sus abogados iban en direcciones opuestas. Las tensiones resurgieron de nuevo al cabo de unos días, cuando Whistleblower Aid y los asesores de relaciones públicas de Haugen nos dijeron que iban a crear un consorcio de medios informativos estadounidenses que recibiría los documentos del Congreso que ya obraban en nuestro poder.

Con el *Journal* todavía trabajando en media docena de artículos más, la idea no era demasiado atractiva. Haugen y yo habíamos hablado anteriormente de su deseo de que los documentos fueran a parar a manos de organizaciones de noticias internacionales, pero las entidades que su equipo tenía en mente eran otros importantes medios informativos estadounidenses. A instancias de Haugen, el *Journal* accedió a participar en una teleconferencia para hablar del tema con posibles participantes, únicamente para darse cuenta de que no había ninguna intención de colaborar, sino solo de fijar una fecha de embargo a partir de la cual todo el mundo publicaría sus propias interpretaciones. Brad y yo abandonamos la reunión y el resto de los periodistas deliberaron y decidieron rebautizar al corpus de trabajo recopilado en Puerto Rico como «Los papeles de Facebook».

Si al *Journal* no le gustó aquel acuerdo —nos parecía absolutamente detestable— fue por culpa nuestra. Haugen nos había dado permiso hacía mucho tiempo para publicar todos y cada uno de los documentos recibidos y, de entrada, nos habíamos planteado que un archivo considerable de los mismos estuviera disponible después de su publicación. No obstante, no lo habíamos hecho por diversas razones, que iban desde las potenciales trabas legales a las protestas del Departamento de Arte del *Journal* ante la presentación a los lectores de más de 20.000 capturas de pantalla borrosas y descentradas. Cuando se publicaron los artículos de «Los archivos de Facebook», lo hicieron acompañados únicamente de fragmentos breves cuidadosamente presentados.

Probablemente fue un error. Yo había llegado a la conclusión de que los documentos eran la piedra Rosetta para entender cómo el diseño de las plataformas de las redes sociales influía en la forma de interactuar de los usuarios y en la manera de moverse por ellas. Mis colegas y yo sacamos a la luz el material que consideramos más convincente e impactante para los lectores del *Journal*, pero había más público —académicos, reguladores, *startups* de redes sociales— que podrían poner en práctica lo que Facebook sabía. Por mucho que escribiéramos, sería pretencioso considerar que nuestro trabajo era definitivo. Sin embargo, publicar los documentos directamente de la fuente sin procesar no era algo que el *Journal* quisiera hacer, así que no lo hicimos.

La entrega de documentos al consorcio fue caótica. Las promesas del equipo de Haugen de retener las capturas de pantalla relevantes para los artículos pendientes del *Journal* no se cumplieron. Quienquiera que estuviera encargado de redactar los nombres del personal de Facebook y sus contactos en el extranjero —algo en lo que Haugen y yo estábamos de acuerdo que era esencial para disipar las dudas en materia de seguridad y privacidad— lo hizo de manera dispersa. En Facebook, muchas personas, incluyendo las que trabajaban en temas de integridad, me dijeron más adelante que la difusión generalizada de documentos mal redactados molestó a sus autores y sometió a acoso a grupos de la sociedad civil en el extranjero. (Posteriormente, Whistleblower Aid admitió la existencia de problemas con la divulgación de los documentos, pero dijo que había dado prioridad a difundir información que consideraba que reforzaba la categoría de informante de Haugen.) A pesar de no poder relacionar esas afirmaciones con daños concretos, consideré que los fallos en la redacción eran un error no forzado y así se lo hice saber a Haugen. Ella me dijo que lo estaba haciendo lo mejor posible y que me estaba volviendo un cretino. Los dos teníamos razón. Posteriormente me disculpé y ella dejó Whistleblower Aid por otro bufete de abogados.

Si no hubiera estado tan cabreado por todo, las dos semanas siguientes habrían sido divertidas. Armados con 22.000 páginas de capturas de pantalla, frecuentemente técnicas, al menos veinte medios diferentes se pusieron en contacto simultáneamente con el Equipo de Comunicaciones de Facebook para comentar varios artículos a la vez.

«No me entusiasma haber descubierto una carga de trabajo que supera "la última semana de una campaña política"», tuiteó Drew Pusateri, un miembro del Equipo de Comunicaciones de Facebook en Washington.

Algunas historias salieron a la luz con cuentagotas antes de que se levantara la prohibición del consorcio el 25 de octubre, pero, a partir de la medianoche de ese día, veinticuatro medios informativos diferentes publicaron al menos sesenta y cinco artículos, algunos de los cuales me habría gustado que los hubiéramos escrito nosotros, mientras que otros eran un refrito puro y duro. El enorme volumen rodeó la publicación de una sensación de conmoción y sobrecogimiento, pero ver a Facebook bombardeado masivamente con sus propios documentos me intranquilizó. Me había hecho ilusiones con que los documentos de Haugen y el trabajo del *Journal* pudieran forzar un ajuste de cuentas de una compañía de la que todos desconfiaban, pero a la que muy pocos entendían. Me dio la impresión de que quizás todo se reducía a mucha mala prensa.

Desafortunadamente, la fecha de la prohibición del consorcio coincidió con la publicación de los beneficios de Facebook. Poco después de las 13.00, la compañía anunció un uso próspero y un beneficio trimestral de 9.000 millones de dólares.

«Las acciones de Facebook suben mientras los inversores se centran en los beneficios e ignoran la filtración de documentos», escribió la CNBC.[11]

Tan solo tres días después, Facebook hizo otro anuncio: ahora la compañía se denominaría Meta. Algunos comentaristas se burlaron diciendo que el cambio era consecuencia de «Los archivos de Facebook», pero no era cierto. Zuckerberg ya había propuesto el cambio a principios de 2021 y sus abogados llevaban varios meses negociando discretamente la adquisición de los derechos de la marca Meta. Una *startup* compuesta por dos personas se dio cuenta de lo que Facebook se proponía hacer y se negó a plantearse siquiera renunciar al nombre de su incipiente empresa por menos de la friolera de 10 millones de dólares. Les salió bien. Zuckerberg quería avanzar y el dinero no era problema.

«Nuestra marca está tan estrechamente vinculada a un producto que no puede representar todo lo que estamos haciendo actualmente y mucho menos lo que haremos en el futuro», anunció el consejero delegado el 28 de octubre. La compañía estaba maniobrando para centrarse en el «metaverso», una idea de un futuro digital en el que la gente viviría, trabajaría y se divertiría en una especie de entorno de realidad virtual. «A partir de ahora, lo primero va a ser el metaverso, no Facebook.»

El hecho de que la palabra «metaverso» procediese de *Snow Crash*, una novela de ciencia ficción de 1992 escrita por Neal Stephenson, en la cual la gente llevaba unas gafas de realidad virtual para huir de un desmoronamiento social tan profundo que las franquicias corporativas eran la principal fuente de autoridad, no fue ningún impedimento. Dentro de la compañía había quienes tenían dudas. La realidad virtual había sido el futuro durante décadas, sin llegar nunca al presente. Facebook había invertido mucho en ella desde la adquisición de la empresa fabricante de gafas de realidad virtual Oculus en 2014. Cada año, Facebook promocionaba las gafas de realidad virtual Oculus en su congreso anual de desarrolladores, F8, y proclamaba que la tecnología estaba a punto de ser adoptada de manera generalizada. Al año siguiente hacía lo mismo, creando un patrón suficientemente repetitivo como para que la compañía tuviera que asumir el legado de objetivos fallidos en 2019. Todos los asistentes a la conferencia recibieron gratuitamente unas gafas de realidad virtual.

No obstante, Zuckerberg estaba emocionado. Desveló una nueva serie de valores empresariales, en lo que fue parte de una actualización del «sistema operativo cultural» de la rebautizada compañía. Uno de esos valores era «vivir en el futuro». Los empleados debían considerarse «metacompañeros».

> El metaverso es la próxima frontera para conectar a las personas, como lo fueron las redes sociales cuando empezamos. Nuestra esperanza es que, en la próxima década, el metaverso llegue a mil millones de personas.[12]

El anuncio de Zuckerberg de este nuevo mundo digital vino acompañado de una sensación en el seno de la compañía de que, tras seis semanas extenuantes, la amenaza de los documentos de Haugen ya había pasado.

Un análisis posterior realizado por la División de Marketing de Marca de la compañía reflejó que el uso de Facebook tardó menos de una semana en recuperarse de los tres días en que salió a la luz el material de Haugen.

Sin duda, la presión mediática a nivel mundial había llegado a los usuarios. Incluso después del cambio de nombre a Meta, el 80 % de los usuarios estadounidenses declaraban que la compañía era perjudicial para el discurso político.[13] La proporción de usuarios que creían que sus productos perjudicaban la salud emocional de la gente era de dos a uno. Un análisis de *marketing* posterior estableció que, si bien los usuarios de mercados extranjeros más desfavorecidos parecían menos preocupados —tal vez porque «la conversación en torno al uso de las redes sociales no se había desarrollado lo suficiente»—, no existían perspectivas a corto plazo de recuperación de la marca Facebook. «En los países que ya tienen poca confianza en la aplicación de Facebook, la mensajería se ignora», sostenía el análisis.

La opinión tradicional de la compañía era que ese «impuesto de marca» provocaría la deserción de la plataforma de muchos usuarios, y los miembros del Equipo de Integridad se habían basado durante mucho tiempo en ese argumento para impulsar cambios que no podían justificarse por motivos de participación. Sin embargo, 22.000 páginas de documentos que revelaban secretos empresariales condenatorios no habían disuadido a los usuarios más que los anteriores boicots a los anunciantes o las controversias en materia de moderación. Si la reputación de Facebook no estaba ya ahuyentando a sus usuarios, ¿qué lo haría?

Contrariamente a «nuestras anteriores creencias», una presentación de *marketing* elaborada por la compañía declaró que «las pruebas indican que la hipótesis de una relación causal directa entre el sentimiento y la implicación es improbable».[14]

La compañía no podía permitirse ignorar permanentemente su reputación, advertía la presentación. Su mala fama probablemente dificultaría la introducción de nuevos productos y provocaría más revisiones reguladoras. Sin embargo, no había una amenaza inminente para el negocio central de la empresa. La gente seguiría usando Facebook e Instagram, independientemente de lo que pensaran de la compañía que los gestionaba.

19

A efectos externos, Meta había acabado con Haugen y «Los archivos de Facebook». A nivel interno, las consecuencias no habían hecho más que empezar.

Inicialmente, Zuckerberg había delegado en sus adjuntos la tarea de responder a nuestros artículos, enviándolos a Washington a gestionar la reacción. Sin embargo, tras la primera comparecencia de Haugen ante el Congreso, el consejero delegado centró su atención en otra audiencia importante: la de Menlo Park.

«Estoy seguro de que a muchos de vosotros os habrá costado leer las informaciones recientes, puesto que no reflejan la compañía tal como la conocemos», escribió en un memorándum a los empleados, publicado también en Facebook. Las alegaciones ni siquiera tenían sentido, escribió: «No conozco a ninguna compañía tecnológica que se ponga a crear productos para que la gente se enfade o se deprima».[1]

Zuckerberg dijo que le preocupaba que las filtraciones desanimasen a la industria tecnológica en general a la hora de valorar el impacto de sus productos en el mundo, con el fin de eludir el riesgo de que las investigaciones internas pudieran ser utilizadas en su contra. Pero les aseguró a sus empleados que las investigaciones internas continuarían. «Aunque tal vez nos resultaría más fácil seguir ese camino, vamos a seguir llevando a cabo investigaciones porque es lo correcto», escribió.

Para cuando Zuckerberg hizo esa promesa, los documentos de investigación ya estaban desapareciendo de los sistemas internos de la compañía. Si un empleado curioso hubiera querido corroborar las alegaciones de Zuckerberg sobre el trabajo de polarización de la compañía, por ejemplo, habría descubierto que algunos datos clave de investigación y experimentación eran inaccesibles.

Había empezado la mano dura.

Como la eliminación de los líderes soviéticos purgados de las fotos oficiales, la supresión de información de los foros internos abiertos pasó desapercibida; pero, ocasionalmente, las desapariciones eran demasiado irónicas para ignorarlas. Un foro compuesto por miles de empleados, dedicado al descubrimiento de contenidos, pasó a tener categoría de «secreto», y el memorándum de Cox de 2017 «Detener la línea» —en el que instaba a los empleados a actuar de manera unilateral cuando vieran que la compañía no cumplía con sus obligaciones— también se restringió.

Una de mis fuentes de la compañía me escribió:

> Nick Clegg les había dicho a los investigadores del Equipo Central de Integridad que no compartieran informes de investigaciones o experimentos en Workplace. Al parecer, la lección extraída por Facebook de la filtración es que el conocimiento entraña una responsabilidad.

Haugen y yo sabíamos que se produciría esta reacción. Los descubrimientos y las filtraciones no deseados habían estado desdibujando el futuro de las investigaciones autocríticas mucho antes de que ella hubiera asaltado los archivos de la compañía, pero ahora se estaba oscureciendo rápidamente.

Una de las primeras víctimas fue el contenido del Día de Investigación anual, una celebración interna de la investigación en los confines de la ciencia social de internet. El evento, al estilo de una charla TED y de un día de duración, estaba previsto para aquel mes de octubre. Una de las presentaciones iba a abordar lo que Facebook denominaba «motivos conversacionales», patrones de diálogos bidireccionales que podían utilizarse para determinar si la conversación que estaba teniendo lugar era saludable. El hecho de analizar mecánicamente la diferencia entre un intercambio de opiniones respetuoso y una conversación que termina con «¡No me jodas! ¡No, que te jodan a ti!» resultaba prometedor, ya que permitía que Facebook determinara, entre otras cosas, qué usuarios actuaban como lanzallamas humanos.

Fue un desarrollo gratificante, libre de cualquier implicación de insensibilidad, negligencia o mala conducta. Pero, con 20.000 páginas de documentos sueltas por ahí, Facebook no quería correr ningún riesgo. El Equipo de Comunicaciones de Facebook insistió en que el trabajo de los motivos conversacionales desapareciera de la programación del evento.

En un foro general para investigadores de la experiencia de usuario celebrado en octubre, Pratiti Raychoudhury, la responsable de Investigación, les dijo a los miembros de su personal que habían sido chapuceros y demasiado asertivos a la hora de expresar sus opiniones. Cox intervino a través de una videoconferencia y se mostró de acuerdo. El artículo sobre la salud mental de las adolescentes, dijo, demostraba que un trabajo bienintencionado podía ser tergiversado por los periodistas. En el futuro, dijo, la compañía tendría que controlar más estrictamente los debates internos.

La naturaleza de esas nuevas restricciones se hizo evidente al cabo de pocas semanas en una nota del 1 de noviembre destinada a los investigadores de Integridad, titulada «Sobre la excelencia narrativa».[2] Escrita por Raychoudhury y otros veintitrés directivos y ejecutivos, la nota afirmaba que Meta se comprometía a realizar un «trabajo honrado y crítico con los procesos existentes», pero dicho trabajo era «vulnerable a las malas interpretaciones» y tenía que ser más «eficaz».

A continuación, había un largo manual de instrucciones para la autocensura.

Antes de publicar algo, los investigadores debían someter el trabajo a una «prueba de presión», previendo cualquier objeción por parte de los departamentos de Políticas, Comunicaciones o Legal; señalar explícitamente que solo los informes finalizados no eran preliminares y aportar razones por las cuales podrían estar equivocados. Las mejores prácticas de investigación incluían limitar la audiencia del material al menor número de personas posible, no tratar de vincular los problemas de la plataforma con daños sufridos fuera de internet, y evitar afirmaciones que la compañía tenía el deber de atajar. Un «guía de apoyo» les advirtió a los investigadores de que no debían, bajo ningún concepto, expresar la creencia de que la compañía estaba infringiendo alguna ley.

La guía contenía algunas órdenes kafkianas. En una nota se exigía a los investigadores que solicitasen una aprobación especial antes de profundizar en cualquier tema de una lista de asuntos para los que se requería una «supervisión obligatoria», aun cuando un directivo reconoció que la compañía no disponía de esa lista.[3]

El informe «Sobre la excelencia narrativa» y las notas y gráficas que lo acompañaban constituían una guía para elaborar documentos que a periodistas como yo no les harían demasiada ilusión. Desgraciadamente, como señalaron en sus respuestas unos cuantos investigadores audaces sobre la experiencia de usuario, alcanzar la excelencia narrativa era prácticamente incompatible con el éxito laboral. Escribir cosas «más seguras en caso de que se produjeran filtraciones» implicaba escribir cosas menos trascendentes.

Ninguno de las dos docenas de directivos enumerados en la nota respondió.

Algunos proyectos fueron cancelados únicamente porque sus nombres eran polémicos. El Departamento Legal de Facebook suprimió el trabajo del clasificador «Bueno para el mundo» —un instrumento para predecir si un usuario consideraría una publicación positiva desde el punto de vista social— debido a la implicación de que Facebook estaba recomendando contenidos que no lo eran.

Este nuevo enfoque se resumió mejor en una serie de presentaciones que acompañaron a otro cambio radical anunciado a mediados de 2022. Todos los equipos de la compañía centrados en el ámbito de la integridad y la sociedad dependerían de una nueva estructura cuya misión era «amplificar lo bueno que suceda en las plataformas tecnológicas de Meta». Esa estructura, a su vez, respaldaría los intentos de las aplicaciones de Facebook e Instagram para «aumentar la conciencia del impacto positivo de Meta en el mundo» y, en última instancia, «conquistar corazones y cambiar percepciones».

La totalidad del personal de Facebook que trabajaba en temas sociales y de integridad dependía ahora literalmente del Departamento de Marketing. Las consecuencias no fueron sutiles. Los científicos sociales tenían que obtener la aprobación no solo para llevar a cabo investigaciones relacionadas con la política, el cambio climático, la parcialidad, la salud o el bienestar de los usuarios, sino incluso para *proponer* que se estudiasen esos temas o resumir anteriores trabajos.

Con escasas excepciones, hasta los empleados que habían lanzado bombas internas se habían abstenido tradicionalmente de criticar a Facebook públicamente, incluso después de abandonar la compañía. Una explicación era el temor al contrato de confidencialidad que todos estaban obligados a firmar, un documento legal que establecía que las filtraciones provocaban un «daño irreparable» a la compañía, por el cual esta podría reclamar una «compensación extraordinaria en los tribunales».

Haugen no solo había incumplido su promesa, sino que la había profanado. Facebook se había negado intencionadamente a declarar ante el Congreso que no iba a emprender acciones contra ella, pero, al mismo tiempo, no estaba emprendiendo acciones contra ella. Con tanto material procedente de investigaciones internas de la compañía siendo objeto de debate para muchas personas externas, algunos empleados pensaron que qué tendría de malo meter baza.

«Me ha parecido impresionante que tanta gente hable muy abiertamente en público —me dijo una fuente—. Como diciendo que no van a "hacer un Frances", así que largar en Twitter no es para tanto.»

Incluso Chakrabarti dio su opinión. Después de que la compañía desmantelara el Equipo Cívico, Chakrabarti había solicitado el permiso de paternidad. A su vuelta, pasó algunos meses planteándose asumir un nuevo papel, pero nada le cuadraba. A principios de septiembre, tan solo unas semanas antes de que empezáramos a publicar «Los archivos de Facebook», anunció que abandonaba la compañía. Durante nueve meses, traté de ponerme en contacto con él —por correo electrónico, Twitter, LinkedIn, mensajes de texto y de todas las maneras posibles— sin éxito.

Rompió su silencio respondiendo a nuestros artículos en Twitter. Tuiteaba un artículo y creaba un hilo con sus comentarios. En relación con nuestro artículo sobre XCheck tuiteó:

> Básicamente, el espacio de soluciones de confianza y seguridad es mucho más amplio cuando las plataformas dan prioridad a la reducción de los perjuicios al usuario sobre las preocupaciones de su reputación a corto plazo. [...] Cuando los equipos de Integridad se sienten frustrados con los líderes de la compañía, a menudo se debe a un desacuerdo sobre qué prioridad es más importante.[4]

Sobre el artículo de los cárteles mexicanos y la trata de seres humanos tuiteó:

> Me resultó especialmente difícil de leer porque hace referencia a un tema que probablemente «me quitó el sueño» más que ninguna otra cosa cuando estaba en FB. Es decir, ¿cómo pueden operar responsablemente las redes sociales en los países del sur?[5]

En otro tuit escribió: «Aunque realmente detesto las filtraciones, al menos mis amigos entenderán mejor por qué me han salido tantas canas en los últimos años».

Chakrabarti expresó su opinión sobre prácticamente cada artículo y cada reacción importante de Facebook. Cuando Clegg declaró en un tuit que era «totalmente falso» que la compañía ocultase los resultados negativos, Chakrabarti se permitió discrepar. Sugiriéndole a Clegg que hablara con ellos, respondió:

En mi opinión, realmente no es inhabitual que los investigadores de Facebook que se ocupan de asuntos sociales se sientan ig-
norados o, como mínimo, claramente infravalorados, en lo tocante a decisiones que tienen que ver con las políticas públicas o el
crecimiento.[6]

Las habituales refutaciones de Chakrabarti, considerado
públicamente un experto en materia de integridad, rebajaron
las críticas que decían que el *Journal* había tergiversado las investigaciones de Facebook. Pero, además, consiguieron algo
más profundo. Chakrabarti no tenía un número excesivo de
seguidores en las redes sociales, pero cientos de ellos eran antiguos empleados leales, y muchos aún estaban en la compañía. Cuando empezó a criticar la reacción de la compañía contra nuestra publicación, el mensaje fue transparente: había
llegado el momento de hablar claro.

Antes de abandonar la compañía a finales de 2019, Jeff
Allen —el científico de datos que había demostrado cómo los
macedonios y otros actores de mala fe provocaban la viralidad
de manera artificial— ya se encontraba trabajando con Sahar
Massachi, un antiguo ingeniero del Equipo Cívico, en una organización sin ánimo de lucro que podía acoger a personal de
los departamentos de Integridad, Clasificación de Contenidos
y Seguridad de Facebook en el exilio. Haugen había archivado
trabajos destacables de ambos, y ellos se habían mantenido en
contacto con colegas que habían dejado Facebook para trabajar en plataformas rivales como Twitter, TikTok, YouTube y
Clubhouse. Pretendían crear una organización que pudiese
ofrecer a los periodistas y a los legisladores los conocimientos
necesarios para entender las implicaciones de la clasificación
de contenidos, las limitaciones de la moderación y las apuestas
por las decisiones en materia de diseño de la plataforma. Desgraciadamente, ninguno de los dos tenía ni idea de las relaciones con los medios de comunicación, los gabinetes estratégicos
y los donantes institucionales.

Ahí fue donde entró en juego Katie Harbath, la cual había
dejado Facebook en 2021. Contaba con mucha experiencia y

ya estaba trabajando en varios proyectos con el Consejo Atlántico y el Bipartisan Policy Center. La idea de trabajar con alguien que en su día había trabajado para Joel Kaplan hizo que, al principio, Allen y Massachi se lo pensaran, pero acabaron uniéndose.

El Instituto de Integridad salió a la luz a finales de octubre de 2021. En un artículo sobre su lanzamiento, la periodista especializada en tecnología Issie Lapowsky describió someramente el enfoque de la nueva organización citando un extracto de la última publicación de Allen en Workplace, un tocho sobre cómo la compañía debía hacer frente a los creadores de contenido de mala calidad:

> Si solamente quieres escribir *scripts* en Python que raspan las redes sociales y regurgitar anónimamente contenidos a las comunidades, mientras sacas alguna recompensa económica o consigues algún tipo de influencia..., bueno, te puedes ir a la mierda.[7]

La formación del Instituto de Integridad no cayó bien en Facebook. Varios empleados actuales me explicaron que los directivos les habían avisado para que no se involucraran, aunque lo hicieron de todas formas. A principios de 2023, la organización sin ánimo de lucro disponía de fondos para contar con seis empleados además de sus fundadores, junto con quince becarios y más de 160 miembros.

A día de hoy, el grupo ha sido contratado por el Observatorio de Medios Digitales de la Comisión Europea, ha publicado análisis de informes sobre la transparencia de las redes sociales y ha asesorado a nuevas plataformas de redes sociales sobre opciones de diseño. Chakrabarti figura como el principal miembro de su consejo de asesores.

Otros exempleados de Facebook asumieron funciones públicas parecidas. Brandon Silverman reanudó su ofensiva para hacer públicos los datos de las redes sociales desde el exterior, declarando ante el Congreso, ayudando a redactar la legislación de EE. UU. que exige transparencia en las redes sociales y actuando como asesor de la Ley de Servicios Digitales, un proyecto de la Unión Europea para regular la difusión de contenidos, la publicidad y la moderación en las redes sociales que entrará en vigor a principios de 2024.

Arturo Béjar también siguió presente, asesorando a la Junta de Supervisión de Meta y a una coalición de fiscales generales que investigaban los efectos de los productos de la compañía sobre los usuarios jóvenes. Durante la redacción de este libro, pasaba habitualmente por mi casa para hablarme de sus ideas acerca de cómo una red social como Facebook podría reinventarse para cultivar el tipo de estructuras sociales que fomentan la interacción constructiva por encima de la simple búsqueda de atención. Una cuenta gestionada por Béjar en nombre de su amigo, el compositor Philip Glass, estaba siendo objeto de un bombardeo de mensajes inadecuados por parte de un fan enloquecido, y Béjar me dijo que me fijara en cómo gestionaba Meta esa clase de acoso, especialmente cuando iba dirigido a los adolescentes.

Acepté su sugerencia. Me bastaron unas cuantas horas curioseando por Instagram y un puñado de llamadas telefónicas para ver que algo había salido muy mal: el tipo de personas que dejaban comentarios maliciosos en las publicaciones de adolescentes no eran lobos solitarios. Formaban parte de una comunidad pedófila a gran escala, fomentada por los sistemas de recomendación de Instagram.

Más trabajo periodístico dio lugar a un artículo inicial de tres mil palabras titulado «Instagram conecta una amplia red de pedófilos».[8] El artículo, coescrito con Katherine Blunt, detallaba cómo los sistemas de recomendación de la red social estaban ayudando a crear una comunidad de pedófilos, poniendo en contacto a usuarios interesados en contenidos de sexo con menores y a cuentas que anunciaban «menús» de los contenidos que estaban a la venta. La barra de búsqueda de Instagram sugería activamente términos relacionados con explotación sexual infantil, e incluso una ojeada fugaz a cuentas con nombres como Incest Toddlers ('incesto con bebés') bastaba para que Instagram empezara a incitar a los usuarios a conectar con ellas.

Como respuesta al artículo, a nivel interno Meta decretó un bloqueo específico en relación con la seguridad de los menores, bloqueando miles de *hashtags*, eliminando cuentas masivamente, modificando la formación de los moderadores de contenidos y restringiendo las recomendaciones. Empleados de mi confianza me aseguraron que los altos directivos estaban verdaderamente horrorizados por lo que se le había escapado a la compañía.

Sin embargo, por mi parte, los horrores del proyecto estaban impregnados de una sensación de *déjà vu*. La compañía no había vigilado sus sistemas de recomendación, permitiendo así que una comunidad maligna creciese a un ritmo asombroso. Había confiado en sistemas de detección automatizados que eran imprecisos y no se adaptaban a comportamientos conflictivos evidentes. Un *software* defectuoso lo agravó todo: la revisión interna de la compañía reveló la presencia de una incidencia que había enviado regularmente las denuncias sobre explotación infantil a la papelera.

Los fallos de Meta en materia de seguridad infantil se parecían mucho al resto de sus problemas en otros ámbitos. Como colofón, los grupos de Facebook resultaron un cenagal. Con la ayuda de investigadores de Stanford, identificamos fácilmente montones de clubes de intercambio de pornografía infantil a gran escala. Facebook estaba recomendando grupos de hasta 70.000 usuarios y nombres como Little Girls ('niñas pequeñas'), creando una comunidad mundial en torno a la pasión compartida por el abuso sexual infantil.

Como siempre, los empleados del Equipo de Integridad de Meta lo sabían. Exempleados me dijeron que habían advertido del problema e ideado soluciones para algunos casos hacía años, pero que habían sido descartadas alegando que eran demasiado severas.

Por supuesto, esos intentos fueron documentados a nivel interno. En las 22.000 capturas de pantalla recopiladas por Frances Haugen había referencias y algunos enlaces a ese trabajo. Casi con toda seguridad continuarán allí, tras los muros de Facebook, aunque tal vez sean menos accesibles para los empleados de lo que lo fueron en su día.

La historia del trabajo de integridad de Facebook es, en muchos sentidos, una historia de fracasos. Numerosos científicos de datos, investigadores en materia de experiencia de usuario y expertos en aprendizaje automático dedicaron años de su vida a intentar arreglar Facebook. Su trabajo sacó a la luz defectos y contribuyó a mitigar resultados terribles, pero no logró convencer a la red social más importante del mundo de que se replantease de manera fundamental la creación y gestión de sus productos.

Sin embargo, si bien los exempleados del Equipo de Integridad de Meta no pueden cantar victoria, su empleador tampoco acabó ganando.

La semana antes de que empezáramos a publicar «Los archivos de Facebook», el valor de lo que pronto se convertiría en Meta alcanzó su máximo histórico de 380 dólares la acción. Aunque es evidente que el trabajo periodístico del *Journal* no fue el responsable de la mayor parte del escándalo corporativo que tuvo lugar a continuación, algunos de los obstáculos de la autoridad unilateral de Zuckerberg que documentamos sin duda sí lo fueron.

Poco después de que empezáramos a publicar los artículos, *The New York Times* escribió uno en el que revelaba los detalles de una estrategia de relaciones públicas adoptada por la directiva de la compañía aquel mismo año, un plan que se reducía a desestimar las críticas y presentar a Zuckerberg como un visionario amante de la diversión. Por si fuera poco, Zuckerberg publicó un post sobre el artículo en Facebook, quejándose de que el *Times* había dicho que utilizaba una tabla de surf eléctrica, lo cual era incorrecto, ya que, en realidad, el artilugio era un hidrodeslizador a tracción humana.

«No acostumbro a señalar todo aquello en lo que se equivocan los medios de comunicación, pero sucede cada día», escribió Zuckerberg, bromeando sobre la posibilidad de demandar al *Times* por difamación.[9] En lugar de preocuparse por las críticas, el consejero delegado le escribió a un comentarista: «He decidido centrarme más en algunas de las cosas impresionantes que estamos creando y hacer más cosas divertidas con mi familia y mis amigos».

Internamente, Zuckerberg rechazó un plan de abandonar públicamente el objetivo de la compañía de crear una versión de Instagram para preadolescentes como una oferta de paz a Washington, antes de la comparecencia de Mosseri en el Congreso. Le ordenó al Equipo de Comunicaciones de Meta que no dejara ningún margen a los críticos.

«Si nuestro trabajo se explica mal, no vamos a pedir perdón», declaró el portavoz Andy Stone al *Journal*.[10]

Si alguna de las informaciones había hecho sangre, Meta no lo iba a reconocer. Zuckerberg le dijo al Equipo de Planificación de Personal de la compañía que le presentase un plan de contratación agresivo para 2022. Cuando le presentaron un plan ambicioso sin precedentes para contratar a 40.000 nuevos empleados ese año, Zuckerberg tomó el documento de una página —conocido como «la servilleta»— y se lo devolvió con la instrucción escrita a mano de contratar a 8.000 más.

«Si no cumplimos esos objetivos, el juego habrá terminado», dijo la vicepresidenta responsable de contratación Miranda Kalinowski a los directivos de su plantilla. Para gestionar la avalancha de contrataciones, Meta incorporó a 1.000 encargados de selección de personal más entre el último trimestre de 2021 y el primero de 2022.

A pocos de los nuevos empleados se les asignaron tareas de integración. Zuckerberg había declarado que los productos existentes de la compañía ya no eran el futuro de esta, y la filtración documental de Haugen había consolidado la sensación de que los investigadores y científicos de datos que trabajaban en problemas sociales constituían una potencial quinta columna corporativa.

Esa suposición no era del todo errónea. Por mucho que se hubiera conseguido con la aplicación de medidas enérgicas en materia de investigación de integridad, los beneficios tuvieron un coste. No mucho después de que se impusiera la orden de la «excelencia narrativa», un empleado con el que había intentado contactar meses atrás se puso en contacto conmigo. Aquella persona trabajaba en un asunto delicado y estaba convencida desde hacía mucho tiempo de que sus resultados serían mejores trabajando discretamente que hablando con un periodista. Las nuevas restricciones a su trabajo por parte de la compañía les habían destrozado.

Al cabo de pocos meses, el *Journal* estaba recibiendo de nuevo un flujo constante de documentos, tanto de ella como de otros empleados; miles de páginas más. A pesar de los esfuerzos de Meta por controlar la divulgación ilegal de información en Workplace, el material seguía siendo bueno.

Uno de los documentos describía cómo Zuckerberg había intentado sacar a Facebook de la política. En lugar de continuar con los intentos posteriores a 2020 de abordar la tendencia de la plataforma a amplificar los contenidos políticos sensacionalistas basados en la rabia, el consejero delegado había pedido a News Feed que intentase relegar al olvido todo lo que los clasificadores consideraran que tenía que ver con política, sanidad o asuntos sociales. Aunque Zuckerberg estaba dispuesto a aceptar que la participación de Facebook se viera afectada con tal de acabar con lo que en su día había elogiado como «el quinto poder», el proyecto se quedó encallado. A los clasificadores defectuosos se les escapaban los contenidos políticos, las donaciones a organizaciones benéficas se desplomaron y, lo peor de todo, las encuestas mostraban que la gente seguía asociando a Facebook con la política. Como los experimentos reflejaban que los modestos beneficios tenían «un coste muy elevado e inútil», Zuckerberg lo finiquitó personalmente.

Incapaz de eludir el debate político, la plataforma volvió a trabajar en lo que el Equipo Cívico y otros llevaban insistiendo mucho tiempo: poner fin a la recomendación de contenidos políticos y sanitarios, basados exclusivamente en su capacidad de generar la máxima participación.

Otro de los documentos recién filtrados demostró que Meta estaba tratando de limitar la difusión de contenidos virales reciclados en favor de entidades que producían contenidos originales (un paso que Silverman, Allen y el Equipo de Asociaciones de Facebook llevaban impulsando desde finales de 2017 con escaso éxito). Lo que había cambiado era la desbandada de Meta para competir con TikTok, promocionando vídeos cortos de entidades no seguidas por los usuarios. Liberados de los últimos vestigios del gusto de los usuarios, los sistemas de recomendación de Facebook e Instagram se centraban en contenidos audiovisuales pirateados, gente peleándose e hipersexualización. Un documento afirmaba que el 70 % de las veinte publicaciones más vistas de Facebook durante el tercer trimestre de 2021 se ajustaban a la definición formal de «lamentable» de la compañía, mientras que el 30 % restante eran cebos para aumentar la participación.[11] A principios de 2022, Meta estableció un «centro de operaciones de calidad de contenidos». Aunque Allen y Silverman, que para entonces ya se habían ido de Facebook, no parecieron muy impresionados cuando les expliqué los detalles del trabajo, al menos era un principio.

Lo más destacable de los nuevos documentos no tenía que ver tanto con los problemas de las plataformas de Meta como con el propio trabajo de integridad de la compañía. Durante cuatro años, Facebook había estado tomando decisiones basándose en lo que Guy Rosen había denominado «el crecimiento habitual versus la tensión de la integridad».[12] Independientemente de que el objetivo fuera combatir los discursos de odio, reducir la desinformación viral o rebajar de categoría los contenidos no originales, las pruebas reflejaban constantemente que los cambios en la clasificación de la integridad se producían a costa del crecimiento. Los empleados centrados en la integridad alegaban indefectiblemente que sus propuestas para limpiar la plataforma beneficiarían a Facebook a largo plazo, mientras que sus colegas centrados en el crecimiento señalaban los datos experimentales a corto plazo y se burlaban.

Como respuesta, los científicos de datos frustrados diseñaron un experimento muy inusual, consistente en rastrear el efecto acumulativo del trabajo de integridad frente a un grupo de control conocido como la «resistencia de integridad mínima». A finales de 2021, el experimento había proporcionado suficientes datos a los científicos para que pudieran extraer una conclusión clara: Facebook la había estado cagando durante años a la hora de medir los efectos del trabajo de integridad.[13]

Todos los cambios descafeinados en la clasificación de la integridad habían hecho mella en el uso de Facebook, tal como sugerían sus detractores, pero solo durante seis meses. Pasado ese tiempo, y mucho después de que Facebook pusiera fin a sus experimentos, el daño causado a los indicadores de participación de la compañía se redujo a una estadística insignificante. Después de un año aproximadamente, el trabajo de integridad empezó a generar un *aumento* modesto, pero estadísticamente significativo, del uso, especialmente entre usuarios jóvenes y poco habituales. Los efectos de red hacían que fuera imposible calcular la verdadera magnitud del aumento, pero, probablemente, era mayor que la pequeña fracción porcentual que podían medir los científicos de datos. El informe concluía diciendo:

> Para engendrar un ecosistema de Facebook ideal —es decir, un ecosistema que generase una alta participación con una eleva da integridad—, deberíamos invertir en más (y más intensos) productos de integridad.

La reacción inicial a la investigación fue de escepticismo. Dado que lo recogido en el informe mostraba «implicaciones importantes para Facebook», los directivos asignaron a varios científicos de datos de alto nivel que analizasen el trabajo realizado para localizar errores de cálculo y fallos en el sistema que podrían haber alterado los resultados.

Pero los beneficios eran reales. El trabajo de integridad de News Feed había impulsado el crecimiento durante años de un modo que la compañía no había llegado a entender.

Lo bueno de ese hallazgo era que, probablemente, Facebook podría impulsar la participación invirtiendo en una clasificación más estricta de la integridad del News Feed. Lo malo era que, al bloquear o atenuar el anterior trabajo de integridad, la compañía probablemente había estado contaminando su plataforma en detrimento tanto de sus usuarios como de sí misma.

Las incómodas implicaciones demoraron varios meses la autorización de la divulgación de los resultados. Finalmente, los directivos accedieron a que se difundieran entre los miembros del Equipo de Integridad, pero prohibieron que se difundieran más ampliamente porque, según dijeron dos empleados conocedores del tema, los resultados fueron considerados demasiado polémicos. Los intentos de cuantificar los beneficios para el crecimiento del trabajo de clasificación de la integridad continuaron de manera discreta, y una nueva investigación le atribuyó un aumento del 0,9 % del uso diario entre los nuevos usuarios, una enorme victoria para el indicador más sagrado de Facebook. Las personas familiarizadas con el trabajo tienen la esperanza de que acabará haciendo que Facebook adopte medidas de integridad más estrictas. Al fin y al cabo, Zuckerberg no es de los que dejan las ganancias de uso sobre la mesa.

Por lo que respecta al propio director ejecutivo de Meta, su proyecto de centrarse más en «las cosas increíbles que estamos creando» pronto se topó con algunas complicaciones. En la primavera de 2022, Zuckerberg acababa de ponerse a teletrabajar durante tres meses desde su rancho de Montana cuando el aumento de los usuarios de Facebook se vio reducido por primera vez, haciendo que las acciones de Meta cayeran en picado y congelando el desenfrenado proceso de contratación de personal que había ordenado. En junio de ese mismo año, durante una reunión corporativa, el consejero delegado dijo: «Siendo realistas, es probable que en la compañía haya un montón de gente que no debería estar aquí». La primera regulación de empleo masiva —11.000 personas— tuvo lugar en noviembre, y la segunda empezó cuatro meses después. Los empleados del Equipo de Integridad y los investigadores de Experiencia de Usuario sufrieron un duro golpe.

El nuevo mundo digital que hizo que Zuckerberg rebautizara a su empresa tampoco parecía tan inminente. La presentación del sentimiento de marca de 2022 a la que tuvo acceso el *Journal* fue profética en su predicción de que la reputación de Meta sería un impedimento a la hora de lanzar nuevos productos. Un estudio de mercado previo señaló que los compradores potenciales de gafas de realidad aumentada citaban la inaceptabilidad social de llevar gafas con la marca de la compañía «sin que se lo pidieran».

Aparte del problema de imagen, a la compañía también le costaba construir el metaverso. Documentos obtenidos por el *Journal* poco antes del primer aniversario del cambio de nombre de Facebook demostraron que su aplicación de realidad virtual Horizon Worlds estaba plagada de fallos y tenía pocos usuarios. Las visitas diarias se habían desplomado a menos de 200.000. En lugar de centrarse en aplicaciones de redes sociales con un total de 3.500 millones de usuarios activos diarios, el consejero delegado de Meta pasó gran parte de 2022 cautivado por una cuya base social era un poco más pequeña que la población de Sioux Falls, en Dakota del Sur.

Desde luego, es demasiado pronto para descartar el metaverso. Dentro de una década, podría quedar demostrado que Zuckerberg era un visionario. Sin embargo, el entusiasmo por esa idea ha disminuido, incluso dentro de la propia Meta. Las encuestas realizadas entre los empleados muestran sistemáticamente su poca confianza en la directiva de la compañía. En una nota filtrada, el vicepresidente responsable del metaverso, Vishal Shah, reprendió a sus empleados por no pasar tiempo en el mismo.[14]

«La pura verdad es que, si a nosotros no nos encanta, ¿cómo vamos a esperar que les encante a nuestros usuarios?», preguntó el ejecutivo. En una publicación posterior en Workplace a la que tuvo acceso el *Journal*, se invitaba a los empleados a acudir a aprender sobre los beneficios de recursos humanos de la compañía en el metaverso, un evento que contaría como el «tiempo semanal exigido con las gafas de realidad virtual».[15]

En la primavera de 2023, Zuckerberg estaba dando marcha atrás en cuanto a su plan de imponer el teletrabajo para toda la compañía que había anunciado al principio de la pandemia. Los empleados de Meta tendrían que pasar más tiempo en la oficina y Facebook e Instagram iban a tener que seguir funcionando. Las plataformas de redes sociales de la compañía no eran el futuro de la tecnología, pero todavía no eran el pasado.

Agradecimientos

Este libro está dedicado a mis padres y a mi mujer, Camas. Aunque nunca dudé de que «Los archivos de Facebook» pudieran dar origen a un libro, mi capacidad para escribirlo planteaba un reto mayúsculo.

Aparte de mi familia, el primer agradecimiento debería ser para Brad Reagan del *Journal*, el cual me contrató, me soportó y supervisó el trabajo periodístico que se convirtió en un proyecto muy extraño y totalmente absorbente. Asimismo, quiero dar las gracias al director de la oficina de San Francisco, Jason Dean, y a mis colaboradores en «Los archivos de Facebook», Keach, Georgia, Sam, Justin, Newley, Emily y Deepa.

Gracias a mi agente, Eric Lupfer, por ayudarme a diseñar una propuesta de un libro cuyos protagonistas son científicos de datos. Tras tomar la discutible decisión de encargar un libro titulado *Los archivos de Facebook* fue un placer trabajar con y para el editor de Doubleday, Yaniv Soha, el cual me ayudó a dar forma al libro y me dio la cancha que necesitaba para hacer de *Código roto* algo más que un refrito de trabajos periodísticos anteriores.

Miriam Elder fue indispensable como editora externa. Intervino después de que mi primer editor se lavara las manos por razones absolutamente comprensibles y me ayudó a idear una estructura viable para una historia en la que, a menudo, las cosas sucedían simultáneamente, y luego moldeó mi estilo periodístico hasta lograr un borrador mejor de lo que yo pensaba que fuera posible.

Conocí al verificador de datos Sean Lavery hacia el final del proceso. Es brillante, meticuloso y tremendamente agradable. Aunque todavía no nos hemos visto en persona, lo considero mi amigo.

Rebecca Crootof, Eliot Brown y Emily Sachs aportaron sugerencias útiles al primer borrador. Hannah Kekst me ayudó con las notas finales.

Por último, muchos empleados de Facebook/Meta me ofrecieron su confianza y su tiempo. Muchos aparecen mencionados en el libro, pero muchos otros no pueden ser mencionados. Uno, concretamente, me proporcionó casi todo el material relativo a los hechos citados de 2022, y otros influyeron en mi opinión y corroboraron los hechos. Hablaron conmigo con la esperanza de que el libro registrase fielmente su trabajo y mostrase cómo las redes sociales podrían ser diferentes. Gracias.

Notas

Este libro se basa en tres fuentes de información para explicar la historia de cómo Meta Platforms Inc., antes Facebook, llegó a entender de qué maneras estaba cambiando la forma en que se comunicaban e interactuaban miles de millones de personas en sus plataformas. La primera consiste en más de 25.000 páginas de documentación interna de la compañía proporcionadas a *The Wall Street Journal* por Frances Haugen, así como por otros empleados actuales y pasados. Con el fin de preservar la privacidad y la seguridad del personal investigador, los ingenieros y los científicos de datos que elaboraron esos documentos, por lo general sus nombres no han sido revelados. Los altos directivos y los ejecutivos son citados cuando sus identidades son relevantes. Aparte de documentos contemporáneos, este libro se nutre también de entrevistas con más de sesenta personas, las cuales proporcionan contexto a esas informaciones, así como recuerdos de su trabajo en Facebook. Muchas de esas fuentes pidieron mantenerse en el anonimato para evitar contrariar a su actual empleador. Aunque algunos de los personajes más citados en el presente libro accedieron a hablar conmigo, otros no lo hicieron. En esos casos, las citas proceden de personas que fueron testigos de los hechos en cuestión o fueron informados directamente de ellos poco después.

La compañía también autorizó entrevistas de fondo con una serie de altos ejecutivos y, posteriormente, accedió a que algunas informaciones extraídas de esas conversaciones fueran publicadas. Esos casos son mencionados en el texto. Por otra parte, el personal de comunicaciones de la compañía tuvo ocasión de cuestionar tanto los hechos concretos aquí citados como las interpretaciones de sus trabajos internos.

Los trabajos publicados anteriormente por *The Wall Street Journal* u otros medios informativos se encuentran citados en las notas.

CAPÍTULO 2

1. Charlie Campbell, «The Philippine Election Front-Runner Calls His Daughter a "Drama Queen" for Saying She Was Raped», *Time*, 20 de abril de 2016.
2. Peter Elkind y Doris Burke, «The Myths of the "Genius" Behind Trump's Reelection Campaign», *ProPublica*, 11 de septiembre de 2019.
3. Mike Isaac y Sydney Ember, «For Election Day Influence, Twitter Ruled Social Media», *The New York Times*, 8 de noviembre de 2016.
4. Issie Lapowsky, «Here's How Facebook Actually Won Trump the Presidency», *Wired*, 15 de noviembre de 2016.
5. Mark Zuckerberg, «I want to share some thoughts on Facebook and the election», Facebook, 12 de noviembre de 2016, <www.face book.com/zuck/posts>.
6. Craig Silverman, «This Analysis Shows How Viral Fake Election News Outperformed Real News on Facebook», *BuzzFeed News*, 16 de noviembre de 2016.

CAPÍTULO 3

1. Antonio García Martínez, *Chaos Monkeys: Obscene Fortune and Random Failure in Silicon Valley*, Nueva York, HarperCollins, 2016.
2. Nombre del autor oculto, «Why FB App Took on Sessions as a Top-Line Metric for 2019», memorándum de Facebook, 13 de octubre de 2020.
3. Jerrold Nadler y David N. Cicilline, «Investigation of Competition in Digital Markets», U.S. House of Representatives, Subcommittee on Antitrust, Commercial, and Administrative Law of the Committee on the Judiciary, octubre de 2020, <www.govinfo.gov/content>.
4. Ben Maurer, «Fail at Scale: Reliability in the Face of Rapid Change», ACM Queue, 27 de octubre de 2015, <https://queue.acm.org>.

5. Mike Schroepfer, «What's Slowing You Down?», memorándum en Workplace de Facebook, 26 de abril de 2021.
6. Michal Addady, «Facebook Enlists Users' Help to Fight Terror», *Fortune*, 21 de enero de 2016.

CAPÍTULO 4

1. Hannah Kuchler, «Facebook Employees Over-whelmingly Back Democrats», *Financial Times*, 30 de octubre de 2018.

CAPÍTULO 5

1. Nombre del autor oculto, «First Do No Harm», memorándum de Facebook, febrero de 2020.
2. *Ibid.*
3. Sheera Frenkel, Nicholas Casey y Paul Mozur, «In Some Countries, Facebook's Fiddling Has Magnified Fake News», *The New York Times*, 14 de enero de 2018.
4. Mark Zuckerberg, «Continuing our focus for 2018 to make sure the time we all spend on Facebook is time well spent», Facebook, 19 de enero de 2018, <www.facebook.com/zuck>.
5. Mark Zuckerberg, «One of our big focus areas for 2018 is making sure the time we all spend on Facebook is time well spent», Facebook, 11 de enero de 2018, <www.facebook.com/zuck>.
6. Nombre del autor oculto, «Why FB App Took on Sessions as a Top-Line Metric for 2019», memorándum de Facebook, 13 de octubre de 2020.
7. Nombre del autor oculto, «Deriving MSI Weight», investigación interna de Facebook, diciembre de 2017.
8. Will Oremus, «How a 119-Word Local Crime Brief Became Facebook's Most-Shared Story of 2019», *Slate*, 29 de marzo de 2019.
9. Common Ground team, «Case Study: (Controlling for Publisher) Posts with Negatively Charged Comment Threads Fare Better in Feed», estudio interno de Facebook, noviembre de 2018.
10. Nombre del autor oculto, «Political Party Response to'18 Algorithm Change», informe interno de Facebook, abril de 2019.
11. *Ibid.*
12. *Ibid.*

13. *Ibid.*

14. *Ibid.*

15. Nombre del autor oculto, «Overview of Polarization Research (Literature Review)», informe de Facebook, junio de 2020.

16. «Social Media & the January 6th Attack on the U.S. Capitol: Summary of Investigative Findings», Comité Selecto de la Cámara de Representantes de EE. UU. para la investigación del ataque al Capitolio de EE. UU. del 6 de enero, documento filtrado, enero de 2023, accesible en <https://www.washingtonpost.com/documents/5bfed332-d350-47c0-8562-0137a4435c68.pdf>.

CAPÍTULO 6

1. Jeff Allen, «Making Web Platforms More Resilient Against Disinformation», memorándum de Facebook, febrero de 2019.

2. Jeff Allen, «How Communities Are Exploited on Our Platforms: A Final Look at the "Troll Farm Pages"», memorándum de Facebook, octubre de 2019.

3. *Ibid.*

4. Jeff Allen, «Making Web Platforms Resilient Against Disinformation», presentación de Facebook, 20 de febrero de 2019.

5. Jeff Allen, «Exploiting Communities: Using Qualitative, Objective Signals to Identify Content That Exploits Communities, Like BuzzFeed Did», memorándum de Facebook, julio de 2018.

6. Jeff Allen, «A Signal to Demote Pages Manufacturing Virality with Unoriginal Content», memorándum de Facebook, julio de 2019.

7. «2019 Guide to Publishing on Facebook», *NewsWhip*, 10 de marzo de 2019, <https://go.newswhip.com>.

8. Michelle Rennex, «21 Things That Almost All White People Are Guilty of Saying», BuzzFeed, 19 de septiembre de 2018.

CAPÍTULO 7

1. Deepa Seetharaman, «Facebook's Onavo Gives Social-Media Firm Inside Peek at Rivals' Users», *The Wall Street Journal*, 13 de agosto de 2017.

2. Consejo de Derechos Humanos, «Report of the Detailed Fin-

dings of the Independent International Fact-Finding Mission on Myanmar», informe de Naciones Unidas, A/HRC/39/CRP.2, 17 de septiembre de 2018, <www.ohchr.org>.

3. BSR, «Human Rights Impact Assessment: Facebook in Myanmar», octubre de 2018.

CAPÍTULO 8

1. Sophie Zhang, memorándum de Facebook, enero de 2020.

2. David Agranovich, «Should We Not Be Looking at Whether We Can Adjust?», comentario en Workplace de Facebook, enero de 2020.

3. Nathaniel Gleicher, «Removing Coordinated Inauthentic Behavior and Spam from India and Pakistan», Meta, 1 de abril de 2019, <https://about.fb.com/news/2019>.

4. Nombre del autor oculto, «Low Quality Civic Exports Targeting the US», informe de Facebook, agosto de 2019.

CAPÍTULO 9

1. Kang-Xing Jin, «Virality Reduction as an Integrity Strategy», memorándum de Workplace de Facebook, julio de 2019.

2. «How to Evaluate Experiments for Visitation», guía de Facebook, 2019.

3. Equipo de Políticas Públicas, «BWC GTM: Deprecating Sparing Sharing and Informed Engagement (Preliminary Proposal)», crónica de Facebook, 2019.

4. Kang-Xing Jin, «Defining Success in Addressing Integrity Harms, Starting with Defining Our Responsibilities», memorándum de Facebook, octubre de 2019.

5. «Social Media & the January 6th Attack on the U.S. Capitol: Summary of Investigative Findings», Comité Selecto de la Cámara de Representantes para la investigación del ataque al Capitolio de Estados Unidos del 6 de enero.

6. Samidh Chakrabarti, «US 2020 Leadership Update», informe de Facebook, 3 de marzo de 2020.

Capítulo 10

1. Nombre del autor oculto, «State of Teens», informe de Facebook, junio de 2018

2. Agam Bansal *et al.*, «Selfies: A Boon or a Bane?», *Journal of Family Medicine and Primary Care* 7, n.º 4 (verano de 2018), pp. 828-831, <https://doi.org/10.4103/jfmpc.jfmpc_109_18>.

3. Royal Society for Public Health and the Young Health Movement, «#StatusOfMind: Social Media and Young People's Mental Health and Wellbeing», mayo de 2017, <www.rsph.org.uk>.

4. Entrevista de Angus Craw Ford a Ian Russel, «Instagram "Helped Kill My Daughter"», BBC, 22 de enero de 2019.

5. Amanda MacMillan, «Why Instagram Is the Worst Social Media for Mental Health», *Time*, 25 de mayo de 2017.

6. Equipo de Bienestar de Instagram, «Teen Mental Health Deep Dive», informe de Facebook, octubre de 2019.

7. «Teen Mental Health Deep Dive», informe de Facebook, octubre de 2019.

8. Nombres de los autores ocultos, «Social Comparison: Topics, Celebrities, Like Counts, Selfies», informe de Instagram, 28 de enero de 2021.

9. Adrienne So, «Instagram Will Test Hiding "Likes" in the US Starting Next Week», *Wired*, 8 de noviembre de 2019.

Capítulo 11

1. «Facebook Group Calls Soar 1,000 % During Italy's Lockdown», BBC, 25 de marzo de 2020.

2. Tom Alison, «Why Hiring Is Hard Right Now», memorándum de RR. HH. de Facebook, 2019.

3. Jason Leopold (@JasonLeopold), «NEW via my #FOIA: Email from Mark Zuckerberg to Anthony Fauci on March 15», Twitter, 2 de diciembre de 2020, <https://twitter.com/JasonLeopold>.

4. Sarah Frier, «The Pandemic Is Giving Zuckerberg a Shot at Making Amends», *Bloomberg Businessweek*, 16 de abril de 2020.

5. Mike Isaac, Sheera Frenkel y Cecilia Kang, «Now More Than Ever, Facebook Is a "Mark Zuckerberg Production"», *The New York Times*, 16 de mayo de 2020.

6. Cuadros de mando internos de Facebook, 25 de mayo de 2020.

7. Nombre del autor oculto, «Facebook Creating a Big Echo Chamber for "the Government and Public Health Officials Are Lying to Us" Narrative—Do We Care?», memorándum de Workplace de Facebook, mayo de 2020.

8. *Ibid.*

9. Nombre del autor oculto, «This Is Severely Impacting Public Health Attitudes», comentario en Workplace de Facebook, mayo de 2020.

10. «Hate Begets Hate; Violence Begets Violence», clasificador de la violencia y la incitación a la violencia de Facebook, junio de 2020.

11. Nombre del autor oculto, «Whitelist: Where We Are and Where We Want to Be», informe de Facebook, noviembre de 2019.

12. Nombre del autor oculto, «XCheck—Get Well Plan», revisión de Facebook, junio de 2020.

13. Nombre del autor oculto, «Mistake Prevention Incidents Investigation», informe de Facebook, 2021.

14. Nombre del autor oculto, «The "Whitelist" Problem», revisión de Facebook, 2019.

15. Avi Selk, «Facebook Told Two Women Their Pro-Trump Videos Were "Unsafe"», *The Washington Post*, 10 de abril de 2018.

16. Craig Silverman y Ryan Mac, «Facebook Fired an Employee Who Collected Evidence of Right-Wing Pages Getting Preferential Treatment», *BuzzFeed News*, 6 de agosto de 2020.

17. *Op. cit.*, «Hate Begets Hate; Violence Begets Violence».

18. Shirin Ghaffary, «Mark Zuckerberg on Leaked Audio: Trump's Looting and Shooting Reference "Has No History of Being Read as a Dog Whistle"», *Vox*, 2 de junio de 2020.

19. Samidh Chakrabarti, «Bending Our Platforms Toward Racial Justice», memorándum de Workplace de Facebook, junio de 2020.

20. «Social Media & the January 6th Attack on the U.S. Capitol: Summary of Investigative Findings», Comité Selecto de la Cámara de Representantes de EE. UU. para la investigación del ataque al Capitolio de Estados Unidos del 6 de enero, 53.

21. Shirin Ghaffary, «Read the Transcript of Mark Zuckerberg's Tense Meeting with Facebook Employees», *Vox*, 3 de junio de 2020.

22. Craig Silverman y Ryan Mac, «Facebook's Preferential Treatment of US Conservatives Puts Its Fact-Checking Program in Danger», *BuzzFeed News*, 13 de agosto de 2020.

23. Nombre del autor oculto, «The Language Used by These Events and Groups Was Not Violating», memorándum de Workplace de Facebook, agosto de 2020.

24. «Social Media & the January 6th Attack on the U.S. Capitol: Summary of Investigative Findings», Comité Selecto de la Cámara de Representantes de EE. UU. para la investigación del ataque al Capitolio de Estados Unidos del 6 de enero.

Capítulo 12

1. Newley Purnell y Jeff Horwitz, «Facebook's Hate-Speech Rules Collide with Indian Politics», *The Wall Street Journal*, 14 de agosto de 2020.

2. Ajit Mohan y Monika Bickert, memorándum de Workplace de Facebook, agosto de 2020.

3. Madan B. Lokur *et al.*, «Uncertain Justice: A Citizens Committee Report on the North East Delhi Violence 2020», Constitutional Conduct Group, octubre de 2022, <https://constitutionalconduct.com>.

4. Nombre del autor oculto, «An Indian Test User's Descent into a Sea of Polarizing, Nationalistic Messages», informe de Facebook, febrero de 2019.

5. Owen Pinnell y Jess Kelly, «Slave Markets Found on Instagram and Other Apps», BBC, 31 de octubre de 2019.

6. Nombre del autor oculto, «Apple Escalation on Domestic Servitude—How We Made It Through This SEV», informe de Facebook, noviembre de 2019.

7. Nombre del autor oculto, «Domestic Servitude: This Shouldn't Happen on FB and How We Can Fix It», informe de Facebook, febrero de 2021.

8. Nombre del autor oculto, «Domestic Workers Awareness Project: A Preventative Approach», memorándum de Facebook, 2020.

9. Nombre del autor oculto, «Responsible Enforcement at Facebook: A Method for Surfacing Fairness Issues in Labeling», revisión interna de Facebook, 2021.

10. Tony Leach, Integrity Country Prioritization for 2021, 10 de diciembre de 2020.

11. Tessa Knight y Beth Alexion, «Influential Ethiopian Social Media Accounts Stoke Violence Along Ethnic Lines», Digital Forensic Research Lab (DFRLab), Medium, 17 de diciembre de 2021.

12. Alex Hern, «Meta Faces $1.6bn Lawsuit Over Facebook Posts Inciting Violence in Tigray War», *The Guardian*, 14 de diciembre de 2022.

13. James Pearson, «Exclusive: Facebook Agreed to Censor Posts After Vietnam Slowed Traffic», Reuters, 21 de abril de 2020.

14. Jeff Horwitz y Newley Purnell, «In India, Facebook Fears Crackdown on Hate Groups Could Backfire on Its Staff», *The Wall Street Journal*, 13 de diciembre de 2020.

15. Jeff Horwitz y Newley Purnell, «Facebook Executive Supported India's Modi, Disparaged Opposition in Internal Messages», *The Wall Street Journal*, 30 de agosto de 2020.

CAPÍTULO 13

1. Nombre del autor oculto, «Problematic Non Violating Narratives Is a Problem Archetype in Need of Novel Solutions», informe de Facebook, marzo de 2021.

2. «Social Media & the January 6th Attack on the U.S. Capitol: Summary of Investigative Findings», Comité Selecto de la Cámara de Representantes de EE. UU. para la investigación del ataque al Capitolio de Estados Unidos del 6 de enero, documento filtrado, enero de 2023, accesible en <https://www.washingtonpost.com/documents/5bfed332-d350-47c0-8562-0137a4435c68.pdf>.

3. Nombres de los autores ocultos, «Dangerous Civic Groups», presentación de Facebook, septiembre de 2020.

4. *Op. cit.*, «Social Media & the January 6th Attack on the U.S. Capitol».

5. Nombre del autor oculto, «[LAUNCH] Using p(anger) to Reduce the Impact Angry Reactions Have on Engagement Ranking Levers», informe de Facebook, septiembre de 2020.

6. Nombre del autor oculto, «[Launch] Reshare Depth Demotion—Myanmar», informe de Facebook, octubre de 2020.

7. *Ibid.*

8. Entrevista del Consejo Editorial con Nick Clegg, «How Facebook Tries to Fight Being a Superspreader of Fake News on Voting and COVID-19», *USA Today*, 23 de septiembre de 2020.

9. *Op. cit.*, «Social Media & the January 6th Attack on the U.S. Capitol».

10. Julie Bykowicz, Brody Mullins y Emily Glazer, «Big-Name Democrats Say "No Thanks" to Facebook's Top Lobbyist Job», *The Wall Street Journal*, 26 de octubre de 2021.

11. Nombre del autor oculto, «Stop the Steal and Patriot Party:

The Growth and Mitigation of an Adversarial Harmful Movement», informe de Facebook, marzo de 2021.

12. *Op. cit.*, «Social Media & the January 6th Attack on the U.S. Capitol».

CAPÍTULO 15

1. Entrevista de Brandon Straka con el Comité Selecto de la Cámara de Representantes de EE. UU. para la investigación del ataque al Capitolio de Estados Unidos del 6 de enero, 2021.

2. Curt Devine, Drew Griffin y Zachary Cohen, «Alex Jones Allegedly Threatened to Throw Trump Rally Organizer Off a Stage», CNN, 12 de marzo de 2021.

3. Comité Selecto de la Cámara de Representantes de EE. UU. para la investigación del ataque al Capitolio de Estados Unidos del 6 de enero, «Hearing on the January 6th Investigation, Second Session», Cámara de Representantes, 117 Congreso, 12 de julio de 2022, <www.congress.gov>.

4. Nombre del autor oculto, «Stop the Steal and Patriot Party: The Growth and Mitigation of an Adversarial Harmful Movement», informe de Facebook, marzo de 2021.

5. Nombre del autor oculto, «Mission Control: Response HPM— Jan. 21», revisión de Facebook, enero de 2021.

6. *Ibid.*

7. Mike Schroepfer, «Hang In There Everyone», publicación en Workplace de Facebook, 7 de enero de 2021.

8. *Ibid.*

9. *Op. cit.*, «Stop the Steal and Patriot Party».

10. *Op. cit.*, «Stop the Steal and Patriot Party».

11. Andrew Bosworth, «Demand Side Problems», Boz.com, 7 de enero de 2021.

12. Andrew Bosworth, «Demand Side Problems», publicación en Workplace de Facebook, agosto de 2020.

13. *Op. cit.*, «Stop the Steal and Patriot Party».

14. Nombre del autor oculto, «Information Corridors: A Brief Introduction», memorándum de Facebook, marzo de 2021.

15. *Op. cit.*, «Stop the Steal and Patriot Party».

16. Entrevista a Mark Zuckerberg por Mike Allen, «Mark Zuckerberg Interview», *Axios* y HBO, 2020.

17. Nombre del autor oculto, «Vaccine Hesitancy Is Twice as Prevalent in English Vaccine Comments Compared to English Vaccine Posts», memorándum de Facebook, marzo de 2021.

18. Nombre del autor oculto, «Directional Guidance on COVID Workstreams: 1-Week Sprint Learnings», informe de Facebook, abril de 2021.

19. *Ibid.*

20. Nombre del autor oculto, «Overview of Polarization Research», informe de Facebook, junio de 2021.

21. *Ibid.*

22. Pratiti Raychoudhury y Chris Cox, «What We Know About Polarization», memorándum de Workplace de Facebook, abril de 2021.

23. Nombre del autor oculto, «An Echo Chamber of Trust: Information on Instagram», memorándum de Workplace de Facebook, 24 de septiembre de 2020.

CAPÍTULO 16

1. Nombres de los autores ocultos, «Hard Life Moments—Mental Health Deep Dive», presentación de Instagram, noviembre de 2019.

CAPÍTULO 17

1. Nombres de los autores ocultos, «Problematic Use of Facebook: User Journey, Personas & Opportunity Mapping», informe de Facebook, marzo de 2020; nombres de los autores ocultos, «Problematic Facebook Use: When People Feel Like Facebook Negatively Affects Their Life», informe de Facebook, julio de 2018.

2. Equipo de Bienestar de Instagram, «Social Comparison: Topics, Celebrities, Like Counts, Selfies», encuesta de Instagram, enero de 2022.

3. *Ibid.*

4. Allyson Chiu, «Will Hiding Likes on Instagram and Facebook Improve Users' Mental Health? We Asked Experts», *The Washington Post*, 28 de mayo de 2021.

5. Nombre del autor oculto, «Project Daisy Launch Discussion Draft Review», revisión de Facebook, febrero de 2020.

6. *Ibid.*

7. Ryan Mac y Craig Silverman, «Facebook Is Building an Instagram for Kids Under the Age of 13», *BuzzFeed News*, 18 de marzo de 2021.

8. Nombre del autor oculto, «Proactive Risk Detection: Eating Disorders», informe de Facebook, marzo de 2021.

9. Julie Zhuo, «The Power of Product Think- ing», Future, 15 de junio de 2021, <https://future.com>.

10. Nombre del autor oculto, «Providing Negative Feedback Should Be Easy (And Why This Would Be Game Changing for Integrity)», informe de Facebook, septiembre de 2019.

Capítulo 18

1. «To Treat Users Fairly, Facebook Must Commit to Transparency», Oversight Board, septiembre de 2021, <www.oversightboard.com/news>.

2. Senador Richard Blumenthal (@SenBlumenthal), «@Marsha-Blackburn & I are calling on Mark Zuckerberg to release Facebook's internal research», Twitter, 4 de agosto de 2021, <https://twitter.com/SenBlumenthal>.

3. Karina Newton, «Using Research to Improve Your Experience», Instagram, 14 de septiembre, 2021, <https://about.instagram.com/blog>.

4. Entrevista de Peter Kafha a Adam Mosseri, «Instagram Boss Adam Mosseri on Teenagers, Tik-Tok and Paying Creators», pódcast *Recode, Vox*, septiembre de 2021.

5. Kenneth Garger, «Instagram Chief Takes Heat for Bizarre Analogy Defending Social Media», *The New York Post*, 16 de septiembre de 2021.

6. Jack Morse, «Instagram Boss Says Social Media Is Like Cars: People Are Going to Die», *Mashable*, 16 de septiembre de 2021.

7. Nick Clegg, «What *The Wall Street Journal* Got Wrong», Meta, 18 de septiembre de 2021, <https://about.fb.com/news/2021>.

8. *Op. cit.*, «Facebook Is Building an Instagram for Kids Under the Age of 13».

9. Dan Bongino, *The Dan Bongino Show*, 6 de octubre de 2021.

10. Luke Rosiak, «Facebook Whistleblower Is Leftist Activist Repped by Lawyer for "Whistleblower" Behind Trump Impeachment», *Daily Wire*, 5 de octubre de 2021.

11. Salvador Rodríguez, «Facebook Shares Rise as Investors Focus on Earnings Beat and Look Past Whistleblower Document Dump», CNBC, 25 de octubre de 2021.

12. Mark Zuckerberg, «Founder's Letter, 2021», Meta, 28 de octubre de 2021, <https://about.fb.com/news/2021>.

13. Marcadores de métricas internas de Facebook, 2021.

14. Nombre del autor oculto, «Meta Brand Sentiment Review», revisión de Meta, agosto de 2021.

CAPÍTULO 19

1. Mark Zuckerberg, «I wanted to share a note I wrote to everyone at our company», Facebook, 5 de octubre de 2021, <www.facebook.com/zuck>.

2. Pratiti Raychoudhury *et al.*, «On Narrative Excellence», memorándum de Facebook, 1 de noviembre de 2021.

3. *Op. cit.*, «On Narrative Excellence».

4. Samidh Chakrabarti (@samidh), «Fundamentally, the trust & safety solution space is far broader when platforms prioritize reduction of user harm», Twitter, 13 de septiembre de 2021, <https://twitter.com/samidh>.

5. Samidh Chakrabarti (@samidh), «Today's WSJ reporting was especially difficult for me to read», Twitter, 16 de septiembre de 2021, <https://twitter.com/samidh>.

6. Samidh Chakrabarti (@samidh), «In my view, it's actually not uncommon for FB researchers working on societal issues to feel ignored», Twitter, 18 de septiembre de 2021, <https://twitter.com/samidh>.

7. Issie Lapowsky, «They Left Facebook's Integrity Team. Now They Want the World to Know How It Works», *Protocol*, 26 de octubre de 2021, <www.protocol.com>.

8. Jeff Horwitz y Katherine Blunt, «Instagram Connects Vast Pedophile Network», *The Wall Street Journal*, 7 de junio de 2023.

9. Mark Zuckerberg, «Look, it's one thing for the media to say false things about my work», Facebook, 21 de septiembre de 2021, <www.facebook.com/zuck>.

10. Keach Hagey, Georgia Wells, Emily Glazer, Deepa Seetharaman y Jeff Horwitz, «Facebook's Pushback: Stem the Leaks, Spin the Politics, Don't Say Sorry», *The Wall Street Journal*, 29 de diciembre de 2021.

11. Nombre del autor oculto, «The Quality of Widely Viewed Content Has Improved: Evaluating the Q3 WVCR», revisión de Facebook, octubre de 2022.

12. «Social Media & the January 6th Attack on the U.S. Capitol: Summary of Investigative Findings», Comité Selecto de la Cámara de Representantes de EE. UU. para la investigación del ataque al Capitolio de EE. UU. del 6 de enero.

13. Nombre del autor oculto, «The Long-Term Effects of FB App Integrity Interventions», informe de Facebook, 2021.

14. Vishal Shah, «Announcing the Horizon Quality Lockdown», nota de Meta, septiembre de 2021.

15. Nombre del autor oculto, «JOIN THE OPEN ENROLLMENT FAIR... IN THE METAVERSE!», publicación en Workplace de Facebook, octubre de 2022.